JN301981

東日本大震災と社会学

大災害を生み出した社会

田中重好／舩橋晴俊／正村俊之［編著］

ミネルヴァ書房

はじめに

東日本大震災が提起するもの

　東日本大震災は，日本の戦後史上，最大の災害となった。被害は広範囲に及んだだけでなく，津波や原発事故といった多様な様相を帯びている。すべての被害は，地震という自然現象に起因しているとはいえ，東日本大震災がもたらした諸々の被害をすべて天災として片付けるわけにはいかない。災害の発生が予測された場合には，被害は災害対策のあり方に左右される以上，人災的側面を含むことになる。一見天災にみえる津波被害にも人災的要素が介在している。防潮堤が十分な役割を果たさなかっただけでなく，防潮堤の存在が人びとを油断させたり，津波の襲来に気づくのを遅らせたりしたことで被害が拡大した。まして，原発事故は，津波被害以上に人災的性格をはらんでいる。原発は科学技術の所産であり，原発において過酷事故が発生する可能性は十分予想されえたし，また予想されねばならなかった。

　東日本大震災がもたらした被害には人災に近いケースもあれば，天災に近いケースもあるが，個々の被害は，人災的要素をいっさい含まない天災と天災的要素をいっさい含まない人災を両極とした連続的なスペクトラムのどこかに位置している。だとすれば，被害が発生した原因や過程を究明し，それをふまえて復旧・復興をはかるためには，天災と人災，自然現象と社会現象の両方を視野に入れなければならない。被害は，ふたつの要素が複雑に絡みあって発生している以上，一方の要素を他方の要素から切り離してしまうわけにはいかない。東日本大震災を通して再認識させられたのは，自然が人間社会の生態学的条件として人間社会の存立にかかわる一方で，人間社会の存立を脅かす可能性をはらんでいるということである。

　19世紀において近代科学が自然科学，人文科学，社会科学という三部門からなる体系として確立されて以来，自然は自然科学，人間は人文科学，社会は社

会科学の研究対象とされてきた。社会学もこのような近代科学の分業体制のなかで自らの役割を担ってきた。社会学は，主に社会関係に分析の焦点をあててきたため，自然は社会の生態学的条件であるにもかかわらず，社会を研究する際には視野の外に置かれることが多かった。その結果，「自然・人間・社会」相互の関係は，近代科学の分業体制のもとで十分に解明しえない「盲点」となってしまった。

　しかしその一方で，20世紀における近代科学の発展は，自然と社会をいっそう緊密に結びつけ，それらを総合的に把握する必要性を高めた。自然を対象にしてきた自然科学は，遺伝子操作や原子力利用をはじめ，さまざまな科学技術を生み出し，社会のなかに浸透させてきた。科学技術の発達によって，現代社会は自然の力を合目的的に利用する手段を獲得した反面，自然から「しっぺ返し」を受けるリスクを抱え込むことにもなった。こうした問題は，東日本大震災前から存在していたが，震災によって一挙に露呈した。

　震災後，さまざまな学問分野において自らのあり方を問い直す動きが進んでおり，社会学もその例外ではない。社会学はこれまで「自由」「平等」「連帯」といった，社会関係を規定する価値を扱ってきた。東日本大震災によって「安全」に注目が集まったが，安全を実現するためには，人間の生存を支える自然的・物質的条件を考慮に入れるとともに，「安全」という価値を他の諸価値との関連のなかで考察しなければならない。自然は，社会のあり方を決定するわけではないが，人間の生存を支える物質的条件を規定している。コミュニティや社会を再建するためには，社会の生態学的条件としての自然を視野に入れながら，それを社会関係の問題として捉え直さなければならない。

　このような社会学の課題は，同時に社会学の可能性でもある。現在，建築学や土木工学をはじめ，自然科学やその応用としての工学の諸分野が被災地の復旧・復興に向けた取り組みをおこなっているが，そうした自然科学や工学からの取り組みには社会的な知が必要である。安全な「まちづくり」をどのように進めるかは，単なる物質的環境の問題ではなく，そこにどのような共同生活を築くのかという社会関係の問題でもある。そうした視点の導入に社会学が貢献する可能性が生まれてくるのである。

はじめに

社会学は防災に対して役に立たないか

　防災研究者から社会学への批判，あるいは社会学への悪口がしばしば聞かれる。それは，「社会学は防災に役に立たない」，「社会学には政策的な提言がない」，「社会学には文理融合，連携の研究が少ない」，「研究成果の発表が遅い」，そのため「後出しジャンケンのような研究となっている」というものである。

　こうした批判が当たっているかどうかは，それぞれの立場からの評価や反論があるだろう。だがたしかに，たとえば中央の防災会議などに呼ばれて提言を述べる社会学者は少ない。地域の防災計画策定や被害想定調査に実際にかかわっている社会学者も，ごく少数であろう。

　しかし，社会学は本当に防災に役に立たないであろうか。その点については，ふたつの点で「役に立つ」といえる。第一に，東日本大震災が社会に突きつけた問題は，「すぐれて社会学的な問題」である。すなわち，こうした問題の発生にかかわる事柄（ディザスター）も，被災後の問題に対処してゆこうとすることも，個人だけの努力ですべて対応できる問題ではなく，その意味で個人的な問題としては完結しえない。これらの問題は社会的，あるいは共同の問題である。そのためにこそ社会学的な考察が必要となる。

　防災対策は，命を守るための防災（警報や避難に関する情報，避難行動，緊急救命医療），応急対策（水・食料の確保，避難場所の確保など基本的な人間的欲求の充足），構造的な対策（建物の耐震性向上，住宅や産業施設の再配置，さらに原発推進か廃棄かの選択など社会構造にかかわる対策）という3つに分けられる。従来の防災研究は主に命のための防災と応急対策に大きく偏っており，構造的な対策に踏み込むことが少なかった。社会学はたしかに，前二者の課題についての研究は「遅れている」ものの，構造的な課題に関する議論においては活躍の余地が大きいし，それは従来まで社会学以外の分野からの研究が少ない分野であるため社会学へ期待されることも大きい。この点が社会学が役立つ「第二」の理由である。もちろん，これらふたつの点について現在，社会学が十分な研究成果をあげているとは言いがたいことは認めなければならないだろうが，社会学の果たすべき役割，あるいは潜在的な可能性が大きいのである。

本書成立の経緯

東日本大震災後，数多くの学問分野で震災研究への取り組みが活発化した。そんななか本書は，わが国の社会学研究者が大震災の衝撃を受けて展開したさまざまな調査と研究のひとつの成果である。

本書の生み出された背景について，簡単に説明しておきたい。3月11日の震災勃発の後，日本社会学会は，毎年の秋に予定されている社会学会大会を，いくつかの点で再編成することを迫られた。そのなかで，当学会の研究活動委員会（略称，研活）は大会プログラムの編集を担当しているが，すでに枠組みが決定されているプログラムに加えて，急遽，研活の企画としてふたつの特別テーマセッション「東日本大震災を考える——(1)社会学への問いかけ，(2)社会学からの提起」を設定し，2011年9月17〜18日に関西大学で開催された学会大会において，6名の報告に基づいて討論を組織化した。本書の編者3名は，いずれも研活のメンバーとして，この企画を担った者である。平行して，社会学分野の震災問題研究活動を円滑に実行するための情報共有と意見交換の場として，「震災問題情報連絡会」を7月24日に法政大学で，9月18日に関西大学で開催し，それぞれ約30名，約50名の会員の参加を得た。さらに，研活メンバーの努力により，震災問題に関心を有する会員の情報共有のためにメーリングリストによる情報交換の場を確立し，約100名の参加を得た。引き続き12月10日には，関西学院大学でおこなわれた，環境社会学会と日本社会学会研活の共催による研究例会の機会に，第三回の震災問題情報連絡会を開催した。さらに，2012年1月22日には，社会学系コンソーシアムの主催で，日本学術会議講堂において，震災問題を主題にしたシンポジウムが開催されたが，その機会を生かして第四回の震災問題情報連絡会を開催した。また，研活および社会学系コンソーシアムと連携をとりながら，日本学術会議社会学委員会の中に，「東日本大震災の被害構造と日本社会の再建の道を探る分科会」（略称，震災再建分科会）が設置された（2012年1月22日に第一回，3月29日に第二回の会合開催）。

そのような経過を経て，社会学研究者の間に，さまざまな角度から震災問題に取り組むチームが立ち上がり，各チームの自主性と主体性を生かしながらネットワークを形成し，節目においては，共同の企画に連携するという態勢がつ

くられてきた。その第一歩として，3月5日・6日には，日本社会学会，地域社会学会，都市社会学会の共催によって，岩手県釜石市などの被災地見学と，盛岡市での合同研究会を開催した。

　本書は，以上のような社会学研究者の取り組みの経過を背景としながら，2011年9月の日本社会学会の研活テーマセッションでの6名（長谷川，山下，吉原，舩橋，関，平林）の報告を基盤とする論文と，論点の豊富化を期して4名（金菱，田中，正村，加藤）の新たな論考を加えたものである。本書は，東日本大震災の問うている問題群に対する社会学からの応答の第一歩であり，今後の取り組みの継続に応じて，順次，その成果を刊行していく予定である。

　本書各章は執筆時期が微妙に異なっている。東日本大震災後の時間の進み方は通常の時期の時間とは異なる。さらに，各章が前提としている状況も時間の進み方によって変化している。そのため各章の最後に脱稿の年月を入れた。

　2012年11月

編　者

東日本大震災と社会学
―大災害を生み出した社会―
【目次】

はじめに

序　章　大震災が突きつけた問い　………田中重好・正村俊之・舩橋晴俊　1
　　1　大災害が日本社会に突きつけた問い　1
　　2　本書の構成　3
　　3　ハザードとしての東北太平洋沖大地震　7
　　4　被害状況　11

第Ⅰ部　被災の現場からの社会学

第1章　広域システム災害と主体性への問い　………山下祐介　27
　　　　──中心-周辺関係をふまえて
　　1　東日本大震災の衝撃と現実　27
　　2　この震災をどう特徴付けるか？　33
　　3　主体性の問いへ──序章としての東日本大震災　40

第2章　地域コミュニティの虚と実………吉原直樹　47
　　　　──避難行動および避難所からみえてきたもの
　　1　東北6都市の町内会調査結果から　47
　　2　三層からなる避難者　48
　　3　「あるけど，なかった」地域コミュニティ　50
　　4　Aさんの「あのとき」，そして「いま」──聞き書きより　53
　　5　「あるけど，なかった」状況をもたらした諸要因　59
　　6　地域に埋め込まれたディバイド　60
　　7　地域コミュニティの再生は可能か？　62
　　8　「ない」ことからの出発　64

目次

第3章 東日本大震災における市民の力と復興 …………… 関 嘉寛 71
――阪神・淡路大震災／新潟県中越地震後との比較

1 東日本大震災におけるボランティア 71
2 災害ボランティアとはどのような存在なのか 76
3 救援・復旧期における災害ボランティア 81
4 復興における災害ボランティアの役割と課題 90
5 東日本大震災と災害ボランティア――これまでとこれから 98

第4章 千年災禍の所有とコントロール ………………… 金菱 清 105
――原発と津波をめぐる漁山村の論理から

1 災害のリスクに対処するためのコミュニティの可能性 105
2 「計画的避難区域」に戻るための山村の論理 108
3 「水産業復興特区」に対抗する漁村の論理 117
4 災害をコントロールする 125

第Ⅱ部 原発事故と原子力政策

第5章 福島原発震災の制度的・政策的欠陥 ………… 舩橋晴俊 135
――多重防護の破綻という視点

1 福島原発震災の発生・進行経過とその前提としての技術的欠陥 136
2 社会的多重防護の破綻の背景としての主体・アリーナ連関 139
3 原子力複合体のもとで、社会的多重防護はなぜ破綻するのか 150
4 日本社会の人間関係と主体性の質 155
5 エネルギー政策の転換のために、どのような社会変革が必要なのか 157

第 6 章　何が「デモのある社会」をつくるのか……………平林祐子　163
　　　　　──ポスト3.11のアクティヴィズムとメディア

　　1　2011年，東京はなぜデモのある町になったのか　163
　　2　「これはやっとかないとまずいでしょ」　165
　　3　新しい人びと，新しいメディア──3.11後の東京の反原発　171
　　4　新しいメディアが変えた動員の手法と運動の概念　180
　　5　「デモのある社会」の作法　184

第 7 章　フクシマは世界を救えるか………………………長谷川公一　197
　　　　　──脱原子力社会に向かう世界史的転換へ

　　1　フクシマは世界を救えるか　197
　　2　福島原発事故の衝撃　204
　　3　ドイツはなぜ脱原子力政策に転換できたのか　206
　　4　危機からの再生　219

　　　　　　　　第Ⅲ部　大震災への社会学からの接近

第 8 章　リスク社会論の視点からみた東日本大震災……正村俊之　227
　　　　　──日本社会の3つの位相

　　1　問われる日本社会　227
　　2　リスク社会論の再構成　228
　　3　近代社会としての位相　235
　　4　特殊日本社会としての位相　238
　　5　現代社会としての位相　248
　　6　危機管理体制の構築に向けて　254

目　次

第9章　不透明な未来への不確実な対応の持続と増幅……加藤眞義　259
——「東日本大震災」後の福島の事例

1. 「東日本大震災」が福島にもたらした被害の性格　259
2. 被災・避難の特徴と避難区域・地点の指定　261
3. コミュニケーションの問題　265
4. 今後の課題として　269

第10章　「想定外」の社会学……………………………田中重好　275

1. 津波はなぜ多くの死者をもたらしたのか　275
2. 社会学から災害をどう捉えるか　276
3. 東日本大震災と「想定外」　281
4. 「想定外」の社会学的考察　303
5. 再び，東日本大震災へ——「想定外」と今後の防災対策　319

おわりに　329

索　引

序　章

大震災が突きつけた問い

田中重好・正村俊之・舩橋晴俊

1　大災害が日本社会に突きつけた問い

　2011年3月11日に発生した東北地方太平洋沖地震は，その地震規模の巨大さ，巨大な津波が発生したことによる町の破壊のすさまじさ，さらに福島第一原子力発電所の事故と放射能汚染という，いままで私たちが想像しえなかった災害の巨大な破壊力を見せつけた。そうした「人類にとって最大規模の自然災害」を前にして，御厨貴はこれまで日本では「戦前 - 戦後」という区分が使われてきたが，今後，「東日本大震災前 - 大震災後」という区切りにとって替わり，「『戦後』が終わり，『災後』が始まる」（御厨 2011：24）と述べた。

　しかし，社会を考える者にとって，そうした災害が直接もたらした巨大な破壊力という事実以上に，日本の社会のこれまでの発展の成果が一挙に崩れ去ったという一種の喪失感と，これまでの発展方向の正しさに関する自明性が崩れ，「今後，日本社会はいかなる発展方向を目指すべきか」が「見えなくなった」ことの方が重要であった。この災害によって，「これまで戦後日本の発展が積み上げてきたものが，もろくも破壊されてしまった」との無力感にとらわれた。もっと深刻であったのは，巨大な災害を目の前にして，私たちには，「近代の日本の発展方向は，これで正しかったのか」という疑問が突きつけられたことである。そうした疑問は，従来の文明観からの転換（風見 2011；梅原 2011；池内 2011a），近代科学技術への疑問（木田 2011；池内 2011b），日本の一極集中型の国土構造のあり方への疑念（貝塚 2011），中央集権体制から地方分権化への

必要性（西 2011），外需指向型経済への疑問（関 2011），原子力発電開発に対する疑問と脱原発への提言や自然エネルギーの活用など，社会の基本的な問題にかかわるテーマに及んでいる。原発事故に関しては，参照すべき論者があまりにも多い。大震災が発生するまで，原子力発電は「CO_2を出さない，クリーンで安全なエネルギー源」と繰り返し宣伝され，人びとはそう信じてきた（信じ込まされてきた）。しかし，そうした評価が原発事故と放射能汚染によって一変した。原発に依存するエネルギー政策は，果たして正しかったのかという声が，国民規模で噴出してきた。さらに，原発のイメージも，「安全」から「危険」へと反転した。こうした原発事故に直面して，私たちはあらためて「危険というものは，わたしたちの意識とは独立して『それ自体』として存在するようなものではまったくないのです。危険というものは，むしろ一般的な意識化によって初めて政治的なものになり，科学的な議論のための資料によって戦略的に規定されたり，隠されたり，演出されたりする社会的な構築物なのです」（Beck 2002＝2010：75-76）という U. ベックの言葉を想起させられた。

　このように，戦後の「成功した産業発展」のもとで作り出されてきた日本社会とその発展方向そのものが，もう一度，問われなければならないものとなったのである。

　防災対策に限定して考えてみよう。1959年に日本を襲った伊勢湾台風以来延々と積み上げてきた災害への備え，特に海岸堤防はほとんど役に立たず，2万人近くの犠牲者を出してしまった。それまで，日本の防災対策は世界でも有数のものであり，アジアなどの途上国に防災対策を「輸出しようとする」ほどの自信を持っていた。たとえば津波対策に関しては，日本では近代になってもたびたび津波に襲われ，さらに台風による高潮を経験してきた。そのために，「世界でも有数の対策」が実施されてきた。すでに，日本全国の海岸線には，伊勢湾台風の高潮を基準とした5m以上の堤防が築かれ，特に三陸の釜石市には湾の入り口に海底60mから立ち上げられた津波防潮堤が長い年月をかけて完成していた。さらに，河口部には，開閉式の防潮水門，海岸に続く堤防には津波水門を設け，防潮林を整備し，短時間で発令可能な津波警報システムと警報伝達網を整備し，ハザードマップを作成し，それに基づく津波避難場所の

指定と避難訓練などが実施されてきた。これだけの防災の備えを積み上げてきたにもかかわらず，今回の津波では，防災施設が何もなかった時代の明治三陸大津波の死亡者数と並ぶ犠牲者を出してしまった。この事実を前に，これまで営々と積み上げてきた防災施設と対策はいったい何だったのだろうかという感慨にとらわれざるをえなかった。以上のことは当然，戦後の防災対策のパラダイム転換（関 2011）を迫るものであった。しかし，この大災害は防災対策にとどまらない問題を提起している。

2　本書の構成

　これまで社会学においては，災害研究や防災研究は必ずしも長い研究蓄積を持っていない。1995年の阪神・淡路大震災で社会学の研究が一挙に増加したが，その関心は継続しなかった。しかし，今回の「未曾有の」「想定外の」大震災を経験して，社会学者の災害への関心は根底から変化した。それは，第一に，今回の災害の社会的影響は，その災害が発生した時点にとどまらず，長期間にわたるものであること，さらに第二に，その社会的影響は直接的な被災地にとどまるものではなく世界各地にまで拡大すること，第三に何よりも，災害の発現形態が，その社会の社会構造に深く関連していると，強く気づかされたからである。そうした問題意識を背景に，2011年度，関西大学で開催された日本社会学会大会において，研究活動委員会は「東日本大震災を考える」というテーマを掲げ，「社会学への問いかけ」「社会学からの提起」というふたつのテーマセッションを開催した。この災害特別セッションでの参加者の関心の高さ，熱っぽい議論の交換をみても，従来の災害に関心を持った研究者の枠を超え，社会学者全体が，この災害に強い関心や危機感を抱いていることがわかる。
　それは，個々の社会学者に対して，「この大災害を社会学者としてどう捉えるのか」という問題だけではなく，「この大災害が，日本の社会学に何を問いかけているのか，それにどう答えていけるのか」という問いを突きつけている。さらに，この災害をきっかけとして，今後，日本の社会学は大きく変化してゆくのではないか（あるいは，変化してゆくべきなのではないか），この大震災は日

本の社会学にとって今後の試金石であるという予感を抱かせる。

本書は，日本社会学会大会でのふたつのセッションでの報告をもとに企画されたものである。今後，われわれは各個別の社会学を横断するプラットホームを設け総合的に研究交流をおこなってゆきながら，継続的に東日本大震災を研究してゆく予定である。私たち編者はこうした日本社会学会全体の災害研究の第一作として，本書の出版を位置付けている。

本書の構成は，第Ⅰ部「被災の現場からの社会学」，第Ⅱ部「原発事故と原子力政策」，第Ⅲ部「大震災への社会学からの接近」からなる。

第Ⅰ部では，被災地の現場に身を置き，あるいは，現場の人びとの体験から出発しながら，広域システム，コミュニティ，ボランティア，災害のマイノリティを取り上げる。第1章の「広域システム災害と主体性への問い」（山下祐介）では，東日本大震災によって「広域に生活システムが崩壊し」，いかなる状況に東北地方がおかれたのかを自身の体験もふまえて描いている。そして，最終的に，この広域「システムのもつ性格を自覚・自省し，『ありうべき姿』を構想しながら，システムの暴走をできる限りコントロールする主体性を，我々のうちに今一度確保していく努力が不可欠だ」という。第2章「地域コミュニティの虚と実」（吉原直樹）では，すでに全国的に張りめぐらされた「ガバメント型の防災コミュニティ体制」に注目して，それが今回の大災害時に機能したのかどうかを検討することから，「存在していたものの機能しなかった，つまり『あるけど，なかった』」という状況にあったことを福島県内の避難所の調査から明らかにしている。その上で，「あるけど，なかった」状況をもたらした要因を探り，最終的に，「地域コミュニティの再生は可能か」を論じている。こうしたコミュニティからの考察と並んで，次の第3章「東日本大震災における市民の力と復興」（関嘉寛）では，災害ボランティア活動に焦点を当て，阪神・淡路大震災と東日本大震災でのボランティアを取り巻く社会環境の変化を確認することから論じ始め，阪神・淡路大震災以降に進められた「災害ボランティアの一般化と標準化」は結果的に，「被災者が取り残されてしまう」危険性をはらませていることを論じている。そして，そうした危険性を回避するためには，「被災者の自立を促し，新しい環境を創りだす」ことや住民参加が

重要であると指摘している。第4章「千年災禍の所有とコントロール」（金菱清）は，「震災マイノリティが『リスクのある地域でなお［以前と同じように］暮らす』ための論理」「リスクのあるなかで『そこに住む』とはどういうことか」を，原発事故による計画的避難区域に指定された福島県飯舘村と，津波により壊滅的被害をこうむった宮城県石巻市北上町十三浜での聞き取り調査から検討したものである。その調査から，「人々の生活における自然サイクルに災禍を所与のものとして組み込み所有することで，災禍をコントロール可能なものにする…リスクがあるから住まないのではなく，リスクがあるからこそそこで生活を営もうとする」ことを明らかにしている。

　第Ⅱ部は原発事故を取り上げる。第5章「福島原発震災の制度的・政策的欠陥」（舩橋晴俊）において，人災である原発事故について，「自然科学的要因や工学的要因に注目するだけでは不十分であり，人為的要因，社会的要因がいかなる作用を果たしたのかという視点からの解明」に取り組んでいる。ここで重要なのは，「原子力複合体」という「原子力利用に共通の利害関心を有し，その推進を緊密に協力しながら担っているような電力業界，原子力産業と関連業界，経済官庁，政界，学界，メディア業界に属する諸主体の総体」の果たした役割であり，「原子力複合体の自存化の結果，安全性という見地からそれを規制する力があまりにも弱く，社会的多重防護が破綻してしまった」社会的過程である。こうした視点に基づいて，今後のエネルギー政策の転換のためにはどういった社会的な変革が必要なのかを検討し，公共圏の必要性などの条件を提示する。

　第6章「何が『デモのある社会』をつくるのか」（平林祐子）は，原発事故に対して，日本社会で急速に拡がった反原発運動とその新しい特徴，そして，そのような新たな運動の高揚を可能にした情報環境について考察する。3月11日のあと，東京では，東京電力本社前での抗議行動，各地のデモ，集会，原子力についての講演・学習会などが，続々と組織化され，そのような大衆行動への参加者は爆発的に増え，6月にはピークに達した。これらの反原発イベントの周知と動員は，近年の情報環境の転換を反映してウェブサイト，ツイッター，メーリングリストなどの手段をフルに駆使して遂行されており，従来の新聞や

テレビといったマスコミとは異なるメディアが組織化の基盤となっている。反原発運動は多様な様相を呈しており，環境志向／社会正義志向の軸と，政策提言志向／実践・実力行使志向の軸を交差させることによってさまざまな運動団体の特徴を把握することができる。新しいメディアが新しい動員と新しい運動を作り出している。

　第7章「フクシマは世界を救えるか」（長谷川公一）では，福島原発事故を世界史的な原子力政策への転換点となりうる機会として考察する。その際，まず想起するべきは，チェルノブイリ原発事故が，ベルリンの壁の崩壊と東西ドイツの統一，ソ連崩壊という世界的変化を加速したことであり，その後のヨーロッパとアメリカの原発政策に抑制的に作用したことである。福島原発事故は世界的な衝撃を与えたが，その理由として，西側諸国で広く使われている軽水炉での事故，4基同時の危機化，無防備な大量の使用済み核燃料の溶融の危険などの深刻な特徴を指摘することができる。福島事故を契機として，ドイツが決定的に脱原発に転換したことは，それにいたる歴史的過程とともに，政策決定の取り組み態勢や倫理的判断基準の重視という点で，豊富な教示に満ちている。

　第Ⅲ部においては社会学のマクロな観点から，東日本大震災による災害を理論的に検討する。具体的には，第8章「リスク社会論の視点からみた東日本大震災」（正村俊之）では，「社会の変化は，震災という『鏡』をとおして人々が社会を認識し直し，選択を改めるプロセスに媒介されており，その社会的帰結として引き起こされる」という観点から，「リスクをとおして日本社会のいかなる側面が浮きぼりにされたのか」を検討している。日本社会を，近代社会としての位相，日本社会に特徴的な位相，そして現代社会としての位相に分け，東日本大震災が近代社会のリスク問題を発生させつつも，「システミック・リスク」という現代的な様相を帯びていること，そして日本的リスク管理の特徴として「事前の予防策に圧倒的な力点が置かれ，そのぶん事前の事後対応策が軽視された」ことが指摘される。こうした考察から，最後に，災害に強い日本社会を確立するための課題を提示している。第9章「不透明な未来への不確実な対応の持続と増幅」（加藤眞義）では，東日本大震災が福島にもたらした被害の特徴を示した上で，被害が社会的に媒介されていることを明らかにしている。

原発事故の避難区域が国家による「基準の政治」によって恣意的に設定され，回避可能な被害が生じたこと，そして，「子ども」や「コミュニティ」という，本来は世代的再生産を促進し，住民のつながりを生み出すはずのシンボルが震災によって住民間の分断と対立を招く契機となったことが述べられる。そのことをふまえて，「対立の前提となる差異を認めつつ，その対立を多様性へと変奏」していくことの重要性が指摘される。そして，第10章「『想定外』の社会学」（田中重好）では，東日本大震災による津波被害が「想定外の連鎖」の問題として分析される。これまで日本の防災対策は，地震の想定から出発して，ハザードマップの作成，具体的な防災対策の策定まで，「想定の連鎖」の体系として組み立てられてきた。その「想定の連鎖」が見事に外れ，「想定外の連鎖」という事態が発生した。そのことを具体的に確認し，大きな津波災害が発生してしまったことを明らかにする。その後，近代の防災対策の特質をあぶり出し，防災対策が進むほど「設計外力を超える大災害」の危険性が拡大することを論ずる。さらに，今回の津波災害をふまえて，今後の津波防災のあり方を具体的に提言した。

3 ハザードとしての東北太平洋沖大地震

　各章の議論に入る前にまず，ハザードとしての東日本大震災を見ておかなければならない。東北地方太平洋沖地震がどういう地震で，どういった津波を発生させたのかを，自然科学の研究から簡単にみておこう。

　2011年3月11日14時46分，三陸沖を震源とするM9.0の巨大地震が発生した。これまでも宮城県沖地震は，日本の中で最も発生確率が高いと警戒されていた地震であるが，その場合の予想最大規模はM8.0であり，地震学者ですら，これを超える地震が発生するとは予想できなかった。

　震源域での断層面のすべり分布は長さ約450km，幅約150kmに及んだ[1]（図序-1）。この地震動によって震源直上の海底においては地盤が東南東に約24m移動し，約3m隆起したと当初は推測されていたが，その後の調査で，海側に55mも動いたことが判明した。それは，東京大学地震研究所の古村孝志教

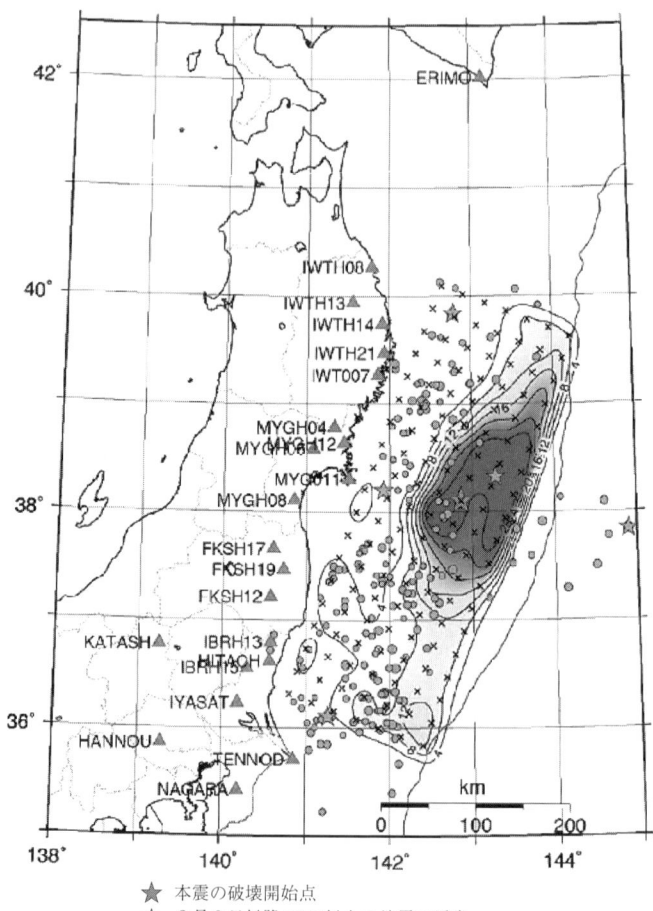

★ 本震の破壊開始点
☆ 3月9日以降のM7以上の地震の震央
● 本震発生から1日間のM5以上の地震の震央
× 各小断層の中心点
▲ 解析に用いた観測点

0 5 10 15 20 25 30
すべり量 (m)
コンターの間隔は4m

図序-1　東北地方太平洋沖地震（震源過程解析から推定された，断層面上のすべり量分布）

出所：阿部勝征「東北地方太平洋沖地震」（中央防災会議平成23年4月27日資料）（http://www.bousai.go.jp/chubou/27/shiryo1.pdf, 2011年11月30日閲覧）
気象庁気象研究所資料をもとに作成

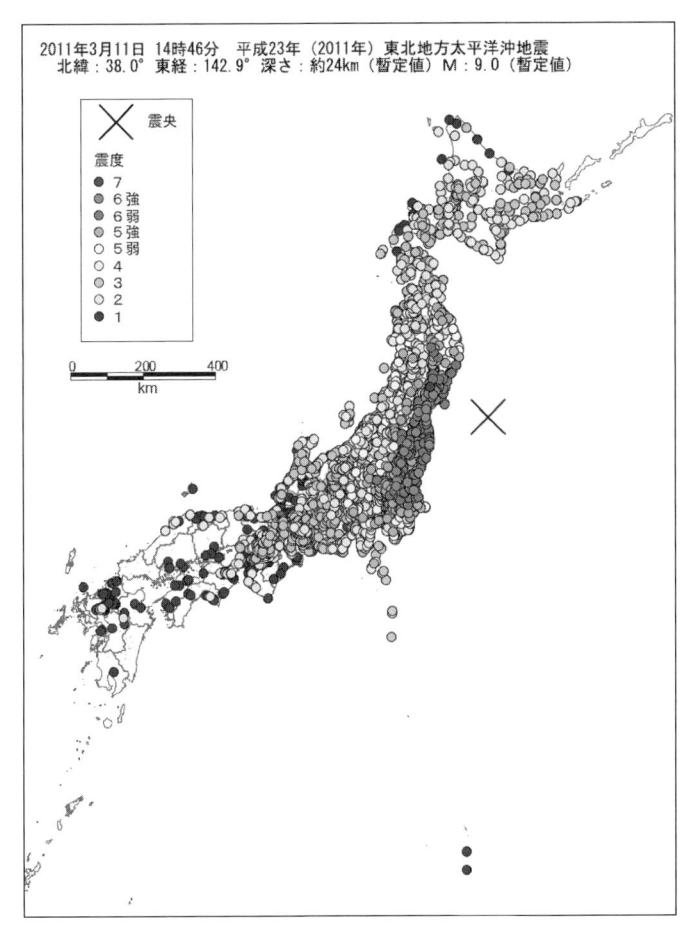

図序-2　2011年（平成23年）東北地方太平洋沖地震の震度分布
出所：地震調査研究推進本部「平成23年（2011年）東北地方太平洋沖地震に関する情報」（平成23年4月12日更新）（http://www.jishin.go.jp/main/oshirase/20110311_sanriku-oki.htm、2011年10月24日閲覧）

授ですら「55 mという数字を始めて聞いた時は信じられませんでした」(古村 2011：45) というような巨大な変動であった。地上においても，宮城県北部では震度7を記録し，宮城県南部・中部から福島県中通り・浜通り，さらに茨城県北部・南部，栃木県まで広域にわたって震度6強の揺れをもたらした。日本全体の震度分布は図序-2にみる通りであるが，この図に示されているように，震度3の地域に注目すると西は兵庫県から北は北海道にわたる広範囲に揺れを

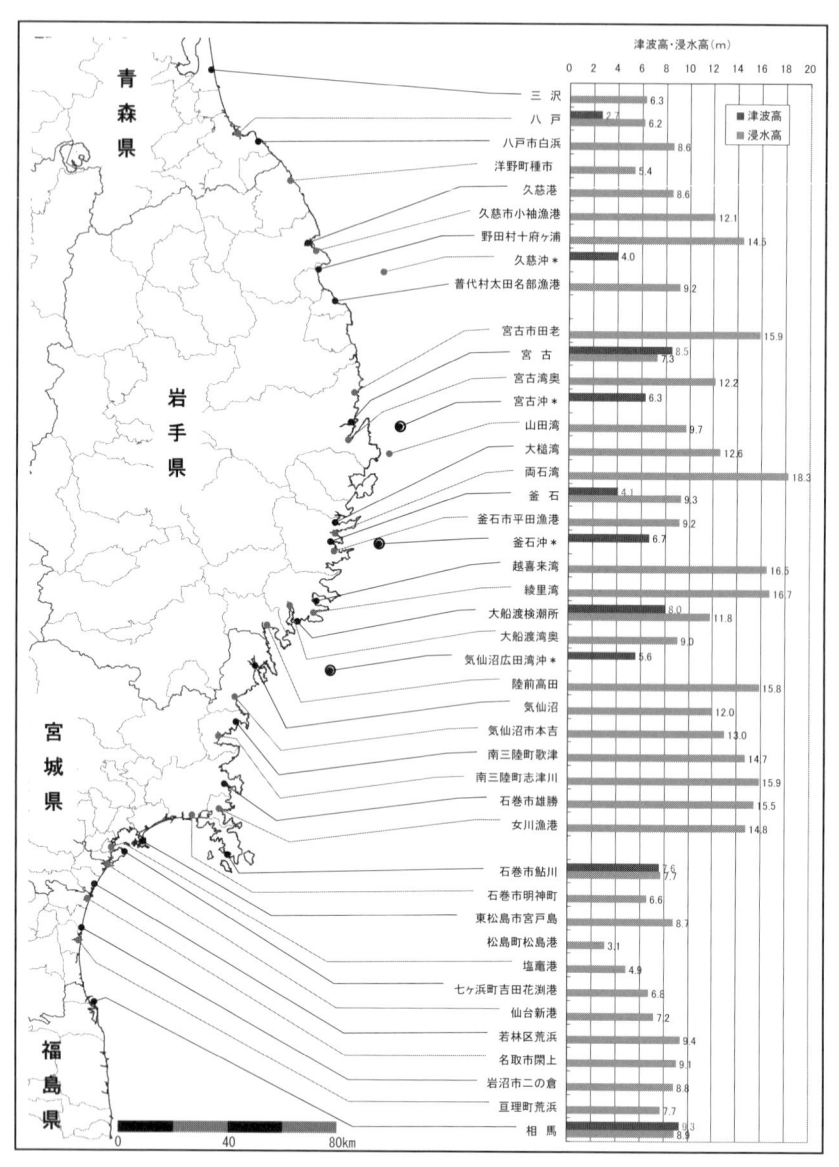

図序 - 3　青森県～福島県の津波高・浸水高および青森県～千葉県の浸水状況

出所：日本気象協会「平成23年（2011年）東北地方太平洋沖地震津波の概要（第3報）青森県～福島県の津波高・浸水高および青森県～千葉県の浸水状況」（http://www.jwa.or.jp/static/topics/20110422/tsunamigaiyou3.pdf#search＝平成23年（2011年）東北地方太平洋沖地震津波の概要（第3報））

起こした。

　さらに，この巨大地震は海底の変化によって，巨大な津波を引き起こした。日本気象協会のまとめによると，図序 - 3 にみる通り，釜石湾の18.3mを筆頭に千葉県から北海道まで広域にわたって内陸まで津波が押し寄せ，港湾施設はもちろん，内陸部の一般住宅をも押し流し，大きな人的被害をもたらした。岩手・宮城・福島県の沿岸市町村だけで見ても，津波の浸水面積は497 km^2，浸水地域の居住人口は51万697人に達し，沿岸市町村の総人口250万7724人の20.4％にも達している。津波の被災地のなかでも，三陸地方では陸前高田市，女川町，南三陸町では中心市街地に壊滅的被害を与え，仙台市以南の平野部では広範囲に津波が浸水し，人的・物的被害だけではなく，水田や耕地まで破壊した。

4　被害状況

　ここではまず，被害の全容を概略的に確認しておこう。

　被害状況は，とりまとめた時間によって変化しているため，ここでは政府の災害緊急対策本部（2011年11月15日現在）の数値で確認する。

　人的被害は，死者1万5838名，行方不明3647名であり，死者・行方不明者合計は1万9485名に達している。死者・行方不明者数に比較して負傷者数は少なく，5942名にとどまっている。建築物被害は，全壊11万8660戸，半壊18万2415戸，一部破損が60万3193戸となっている。この原因のほぼすべては津波によるものであると考えられている。こうした被害の現れ方は，直下型地震による建物の倒壊や家屋火災などによる被害とは様相をまったく異にしている。

　避難者数の正確な数値を割り出すことは困難であり，調査機関ごとにも数値が異なっている。また，発災後直ちに避難者を把握することは不可能であった。政府によると，発災一週間後の避難者数は38万6739人，警視庁発表で36万8838人となっている。

　避難者数の把握は，災害による混乱や情報の途絶のために困難であるということ以外に，避難者の定義にも左右される。避難者を公的に指定された避難所に避難した人とするのか，避難所に入りきれないために自宅以外の個人宅に

「避難している」人も含むのか，さらに自宅が被災しているが応急修理して，あるいは自宅の敷地に仮設住宅を建てて不自由ながら暮らし続ける人も含むのかによって，避難者数が異なる。支援のロジスティクスの観点からは，避難者を「食糧支援が必要な人口数」で数えることも必要となる。このような事情のため，避難者数は近似的な値にしかなりえない。

　宮城県のまとめでは，3月11日にピークを迎えた県内被災者数を32万885人としている。岩手県は避難所へ避難した人の数だけしか数えていないが，そのピークは3月13日で，総計5万4429人と発表されている。福島県は，原発事故による避難が中心であり，その避難者のピークは発災直後ではなく，放射能汚染の実態が次第に明らかになってくるにしたがって増加していったと考えられる。仮に2011年5月9日時点で見てみると，避難所入所者数は県内2万4394人，県外3万4055人，合計5万8449人，さらに「その他」避難者を加えると総計9万8159人となっている。この避難者数は時間が経つにつれて増加したことと，行政側の避難者数の把握が進んだことによって，11月30日でも，避難指示による避難者2万8366人，自主避難5984人，合計3万4350人であり，県外の避難者は46都道府県6万251人という高い避難者数を維持し続けている。こうしたピーク時の数値に注目すると，岩手県で約5万5000人，宮城県で32万人，さらに，福島県で約10万人を数え，最大被災者数を推計すると約50万人弱となると推測される。こうした行政が把握可能な避難所に避難した人以外に，親戚などの私的な関係で避難した人が加わると，さらに大きな数となるであろう。

　東北三県別にみると，岩手県，宮城県の避難者数は時間を経過するにつれて減少している。被災地三県では，全体として8月末には避難所から仮設住宅などへの移動が完了し，一部の地域のみ引き続き避難所が継続している。地震と津波，さらに原発事故の規模がきわめて大きかったため，被災地の人びとは全国各地に避難をした。そのため，被災三県以外にも，避難所が設置された。だが，その数は時間とともに急激に減少している。東日本復興対策本部の調べによると，激甚被災していない都県（秋田，山形，茨城，埼玉，東京，長野）に開設されている14ヶ所の避難所（961人収容）は，2011年9月末までに7ヶ所，2011年末までに4ヶ所，未定3ヶ所と減少している。被災地でも，最大の死亡者数

序章　大震災が突きつけた問い

表序-1　東日本大震災、中越地震、阪神・淡路大震災の避難者（避難所生活者）の推移

平成23年7月22日

		発災日	1週間後	2週間後	3週間後	1か月後	2か月後	3か月後	4か月後	5か月後	6か月後	7か月後
東日本大震災（平成23年3月11日）	避難所数（）内は、3県（岩手・宮城・福島）における避難所数	—	2,182 (1,874)	1,935 (1,335)	2,214 (1,240)	2,344 (1,063)	2,417 (897)	1,459 (799)	— (536)	—	—	—
	避難者数（※1）（）内は、3県（岩手・宮城・福島）における避難者数	20,499 (1,198)	386,739 (368,838)	246,190 (216,963)	167,919 (141,882)	147,536 (124,450)	115,098 (94,199)	88,361 (67,073)	—	—	—	—
	避難所にいる避難者（公民館・学校等）	—	—	—	—	—	—	41,143 (38,598)	17,798 (16,138)	—	—	—
	避難者数（※2）（）内は、3県（岩手・宮城・福島）における避難者数	—	—	—	—	—	—	101,640 (75,215)	58,922 (35,643)	—	—	—
中越地震（平成16年10月23日）	避難所数	275	527	234	146	94	0	—	—	—	—	—
	避難所生活者	42,718	76,615	34,741	11,973	6,570	0	—	—	—	—	—
阪神・淡路大震災（平成7年1月17日）	避難所数	—	1,138	1,035	1,003	961	789	639	500	379	332	0 (※)
	避難所生活者	—	307,022	264,141	230,651	209,828	77,497	50,466	35,280	22,937	17,569	0 (※)

出典：東日本大震災に関しては上上2段は警察庁の発表資料等を、下2段は当チームで行った調査結果を、中越地震に関しては新潟県のHPを、阪神・淡路大震災に関しては「阪神・淡路大震災：兵庫県の1年の記録」を参照。

注：(1)中越地震について、避難所生活者が0になったのは発災から約2か月後。
(2)阪神・淡路大震災について、避難所生活者（※2）が0になったのは発災から約7か月後。避難所の設置運営は8月20日をもって災害救助法に基づく避難所（避難所生活者）は終了。平成7年8月10日に応急仮設住宅48,300戸がすべて完成したことに伴い、8月20日をもって災害救助法による避難所の設置運営は終了。
(3)東日本大震災の3か月後の上2段の数値は6月11日現在。下2段の数値は6月2日現在。東日本大震災の4か月後の上1段の数値は7月12日現在。下2段の数値は7月14日現在。

※1　警察庁は「公民館・学校等の公共施設」及び「旅館・ホテル」への避難者を中心に集計。
※2　当チームは①避難所（公民館・学校等）、②旅館・ホテル及び③その他（親族・知人宅）を集計。

出所：東日本大震災復興対策本部（http://www.cao.go.jp/shien/1-hisaisha/pdf/5-hikaku.pdf、2011年11月12日閲覧）

図序-4 避難所生活者の推移——東日本大震災,阪神・淡路大震災,中越地震の比較
出典:東日本大震災に関しては警察庁の発表資料等(注1)及び当チームで行った調査結果(注2)を,中越地震に関しては新潟県HPを,阪神・淡路大震災に関しては「阪神・淡路大震災—兵庫県の1年の記録」を参照.
注1:警察庁は「公民館・学校等の公共施設」及び「旅館・ホテル」への避難者を中心に集計.
注2:当チームは①避難所(公民館・学校等),②旅館・ホテル及び③その他(親族・知人宅等)を集計.
出所:東日本大震災復興対策本部(http:www.cao.go.jp/shien/1-hisaisha/pdf/5-hikaku-pdf, 2011年11月12日閲覧)

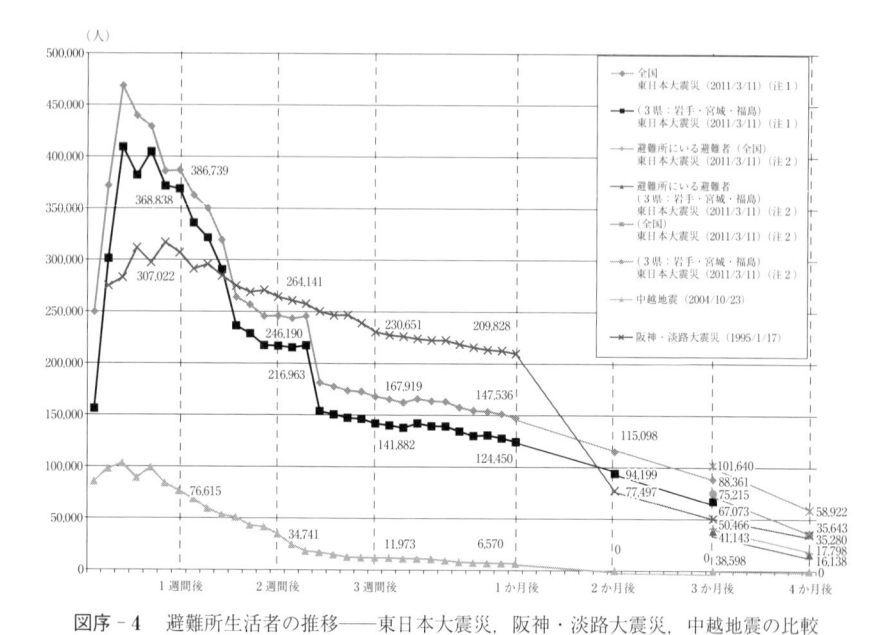

や被害を経験した宮城県石巻市は「宮城県石巻市は11日,東日本大震災発生後,ピーク時で宮城県内最多の約5万人が身を寄せた避難所を全て閉鎖」した(『河北新報』2011年10月10日)。また,「最多で約5万5000人が避難した岩手県は,8月末に県内全避難所を閉鎖した」と報道されている。一方,原発事故のために福島県の避難者数はほとんど横ばいとなっている。この点からも,この大災害が様相を異にするふたつの部分から構成されていることがわかる。

避難者は発災直後が最も多く,その後は,仮設住宅の完成,民間借家への移動,親戚の家への転居,さらに自宅の修理や新築によって,時間が経つにしたがって減少するのが一般的である。表序-1を手掛かりに避難者数の推移を,1995年の阪神・淡路大震災と比較すると,東日本大震災の方が総数で数万人多くの避難者を生み出したが,1ヶ月後の時点では,東日本大震災14万8000人,阪神大震災21万人となっており,発災1ヶ月後までは阪神・淡路大震災よりも

序章　大震災が突きつけた問い

表序-2　所在都道府県別の避難者等の数（平成23年7月14日現在）

(単位：人数)

北海道	2,409	東京都	6,611	滋賀県	424	香川県	78
青森県	1,102	神奈川県	1,405	京都府	726	愛媛県	249
岩手県	6,127	新潟県	7,538	大阪府	916	高知県	133
宮城県	12,874	富山県	495	兵庫県	976	福岡県	569
秋田県	1,597	石川県	585	奈良県	149	佐賀県	231
山形県	6,985	福井県	503	和歌山県	101	長崎県	167
福島県	16,642	山梨県	868	鳥取県	125	熊本県	202
茨城県	2,342	長野県	1,140	島根県	169	大分県	366
栃木県	2,790	岐阜県	388	岡山県	328	宮崎県	148
群馬県	2,514	静岡県	1,422	広島県	398	鹿児島県	235
埼玉県	2,730	愛知県	1,226	山口県	193	沖縄県	553
千葉県	3,493	三重県	212	徳島県	118	合計	91,552

出所：東日本大震災対策本部（http://www.reconstruction.go.jp/topics/whats-new/，2011年10月10日閲覧）

　速いスピードで減少してきた。しかし，1ヶ月後から3ヶ月後の期間を見ると，阪神・淡路大震災の被災者は5万人と，4分の1にまで急激に減少したのに対して，東日本大震災では依然として8万8000人が避難生活を余儀なくされており，半減にも達していない。この原因のひとつはいうまでもなく原発事故と放射能汚染による長期的影響であるが，それ以外にも，津波で家と街を流された地域での，瓦礫処理の困難さと，高地移転などの街の再建の方向性が未定であることなどのためである。避難者数の推移を図に表わしたものが，図序-4である。

　こうした長期的に避難を余儀なくされている人びとがどこに生活しているかといえば，政府の東日本復興対策本部による2011年6月2日の第一回調査では，避難所に4万1143人，旅館ホテルなどに2万8014人，親戚・知人宅などに3万2483人，公営住宅や民間住宅などに2万2954人の合計12万4594人となっている。その4ヶ月後（発災から7ヶ月後）においては，避難所の避難者がほぼ0になり，旅館やホテルに一時的に居住していた数も約2000人となっている。反対に公営住宅，仮設住宅，民間借家などの住宅等が第一回調査時点より倍以上増えて5万1000人となっている。親戚・知人宅のその他は3万2000人から減少したとは

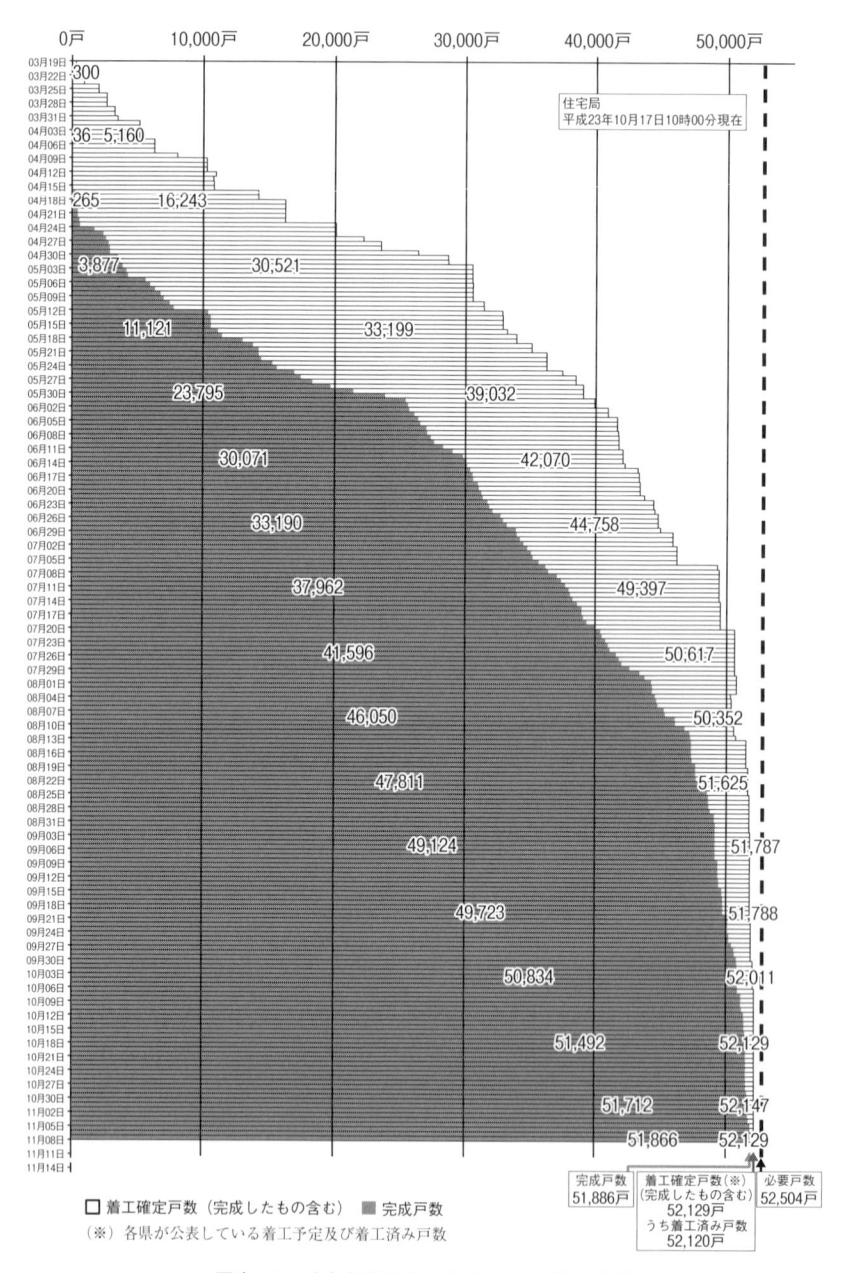

図序 - 5 応急仮設住宅・着工・完成戸数の推移

出所：国土交通省住宅局（http://www.mlit.go.jp/common/000143900.pdf, 2011年11月12日閲覧）

表序-3　内閣府　東日本大震災における被害額の推計（2011年6月24日）

項　目	被害額
建築物等（住宅・宅地，店舗，事務所，工場，機械など）	約10兆4000億円
ライフライン（水道，ガス，電気，通信・放送施設）	約1兆3000億円
社会基盤施設（河川，道路，港湾，下水道，空港等）	約2兆2000億円
農林水産関係（のうち・農業用施設，林野，水産関係施設等）	約1兆9000億円
その他（文教施設，保健医療・福祉関係施設，廃棄物処理施設等）	約1兆1000億円
総計	約16兆9000億円

注：各県および関係府省からのストック（建築物，ライフライン施設，社会基盤施設等）の被害額に関する提供情報に基づき，内閣府（防災担当）において取りまとめたものである。今後，被害の詳細が判明するにともない，変動があり得る。また，四捨五入のため合計が一致しないことがある。
出所：内閣府（http://www.bousai.go.jp/oshirase/h23/110624-1kisya.pdf，2011年11月12日閲覧）

いえ以前として1万7000人が生活している。

　表序-2の全国の都道府県別の避難者の分布（2011年7月14日現在）で見ると，避難者は全国に分布している。もちろん，最も多いのは東北地方での4万5237人であり，なかでも福島県，宮城県，岩手県が中心である。その意味では，被災者は県内に最も多く避難したといえる。しかし，関東地方にも全体で2万1885人と多く，さらに，関東以西の合計では2万1931人となっている。最も遠い九州沖縄地方へも2471人の人が避難している。

　こうした変化をもたらしたのは，いうまでもなく仮設住宅の完成であり，さらに民間借家・アパートへの入居を希望する人びとへの公的補助制度であった。図序-5が，仮設住宅の完成経過である。

　次に，東日本大震災がもたらした経済的な損失について，確認しておこう。

　内閣府によると，表序-3にみるように，2011年6月24日時点で，建築物等（住宅・宅地，店舗，事務所，工場，機械など）が約10兆4000億円，ライフライン（水道，ガス，電気，通信・放送施設）が約1兆3000億円，社会基盤施設（河川，道路，港湾，下水道，空港等）が約2兆2000億円，農林水産関係（農業用施設，林野，水産関係施設等）が約1兆9000億円，その他（文教施設，保健医療・福祉関係施設，廃棄物処理施設等）が約1兆1000億円，総計約16兆9000億円と推計されている。

　こうした経済的損失に対して，震災復興のためには23兆円の復興事業が必要だと考えられている。この復興に必要な費用については，藤井聡の「復興事業費用（行政負担分：国・自治体含む）が少なくとも46兆円となることが想定され

る」という意見から，原田泰の「破壊された民間資産は4兆円，公的資産は2兆円……民間資産のすべてを政府負担とするのは，むしろ不公平だ。政府が半分援助すると2兆円で済む。合わせて4兆円が必要な復興費用である」（原田2011：70）という意見まで，さまざまである。

　災害復興のため，2011年度（一般会計予算総額　総支出92兆4000億円）で三次にわたる補正予算が組まれ，第一次補正予算4兆153億円（5月2日），第二次補正予算1兆9988億円（7月25日），第三次補正予算12兆1000億円（11月21日）と，総額約18兆円の補正予算が組まれた。

　東日本大震災を特徴づけるのが原発事故であることは言うまでもない。この点だけに絞って，災害の推移と被害の特徴を見ておこう。

　東日本大震災は，福島原発事故をともなっていることによって，世界に先例のないものとなった。原発事故の進展を概観しながら，原発に起因してどのような被害が連鎖的に生起したのかを記しておきたい。ただし，原発事故が，技術的に見てどのような経過をたどったのかについては諸説があり，まして医学的に見た被害の実態と，社会的に見た被害の広がりと深さを把握するのはきわめて困難である。その意味で，以下の記述は，暫定的で部分的なものに留まる（以下の事実経過は，基本的には『福島民友』による）。

　3月11日の地震発生後，福島第一原発の1号機は12日15時36分に水素爆発を起こした。続いて，3号機においても14日の11時頃爆発が起こり，建屋が吹き飛んだ。2号機においても，15日の6時頃，サプレッションプールで爆発が起こり，さらに，4号機の建屋でも爆発が起こり使用済み燃料貯蔵プールが露出するにいたった。2012年6月までの政府の公式見解によれば，津波によって非常用電源が破壊され原子炉の冷却機能が失われたことが，これらの爆発の原因とされている。だが，在野の専門家の意見のなかには津波以前に地震によって配管類の破壊が生じ，冷却機能が失われていたという指摘もある（田中 2011）。政府は，当初，国際原子力事象評価尺度でレベル5という見解を表明し事故の深刻さを過小評価していたが，4月12日にはレベル7というチェルノブイリ事故と並ぶ事故であることを認めざるを得なくなった。原子炉の冷却のための注水は最優先の課題であったが，大量の汚染水の発生とその一部の海への放出と

いう帰結を招いた。東電は高濃度汚染水の保管を優先するために，4月7日から低濃度の汚染水を海に放出しはじめたが，海外諸国からも批判を浴びることになった。レベル7の原発事故により，広範な放射能汚染のもたらす直接的な被害と，さらに，それに由来するさまざまな派生的被害が生じた。

　福島原発の1号機から4号機にいたるあいつぐ爆発は，放射能汚染という，さらなる危険を切迫してもたらし，人びとを避難させるものとなった。政府による公式の避難指示は，まず，3月11日21時23分，福島第一原発から半径3km以内の住民に出された。次いで12日5時44分には10km圏内について避難指示が出され，12日18時25分には20km圏内の範囲の避難命令が，さらに15日11時には原発から20〜30km圏内の住民に屋内退避の指示がなされた。

　原発に近い双葉町，大熊町，富岡町，楢葉町などは，地域ぐるみの避難となった。避難の過程では，情報の不足，道路の渋滞，避難先確保の困難さが加わり，大混乱が生じた。避難は多段階におよび，たとえば川内村は12日には富岡町から避難してきた住民約6000人を受け入れたが，直後の16日になると，人口3000人弱の川内村村民自身の大半が，富岡町住民とともに，郡山市や県外へと避難せざるをえなくなったのである。

　地震と津波による破壊も各県に広範な避難住民を生み出したが，原発事故にともなう避難は，空間的な広域性，時間的な長期性，放射能汚染の脅威という点で，固有の深刻さをともなう。防災計画の想定より現実の事故は遙かに深刻であり，かつ東電や行政組織の対処能力は低かった。しかも，避難命令や事故情報についての政府や東電からの公式伝達はきわめて不完全なものであり，各地の自治体はマスメディアからの情報以外にもさまざまなインフォーマル回路からの情報や，さらにはインターネットを介して入手できる外国からの情報を手掛かりにして，不透明で不確実な状況の中で，避難をめぐる決断を下したのである。同様に，政府による避難指示の範囲には直接含まれていない福島県内の諸地域でも，原子炉の爆発を目の当たりにして，県外への避難の必要性を感じ，避難した人は数多い。

　結果として，20km圏内の警戒区域からは約8万人が避難せざるをえなかった。2011年4月22日には，20km圏外で累積放射線量が1年で推測20ミリシー

ベルトを超える地域が計画的避難区域とされ，5市町村で約1万500人の避難が必要になった。4月29日には，福島県から県外に避難した人は3万4000人に達したと見られる。

　放射能汚染に追われる形での避難は，住居，土地，財産さらには生業を失うことを意味している。特に，農林水産業関係者の被害は経済的にも精神的にも深刻である。強く汚染された土地は耕作不能や酪農不能になり，数多くの家畜が飼育不能による餓死や殺処分の対象となった。汚染された農産物は出荷停止になった。たとえ汚染されていなくても，福島県産の農産物は販売不振や価格の低下に見舞われた。同様に，海の汚染は長期による出漁不能を福島県内外で引き起こした。農産物や工業製品といった日本産の生産物の輸入禁止や検査の強化で規制する海外諸国も続出し，4月13日には，29ヶ国にものぼった。

　避難の過程は，多くの人々の懸命の努力にもかかわらず，弱者に対するケアや保護が失われるという帰結をともない，そのために健康が悪化し，死にいたる人びと（とりわけ高齢者）が続出した。震災関連死は2012年3月末時点で1632人に達したが（『毎日新聞』2012年5月11日），原発事故に起因して無理な避難をせざるを得なかったことがこのような大きな犠牲を生み出した重要な要因である。また，避難の過程で，基礎自治体の機能の一時停止や大幅な低下が生じざるを得ず，コミュニティや人間関係が解体され，さらには家族が長期にわたって別居せざるを得ないという事態も頻発した。仕事の先行きや避難生活の将来に明るい展望を持てないゆえの自殺も続発した。

　放射能汚染によるこのような直接的な被害に加えて，さまざまな形での派生的被害も生じた。大量の放射性物質が拡散し，地域社会に降り注いだことは，いたるところで不和と紛争の種となった。校庭の表面の汚染された土を削り取ることは一定の除染効果を持つが，その土をどこに置くべきかをめぐって紛争が生じた。大量の放射能汚染されたがれきの受け入れをめぐって，福島でも他の県でも対立が生じた。放射能汚染を警戒して他地域や県外に避難した人に対しては，しばしば「逃げ出した」という批判が投げかけられた。その背景には，そのような人びとがそれまで地域社会において果たしていた職能的貢献が失われ，それが留まっている人びととの地域生活をさらに困難にしてしまうという事

情があった。他方，遠隔地に避難したほうが良いと考えた人からは，汚染された土地に住み続けたり，早期に帰還しようとするのは，住民の（とりわけ年少者や乳幼児の）健康維持を考えれば，大局を見失った愚行であるという批判がなされた。より基本的な問題として，汚染の程度と安全性／危険性の判断や，被曝の長期的影響をめぐっては，住民の間でも専門家の間でも深刻な対立と論争が発生した。文科省は4月19日に，学校の屋外活動を制限する基準として毎時3.8マイクロシーベルトという空間線量の基準を示したが，これは年間被曝累積量20ミリシーベルトに対応するものであり，この基準に対して反対と拒絶の運動が起こった。行政の設定する基準はゆるすぎて危険な状況を人びとに押しつけるものとして批判されたのである。他方，厳しい基準に基づく規制や警戒に対しては，いたずらに不安をあおり，福島産の農産物や製品への科学的な根拠のない拒絶を生み出し，福島県民をますます窮地に陥れるものであるという批判がなされた。これらの論争は，放射能汚染が生み出す，不和や対立の代表的なものであるが，そのほかにもさまざまな形での対立や分裂が，いたるところで派生的に引き起こされたのである。

　原発事故の生み出す被害の広がりと深刻さ，解決の困難さあるいは不可能性は，圧倒的に多くの人びとにとって，震災以前には認識も予測もしていなかったことである。しかもこれらの被害は事故発生時点でその大きさが決定されているものではなく，被害の態様と程度には社会的要因が介在する。その後の長期にわたる社会的・集団的・個人的対処によって被害の大きさが大きく変化し，軽減されたり深刻になったりするのである。それだけに，社会学的視点で各時点での被害の総体を把握する努力をおこない，社会過程の中にその知見を絶えずフィードバックしていくことが求められるのである。

注
(1)　阿部勝征「東北地方太平洋沖地震」（中央防災会議平成23年4月27日資料）（http://www.bousai.go.jp/chubou/27/shiryo1.pdf，2011年11月30日閲覧）
(2)　平成23年4月12日更新。地震調査研究推進本部「平成23年（2011年）東北地方太平洋沖地震に関する情報」（http://www.jishin.go.jp/main/oshirase/20110311_sanriku-oki.htm，2011年10月24日閲覧）

(3) 平成23年（2011年）「東北地方太平洋沖地震津波の概要」（第3報）（http://www.jwa.or.jp/static/topics/20110422/tsunamigaiyou3.pdf#search，2011年10月24日閲覧）
(4) 浸水面積は国土地理院「津波による浸水範囲の面積について（第5報）平成23年4月18日」中央防災会議 東北地方太平洋沖地震を教訓とした地震・津波対策に関する専門調査会（第1回）資料より（http://www.bousai.go.jp/jishin/chubou/higashinihon/1/3-2.pdf，2011年11月10日閲覧）
(5) 緊急災害対策本部「平成23年東北地方太平洋沖大地震（東日本大震災）について」平成23年11月15日（http://www.kantei.go.jp/saigai/pdf/201111151700jisin.pdf，2011年11月30日閲覧）
(6) 「警察庁は19日，東日本大震災で被害が大きかった岩手，宮城，福島の3県で検視を終えた遺体のうち，92.5％の死因が水死と明らかにした。年齢が確認された人のうち60歳以上が65.2％を占め，特に70代が多く，24.0％に上った。年齢が高いほど，逃げ遅れて津波に巻き込まれるなどした実態が数字でも裏付けられた」2011年4月19日共同通信（http://www.47news.jp/CN/201104/CN2011041901000540.html，2011年11月12日閲覧）
(7) 内閣府被災者生活支援チーム（http://www.cao.go.jp/shien/1-hisaisha/pdf/5-hikaku.pdf，2011年11月12日閲覧）
(8) 宮城県総務部危機対策課資料，2011「東日本大震災について」（平成23年11月25日）
(9) 岩手県防災情報ポータル「過去の被害状況・避難所一覧」（http://www.pref.iwate.jp/~bousai/，2011年11月30日閲覧）
(10) 福島県「福島県の災害の状況及び県の取り組み」より（http://wwwcms.pref.fukushima.jp/download/1/sougoukeikaku_230513_1-4.pdf，2011年11月30日閲覧）
(11) 「平成23年東北地方太平洋沖地震による被害状況即報」(第441報)（http://wwwcms.pref.fukushima.jp/pcp_portal/PortalServlet?DISPLAY_ID=DIRECT&NEXT_DISPLAY_ID=U000004&CONTENTS_ID=24914，2011年11月30日閲覧）
(12) 東日本復興対策本部「被災3県以外で避難所が設置されている都県における避難所の今後の見込みについて」（平成23年9月20日現在）（http://www.reconstruction.go.jp/topics/hinansyo-mikomi.pdf，2011年11月30日閲覧）
(13) 内閣府被災者生活支援チーム（http://www.cao.go.jp/shien/1-hisaisha/pdf/2-hinanjo3.pdf，2011年11月30日閲覧）
(14) 内閣府被災者生活支援チーム（http://www.cao.go.jp/shien/1-hisaisha/pdf/5-hikaku.pdf，2011年11月12日閲覧）
(15) 東日本大震災復興対策本部（http://www.cao.go.jp/shien/1-hisaisha/pdf/5-

hikaku.pdf，2011年11月12日閲覧）
⒃　東日本復興対策本部，2011年11月9日「全国の避難者数」（http://www.reconstruction.go.jp/topics/20111109hinansha.pdf，2011年11月12日閲覧）
⒄　国土交通省住宅局「応急仮設住宅着工・完成戸数の推移」（http://www.mlit.go.jp/common/000143900.pdf，2011年11月30日閲覧）
⒅　藤井聡「緊急提案　日本復興計画」（平成23年5月25日修正版）（http://trans.kuciv.kyoto-u.ac.jp/tba/images/stories/PDF/Fujii/201101-201106/presentation/20110525fujiilab_plan.pdf，2011年12月1日閲覧）

文献

Beck, Ulrich, 2002, *Das Schweigen der Worter*, Suhrkamp Verlag.（＝島村賢一訳，2010,『世界リスク論』ちくま学芸文庫。）
古村孝志，2011,「東海・東南海・南海地震を予見する」『これから起きる巨大地震と大津波』洋泉社。
原田泰，2011,「16兆円も崩れてない　巨額の復興予算はまったく無駄使い」『週刊東洋経済』12月3日号。
池内了，2011a,「文明の転換期」内橋克人編『大震災のなかで』岩波新書。
池内了，2011b,「専門家の社会的責任」『世界』5月号，岩波書店。
貝塚啓明，2011,「リスク管理の失敗と首都機能分散」伊藤滋・奥野正寛・大西隆・花崎正晴編『東日本大震災復興への提言』東京大学出版会。
風見正三，2011,「地域資源経営の視点による東北の再生に向けて」伊藤滋・奥野正寛・大西隆・花崎正晴編『東日本大震災復興への提言』東京大学出版会。
木田元，2011,「技術文明の自壊」『新潮45』6月号，新潮社。
御厨貴，2011,「『戦後』が終わり，『災後』が始まる」『中央公論』5月号，中央公論新社。
西達男，2011,「復興対策をテコに東北州づくり」伊藤滋・奥野正寛・大西隆・花崎正晴編『東日本大震災復興への提言』東京大学出版会。
関良基，2011,「大規模集中から小規模分散，中央から地方，ハードからソフトそして外需から内需へ」伊藤滋・奥野正寛・大西隆・花崎正晴編『東日本大震災復興への提言』東京大学出版会。
田中三彦，2011,「福島第一原発事故はけっして"想定外"ではない」『世界』5月号，岩波書店。
梅原猛，2011,「『文明災』を乗り越え新たな文明の創出のとき」『潮』7月号，潮出版。

（2012年6月脱稿）

第Ⅰ部　被災の現場からの社会学

第1章

広域システム災害と主体性への問い
——中心‑周辺関係をふまえて——

山下祐介

1　東日本大震災の衝撃と現実

未曾有の災害を前に——変わらないのはなぜか

　2011年3月11日に発生した東日本大震災の発生から半年が過ぎた。筆者の中では，ちょうど1ヶ月ほど経った時から感じていた，あの焦燥感，無力感がいまも続いている。そしてどうもそれは，この震災のなかでさまざまな動きに巻き込まれていた人びとに共通するもののようだ。この焦燥感，無力感の正体は何なのか，この半年，ずっと考えつづけてきたことの一端を示してみたい。

　東日本大震災は，日本社会の根幹を揺るがす災害だといわれた。現在でもそのように認識されている。

　2万人を超える死者・行方不明者は，いわゆる先進国が世界大戦後にこうむった被害としては最大級のものとなった。そして何より，これまで安全だとされてきた原子力発電所のあっけない破綻があり，多くの避難者が元いた場所に戻れずに，全国のあちこちに散在している。

　1995年阪神・淡路大震災の時と比べても，復興に向けたプロセスは極端に遅い。1995年1月17日に発生した阪神・淡路大震災では，発生から2ヶ月半後の3月末がひとつの節目だった。仮設住宅ができはじめ，緊急避難期から復旧期へと大きく舵が切られたのがこの時期だからである。東日本大震災では，約半年がすぎてようやくこの時期に追いついた観がある。いや，それでもまだ，復旧という感じにさえなっていない。

未曾有の災害に対し，いままでの枠組みを超えた対応が求められている。震災直後，そのように多くの人びとがメディアを通じて発言していた。この震災の衝撃は，1995年の阪神・淡路大震災をこえて，「戦後」に匹敵する大きな転換が要求される，そうした災害だとさえいわれた。しかし，震災から半年を経て，現状はどうだろうか。この震災が起きたことで，何が，どう変わったというのだろうか。

　実のところ，筆者はこの震災が起きたとき，「ついに時がきた」と思った。誤解されることを怖れながらも，この時感じたことを正直に記してみたい。

　これまで，筆者は20年近く北東北の地・青森県弘前市に暮らし，地方都市や過疎地域の問題をテーマに研究してきた者である。あるいはまた，雲仙普賢岳噴火災害や阪神・淡路大震災のような大規模災害をつぶさに観察してきた者でもある。その目から見て，最大の問題は，いわれなく押しつけられてくる中央―地方の格差問題であり，また理工系尊重・人文系蔑視の歪んだ文部科学政策の中で蓄積されてきた，私たち日本人の持つ政策形成・問題解決能力の極端な矮小化であった。要するに，この機会に，これまで無視され続けてきたこうした問題が大きく見直されるに違いないと思ったのである。

　大規模災害が生じれば，たとえ中央集権といっても，国には基本的になすすべはなく，最も頼りになるのは身近な人間のつながりである。また同じく，自然科学や工学の限界も露呈した。想定外に対応できるのは，想定そのものを研究対象にできる人文社会科学のみである。災害科学・防災科学，あるいは環境科学やエネルギー論，こうした領域ではこれまで，経済学・法学をのぞけば，人文社会科学は役に立たないものとして押し出され，政策論からも排除されてきた。だがこの状況はこれまでの常識を大きく覆すに違いない。ようやく人文社会科学の，とりわけ社会学の考えてきたことが政策論のうちにも受け入れられる時が来たのではないか。そう思ったのである。

　だが結局，その期待は大きく裏切られつつある。それどころか，これだけのことが起き，これだけの認識転換の必要性を実感したのに，何も変わらない。既存の枠組みへの揺れ戻しの力は非常に強く，変わらないことが現実のようである。そしてそうなる理由もまた，社会学的に解読可能だというのがこの論考

のテーマである。

　これだけのことが起き，何かが変わるはずだと皆思い，そう議論していたはずなのに，何も変わらない。それはなぜか。筆者にとって，これこそが，この震災が私たちに問うている最も大きな問いであるように思われる。そして願わくば，その答えが見えたなら，いまからでも遅くはない，その何かを変えていくべきだと思うし，そうなる可能性も十分にあると思っている。事態はまだ始まったばかりだと思うからだ。

　まずはそのためにも，あの3月11日，筆者自身が何をどう感じたのかを記すことからはじめてみたい。というのも，この時すでに，その後生じつつあることの予兆のようなものが起こっていたようにいまとなっては感じるからである。

震災当初の感覚――全体が見えない

　3月11日，地震が起きたとき，筆者は弘前で調査のために外に出ていた。あまりにおかしな揺れであったため，調査を打ち切りにし，自宅に戻ろうとした。

　妙だと思ったのは，たしかに揺れは大きかったし長かったが，青森では何か大きなものが倒れるような揺れではなかった。なのに，電気が全部止まってしまった。あのあたりでは，発電所は岩木川の水力と，秋田の火力が近い。だが，ダムが決壊したり，秋田の発電所が崩壊するような揺れではない。送電線が倒れたとも思えなかった。何かもっと大きなもの，日本社会全体につながるものが崩れた感じの止まり方だった。遠いところで起きた出来事が，身近なもののすべてを決定していく。そんな気持ちの悪い感触が，この停電にはあった。そしてこの感じは，その後もずっと続くことになる。

　停電で信号が消灯していたこと以外は普段と変わりない奇妙な状態の中，車で自宅に戻ったが，停電中なのでテレビはつかない。バッテリーで動くワンセグのテレビが一台あったのでそれを持ち出してきた。3時間ほどは見られたと思う。その映像の中で，3つほどの光景が映り，錯綜した情報が手元に残って電源が切れた。

　ひとつは，青森県八戸港の様子である。大きな津波が一台の車の上に覆い被さったあと，ライトがついたまま，その車は流されずに埠頭にぽつんと残って

いた。青森県民にとっては，なじみの場所であり，強い衝撃が走った。

　この八戸の様子よりも前だったろう。もうひとつが，仙台平野に襲いかかる大津波の実況中継である。ヘリからの空撮でのライブ映像。海岸線に沿ってそそり立つ津波の長い長い壁が，次第に岸に迫っていく。筆者も東北が長いから，この場所がどういう場所かはよくわかる。この波の壁の速さを考えれば，この場所にいれば逃げられない。次々と家が波で覆われていく様子に，ここだけで相当の人が亡くなったと思った。

　そしてもうひとつが，茨城の海岸の津波被害の様子だったと思う。この最後の情報は，その後のラジオによるものだったかもしれない。

　メディアがこの時どういう判断をしたのかはわからない。だが，最初の混乱は，その後の震災への対応にも影響を与え，それをいまだに引きずっているように思う。というのも，どう考えてもこの時，メディアはこの事態の全体像をつかまえ，伝えようとしてはいなかった。「まだわからなかったから」とは言い訳である。筆者のような素人――災害時の人間社会については研究してきたとはいえ，津波そのものについては何ひとつ知らない――でさえ，これらの情報から，次のようなことは想定できたからだ。

　八戸港の大津波，仙台平野の大津波，そして茨城や千葉での大津波。3ヶ所で津波が起きている。とすれば，その間でも同じことが起きているはずだ。相当大きな津波が生じたことになる。

　これを報道では，東北で地震と津波があり，北関東の沖でも何かあったようだ，と確認できたことをただ示しただけだった。あたかも3つの別々の出来事があったかのような示し方。だが，考えればこの巨大津波は想定はできたはずだし，それを伝えるべきだったのだ。

　メディアには，災害報道の際，最も注意しなければならないことがある。情報が出せるところは被害の軽いところである。それに対し，被害が大きい場所では，情報そのものが出てこない。情報を出せないほどに大きな痛手を被っているのである。これは阪神・淡路大震災時の大きな教訓のひとつでもあった。神戸の被災地は，西と東の情報しか入らず，被害の中心地帯で何が起こっているのかは，ヘリコプターからの映像を除けば，ほとんど何ももたらされなかっ

た。しかしそこが最大の現場だったのだ。

　結局、この3ヶ所の間で、さらに大きな事態が生じていたことが次第に明らかとなる。三陸リアス式海岸での大津波の発生と、福島第一原発事故である。福島第一原発事故では、事故の軽さや、放射能の安全性を強調する識者の見解が広く取り上げられ、津波被災地についても、一方向的で、かつセンセーショナルな場面を切り取ってくるだけの報道がつづく。しかもその断片的な報道は、被災地でも、他に情報源がないために、行動を決定する重要なよすがにさえなっていた。福島原発からの避難も、多くの人が頼っていた情報は、人づての噂とテレビやラジオからの放送だけだった。[6]

　そしてこうした状況が、いまだに続いているようにも思えるのである。「全体が見えない」のはいまでも変わらない。情報は常に断片的にしか提示されない。「何が起きたのか、全体をつかまえて、それを提示する」、そうした情報がいまだに乏しいことに、いらだちをずっと覚えている。そして、これは後で述べるように、私たち研究者自身の課題でもありそうである。

弘前での経験から

　震災当初からの見通しの悪さ。この感覚は立証しようのないものだが、もうすこし議論を進めてみたい。事例として津波の翌日、3月12日に筆者が見聞きした弘前での出来事を記しておこう。

　3月12日は、国公立大学では後期日程の入試がおこなわれる日だった。この日の朝、弘前でも電気は止まったままであった。筆者は試験監督だったが、むろん中止になるものとは思いながらも、連絡が取れないのでとりあえず大学に向かった。

　大学に着くと、受験生や親たちが門の前に集まっている。どう考えても試験ができるはずはない。また、試験を中止しても帰れない人が出るだろうから、その対応をどうするのだろうと思っていた。ところがここで判断のミスが生じた。大学では、12日の試験は中止を決めたものの、次の日には実施もありうるという考えで試験会場確保のため、大学の施設全体をロックアウトしてしまった。しかも受験生には、「試験を翌日おこなうかどうかは、明日朝ここでお話

しするか,ホームページでお知らせします」という説明をして,追い返してしまった。受験生やその保護者たちは,停電の中,弘前の町に放り出され,弘前市内の旅館ホテル業者の計らいや,弘前市役所に駆け込むことで急場をしのぐことになる。後に弘前大学の教員ボランティアなどで,こうした受験生たちを自宅に帰すまで,1週間を費やすこととなるが,なかには親と連絡が取れなかったり,テレビで自分の家が流されるのを見たという受験生もいた。学生たちの出身地を考えれば,十分に想定できたことだから,入試を早々に中止し,大学を開放して一時的な避難所として解放すべき状況だったわけだ。

これは悪口で書いているのではない。被災地と同じく東北地方にある弘前の町でさえ,しかも多くの専門家がいる国立大学においてさえ,メディアの情報ではそういうふうにしか判断できなかったのだ。それどころか,別の大学では,本校が被災しているのにもかかわらず,被害の少なかった地域の試験会場では入試をおこなったところもあったと聞く。要するに,被災地を一歩離れると,あれだけの映像を見ても「きっとたいしたことはない」という思考が働いてしまい,何ごともなかったかのようにそれ以前の基準で行動しつづけるようなことが起こっていたわけだ。

急変する事態に対して,事を軽く,安く見積もる心性は「落ち着き」でもあり,ある意味でパニックを防ぎ,秩序を維持する健全な作用でもある。しかし,今回に関して言えば,この災害を未曾有と呼んでいる割には事態を軽く見る傾向があり,それはこの12日の朝からすでに現れていたように思う。しかも,この傾向はいまもずっと続いているのではないだろうか。

これに対し,三陸沿岸,仙台平野,福島浜通りでは,日常がひっくり返ってしまった。原子力発電所事故ひとつをとっても,絶対にあってはならない事態が生じてしまったのにもかかわらず,科学者・研究者は総じてどこか落ち着いていた。しかし,騒がない美徳は科学者・研究者には必要ないし,それはジャーナリズムや政治の世界でも同じだろう。あとになって問題が拡大化・顕在化してから研究を始めたり,取材を始めたりというのでは,何のための科学,何のためのジャーナリズムなのかということにもなる。

筆者はこの,全体の見えなさ,見通しの悪さに不安を覚える。そして何より,

この事態が何なのかを問う，主体の不在にも大きな問題を感じている。そして筆者が感じているこの不安は，よく考えてみると，この震災以前から，地方地域社会の暮らしを観察してきた筆者の経験のうちにずっと胚胎し続けてきたことでもあった。

　次節では，なぜ私たちがこれほどの事態に直面してもなお，この事態に向き合い，被害の拡大を最低限にとどめるための資源動員を始められないのか，その答えを探ってみたいと思う。

　キーワードは，「広域システム」，そして「中心と周辺」である。広域システムの中心―周辺問題を掘り進めることで，いま述べた主体性の問題が立ち現れてくる，という順序で論を展開したい。

2　この震災をどう特徴付けるか？

広域システムの形成と崩壊

　東日本大震災をどう特徴づけるか。特に現在あらわれてきている「切迫感をともなう無力感」は，福島第一原発事故が特別な要因になっているにしても，より大きな問題をはらんでいると考える必要がある。

　むろん，東日本大震災はこれまでにない，途方もない物理的被害をもたらした。目前の状況に対して，立ちすくむのもよくわかる。まず東日本大震災の特徴としては，被災地の広さがあげられる。南北に500 km以上にわたって延々と続く津波被災地。さらに被災地は，漁村，農村，町，小都市（数万人）から中規模都市（石巻市など），大規模都市（仙台市）までさまざまでもある。加えて原子力発電所の事故が事態をより複雑にしており，津波の破壊力の大きさや，放射能汚染の目に見えない恐怖の前で，私たちがこの事態に怖じ気づくのは当然といえば当然である。そしてだからこそ，全体が見えないのだという言い訳も成り立つかもしれない。

　しかし，半年以上が過ぎて，いまだにこの災害の被害の深さ，拡がりが見えていないのが現状ではなかろうか。いったい何が起きているというのだろうか。

　ここではこの震災を，「広域システム災害」として特徴付けてみたい。

広域に生活システムが崩壊した，というのが第一の意だ。

しかしさらに加えて，「広域システム」というものが成立しており，この広域システムが巨大な地震と津波によって崩壊した，という意味も持たせたい。

「広域システム」という語によって，ここで示したいのは次のようなことである。現代日本社会における人間生活は，いまや広域にわたる巨大システムによって成り立っている。電気ガス水道などのライフライン。高速交通網や，電話，インターネットなどの通信網の発展。全世界につながる商品網と経済。半世紀前には考えられないほどの巨大なシステムが確立され，その中で，きわめて効率的合理的に財を集め，それらを消費して私たちは毎日の生活を営むようになった。むろん消費だけではない。生産の中にこそそれは大きく現れており，サプライチェーンの破綻などはこの震災の象徴的な出来事だった。ある箇所の生産は全世界で展開されている生産工程に結びついており，1ヶ所で生じた欠損が全世界の生産活動に直接影響をおよぼすことになる。こうしてもはや，日本に住んでいて，自分が消費するものを，それがどんなものであれ，自分自身で用意し生産している人はほとんどいない。農業ですら，たとえば石油なしには成り立たない。石油は地球の裏側から毎日運ばれ，流通システムに乗って届けられる。これほどの大きな移動を積み重ねることで，ひとりひとりの努力や作業は限定的で小さなものであっても暮らしが成り立つような仕組みが作られているわけだ。

この便利な仕組みがあの日切れた。筆者はちょうどその時，本州の端の弘前にいた。そこで，首都圏とのつながり，このシステムとのつながりがぶっつりと切れた。あの地震のグラグラッとした不気味な揺れの中で，その切れた音を聞いたような気さえする。

何の被害もないのに電気は止まる，ガソリンは来なくなる，店には商品がなくなる。震災は3月だったからまだ冬である。食糧や燃料はどうなるのか。これはひとつの恐怖だった。要するに，東北本線沿いの主要道がすとんと切れれば，北の果てには物資は行き渡らず，枯渇が生じるのだ。まして中央からのぼってくるものは，被災地の復旧に優先的に使われたから，北東北に行き渡るのは非常に遅かった。4月末，やっとトラックの調達がつき，異動のため東京に

引っ越してきた時，首都圏の繁華街では若者たちが震災前と変わりなくにこやかに談笑し，パチンコ屋の宣伝カーがガンガンと大きな音を鳴らして走り回っていたのを見た時，強い違和感を覚えたものだ。

ぶっつりと切れた，日本の中央との絆。それは認識の面にも断層を生み，東北と首都圏，そして東日本と西日本の間には見方の違いも生じていた。だが，それでも日本人は一体であり，そこには反抗や反乱は成立しないということも立証されたように見える。

3月末，中央から切り離された津軽の地で，ぼんやりと後ろを振り返った時（つまり，さらに北の地を思いやった時），筆者が気付いたのは次のことである。いま，北海道で挙兵すれば独立できるのではないか。北海道はこの災害ではほぼ無傷だ。食糧も燃料も独自に持っている。ここで独立すれば，日本の一部に甘んじているよりもよほど，世界の中でしっかりとした地位を築けるだろう。函館戦争はほんの1世紀半前のことであるが，こうした話が冗談にしかならないほど，私たち日本人は，すでに日本という国家にしっかりと組み込まれ，飼い慣らされていることに気付く。そしてそれは，これほどの事態を迎えながらも落ち着いて秩序維持を確保できる国民性という形でポジティブに捉えることもできる。が，これはどうもあまり肯定的に見るべきものでもなさそうだというのが，ここで示したいことのポイントだ。

話を戻そう。

私たちは，広域システムによって，ある程度の豊かさを享受できる。いや，ある程度どころか，過剰なほどの豊かさである。そしてさらに，こうした大災害という事実を前にして奇妙に聞こえるかもしれないが，私たちの社会はきわめて安全な社会でもある。今後の検証が必要だが，おそらく津波被害は，ある一定の準備がおこなわれていたところでは，かなりの程度軽減できたと見てよいのではないか。死者・行方不明者約2万人という数字をどう見るかは難しいが，明治三陸大津波の際の人口と比べれば――そしてまた今回の津波の破壊力の大きさを明治の時と比較してみても――同程度の死者数ですんだということは，防災機構は死者を相当程度少なくおさえこむことに成功したと言ってよいように思う。たとえば，「万里の長城」などと言って馬鹿にされていた旧田老

町(現宮古市)の二重堤防も,あれがあったからあの程度で済んだと言うべきであって,筆者の現地自治体へのヒアリングでは,今回の津波の高さも想定内のものであり(堤防はもともとあれで完成していたわけではなく,防災担当者は越水を前提に有事を考えていた),実際にあれだけ町が破壊されても庁舎や学校施設などの防災拠点は高台にしっかりと残って機能していた。また多くの箇所では,1年前のチリ地震の際の避難が予行演習になっており,また明治・昭和の大津波のこともみな知っていて,基本的に防災教育は避難を有効にうながしていたと筆者は見ている。多くの人びとが亡くなった地域については,被災地ごとの特殊事情や,防災工学や避難訓練などでは防ぐことのできない要因(特に都市化)が深くかかわっているようであり,今後の入念な検証がまたれよう。

ともかく,広域システムは,しっかりと運用さえすれば,人の命を守るシステムである。

しかし,このシステムはまた,いざ壊れてしまうと,その複雑さ・巨大さから,被災生活への影響・負担はこれまでになく大きなものとなる。

広域システム崩壊後,生き延びた人びとには,生き延びたにもかかわらず,生き地獄が待っている。このシステムはなかなか立ち直らない。システムがあまりにも大きいので,修復するのに大きな資金と長い時間が必要だからである。だが,このシステムの立て直しが難しいことについては,これをインフラなどの側面だけで捉えてはならない。広域システムは,インフラや経済だけでなく,人間の集団,人間の社会システムそのものにも現れている。

社会システムの広域化とリスク問題

広域システム論は,家族や仕事の面から見ても,興味深い論点を提供する。このことも,東日本大震災の大きな特徴として提示できるものである。

それはたとえば,原発事故からの避難者の行方を追ってみればよくわかる。福島からの避難者は,県の発表だけで約16万人[7]。その行き先は福島県内に限らず,北海道から沖縄まで全国各地に満遍なく離散した。それは,ひとつには家族や親族の絆を頼っての移動であり,また働く場が全国どこでも可能であったことも指す。急にこんな絆や移動が可能になるわけはない。すでにもともとか

ら，福島は全国各地と姻戚関係があり，仕事上の関係があり，社会的ネットワークによって全国と密接につながっていたのである。

　多くの人が自らの社会的資源を頼りにこの半年はやってきたので，避難所や仮設住宅もなんとか間に合い，流浪の民をいまのところは出さずにすんでいる。今後も，目に見えるような形での流浪はごく一部にとどまるだろう。これも，人びとを守る広域な社会システムという論点から捉えられるものと思う。家族や親族，知人や職域がごく身近な範囲に限られていれば，これほどの大規模災害の中で社会的資源もみな崩壊していたかもしれない。しかし社会関係が広域化していることで，人びとは緊急的な避難先をそれぞれに確保することが可能になっているわけだ。

　しかしまた，この社会システムの広域化は，システムが壊れた時に，以前では考えられないような，取り返しのつかないほどの破壊をもたらすこともまた同じなのである。

　簡潔に言えば——これは，大都市暮らしが長い人や，それしか知らない人には，それほどの問題とは感じられないかもしれないが——地方自治体の解体，家，村，町の崩壊，ふるさとの喪失が起きるかもしれないということである。いったん人びとが分散してしまえば，そこにあった家も村も町も元に戻るのはむずかしいだろう。復興のビジョンを立てるにも，肝心の当人たちが近くにおらず，互いに顔を合わせて協議することができなくなっている。これでは村や町の再生はなかなか進まないはずだ。

　なかでも筆者は，大槌町，陸前高田市，南三陸町などの津波被災地で，町や都市の基盤が根こそぎ破壊されてしまい，自治体そのものが強い打撃を受けていることに恐ろしさを感じる。広域システムと個人の暮らしをつなぐ重要な社会的結節は基礎自治体にあるからだ。これは次の議論にもかかわるが，こうした地域は他の被災地とは違う問題を抱えており，その支援のあり方については慎重に議論を進める必要がある。それはおそらく原発避難自治体にも共通する課題である。しかもその背後には平成の合併で消えた自治体もあって，先の宮古市田老町，石巻市北上町・雄勝町などの場合，被害が甚大であるにもかかわらず，自治体がすでになかったことでその被害が見えなくなっており，また自

治の機能がないことが，今後の復興再生にあたっても大きな障害になる可能性がある。

　こうして考えてくれば，原子力発電所の事故もまた，広域システム災害の一部として捉えることのできるものだ。

　広域システムは，システムを大きくすることで効率性を追求し，豊かさを享受する，そのようなシステムである。だがシステムが大きくなることで，そのシステムが破綻した時のリスクも大きくなる。問題は，こうしたリスクをある箇所に押しつけておきながら，他方で，そこに利益の享受（経済効果）を約束して相殺するという，リスク分担の広域システムの形成も進められていたということである。原発はこうした広域リスク分担システムの典型例と考えることができるが，そのリスク分担はあくまで仮定としてのものだった。それが，現実のものとなった。

　広域システムは，全体としての豊かさや安全を効率よく確保するものであるとともに，ハイリスクなシステムでもある。ハイリスク・ハイリターンの追求が，広域システム形成の背後にはあるようだ。結局，問題は，これほどのリスクを負ってまで，私たちは一体何を追求しようとしていたのかである。いや，何かを追求しようとしていたのは誰なのか，と問う方がよい。一体誰のために，何に向けてこれほどの高リスクの賭けをおこなっていたのか。

動かしているのは誰か

　この，「広域システムを動かしている主体は誰なのか」という問い。これについて考えるためには，次のことに注意する必要がある。それは，広域システムは，中心と周辺を持つということだ。そもそもシステムには必ず中心があり，周辺がある。問題は，その関係の質だ。東日本大震災では，中心―周辺関係がいたる所に表れたが，その関係は，単なる支配従属とは異なる特質を持っているようだ。

　筆者が重要と感じるのは次の点である。広域システムは中心と周辺を持っているが，そのどちらも何かをコントロールしているわけではなく，いざという時には，そのシステムを支える主体のないシステムのようであるということだ。

第 1 章　広域システム災害と主体性への問い

　そしてさらに問題なのは，中心にはシステムを動かす主体性はないが，中心は周辺を切り捨てることができる，ということである。中心であることの本質は，まさにこの切り捨て可能性にあり，中心は周辺を切り捨て可能であることによってその中心性を保持する。これに対し，周辺は中心から切り離されないようもがき，切り捨てられないよう訴えなければならない。

　地方の，第一次・第二次産業を基盤とし，地域共同体を基礎とした，このシステムにおける周辺的生活地帯が，「被災地」という新たな周辺に追い込まれた。日本の周辺が，この震災をきっかけに本当に切り捨てられないか筆者は危惧する。そしてその切り捨てを恐れて，被災地は，国家や専門家，経済への期待を強く表明し，政治はそれに応えることを約束しているが，実際はその期待に十分に応えきれずに右往左往を繰り返してきた。

　マスメディアの中心性も明らかだ。私たちはこの震災で，いままで以上にマスメディアに頼っている。しかしメディアはメディアで主体性を失っていて，経済界や政治の圧力や作用を受けながら，さらには視聴者やスポンサーに媚びながら，主体を失ったまま作動する。主体はなくとも中心がないわけではなく，東京のスタジオが中心であるのは間違いなく，現場の周辺性との間には明確な中心—周辺関係が保たれている。そしてどんな情報を示し，どんな情報を切り捨てるかはこの中心で決められており，取捨選択権こそが中心の中心たる所以となっている[8]。

　そしてまたおそらく，科学領域においても同じことが起きている。この点は後述しよう。

　ともあれ，一方に地方があり，他方に首都圏・中央があるが，中央イコール広域システムを動かす主体ではなく，ただこの関係の中で自らのエゴを発揮できるという面においてのみ中心であるにすぎない。とはいえ，システムとしてつながっている限り，中央は地方の面倒を見なければならないから，表面的には地方の中央への依存の関係は一方的に中央が地方に何かの責任を負っているかのように作動している。しかし，その中央も，中央として何かをするだけで，システム全体を動かせるわけではない。重大な責任を引き受けるふりをしながら，それを果たせるはずもなく，ただ時間が経つのを待っている。

広域システムは，そのシステムを動かす主体を欠いたシステムである。そして，この主体喪失の——もたれ合いの中の，何かを動かしていく主体不在の——構造のうちに，震災後，次へ向かう新たな社会像が結ばれてこない大きな原因があるように思われる。

最初の問いに戻ろう。この震災は私たちに何を問うているのか。この震災が起きたことで，何が，どう変わるのか。それは一体，何が変えるのだろうか。

東日本大震災の衝撃を受け止め，これに抗し，何かを新しく作り出そうとする主体が喪失している。だからこそ，「大変だ」「どうしよう」という声はあっても，「こうすべきだ」「こうやってすすめていこう」という声が出てこない。何かを変える必要はわかっていても，それを変える主体がないのだから，変わりようはない。そして「脱原発」もなかったことになり，「被災者を何とかせねば」も忘れ去られていき，津波災害や原発事故もいつの間にか事態が収束したかのようにふるまわれる。⁽⁹⁾

3　主体性の問いへ
―序章としての東日本大震災―

科学への問い

とはいえ，社会学者は，こうした絶望的な分析を進めながらも，希望ある説明を行うことを求められるし，しなければならないと思う。そしてそういう意味では，従来の自然科学偏重，工学重視の科学のあり方もまたこの災害で終焉し，経済重視，法手続きのみを尊重する政策論から，暮らしの視点に立った真の政策論の形成が求められているとはいえるはずである。想定外の大津波，あってはならない原子力発電所事故の経験は，当初そのように認識されていたはずだ。

しかしながら現実には，震災から半年を超えて，科学領域にも変化らしい変化はなく，それどころか，科学研究費のあり方も従来通り，「選択と集中」という形で進む大学改革も速度をゆるめたり反省したりすることはなく進み，原子力行政に関しても，既存の枠組みの外にいる研究者には相変わらず入り込む

余地はなさそうだ。

　科学を含む「知」の世界にもまた，中心と周辺があり，そしてここにも主体性問題が潜んでいる。この震災と事故に深い責任を負いながらも，科学自身に自己変革する能力はないように見える。

　これはたとえば，防災に関して言うなら，こういうことである。災害は自然科学の領域と理解され，防災・復興は，工学・計画学の領域であり，あるいはまた経済学や法学，行政学の分野だとされてきた。そして暮らしはこうしたものによって守られるのだと。こうして知の中心がセットされ，暮らしの場は周辺へと追いやられていた。しかしながら，東日本大震災は，これらの知の領域の想定を越えた。津波で押し流され，放射能に汚染された国民の暮らし。この事態は科学にとって想定外だったという言明により，その知の領域再編が起きるかと思ったが，結局は，復興まちづくりにしても，原発事故の収束に関しても，知の中心の中心性の確保は既存の分野のうちに維持されて，ますます暮らしの領域は周辺へと追いやられつつあるようだ。

　それどころか，科学においても周辺の切り落としがおこなわれつつあるように，筆者には見える。

　震災後，非常に奇妙なことに「調査をするなという言説」が，私たち研究者の間を駆け巡っていた。出所は各省庁からの達しのようであり，一部，調査倫理を逸脱した調査が入ったために発した注意喚起のようだが（それも社会調査の専門家とは別の），研究者の間では被災地に調査に入るべきではないという妙な雰囲気にもなってしまった。そのために，フィールドワークをおこなう領域では，調査を進めるにあたってさまざまな障害が生じることとなった。

　この「調査に行くな」はおそらく，「ボランティアに行くべきではない」という言説とともに考えるべきものであり，その背後には，被災地の被害の度合いの大きさや，放射能汚染という得体の知れないものへの恐怖があったことは疑いない。が，ここにはまた科学と人間との密接な関係形成を怖れ，生身の人間を科学の場から排除しようとする傾向性が見て取れると思っている。結果として，「被災地・被災者によりそう」復興，「被災者や避難者ひとりひとりに即した」再生という掛け声とは裏腹に，被災地・避難者の生の声は積極的に拾わ

れることはなく，政府関係者や専門家の声に比してますます周辺へ追いやられてしまう結果となっているようだ。

　今回ほど，自然科学・工学・経済学・法学のような政策につながる科学と，フィールドワークやひとりひとりの人間との深い対話をふまえた人文社会科学（社会学・心理学・民俗学・人類学・歴史学など）との連携が求められている災害はないはずである。いま本当に必要なことは，これまでの領域分断専門型を越えた，暮らしの場から再構築する総合科学の創造的復興と考えるが，ではその科学復興の主体は，となるとこれもやはり見えない。

周辺の場における主体性

　この震災を乗り越え，変革していく主体はどこに現れるのだろうか。

　復興の主体，変革の主体はむろん，被災地の住民たち／被災自治体・市町村になければならない。まずはそうした思考法を早急に確立していくことが必要だ。

　変革主体はシステムではない。システムはシステムであるに過ぎない。そしてシステムには中心と周辺があるが，中心はただ中心のためにふるまうだけで，周辺を含めたシステム全体を変えていくような力は持たない。

　これはおそらく，もともとからそうなのではなくて，20世紀前半の国家の歴史的失敗（戦争と敗戦という国家の失敗）をふまえて，そのようにこのシステムを性格づけようとしてきた結果であり，それゆえこれまでの歴史的反省をふまえれば，国家のような中心が何かの主体としてふるまうよう望むことは，決して良いことではないのかもしれない。

　筆者はこう考える。主体の源泉は，システムの周辺に見出されるべきである。それはひとりひとりの生きざまであり，また暮らしを成り立たせている諸々の集団であるべきだ。それは，家，むら，まちであり，仲間であり，組や団体であり，また国でもありうるが，「くに」は，もしそれが大地や土であり，一定の領域中の自然と人間社会の営み（社会集団の生活態）を原義とするなら，日本という国家に限るものではない。いまその最も身近な「くに」は，基礎自治体である市町村であるはずだ。

他方で，私たちの社会は，こうした小さな主体を，戦後数十年をかけて——特にこの20年の間にいっそう——破壊してきた。戦後の日本の歴史は，小さな主体群のスクラップ化と，これらをまとめてひとつの広域システムに形成することだったと言うことさえできそうである。そしてもしそのように言えるのであれば，私たちは，このシステム化がもたらした豊かさや身体の安全性を享受するだけでなく，このシステムが持っているリスクをも十分に認識する必要がある。このシステムが内包している，周辺切り捨てと主体つぶしとの関連性について，十分に議論を尽くしておくべきかもしれないのである。
　もはや複雑に組み上げられてしまった巨大システムからの脱却は不可能だとしても，少なくとも，今後のシステムのあり方については，このシステムの持つ性格を自覚・自省し，「ありうべき姿」を構想しながら，システムの暴走をできる限りコントロールする主体性を，私たちのうちにいま一度確保していく工夫が不可欠だ。
　そのためにも，この震災において，被災地という周辺の場で，その暮らしの側の主体性がいかに確立され，発動され，未来に向けた展望が開けるかが，今後を大きく占うものになる。政策科学としての社会学があるとすれば，そこにこそ大きな使命がある。そしてそれは社会学だけが携われる仕事だと思う。

これから起きること

　なぜこんな議論が必要なのか。
　このことが重要なのは，今後起きることについて，破局予言がさまざまな形で複数提起されているからである。広域システムがもたらすリスクの問題は終わったのではない。これからが始まりなのだ。
　次の大地震，原発事故のさらなる展開，経済メルトダウン，地方地域社会・経済破綻の可能性など，さまざまな巨大リスクが，私たちのシステムには予言されている。そして，経済の再成長や夢のようなエネルギー供給システムといった希望ある予言よりは，こうした社会の破局を展望する予言の方がどうも真実味を帯びているのではないかという予感が渦巻いている。少なくとも，宮城県沖地震は予測を大きく上回る破壊力で私たちを襲った。東海地震も，東南海

地震，南海地震も間違いなく来るのである。首都圏直下型地震もまた私たちを確実に襲うだろう。いま復興増税が取り沙汰されている。増税すれば経済崩壊が起きると経済学者たちが警告している。であれば増税が実現すれば警告は現実になるだろう。

発展の時代から，破局リスクの時代へ。この震災はその序章として見るべきものかもしれないのである。

この震災で問われているものは何か。ここで予測されている，将来の恐ろしい事態に対し，その事態を避けるために何が必要なのかを明示し，実践しておくこと。この先2，30年は，そうした知のあり方，政策形成と実践が求められるのだろう。そして岩手・宮城・福島は，そうした新しい社会形成のための実験場として機能しなければならない。

では被災地にとって，いま一番必要なことは何だろうか。筆者はこれは，意外にも簡単で，当たり前のことなのかもしれないと思っている。

月並みな言い方にしかならないが，どうもこれは「地方自治」「地方分権」が必要だということのようだ。少なくとも，地域社会学の立場からは，この震災から学ぶべき最大の日本の課題はここに行き着くようである。そしてそれはいまに始まったものではなく，震災以前から言われてきた大きな価値であり，課題であった。だがこれまでその実現は難しく，結局は別の問題（特にグローバル経済下の国際競争問題）を優先することで後回しにされ，また豊かさやその場限りの安全のみを優先して何十年も時が過ぎてきた。しかし，こうしてかわりに優先してきた全体の豊かさ，安全，効率性の追求こそが，「地方自治」「地方分権」の対極にあり，この当然の価値を突き崩してきた張本人だったのかもしれないのである。これこそが，東日本大震災で明るみに出た最大の教訓かもしれないのだ。

地方主権の確立の必要性。つまらない結論のようだが，この震災が示しているのは，これまで日本社会の課題だと言われつづけてきたこうした課題にこの際本気で取り組まなければ，さらに恐ろしい結果が待っているぞという警告なのではなかろうか。原子力発電の高リスクもすでに何度も言われてきたことであった。また東北沿岸における大地震・大津波の発生の可能性もこれまで何度

も提示されていた。地方（生活・経済）の危機，過疎・少子高齢化の問題の深刻さも，従来から早く取り組むべき課題としてずっと掲げられてきたものである。しかしこれまで，具体的な変革を進める努力はおこなわれず，ただ当たり障りのない事業名に，不要に巨大な事業費を付けて，国民から回収した税金を再分配する，そんな形でしか，私たちは対応してこなかった。

　大きな災害があってはじめて事態の深刻さに直面し，右往左往する。いやそれどころか，それでもなお平然として，もとの椅子に座ろうとしているのかもしれない。しかし，その椅子はもはやかろうじて立っているだけなのだ。この常識の非常識を破るのは，社会学しかないのではないかと思うし，そうあるべきだとも願っている。

注
(1) 本章は，2011年9月17日，日本社会学会第84回大会（関西大学）で開催された研活テーマセッション1での報告，「東日本大震災が問うているもの　中心‐周辺関係と主体性への問い」発表の際に準備した原稿であり，当日は時間の関係でこのうちの後半部分のみを報告した。本章で指摘した内容のうち，一部その後変化したこともあるが，本質的なことは約2年たった現在でも変わっていないと思われるので，この時に提起したままに示すこととした。なお，ここで提示した問題についてはその後，山下（2012）にも展開している。
(2) 死者・行方不明者数はその後，2万人を切り，2012年8月時点で，1万8716人となっている（警視庁発表）。
(3) 仮設住宅への入居がほぼ完了した2011年8月末（約半年後）を，ここで比較している阪神・淡路大震災の時の2ヶ月半後に相当させることができそうである。筆者は，これ以前を「緊急避難期」，仮設入居後を「生活再建期」として区分している。阪神・淡路大震災の災害過程については山下・菅（2002）を参照。なお，この時期の災害社会の大きな転換に並行して，各地で復興計画の策定が本格化しているが，高台移転などの課題が大きい上に実質的な工程も遅れており，生活再建期もこれまでの災害に比して相当に長期化することが予想される。
(4) 筆者は，1994年から2011年3月まで17年間，弘前大学に勤め，同年4月より現職である首都大学東京に異動した。
(5) 鈴木広編（1998），山下・菅（2002）を参照。
(6) 当初のテレビ報道では，しばしばそれがどこの情報なのかわからないものが多か

った。ちょっと油断すると，流れている情報がどこの地域のものなのか見落とすのである。相当量の地域の現状が報道されたにもかかわらず，それがどこなのか明示していないために，結局，「津波で大変だ」というイメージを流しただけに終わったように思う。被災地は広大であり，そのつど市町村名や地区名をテロップで流してくれさえすれば，現地の情報を知りたい関係者はかなり助かったはずだ。このことはNHK弘前局に申し入れ，その後一部改善されたようである。

(7) 2012年6月福島県発表による。

(8) 青森にいた際，震災報道の現場で，あるテレビ局の記者がポロッともらした一言が印象的だった。「いつもより県内のニュースの時間が限られているんですよ。東京のほうで時間を確保してしまって。青森県内のことを報道する時間がもらえない」。八戸港を含め青森県太平洋岸には被害に大小があってこれだけで大事件である。県民にとっては県内のことをまず知る必要があったわけだが，マスメディアの中心はその必要性を認めなかった。むしろ，生活にとって必要なことをしっかり流せたのはコミュニティFMである。たとえば筆者がいた弘前では，コミュニティFMアップルウェーブが，「どこに何がどれくらい売っている」，「どこのスタンドが空いていて，ガソリン供給の見通しはこうなっている」といったような，きめの細かい最も生活に必要な情報を，リアルタイムで報道することができた。緊急時には，仕組みの小ささが有効に働くよい例である。

(9) その後，脱原発については，「さようなら原発10万人集会」（2012年7月16日）など，市民の反動が起きた。他方で，被災者の忘却は，脱原発の運動を前に，いっそう進んでいるように見える。

文献

山下祐介，2012，「東北発の復興論へ」『世界』1月号，岩波書店。

鈴木広編，1998，『災害都市の研究――島原市と普賢岳』九州大学出版会。

山下祐介・菅磨志保，2002，『震災ボランティアの社会学――〈ボランティア＝NPO社会〉の可能性』ミネルヴァ書房。

山下祐介・開沼博編著，2012，『「原発避難」論――避難の実像からセカンドタウン，故郷再生まで』明石書店。

（2011年9月脱稿，12月加筆修正）

第2章

地域コミュニティの虚と実
──避難行動および避難所からみえてきたもの──

吉原直樹

1 東北6都市の町内会調査結果から

　筆者らは2005年から2010年にかけて，東北6都市（仙台市，山形市，青森市，秋田市，福島市，盛岡市）の町内会に関する調査をおこなってきた。それらは「グローカル化のアトラクタ[(1)]」（Urry 2003）が地域に深甚な影響をおよぼす状況下での地域コミュニティの構成と機能を，特に防犯と防災というイッシューに照準して明らかにするために実施したものである。調査の結果，防災に関していうと，どの都市においても町内会の動員を基礎とするパタン化した防災訓練と高度にマニュアル化した自主防災組織が基調をなしていることがわかった。もちろん，個々の面に立ちかえって検討すると，6つの都市間に多少とも偏差が生じていることも明らかになった。筆者らはそこに地域資源のありようが深い影をおとしていることを読み取った（吉原編 2011）。

　だがそれ以上に気になったのは，6都市に共通して，町内会を厚く包み込むようにして，危機管理・安全安心まちづくりに共振／共進するガバメント型の防災コミュニティ体制[(2)]の構築が進んでいるという事実であった。そうした防災コミュニティ体制では，防犯を防災の射程に組み込む，つまり防災と防犯の間の壁をなくすことをひとつの戦略的要としていた（吉原編 近刊）。筆者らが危惧したのは，そうした効率的なコミュニティ体制が事実上「地域住民不在」となっていることであった。筆者らは，それでは「非常時に機能しない」，換言するなら非常時のセーフティネット構築の役割を果たし得ないのではないか，

と指摘した。実は，この指摘／疑義の呈示は，東日本大震災において部分的にではあれ，的中してしまった。一方，6都市の調査を通して，町内会の組織的基盤が大きくゆらいでいることも気になっていたのだが，こうした懸念も東日本大震災で払拭されるどころか，むしろ大きくなってしまった。

　東日本大震災についてよく耳にするのは，地震／津波の規模が「想定外」のものであったために未曾有の被災状況から逃れることができなかった，という指摘である。しかし考えてみれば，この地域は過去に何度もこうした震災に遭遇している。そしてその都度，経験知／現場の知（→ローカル・ノレッジ）を積み上げてきた。被災をかつてないものにした要因としては，震災以前の防災施策がそうした経験知／現場の知との断絶の上に構築されてきた土木知＝技術知にもっぱら依存してきたことに加えて，地域コミュニティそのものの変容（組織的基盤の弱体化）がこの間進んでいたことが考えられる。経験知に裏打ちされた地域住民の叡智が施策の現場においても地域コミュニティにおいても継承されてこなかったことが被災をより大きなものにしたといえる。

　それでは実際に，東日本大震災において地域コミュニティはどのように機能したのであろうか。筆者のみるところでは，それは事実上，存在していたものの機能しなかった，つまり「あるけど，なかった」のである。以下，福島原発が立地する相双地区からの避難者が避難行動および避難所でみせた態様をさぐるなかで，地域コミュニティの防災コミュニティとしてのありようを考察することにする。あわせて，被災地におけるコミュニティ再生の条件と課題について論究してみたい。

2　三層からなる避難者

　筆者が2011年4月上旬から5月下旬にかけて福島市，郡山市，会津美里町等の避難所で被災者支援をおこないながら避難者からランダムに聞いたところによると，相双地区の被災者の避難時期は大別して3つに分かれる。まず一番早く避難した層は，地震／津波が発生した3月11日のうちに自分たちの車でいち早く県外の遠隔地へと移動した者たちである。この層は，地震発生直後にさま

第2章 地域コミュニティの虚と実

原発周辺自治体の住民避難の主な流れ

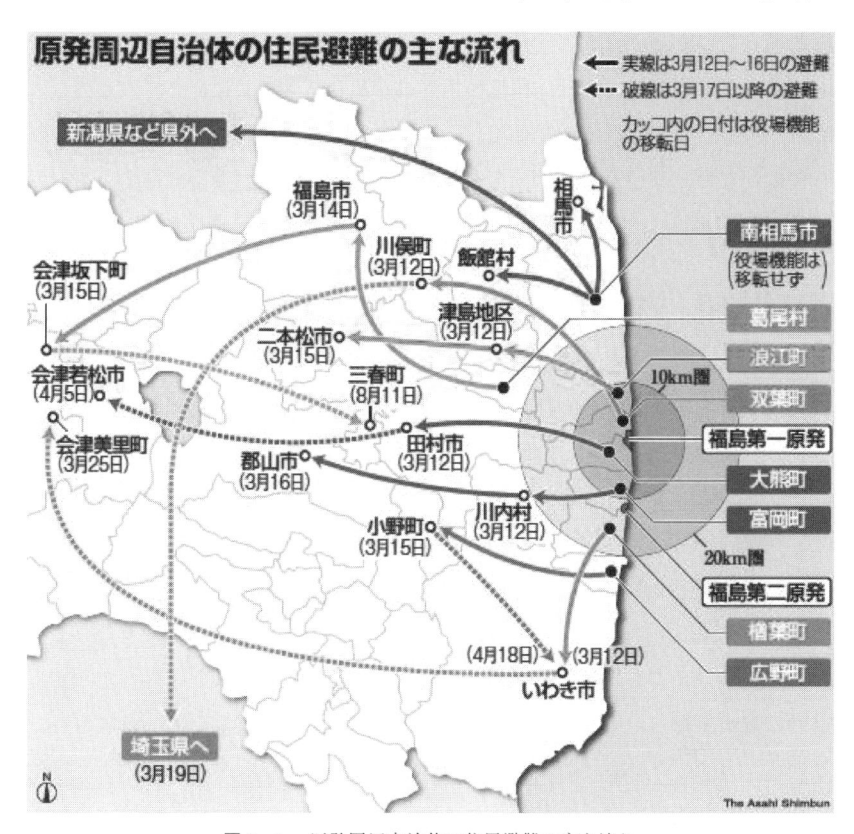

← 実線は3月12日〜16日の避難
←-- 破線は3月17日以降の避難
カッコ内の日付は役場機能の移転日

新潟県など県外へ
福島市（3月14日）
会津坂下町（3月15日）
川俣町（3月12日）
飯舘村
相馬市
南相馬市（役場機能は移転せず）
二本松市（3月15日）
津島地区（3月12日）
葛尾村
会津若松市（4月5日）
三春町（8月11日）
浪江町
会津美里町（3月25日）
田村市（3月12日）
10km圏
双葉町
郡山市（3月16日）
福島第一原発
大熊町
小野町（3月15日）
川内村（3月12日）
富岡町
20km圏
福島第二原発
（4月18日）（3月12日）
楢葉町
広野町
いわき市
埼玉県へ（3月19日）

The Asahi Shimbun

図 2-1　原発周辺自治体の住民避難の主な流れ
出所：『朝日新聞』2011年9月11日。

ざまなネットワークとかソーシャル・キャピタルを通して「原発の危険性」を察知した人たちだと言われている。第二番目に避難した層——避難者の大半がこれにあたる——は，11日に自宅や町内の避難所で不安な一夜を過ごし，翌12日の午前中もしくは正午すぎに，国や県の用意したバス，あるいは自家用車で近隣市町村に移動した者たちである。これらの人びとは，道路の渋滞もしくは避難所の混雑のため地区内を右往左往し，12日深夜にようやく特定避難区域外の避難所にたどりついたものが多い。彼らは退去時に避難勧告の理由を知らされず，避難所で15時36分の福島第一原発1号機の爆発を知ったという。彼らは図2-1にみられるように，その後避難所を転々とするのであるが，この人びと

49

に共通していえるのは,「原発の安全性」を固く信じていた層だったという点である。最後に避難した層は,14日の福島第一原発3号機の爆発まで取り残されていた層で,多くは病院や福祉施設に入院／入所していた人たちである。これらの人びとは,実態としては置き去りにされていた「棄民」層である。ちなみに,『朝日新聞』(2011年3月18日)では,その一コマを次のように報じている。

> 福島県によると,同病院には338人が入院し,うち146人は寝たきりや症状が重い患者だった。14日午前11時すぎに原発3号機が爆発したのに伴い,陸上自衛隊などは14,15日の両日に患者を3回に分けて救出した。
> 　陸自が14日に救出した時は,病院には病院長のほか職員が数人いた。しかし避難所までは付き添わず,15日の午前と午後に計55人を搬送した際も病院関係者の付き添いはなかったという。県によると,移動時に患者の症状が確認できない状態で,搬送中や搬送後に計21人が亡くなったという。

死亡しないまでも,老人福祉施設から避難したものの受入先がみつからず,県外の施設をたらい回しにされた挙句,重篤な状態に陥っている高齢者も多いという。

さてこうしてみると,同じ相双地区の被災者といっても,避難時期によって3つの層にくっきりと分かれており,またそれにしたがって原発爆発による受苦の程度に差が生じていることがわかる。特に興味深いのは,「原発の危険性」を強く認識している層が受苦(被曝)から逃れられ,逆に「原発の安全性」を信じて疑わなかった層が受苦をこうむっているようにみえることである。しかし,この点については別の機会に述べることにして,ここでは,避難者の大半を占める上記の第二の層に絞って,彼らの避難行動からみえてくる地域コミュニティのありようについて言及する。

3 「あるけど,なかった」地域コミュニティ

先に,第二層の人びとは,国や県が用意したバスもしくは自家用車で避難し

たと記した。偶然にも，筆者が上記の期間と場所でランダムに聞いた人びとは，ほとんどが自家用車で移動した人たちであった（表2-1）。つまり第二層の人びとのなかでもよりフットワークの軽い人たちであった。こうしてみると，第二層の人びとの間でさらに二層に分かれるのである。それはともあれ，表2-1においてまず注目されるのは，南相馬市やいわき市からの避難民よりも楢葉町等からの避難民の方が，どちらかというと避難所を転々とする傾向があること，つまり「難民」化していることである（あわせて，前掲の図2-1参照のこと）。このことはひとつには，前者が「すぐとは言えないにしても，比較的早い時期に帰ることができる」（④⑧）と考えているのに対して，後者は「高度の放射能汚染のため簡単に帰れない」（⑫）とか「孫の代になっても帰れないかもしれない」（⑭）などと考えていることに起因しているといえる。さて以上の点とともに表2-1において目立っているのが，「地域コミュニティの対応」において，ほぼ全員が「町内会，区会からの連絡なし」，「誘導なし」と答えていることである。つまり避難の際に，町内会をあげての組織としての活動がみられなかった，と言っているのである。しかし「みえなかった」のは同時に「みなかった」ことでもある。その証拠に，近くに住む隣人とか町内の人びとをふりかえることなく，家族および親戚を連れ立って自家用車で一目散に避難している。筆者が「(町内会は)あるけど，なかった」というのは，こういう状況をすべて含んでのことである。

　以上の点については，別の調査結果でも指摘されている。環境防災総合政策研究機構と東洋大学が共同で実施した釜石市および名取市の被災者（約220人）に対する「地震後の避難行動調査」によると，防災無線，ラジオ，消防，広報車などの呼びかけによって津波や避難に関する情報を得た人が半数以上に達している。他方，「近所」から情報を得た人は4分の1にもみたない。「町内」が情報源としてほとんど機能していなかったのである（『朝日新聞』2011年6月2日）。また福島高等工業専門学校の松本行真がいわき市の避難所に退避している被災者（171人）に対して実施した「被災後の行動調査」でも，同じような結果が出ている。それによると，「退避する決め手となった情報源」のうち「町内会や自治会からの情報」と回答したものは全体の14.6％にとどまっている

第Ⅰ部　被災の現場からの社会学

表2-1　被災者と地域コミュニティの対応

避難所	被災者番号	年齢	性別	職業	被災地	被災地から避難所までの経路	避難手段（随伴者）	被災の際の地域コミュニティの対応
あづま総合体育館（福島市）	①	61	男	定年退職	南相馬市	自宅→道の駅→帰宅→避難所	自家用車（家族4人）	町内会の誘導なし。但し、遠くから「逃げろ」と言う声あり。
	②	65	男	定年退職	南相馬市	自宅→避難所	自家用車（家族4人）	市の広報スピーカーのみが避難勧告。
	③	27	女	無職（専業主婦）	南相馬市	自宅→避難所	自家用車（家族8人）	町内会には未入会。区の広報車が来たが、避難勧告なし。
	④	40	女	無職（専業主婦）	南相馬市	自宅→避難所	自家用車（家族6人，友人2人）	町内会、区会からの連絡なし。原発事故後、防災放送からたびたび連絡あり。
	⑤	75	男	農業	樫尾村	自宅→避難所	自家用車（妻）	部落会からの連絡なし。役場からの避難勧告あり。
	⑥	70	女	無職（専業主婦）	浪江町	自宅→避難所→ホテル→避難所	自家用車（家族3人）	部落会からの連絡なし。広報スピーカーの呼びかけもなし。
新鶴体育館・構造改善センター（会津美里町）	⑦	55	女	会社員	楢葉町	自宅→避難所→避難所→保養所→避難所	自家用車（家族・親戚・職場9人）	消防スピーカーと区長による避難呼びかけあり。
	⑧	59	女	無職（専業主婦）	いわき市	自宅→保養所→避難所	自家用車（家族13人）	町内会、区会からの連絡なし。広報スピーカーの呼びかけもなし。ラジオから情報入手。
	⑨	54	男	会社員	南相馬市	自宅→避難所→避難所	自家用車（家族3人，親戚10人）	町内会、区会からの連絡なし。広報スピーカーによる退避勧告あり。
	⑩	64	男	定年退職	南相馬市	自宅→道の駅→保養所→避難所	自家用車（家族7人）	町内会、区会からの連絡なし。市からのサイレンのみ。
	⑪	37	女	会社員	いわき市	自宅→道の駅→保養所→避難所	自家用車（家族13人）	（会社にいたのでわからない）
	⑫	46	女	会社員	楢葉町	自宅→避難所→保養所→避難所	自家用車（家族・親戚7人，職場5人）	有線放送での警告のみ。町内会、区会からの連絡なし。
	⑬	46	男	自営業	楢葉町	自宅→避難所→避難所→避難所	自家用車（家族・親戚18人）	町内会の誘導なし。広報スピーカーによる退避勧告あり。
	⑭	67	女	定年退職	楢葉町	自宅→避難所→避難所→避難所→避難所	自家用車（家族2人，犬1匹）	広報スピーカーによる退避勧告あり。民生委員が安否確認のため来訪。
ビッグパレットふくしま	⑮	52	男	タクシー運転手	富岡町	自宅→避難所→避難所	自家用車（家族3人）	広報スピーカーによる避難勧告あり。町内の人と情報交換。
	⑯	47	女	無職（専業主婦）	川内村	自宅→避難所→避難所	自家用車（家族3人）	防災無線から地震の通知（その後、退避勧告）。町内会、区会からの連絡なし。
その他	⑰	63	男	会社員	大熊町	自宅→避難所→旅館	バス（家族4人）	広報スピーカーによる退避勧告あったらしいが、聞いていない。町内会の誘導なし。
	⑱	74	男	定年退職	大熊町	自宅→避難所→長男宅（東京）	長男の車（家族2人）	広報スピーカーによる退避勧告あったらしいが、聞いていない。町内会の誘導なし。

出所：吉原（2012：127）

（松本 2011）。詳述はさておき，多くの住民にとって，避難時に町内会や自治会が「遠景」のもの／「遠い存在」であったことがよくわかる。

　たしかに，地震発生と同時に，わが身の安全を顧みず，住民たちを安全な場所に避難・誘導した警察官，消防自動車でサイレンを鳴らして町内を走り回った消防団員，水門を閉じようとして駆けつけた消防団員，幼児たちを抱いて高台に逃れようとした保育士たち，電気がストップしたため半鐘を打ち鳴らした消防団員などの例は枚挙にいとまがない。さらに，地域コミュニティでも，個別レベルでは住民にとって「近景」のもの／「近い存在」であったものも存在する。たとえば，535人の犠牲者を出している宮城県の南三陸町で，唯一，館浜地区だけは犠牲者ゼロであった。同地区では古くから「地震が来たら津波と思え」という言い伝えが地域コミュニティに引き継がれており，その言い伝え通り，地震後すぐに地域が一体となって山や高台に避難したという（『朝日新聞』2011年6月21日）。またいわき市で津波の被害が最も大きかった薄磯地区（120人余りの犠牲者を出し，市内全体の犠牲者数307人の3分の1以上を占める）に立地する町内会のある班では，地震発生直後，班長の指示の下に16世帯が直ちに近くの神社の境内に集まり，集団で高台に移動したため，4人の犠牲者しか出さなかったという（福島高専の松本行真氏の2011年6月7日実施の聞き取りメモによる）。

　しかしこうした事例は，先の「あるけど，なかった」地域コミュニティの状景に対して例外的なケースを構成しているにしても，状景そのものを否定するものではない。相双地区全体でみると，被災直後および避難時に地域コミュニティが十分に機能しなかったことは，やはり事実である。そこで次に，なぜ「あるけど，なかった」ような状況が生じたのかについて考察してみる。だがその前に，これまで言及してきたことを，ひとりの女性の聞き書きを通して再構成し，よりリアルなものにしておこう。

4　Aさんの「あのとき」，そして「いま」
―聞き書きより―

　Aさん（62歳）は，2012年4月現在，福島市内の持家で夫（62歳）と姑（87

歳）の3人で暮らしている。数年前に高校教員を退職（定年退職）し，現在，震災関係のNPOの事務局長をやっている。大熊町のO地区の自宅で被災。自宅は福島第一原発から3.8kmの高台にある。震災以降，二度ほど一時帰宅しているが，人の気配を感じない街の風景と牛が野生化して群れとなって街を疾駆しているのに衝撃をおぼえたという。Aさん自体，「大熊町の自宅には当分帰れない」と考えている。

　　――地震は5～6分ほど続いたね。それから10分ほど経った頃，3メートル位の津波が来るから避難してくださいという，テープの繰り返しのような津波警報が防災無線で伝わってきました。消防自動車も2回ほどやってきて，小学校に避難するよう警告が発せられた。このとき町内の消防団，町内会の呼びかけなどの活動はまったくありませんでした。

　Aさんによると，「高台にある自分の家から見下ろしたところに左右100軒以上の家があったが，津波によってすべてながされてしまった」という。Aさんも周りの人も虚脱したように海岸を見下ろしていた。そこで見た光景のなかには，吉村昭が『三陸海岸大津波』で紹介しているある婦人の体験談に出てくる，「二階家の屋根の上にそそり立った波がのっと突き出ていた」（吉村2004：10）というような光景がきっと含まれていたに違いない。

　　――津波が来る前に，車のあるものは皆われさきに避難しました。そうしたなかで，区長一人が軽トラックの荷台に近所のお年寄りを乗せて高台に避難させていましたね。何回も繰り返していました。だから家は津波で流されたが，犠牲者は3人ですみました（お爺ちゃんの家に子どもを預けていた母親が車で迎えにいく途中津波に巻き込まれ犠牲になりました）。しかし，1回目の津波の後に家に帰った人は2回目の津波に襲われ，戻らぬ人になったようです。

　高台には，神社があり，鳥居のなかまでは津波が来なかった。昔からの言い

伝えで鳥居は津波が来ないところに建立されているという。地区の集会所もかつては鳥居のなかにあったが，言い伝えが守られず，鳥居の外に造ったために今回の津波で流された。「言い伝えがわかるのは80歳以上の古老で，団塊の世代になるともうわからない」という。この点は後述する「ローカル・ノレッジ」の掘り起こしという問題構制とも深くかかわっている。

　　——津波が押し寄せてきたあと，夫と姑の3人で自分の車で（大熊）町内のスポーツセンターに避難しました。夕方6時頃でした。そこまで行くのに，道路が車でごった返し大変でした。スポーツセンターには8時頃までいて，その後帰宅しました。隣りの家も帰宅していました。瓦が多数落ち，余震も続いていたのでビニールハウスに避難していましたが，けっきょく，私の家に来ました。そして一夜をすごしました。後で聞いた話だが，東電関係者は11日の夜のうちに，南の方の埼玉県とか新潟県などに避難したとのこと……。かれらにたいして，11日のうちに電話で避難の指示があったそうだ。

　東電関係者が「原発の危険性」を誰よりも強く意識していたこと，そしてそれが言われるような避難行動に端的にあらわれたことを知っても，原発立地地区からの避難者の多くはそうした行動を直ちに批判したわけではない。むしろきわめて複雑な感情のなかにあった。たとえば，『女性セブン』2011年4月28日号が伝える，郡山市で避難生活を送っている富岡町住民の以下のような声は，それを象徴的にあらわしている。

　　国からも東電からも原発は絶対に安全だといわれ，それを信じてきた。まさかまるっきり信じたわけじゃないよ。心のどこかに"もしも…"ってあったけど，そんな日は絶対来ないといいきかせてきたから。それでもまさかこんなことになるとは思わなかった。でも，それでも原発は必要だったんだよ……。

──12日朝，消防署員から役場に避難するよう指示がありました。そこにバスを待機させているということでした。私はすぐに帰れると思い，水1ℓとふりかけとパン1斤，それから姑用のひざかけと長座布団1枚だけを持参しました。お金は避難所に持っていくと盗まれるということで家に置いていきました。役場に行ったら，国の要請ということで100台近くのバスが来ていました。これは大熊町と双葉町だけにとられた措置だったそうですが，人がいっぱいでバスに乗れませんでした。午前9時30分頃，自分の車で避難できる人はすぐに避難してくださいという指示がありました。それで車で避難したんです。ところが道路がひどい渋滞で，川内小学校まで行くのに4時間ほどかかりました。川内小学校に到着したら，今度はいっぱいでいれてもらえないという。けれど姑は高齢で，夫は重度の糖尿病ということで無理やり入れてもらいました。そしてこの避難所のテレビではじめて原発の爆発のことを知りました。

Aさんによると，「避難所に入れたのはラッキーだった」という。避難所にたどりついたものの多くの人びとは入れず，そこからさらに別のところに移って行った。また避難所までたどりつけず，爆発後も大熊町に残った人が少なからずいたのである。大熊町を出るときは，とても友人とか隣人のことを思いやる余裕はなかったが，避難所のテレビをみてから気になりだしたという。取り残されている彼らは大丈夫なのか？被曝は？友人や隣人の顔が次から次へと頭をよぎっていったという。

──避難所では早速配給のためのボランティアを立ちあげました。避難所はものの奪い合いで一種の無秩序状態にありました。それでボランティアになってもらえる人を募っていいかと，役場の職員に打診しました。OKということで，3人1組のボランティアを編成し，ひとりが配布物（支援物資）を持ち，両脇のふたりが配るようにしました。そのとき，緊急に必要としている弱い人から配ることにしました。

第2章　地域コミュニティの虚と実

　3.11直後，海外メディアによって「災害時でも礼儀正しく秩序ある行動をする日本」という報道が数多くなされた。そしてそうした報道に対して，コミュニティの結束とか強さをかかげる論調が目立った。しかし，実際のところはどうであったのだろうか。「あるけど，なかった」地域コミュニティの状況と重ね合わせて慎重に検討してみる必要があるだろう。

　ところで，福島県の避難所ボランティアについては，宮城県とか岩手県に比較して活況に欠けるといわれてきた。実際，大学生のボランティアなどは被曝をおそれて福島県を忌避する傾向があり，それはいまも続いている。避難者たちは，こうしたことを敏感にさとって「神に見棄てられた町」と自嘲気味に語っているが，そのぶん，地元ボランティアとか全国の市町村から派遣された職員が頑張っている。Aさんは，まさに地元ボランティアの「走り」である。ちなみに，各地のボランティアセンターに登録し，福島県で活動したボランティア総数は，2011年8月14日現在，約10万7000人で，岩手県の約20万2000人，宮城県の35万7000人に比べてはるかに少ない（東日本大震災復興対策本部緊急対策本部，2011，『復旧の現状と主な課題への取組』）。

　——川内小学校に入れなかった人たちは，より西の方に移動しました。主だった移動経路は常盤町→船引町→三春町→郡山市→会津若松市でした（図2‐1参照）。最終の会津若松市の避難所は，鶴ヶ城隣りの旧若松女子高校跡で，いま大熊町の仮役場があるところですね。ここに到着したのは，だいたい12〜13日頃でした。なぜ会津若松市かといえば，大熊町と会津若松市は姉妹都市を締結していたものですから。

　私は，12日の夜9時頃川内小学校をあとにして，深夜の1時頃福島市にある，夫の病気治療のために購入していた家にたどりつきました。この家は地震の4日前にリフォームを終えたばかりでした。その後ずっとこの家に住んでいますが，あづま総合体育館などでボランティアを続け，そこの避難民たちが仮設住宅に移ったのちも欠かさずおこなっています。

　Aさんは，いま会津若松市の仮設住宅に入居している大熊町民のことが気

になっているという。会津若松市には，2011年11月現在，大熊町民が入居している仮設住宅が6つ（松長近隣公園，河東学園，扇町1号公園，城北小北，亀公園，東部公園）ある。どの仮設住宅でも，冬を迎える前にいわき市などに移りたがっている人が相当数いるといわれる。彼らは「大雪の経験がなく，雪の片づけ方などをめぐって地元の地域社会との軋轢が生じたり，雪道で交通事故が多発したりすることを危惧している」というのだ。他方，子どもの被曝を心配し，会津に残ろうとする若い夫婦も結構いるという。Aさんが心配しているのは，こうしたことによって家族の分断がすすむのではないかということである。こうした懸念は，大熊町民の仮設住宅にとどまらず，すべての仮設住宅の住民に対してあてはまることである。

　もはや詳しく述べるまでもないだろう。Aさんの被災直後の「あのとき」を通して，そして「いま」につながるものから，明らかに先に一瞥した第二層の避難者たちの避難行動／避難のかたちを観て取ることができる。だからこそ，蛇足ながらAさんの聞き書きの一部をあえて載せたのである。ここにはまた，町内会が避難の際に「遠景」／「遠い存在」のままであったことが確認される。当然のことながら，こうした状況は，避難所そして仮設住宅での暮らしにまで持ち込まれることになる。Aさんの場合は，自らボランティアを編成することによって，そしてボランティアを続けることによって，「近景」／「近い存在」としてのコミュニティを獲得してきた／いる。しかし筆者の避難者についてのランダムな聞き書きからは，多くの避難所において自治会のようなものができても，「あるけど，なかった」状態が続いていたようにみえる[6]（仮設住宅については現在聞き取り中）。ちなみに，筆者がボランティアとして最初に入った避難所では，各家族・親族がまるで大海のなかの島を構成するように点在していた。そして配られる支援物資を自分たちのためにいち早く手にいれようとする行動が目立った。考えてみれば，Aさんのボランティアの立ち上げは，こうした風景に対する違和感から生まれたものである。

5 「あるけど，なかった」状況をもたらした諸要因

　すでにみたように，避難民は避難の際に第一次的に地域コミュニティに依存しなかった。それは（地域コミュニティが）「あるけど，なかった」からでもあるのだが，そうした状況は何ゆえ生じたのであろうか。さまざまな要因が考えられるが，ひとつには，東北全体ですすんでいた過疎化，高齢化にともなう地域コミュニティの基盤の弱体化が相双地区でも震災以前からすすんでいたことである。そのため，震災に遭遇し人びとが避難する際に，地域コミュニティは被災者たちのセーフティネット構築に与することができなかったのである。もっとも，「あるけど，なかった」状況をうながしたのは，避難者自身でもあった。前掲の表2－1でみられるように，避難者においては，「近くの他人」を思いやるより家族とか親戚をともなって自分たちの車で避難するのがごく自然な行動であった。この個人化された避難行動はもとはといえば，生活のプライバタイゼーション（私事化）に起因するものであるが，そうしたプライバタイゼーションが「生活の共同」を担保してきたはずの地域コミュニティの基盤を掘り崩すことになったことは否定できない。

　注目されるのは，相双地区の場合，プライバタイゼーションが原発の立地とともに立ちあらわれてきたと考えられることである。詳述はさておき，原発の立地によって地域全体が原発に依存する体制が出来上がり，それとともに人びとの生活様式次元で「個人化」と「受動化」がすすんだ。そしてその分，それまで地域が保持してきた「生活の共同」の体制，そしてそれを支える集落意識の弱体化／衰微がすすんだ。たしかに，楢葉町のように，こうした事態を見据えて10の小学校区に自治会を置き，その自治会に町内会を糾合するといった「上から」の再編（テコ入れ）がおこなわれたところもある。しかし，地域コミュニティは「原発さま」と町民が呼ぶ体制がしっかりと出来上がるなかで早期に弱体化してしまったと考えられる。

　いずれにせよ，地域コミュニティの「あるけど，なかった」状況は，震災によって引き起こされたものではない。震災以前からすすんでいたのである。

ところで震災以前に以上で述べたことと相まって「あるけど，なかった」状況を強くうながしたのは，防災コミュニティの構築ということでおこなわれた上からの地域コミュニティの動員である。先に取りあげた楢葉町でいうと，毎年，区会・町内会をあげての防災訓練がおこなわれてきた。そして地区によっては，自衛隊，東京電力，地元小・中学校も加わって大々的に訓練が実施された。しかしこうした防災訓練は震災時に機能するようなものとはならなかった。むしろ，地域コミュニティの有していた自立性の基盤を損なうことになったのである。同じことは自主防災組織の編成についてもいえる。自主防災組織はどの自治体においても地域のすみずみまではりめぐらされていた。だがそれは上から一律に網をかぶせたものだから，地域コミュニティによる自生的な防災活動の展開を妨げてしまったのである。ともあれ，ガバメント型コミュニティの限界／隘路が立ちあらわれ，地域コミュニティが「あるけど，なかった」状況へと深く誘われることになった。

　こうしてみると，指摘されるような「あるけど，なかった」状況は，きわめて複合的な要因から発生していることがわかる。そして東日本大震災が誘因となったことは否定できないにしても，それが直接の原因でなかったことは明らかである。問題は，今日，「あるけど，なかった」コミュニティへのリアルな認識を欠いた状態でコミュニティへの期待だけが高まっていることである。

6　地域に埋め込まれたディバイド

　コミュニティへの言及は，今日，さまざまなところでみられる。たとえば，政府の復興構想会議が2011年6月11日の会合で示した第一次提言素案では，「総論」のところで「地域・コミュニティ主体の復興を基本とすべき」ことが謳われている（『日本経済新聞』2011年6月12日）。こうした言及は政府の複数の通達や文書でも確認される。また復興について提言している各政党のパンフレット等でも「コミュニティの重要性」について触れられている。しかしそうした言及は「あるけど，なかった／ない」地域コミュニティに照準し，そうしたものを実体化しようとしている。そしてコミュニティへの言及／期待が熱を帯

表 2-2　多様な「ディバイド」

	被災者	非被災者
津波 （生と死）	呑みこまれた人 （行ってしまった人／逝ってしまった人）	逃れた人 （残された人）
放射能汚染	曝された人	逃れた人
映像 （劇場空間）	曝された人 （アクター）	見た人 （オーディエンス）
	負の被災者	ただの被災者
まなざし	見棄てられた人	見守る人
発話	もの言えぬ人	押し黙る人
しぐさ	うずくまっている人	怒号・慟哭する人

出所：吉原（2011c：28）

びれば帯びるほど，コミュニティの再生を困難にするといった逆説的な状況が生じているのである。

　考えてみれば，津波や放射能汚染が人びとの間にさまざまなディバイド（裂け目）をもたらし，「あるけど，なかった」状況をいっそう深刻なものにしている。表2-2は，地域に深く埋め込まれたこうしたディバイドを簡略化して示したものである。それによると，ひとつは「津波に呑みこまれた人」と「津波から逃れた人」の間でみられる。このディバイドは，「行ってしまった人／逝ってしまった人」，「放射能汚染に曝された人」と「放射能汚染から逃れた人」に対応している。それはさらに「映像（メディア）に曝された人」と「映像をみた人」——比喩的にいうと，劇場空間における「アクター（担い手）」と「オーディエンス（観客）」——に対応している。他方，いまひとつは，被災を負の〈できごと〉として体験した「負の被災者」と，ただの〈できごと〉として体験した「ただの被災者」の間でみられる。それは，人びとの五感に即していうと，「見棄てられた人」と「見守る人」，「もの言えぬ人」と「押し黙る人」，「うずくまっている人」と「怒号・慟哭する人」に対応している。そしてつまるところ，一方では被災者—「負の被災者」の側で「喪ったもの」の回復不可能性に起因する「語り得ぬもの」の絶対性を，他方では非被災者—「ただの被災者」の側で「助かった者」，「残された人」の耐えがたさに由来する自責の念とあきらめをあらわすものとなっている。

地域に深く刻み込まれたこうしたディバイドが地域の共同性（まとまりと共属感情）の再形成と新たな発現の可能性，すなわち「あるけど，なかった／ない」状態からの離床の可能性を著しく閉ざしてしまっているのである。したがって本来の「ある」状態を手にするためには，こうしたディバイドが解消されてある種の「コ・プレゼンス」（共存）の状態を得ることが前提となる。しかし現実の復興施策をみていると，上述のディバイドをいっそう拡げているように思われてならない。「あるけど，なかった／ない」状態を持続させている要因としては，さらにガバメント型コミュニティのなしくずし的な展開がある。筆者が避難所もしくは仮設住宅でよく耳にしたのは，地域コミュニティに代わるものが容易にあらわれなかった／あらわれていないということである。そうした事態はこれまで述べてきたところから容易に理解できることであるが，それでも，この間，仮設住宅において急速に自治会等の結成が増えているのも事実である。注目されるのは，そうした場合，行政のテコ入れが目立っていることである。ちなみに，先に触れた会津若松市の仮設住宅でみると，自治会長とか班長に就いている者のほとんどは，避難前の大熊町で区長等に就いていて新たに行政によってリクルートされた者たちである。事実上，ヒト―役職の撒布を介して地域コミュニティを把握（動員も含めて）するといった，震災前からの構図が依然として観られる。結局，「あるけど，なかった／ない」状態を改善するのではなく，かえってそうした状況を強めているだけである。いうまでもなく，こうしたガバメント型コミュニティの形成は，先に述べた現実を直視しないコミュニティへの願望と共振（シンクロ）しながら地域コミュニティの再生（→本来の「ある」状態の回復）をますます困難なものにしている。

7　地域コミュニティの再生は可能か？

　防災の現場，とりわけ復興過程で地域コミュニティの果たす役割がきわめて重要であることについては贅言を要しない。しかしこの役割の措定にあたっては，「なかった／ない」ものをあたかも「ある」かのように論を立てるのではなくて，「ない」ところから出発することが基本となる。それでは，「ない」と

ころからはじまるコミュニティへの展望はどのようにしてきり拓かれるのであろうか。まず起点をなすのは、「被災を共有すること（shared disaster）」である。背負っているもの、抱え込んでいるものの重さを共有しながら、ゼロから出発することである。平たくいうとこうである。地震、津波によってガスが止まり、電気が通らなくなり、水が出なくなる。フクシマではもっと悲惨である。原発の爆発による「見えない」健康被害に加えて生業が根こそぎにされる。仕方なく、人びとは家を出て街路に立つ。フクシマではより遠くへと避難所をわたり歩く。そしてこの状況を誰彼となく語り合い、そこから抜け出ようとする。こうしてぎりぎりのところで「生活の共同」の枠組み／新しい集合性ができあがる。つまり「ない」ところからコミュニティの基本的要件である共同性への嚆矢がきり拓かれることになる。もちろん、この始源のプロセスは決して容易なものではない。先に一瞥したプライバタイゼーションおよびガバメントの再強化が複雑にからまってくるからである。

　ところで、上述の始源のプロセスであらためて問われるようになるのは、6節で言及したディバイドのゆくえである。指摘したようなディバイス→コ・プレゼンスはどのようにして可能になるのであろうか。その鍵となるのは、上述の「被災を共有すること」にともなう新たな集合性の形成が「コミュニティ・ガバナンス」によって縁由されることである。なおコミュニティ・ガバナンスについてはすでに別のところで述べているので、それを援用する。

　　（コミュニティ・ガバナンスとは）復興には不確実性やバイアスが伴うことを深く認識した上で、被災者—非被災者のみならず、地域を構成するステイクホルダーとしての諸主体（町内会・自治会、NPO、ボランタリーアソシエーション、その他中間諸集団、自治体、企業など）が復興への道筋を相互に提示し、擦り合わせることによって、不確実性やバイアスを小さなものにしていく制度的な仕組みである。それはある特定のステイクホルダーが常にイニシアティヴを握るといった定型的なものではない。ここで重要なことは、「異なるもの」がイッシューをめぐって並び合い、交わり合い、ときとして反目し合いながら「予測のつかない突然の変化」＝何らかの新しい集合

性/関係性を生みだすことである。(吉原 2011b：22)

　いうまでもなく，そこで培われたソーシャル・キャピタル（平たくいうと，つながりや信頼）がコミュニティ・ガバナンスの基調音となるのである。ところで，このソーシャル・キャピタルにとって不可欠の要件となるのは「節合」(articulation) の機制である。そこには「異質なものとの出会い・対質を通して内から動的な関係を築きあげていく『創発性』(the emergent／emergence) のメカニズム」(吉原 2011a：234) が埋め込まれている。詳述はさておき，こうしたメカニズムが作動することによって，地域コミュニティがガバメント型コミュニティに回収されていくのを避けることができるのである。同時に，地域コミュニティが長い間担保してきた「生活の共同」の基層にある「生活の自主権」，「生活の自律性」を取り戻すためには，上述のコミュニティ・ガバナンスの確立とともに，防災をめぐるローカル・ノレッジを堀り起こすことがもとめられよう。

　それはクリフォード・ギアツによれば，「住民の視点」から織りなされる「固有の知識」であり，「人間の生がある地でとったかたち」を示している (Geertz 1983＝1999)。こうしたローカル・ノレッジには，相双地区に限っても，津波が近世以降の災厄の元凶としてあり，津波の脅威におろおろしながらもそれに立ち向かってきた人びとの叡智が埋め込まれている。

　それがみてきたような地域コミュニティの「あるけど，なかった／ない」状態の下で放置され，ひたすら「遠い経験」と化してしまったのである。いま，この「遠い経験」を「近い経験」にすること，つまりローカル・ノレッジの現代化が喫緊の課題としてあるが，それは地域コミュニティの自己再生にとっても欠かすことのできないものである。なぜなら，そこでは「生活の自主権」，「生活の自律」の回復が第一の問題構制をなしているからである。

8　「ない」ことからの出発

　『週刊東洋経済』2011年12月3日号によると，第三次補正予算が成立し，9

兆円の復興マネーがまかれ始め、ゼネコン業界の蠢動がみられるようになっているという。他方で、容易に進展をみない復興の状況を向こうにおいて、「ない」にもかかわらず「ある」という思い込みの下で地域コミュニティが持ち出されるようになっている。そしてそうした状態がポスト3.11においてある種の「社会統合」の役割、つまり政治性を担う／帯びるようになっている。「土木知」が再び跳梁する一方で、被災地の住民の貧困化や地域経済の衰退がすすむようであれば、それはまさに塩崎賢明らが指摘した復興災害ということになるであろう（塩崎ほか 2010）。そうした矛盾を「あるけど、ない」地域コミュニティを持ち出すことでカムフラージュするなら、それは上述したコミュニティ・ガバナンスのおよそ対極に位置するものになるであろう。

地域コミュニティの再生には、何よりもまず、雇用の回復を主軸とする地域の生活基盤の再生、とりわけ被災者のいきがいとリンクした生業の再生が不可欠である。しかしそれだけにとどまらない。外部の諸主体とのさまざまな「出会い」が再生のための大きなきっかけとなる。特に今回の震災の場合、SNS (Social Network Service) によるボランティア・ネットワークの果たした役割が大きい。被災住民の支援ニーズと行政の供給能力との間のギャップが大きければ大きいほど、こうしたボランティア・ネットワークを要とするコミュニティ・ガバナンスが重要な役割を果たすことになる。逆に、ガバメントに馴致した地域コミュニティのありようが問われることになるのである。つまりみてきたような「あるけど、なかった／ない」地域コミュニティがそのまま「ある」状態に復するのでは再生にはならない。ボランティア・ネットワークと「出会う」ことによって、「地域」という条件の下で束ねられている地域コミュニティの基盤が著しく脆弱化していることを認識することから、すべてははじまる。そしてそれに続いて「苦しみ」を分かち合い、支え合うことを契機とするコミュニケーションが拡がり、そこから「地域」に回収されない何らかの集合性／関係性がはぐくまれることになる。それが地域コミュニティ再生の礎となるのである。

としてみれば、筆者が仮設住宅で目撃してきたような自治会の風景（行政のテコ入れによる役職主導の風景）は、仮に形の上では「ない」状態から「ある」

状態へとシフトしているようにみえても,決して再生への道筋を示しているとはいえないのである。仮設住宅の人びとは,たしかに被爆,そして「容易に帰ることができない」という〈共苦〉のなかにある。しかしさまざまな家族の形態とともに,「異なる状況を生きる人びと」でもあるのだ。こうした人びとの「住まうことの意味」を理解しない地域コミュニティの型通りの復活／強制は,「苦しみ」を分かち合い,支え合うどころか,かえって個人化をおしすすめてしまうおそれがある。もちろん,再生されるべき地域コミュニティにとっても「隣人との対話」は重要である。隣人をふりかえることなく避難した行動と「あるけど,なかった／ない」状況が同根であればこそ,「隣人との対話」は,インターネットによるバーチャルなコミュニケーションとともに「ない」ことからの出発において鍵となる。だがそれも外部とのさまざまな「出会い」の一環としてある。いずれにせよ,地域コミュニティの美質として語られてきたものを視野に入れながら,外部との新たな「出会い」を積極的に取り込んでいくしかないのである。

追記

本稿の執筆時点（2011年11月30日）から,かなりの日時が経っている。本来ならば,新たな資料を加えるなどして加筆・修正をほどこすべきであるが,筆者にはいまその余裕がない。いずれ時機をみて,別稿で補正したいと考えている。

注

(1) アーリによると,それは「グローバル化がローカル化を進めローカル化がグローバル化を進めるといった並行的で相互依存的なプロセス」のことである。つまり「グローバルなものとローカルなものは,動的な関係を通じて分かちがたく不可逆的につながっており,両者のあいだを数えきれぬ程の資源フローが行き来している。グローバルなものもローカルなものも他方がなければ存立しない」（Urry 2003：84）のである。

(2) ガバメント型の防災コミュニティ体制とは,ひらたくいうと,防災というイッシューが危機管理という体制的な課題に変換されて,それが国→県→市町村→地域コミュニティという経路で「上意下達」されていく体制のことである。通常,防災コミュニティ体制といった場合,逆のことが含意されるのであるが,近年の新自由主

義的な政治環境の下では，後者のようなコミュニティ主導の防災体制であっても，ガバメント型の防災コミュニティ体制に抱合される傾向にある。

(3) 後に取り上げるAさんの聞き取りにあるように，ほとんどの者はすぐに帰れるであろうということで，着の身着のままで避難した。何も知らされなかったのだから，それは自然の行動であったといえるが，後になって知らされなかったことが政府＝町村および東京電力に対する大きな不信へと発展していった。また財産保全の上でも大きな禍根を残すことになった。いずれにせよ，被災者にとって「原子力ムラ」の存在を認識するきっかけになったといえる。

(4) 「あるけど，なかった」ということでいうと，「みえなかった」のも「みなかった」のも同根である。しかし「みなかった」ということは，明らかにプライバタイゼーションから派生したもの，あるいはプライバタイゼーションそのものを示すものであり，「みえなかった」状態へと結びついていった。こうして地域コミュニティの「あるけど，なかった」という状景が3.11および3.12において可視化することになったのである。

(5) Aさんには，2011年10月12日（土）および11月5日（土）の2回にわたって福島市内のレストランで聞き取り（いずれも3時間程度）をおこなった。また同時に同じ県立高校元教員のBさん（女・62歳）にも聞き取りを実施したが，そこから得られた知見については，現在，整理中である。いずれ時機をみて何らかの形で発表する予定である。

(6) 自治会といっても班編成程度のものがほとんどである。支援物資が配られるときに班長が班の代表として受け取る以外に，班内の要望を避難所の職員に伝えるというのがごく普通にみられた状景である。そして大半の班長は，役場からの連絡事項を班内の被災者に伝えるというメッセンジャー・ボーイとしての役割に追われていた。食事の用意等はボランティアが担うところが多く，班長を介さないで直接受け取るのが一般的であった。避難所は「ワン・ポイント・リリーフ」だといわれるが（北村 2011：46），「ロング・リリーフ」である仮設住宅でもたいして変わらないようにみえる。

(7) 実は行政当局には「以前のコミュニティをそっくりそのまま仮設住宅に移設できることがベストではあろう」という認識が根強くある。北村喜宣は，政府サイドのそうした認識を大畠国土交通大臣（当時）の国会答弁のなかに見出している（北村 2011：55）。問題は「以前のコミュニティ」をどうみるかである。政府の認識では，以前のコミュニティが正常に機能していた，少なくとも「分断されていなかった」とみているようである。

(8) なお，繰り返しになるが，コミュニティ・ガバナンスが新たな制度的仕組みのひとつであるとしても，政治的環境によって大きく変容する可能性があることをふま

えておくべきであろう。ハーヴェイが指摘しているように，新自由主義的な政治体制の下ではコミュニティ・ガバナンスはガバメントの新種の展開という要素を強く持っている（Harvey 2005＝2007）。筆者はコミュニティ・ガバナンスを定型的なものとしてではなく，常に生成途上にあるものと考えている。

(9) ちなみに，復興特区における規制緩和や税財政上の優遇措置を認める復興特区法案が近々国会で成立する見通しとなっている（2011年12月2日現在——その後成立した）。ゼネコンが空前の賑いをみせているのを向こうにして，企業が栄えて被災地／被災民が切り棄てられるのではないかと憂慮する声があちこちで聞かれるようになっている。3.11を境にする開発体制のありようが種々論議されているが，構造的には連続しているとみたほうがいいかもしれない。なお，この点については拙稿（近刊）を参照されたい。

(10) この点について，飯島淳子は筆者とは反対の認識を示している。「ボランティア元年と称された阪神・淡路大震災時に比べると，——ボランティアの精神やシステムの面における発展は高く評価されるものの——，集落・コミュニティを結ぶ強い絆に阻まれ，ボランティアは低調である」（飯島 2011：15）と。しかし量的にはさておき，質的には新たな画期をしるしているというのが，筆者の立場である。ちなみに，飯島はここでいう地域コミュニティを「土地」とむすびついた領域的自治を担うものとして位置づけている（この点でいうと，「新しい公共」は非領域的自治ということになる）。

(11) ここで〈共苦〉とは，文字通り，「苦しみ」を共有することである。しかしそれは，上からの復興デザインが「被災者の痛みを伴うことを，覚悟しなければならない」（樺島 2011：13）というときに含意するものとは異なる。後者がガバメントに特有の抑圧的な面をともなっているのに対して，前者はかけがえのない個人と個人がそれぞれの尊厳をかけて交感／共識することから派生するものである。そこでは抑圧的な面よりも解放的な面が逈ることになる。とはいえ，現行の復興過程において被災者自身が尊い存在である，つまり「尊重されるに足る存在」（上田 2005：209）であるという認識がどれほど浸透しているであろうか。

(12) 本章は当初の予定では，東日本大震災の被災‐復興の現場で地域コミュニティが壁にぶつかっているということを示した上で，地域コミュニティの再生をより広い枠組みで検討するために稿を起こす心算であった。その際，〈時間—空間〉軸の導入が目玉となるはずであった。しかし紙幅の関係で，その点は早い段階で断念せざるを得なかった。そのため全体として非常に座りの悪い文になってしまったことは否めない。なお，3.11への〈時間‐空間〉論の導入の試みとしては，まったくイニシエーションの段階にとどまっているとはいえ，とりあえず前掲の拙稿（近刊）を参照されたい。

文献

Geertz, Cliford, 1983, *Local Knowledge*, Basic Books. (＝1999, 梶原昭ほか訳『ローカル・ノレッジ』岩波書店。)

Harvey, David, 2005, *A Brief History of Neoliberalism*, Oxford University Press. (＝2007, 森田成也ほか訳『新自由主義——その歴史的展開と現在』作品社。)

飯島淳子, 2011, 「東日本大震災復興基本法」『法学セミナー』683：10-15。

樺島博志, 2011, 「国・自治体の責務とその限界」『ジュリスト』1427：9-20。

北村喜宣, 2011, 「仮設住宅の供与と運用」『ジュリスト』1427：46-57。

松本行真, 2011, 『いわき市避難所における被災者の被災時の行動調査結果——単純集計』

塩崎賢明ほか編, 2010, 『大震災15年と復興の備え』クリエイツかもがわ。

上田紀行, 2005, 『生きる価値』岩波書店。

Urry, John, 2003, *Global Complexity*, Polity.

吉原直樹, 2011a, 『コミュニティ・スタディーズ』作品社。

吉原直樹, 2011b, 「災害・復興とコミュニティ」『地方自治職員研修』622：20-22。

吉原直樹, 2011c, 「コミュニティ・ガバナンスとローカル・ノレッジ」『オルタ』430：26-29。

吉原直樹, 2012, 「見直されるコミュニティ力と過剰期待への警戒」『農業と経済』78(4)：124-132。

吉原直樹, 近刊, 「ポスト3・11の場所の可能性」似田貝香門・吉原直樹・町村敬志編『現代都市空間とネットワーク・コミュニティ・場所』東信堂。

吉原直樹編, 2011, 『防災コミュニティの基層』御茶の水書房。

吉原直樹編, 近刊, 『安全・安心コミュニティの存立基盤』御茶の水書房。

吉村昭, 2004, 『三陸海岸大津波』文春文庫。

(2011年11月脱稿)

第3章

東日本大震災における市民の力と復興
——阪神・淡路大震災／新潟県中越地震後との比較——

関　嘉寛

1　東日本大震災におけるボランティア

　2011年3月11日午後2時46分，東北地方太平洋沖地震が発生した。M9.0を記録したこの地震は宮城県から岩手県にいたる全長約500 kmにも及ぶ太平洋沿岸部に甚大な被害をもたらした。東日本大震災と呼ばれるこの災害は，その発災以後，日本社会が抱えるさまざまな問題を明らかにしている。

　東日本大震災においても，1995年に発生した阪神・淡路大震災や2004年の新潟県中越地震などで活躍したボランティアたちがさまざまな活動を展開している。いつ終わると知れないがれきの撤去や泥だし，物資の仕分けや避難所の運営の手伝いといった低下した行政機能を代替する，あるいは補完する活動などさまざまである。

　一見すると1995年の阪神・淡路大震災以降の教訓が活かされ，大きな被害を被ったとはいえ，ボランティアが初期から活躍し，被災者のニーズに柔軟に対応できたように見える。だが，後述するように，東日本大震災では，ボランティアは当初は被災地に行くことを止められ，現場ではある一定のルールに則って活動するように要請されたのである。いいかえるならば，ボランティアは阪神・淡路大震災とは異なる社会的な拘束性の下で活動せざるを得なかったのである。

　ボランティアがおかれたこのような状況は，現場からの切実な声に基づいているとは必ずしもいえない。おそらくは，日本社会がボランティアに対して抱

いているイメージに影響された結果であると考えたほうがいいだろう。そしてこのイメージは現代において，社会を一体誰が主導的に形成していくべきかという考え方に影響されていると考えられる。つまり，政府や行政，あるいはコミュニティが社会を形づくる主体になるべきか，あるいは個人やボランタリーなアソシエーションが主体になるべきかという考え方である。論点を先取りするならば新自由主義的傾向が強まる現代においては，前者の考え方が背景に退き，後者の考え方が強くなっているように見えるが，実際のところは前者の考え方が強化されてきている。このような現代的な公的なものと私的なものの関係性が如実に現われたのが，東日本大震災におけるボランティアのおかれた状況なのである。つまり，ボランティア活動が直面している問題は，日本社会が直面する問題と根を同じにしているのである。

　このような問題関心を持って本章では，東日本大震災におけるボランティア活動を取り巻く社会環境への考察をまずおこなうこととする。さらに，この考察を元に長期にわたると予想されるこれからの復興において，私たちがどのような関わり方をするべきなのかを，阪神・淡路大震災と中越地震後のそれぞれの市民の動きと比較しながら考えていきたい。

　ボランティアの位置づけという点で，阪神・淡路大震災と比較して一番大きな違いは，当初からボランティアの存在が前提とされていたかどうかである。阪神・淡路大震災では，約138万人ものボランティアが被災地に駆けつけたといわれる。その姿は，後に「ボランティア元年」と呼ばれるほど，社会に驚きを持って受け取られた。阪神・淡路大震災以前にも，自然災害が起きれば，ボランティアと呼ばれる人びとが集まってきたであろうが，阪神・淡路大震災の時のように大規模かつ持続的な活動としては存在していなかった。社会的な注目を集める存在ではなかったのである。阪神・淡路大震災のとき参加したボランティアたちは，主に20代の若者であり，ほとんどが初めてのボランティア活動であり，量的にだけでなく，質的にみても，社会的に当り前と思われていた状況とは異なっていたのである。

　このようにそれまでとは，量的にも質的にも異なるボランティアたちに十分に活動してもらうために，いいかえるならば，被災者のニーズに十分に対応で

きるように，事後的に災害ボランティアセンターがいくつか立ち上がっていった。このときは現在のように，誰が災害ボランティアセンターをつくるのか，どのようにしてボランティアを復旧作業などに組み込んでいくかなどのノウハウはなかった。災害発生後にボランティアが被災地に駆けつけるということは，「常識」ではなかったのである。

しかし，東日本大震災では，当初より，ボランティアの存在がマスコミなどでも取り上げられていた。たとえば，テレビでも「これからボランティアが活躍していかなければならないと思うのですが，いかがですか」などと地震の解説をおこなう専門家に質問が向けられる場面を目にした。「災害が起きればボランティアが来る，あるいは必要になる」という認識が一般化していることを示す場面である。

また，一般の人びとの認識レベルでボランティアが一般化，常識化していただけではない。政府にも3月13日に「ボランティア担当総理補佐官」が置かれた。実際に政府がボランティア活動に対してどのような環境整備や具体的な支援などをしたかについては検証が必要であるが，災害とボランティアの関係が公的にも認められているということを示している。

ボランティアという点で，東日本大震災と阪神・淡路大震災の大きな違いはこのようにボランティアの存在が当然視されていたかどうかという点にある。おそらく，阪神・淡路大震災の教訓，すなわち大規模災害においては公的な支援だけでなく，ボランティアや市民活動のような私的なアクターによる支援が必要であるという教訓に基づき阪神・淡路大震災以降活動してきたボランティアや市民活動の成果といってもいいだろう。

このような活動の成果は，具体的にさまざまな民間団体や特定非営利活動法人（NPO法人）によって支援ネットワークが立ち上げられたことにも現れている。たとえば，中央共同募金会や日本赤十字社などの既存の慈善団体や全国社会福祉協議会に事務局を置く「広がれボランティアの輪」連絡会議，災害時にもさまざまな支援活動をおこなってきた日本財団，日本NPOセンターなどの中間支援組織などが世話団体となって東日本支援ネットワーク（JCN）という大規模なネットワークができあがった。阪神・淡路大震災の時には，多くの市

民活動組織や連絡会が発生したが，活動のはじめから（あるいは活動が開始される前から）大規模なネットワークが形成されたわけではなかった。それぞれの活動の場面での個別の問題を解決する上で，必然的にそれを取り巻く環境へ働きかける必要が出てきたときにネットワークを形成する動きが出てきたのである。もちろん，そのネットワークも東日本大震災ほど大規模なものではなかった。

東日本大震災の直後にネットワークが形成された背景には，ネットワークを形成するだけの団体が存在していたということがあげられる。阪神・淡路大震災の前年，1994年には総合研究開発機構によって「市民公益活動基盤整備に関する調査研究」がおこなわれている。このことが示すように，阪神・淡路大震災の時点ではまだ市民活動団体が十分に多く活動していなかった。しかし，それ以後，1999年の特定非営利活動促進法の成立などもあり，市民活動団体が日本社会に着実に根を下ろし始めていたのである。東日本大震災はそのような環境の中で発生した災害でもあった。

また，ネットワークの形成は，一義的には効率的な支援活動をすすめることを目的としている。たとえば，東日本支援ネットワークの目的は以下のように述べられている。

　　今回の震災では，その被害があまりにも甚大かつ広域であるため，個々の民間団体がそれぞれに活動していても支援が届かない地域が出てしまうなど，私たちの支援が効果的に発揮されない可能性があります。
　　そこで私たちは，災害支援に関するNPO・NGOをはじめとする民間団体で連携し，被災者の未来のために活動していきたいと考えています。
（東日本支援ネットワーク 2011）

民間団体がネットワークをつくり「効果的」な支援をおこなうことが実践上必要であったことは容易に理解できるが，このネットワークの設立は，同時に新しい「民間」のあり方をつくり出そうとする試みでもあったといえる。具体的には，設立の経緯が異なるさまざまな民間団体が，公的機関とも対立しあう

ことなく連携することで，支援の効果をあげようとしているのである。たとえば，東日本支援ネットワークの構成団体の中には，準 - 公的機関といえるような団体も入っている。阪神・淡路大震災の当時ならば，権限や権益の問題などから対立関係や上下関係などが発生したに違いない団体同士が，現在はネットワークという水平的な関係の中に共存している。公益に対する公的なセクターと民間セクターとの関係性の変化が如実に表れているといってもいい。このような民間の新しいあり方が示されてきているのも東日本大震災後の特徴である。

そして，このような市民活動団体の動きの中で，既存のNPOやNGOがボランティアの受け皿となり，活動環境を整えたことも東日本大震災の特徴である。たとえば，岩手県遠野市では地元の市民活動団体や社会福祉協議会などを静岡や神戸の市民活動団体がサポートする形で「遠野まごころネット」という組織ができた。

東日本大震災で岩手県沿岸部は壊滅的な被害を受けた。そのため，さまざまな支援が必要でありながらも，物流経路の寸断や現地での活動拠点設置の困難さから，その支援自体が届かない状況に陥った。そこで，遠野市にボランティアが寝泊まりできる拠点を設置し，そこに集まったボランティアを沿岸部に送り出す仕組みを遠野まごころネットは作り出した。この活動によって，ボランティアたちの移動手段や宿泊場所が確保されたのである。このような市民活動団体やNPOなどの先を見越した動きは，阪神・淡路大震災以降のさまざまな災害救援活動において積み重ねられてきた経験や知見，そして日頃からのネットワークが活かされたものであったといえる。

さらに，大学生を中心とした若者の動きも活発であった。阪神・淡路大震災時のボランティアの中心のひとつは大学生であった。その要因のひとつは，発生した時期と関係している。阪神・淡路大震災は1月17日に発生した。つまり，大学がもうすぐ春休みに入ろうかという時期であったのだ。時間的余裕があったため，多くの大学生が被災地で活動した。しかし，4月に入りボランティアがする活動内容が変化したこともあるが，大学が始まるとボランティアの数が減少した。一方，東日本大震災は3月に発生しており，時期的な条件は阪神・淡路大震災とそれほど変わりはない。しかし，学生たちは発災直後，さまざま

な理由で被災地には入ることができなかったため、ボランティア活動を直接おこなうというよりはむしろ長期的な活動を見据えて、組織化へ動いていった。たとえば、Youth for 3.11という組織は、「学生のチカラを最大限に発揮し、効果的な復興支援活動を実現する」ということをミッションとし、さまざまな活動をおこなっている。

このような学生による組織化の動きは、近年の社会起業への関心の高まりなどと関連しているのかもしれない。つまり、学生たちが自らの手で社会にかかわり、変革していこうとする意識が高まっていることが、個別の活動ではなく、学生の組織的な活動を志向させているといえるのではないだろうか。

東日本大震災は、阪神・淡路大震災から16年経っていた。その間さまざまな災害があり、その都度、ボランティアやNPOなどの市民活動が展開されてきた。それゆえ、東日本大震災では、災害で活動するボランティアが当たり前となり、しかもその活動を包括するような民間団体の動きも新たにうまれた。そして、経験を積んだNPOやNGOはボランティア活動を支える仕組みを作り出し、若者たちは単独で活動するだけではなく、組織を作り、長期的なかかわりをはじめたといえる。

阪神・淡路大震災と比較するとかなり状況が異なる東日本大震災でのボランティアや市民活動を素描してみた。この特徴をさらに理解するために、次節では、この特徴を生み出した社会背景について詳しく見ていきたいと思う。

2　災害ボランティアとはどのような存在なのか

東日本大震災発災当初、ボランティアに関して、「いまはボランティアは被災地に行かないほうがいい」という言説が流布した。余震が続き、二次災害の危険性があったためである。福島県では福島第一原発の事故による放射能問題もあった。また、沿岸部被災地は津波などで道路や鉄道などの輸送路に大きな被害を受けた。それに起因するガソリン不足も指摘された[3]。これらの結果として、被災地域に外部から入る手段がほとんど無い状況であった。また、物流も止まり、被災地では深刻な物資不足が報告されていた。

このような状況において，ボランティアが被災地に行けば，どのような状況が起こると推測されるだろうか。まずは，余震や放射能問題でボランティア自身が被災者になりかねない。そんなことになってしまえば，ボランティア自身も困るが，余計な仕事を被災地に増やすだけで迷惑をかけてしまう。さらに，被災地に行く手段が限られているにもかかわらず，それをボランティアが使ってしまっては被災地で必要としている人に回らなくなってしまい，それはまた迷惑である。そして，食料も宿泊先もほとんど無いところでどうやって作業するのか。季節的にとても寒い時期で，普通に生活するだけでも厳しい震災直後の環境である。このような条件の下で，「常識」から判断して，ボランティアは被災地に「行かないほうがいい」と多くの人が考えた。発災直後から4月中旬頃まで，ボランティアが被災地に行くと「現場が混乱してしまい」，結果として「被災地，被災者に悪影響を及ぼしてしまう」という言説が説得力を持ったのである。

はたして，この言説を自明のものとして受け取ってしまってよいのだろうか。筆者は3月末に被災地である岩手県A村に，兵庫県西宮市に所在する災害NPOの日本災害救援ボランティアネットワークと一緒に救援活動のために行った。そこでは，ボランティアによって担えることが多くあった。物資の仕分けや配送，泥かきや浸水家屋の清掃などなど，いくら人手があっても足りないほどの作業があるように見えた。作業だけでなく，被災して途方に暮れる被災者に寄り添うことも必要であっただろう。

必ずしもすべての被災地で同様というわけではないかもしれないが，ボランティアを必要としている被災者・被災地はたくさんあったのではないか。しかし，全国的にボランティアは「被災地に行かないほうがいい」と考えられ，実際に筆者が訪れた被災地にはボランティアは少数しか行かなかったのである。

災害時のボランティアがこのようにすぐさま被災地に駆けつけるとかえって悪影響をおよぼすと無批判に理解される，いいかえるならば，行ってはいけないという判断が正しいと一般に受け入れられるのは，なぜなのか。それを考えるヒントは阪神・淡路大震災以後の災害ボランティアの位置づけとそれへの対応にある。

あらためていうならば，ボランティアでも災害時にさまざまな活動をするものを「災害ボランティア」と呼ぶ。この災害ボランティアの今日のような動きは，前述したように阪神・淡路大震災に端を発している。このとき，のべ138万人（兵庫県推計）のボランティアが被災地で活動した。彼らは，物資の仕分けや避難所の運営の手伝い，さまざまな情報の提供から子どもとの遊びや困りごとの相談までを担った。

　阪神・淡路大震災以前，ボランティアはどちらかというと限られた活動，篤志家による活動というイメージがあり，その広がりもわずかであった。もちろん，1970年代から始まる国のコミュニティ政策などによりボランティア活動は促進されていた。その過程で，すべての都道府県，市町村にある社会福祉協議会には「ボランティアセンター」が設置されてはいた。しかしながら，禁欲的で自己犠牲的なイメージがともなう活動であることには違いなかった。

　このようなイメージや実態は阪神・淡路大震災でのボランティアの動きにより，かなり変わったのではないだろうか。たとえば，マスコミでは「茶髪」のボランティアのような，いままでの慈善家的なボランティア像とはほど遠い人たちがボランティアとして活動しているということが話題になった。それまでの固定化していたボランティア像にはとらわれない人びとの活動が拡がっていったのである。実践面でも，ボランティアはいろいろな人ができる活動になっていった。たとえば，1997年に福井県で起こったタンカー船ナホトカ号座礁事故でものべ28万人という多くのボランティアが海岸に漂着した重油の清掃活動に参加したのである。

　災害におけるボランティアの一般化，あるいはボランティア活動に参加する際の敷居の低下という状況で，国や地方自治体でも災害時にボランティアを「活用」するべきだという認識がひろがっていく。1995年の国の防災基本計画の改訂や災害対策基本法改正においては，災害時のボランティア活動について言及された。そして，2000年頃から自治体と地元の社会福祉協議会[(4)]が協定を結び，災害ボランティアセンターを設置することがそれぞれの防災計画などに組み込まれるようになっていく。ここで，災害ボランティアセンターを自治体が設置するのではなく，日頃から地域の福祉に関わり，ボランティアセンターを

運営している社会福祉協議会に委ねるほうが、災害時におけるさまざまな課題に有効に対応できると考えられた。

　しかし、社会福祉協議会は災害救援などを専門とする組織ではない。地域によって性格は異なるが基本的には高齢者や障害者や児童などへの地域福祉を推進する組織であって、ほとんどの職員は社会福祉の専門家であり、災害の専門家ではない。だが、災害が発生したときは、災害ボランティアが詰めるセンターを運営しなければならない。通常業務としてのボランティアセンターとは異なり、災害ボランティアセンターではすばやいボランティア・コーディネートが求められたり、日常生活では予想もできない問題が生じたりする。そのため、災害ボランティアセンターの運営には特別のスキルが必要になってくる。

　このような社会福祉協議会における災害時に必要とされるスキルと実際の人員とのミスマッチの状態に対して、全国社会福祉協議会などが主宰した災害時のボランティア・コーディネーターの研修が始まる。時期的には、防災計画によって災害ボランティアセンターの協定が結ばれた頃である。そして、2005年には中央共同募金会を中心に「災害ボランティア活動支援プロジェクト（通称、支援P）」が始まる。このプロジェクトではボランティア活動を支えるための資金や物資、災害ボランティアセンターを運営する仕組みなどについての検討と研修などがおこなわれている。[5]

　災害時にボランティアを効果的に活用しようとするこの一連の動きは、災害ボランティアを災害対策に有効な資源に置き換えるために「標準化」することを推し進めた。[6] ボランティアを受け入れる災害ボランティアセンターでは一定の標準化された手続きに則って対応することで、「効率的に」活用する仕組みができあがっていった。そして、自らの自由な意思で活動しようとする災害ボランティアもこの標準的な手続きに則って活動することが求められるようになっていったのである。

　東日本大震災は阪神・淡路大震災以降つくられてきた災害ボランティアをめぐるさまざまな環境の中で生じた。そのため、そこで活動する、あるいは活動しようとするボランティアもボランティアの一般化と標準化という動きに影響されることとなった。

この一般化と標準化は，膨大な被災地での作業に対してボランティアを的確に配置させることを可能にしたという点で，評価される。つまり，阪神・淡路大震災以後のボランティアを「活用」するためのさまざまな試みが成功したといえるだろう。しかしその一方で，災害ボランティアに対する固定化した役割や意味を付与する結果となってしまった。被災地に行くボランティアは自己完結しなければならない。あるいは，災害ボランティアは必ず災害ボランティアセンターを通じて活動しなければならないというようなイメージを私たちに植えつけてしまったともいえる。

　災害ボランティアの一般化と標準化は結果として「いまはまだボランティアは行ってはいけない」という反応を引き起こしてしまった。ボランティアという活動が自分の意思に裏づけられるものならば，行こうと思えば誰でも被災地に行けるはずだが，災害ボランティアを受け入れる災害ボランティアセンターが整っていないという条件のために，多くの人はボランティアとして被災地に行かなかったのである。

　その一方で，少数ではあるが「すぐにでも被災地に行くべきだ」という逆の意見も聞かれた(7)。この両極端な反応によって，一般の人びとは，「ボランティアとはどうあるべきなのか」ということを先に考えてしまい，被災地で苦しむ人びとにかかわる行動が後回しになったという印象がぬぐえない。いいかえるならば，阪神・淡路大震災の時のように止むに止まれぬ気持ちで現地に赴くボランティアの波は，東日本大震災では当初起きなかった。災害ボランティアに加わるためにはクリアしなければならない条件が社会的に定められてしまったのである。

　東日本大震災におけるボランティアを取り巻く社会環境は阪神・淡路大震災の時とはかなり違うことがわかってきた。発災直後は，前述のような理由でボランティアの動きは鈍かった。しかし，被災地への交通手段が徐々に確保され，また受け皿である災害ボランティアセンターが設置されていくと，災害ボランティアの活動も活発になっていった。2011年4月下旬に宮城県石巻市を訪れたが，その時は全国各地から自家用車などで災害ボランティアセンターに駆けつける人びとが大勢いた。

では，災害ボランティアセンターが設置され，災害ボランティアが活動する環境が整うと，問題無く救援活動が進むのであろうか。一般化し標準化した災害ボランティアは被災地で苦しむ人びとに十分な活動ができたのであろうか。次に，阪神・淡路大震災以降おこなわれている一般的な災害ボランティアの活動がはらむ問題を確認しながら，一般化と標準化という視点から明らかになるボランティアや日本社会の問題について考えていきたい。

3 救援・復旧期における災害ボランティア

　阪神・淡路大震災以降，災害ボランティアは一般化し，その活動を効率的に活用するためにさまざまな仕組みが標準化されてきた。では，災害が発生したとき，普通私たちはどのようにして災害ボランティアとして活動するのであろうか。

　まず，はじめに私たちの「ボランティアとして現地に行きたい」という思いが必要である。これがなければ，基本的には災害ボランティアはスタートしない。[8] 次に現地に行くのであるが，現在はインターネットやテレビなどでさまざまな現地情報，活動のための基本情報が手に入る。多くの人はまず移動の前に，どこに行けばよいのか，何を持っていけばよいのか，どんなことに注意しなければならないのかなどを確認するだろう。現地への交通手段や宿泊先，食料や活動装備などを確保していよいよ被災地に赴くことになる。

　被災地に着くと，前述した災害ボランティアセンターをまずは目指す。ここで，ボランティア登録をおこない，災害ボランティアとして活動する準備が整う。たいてい住所，氏名，年齢・性別や血液型，活動期間や特技・資格などを記入し，いわゆるマッチングを待つ。すぐにマッチングされることもあるが，場合によってはここで数時間待たされることもある。

　マッチングがおこなわれるといよいよ活動先に移動し，活動開始である。活動とは被災者や被災地域からの「ニーズ」に対応することである。たとえば，がれきの片づけ，家の中の片づけ，物資の仕分け，避難所での子どもへのケア，避難所の運営の手伝いなどさまざまである。

ほとんどが午後4時頃活動を終え、災害ボランティアセンターに帰る。ここでもうひとつ重要な作業が待っている。それは、センターへの活動の報告である。災害ボランティアの活動は短期間の場合が多い。その一方で活動内容はその期間で終わるものだけでなく、継続して活動しなければならないものもある。そのため、現場での継続性を確保するためにこの報告は非常に重要なものになる。報告が終わると、ようやく災害ボランティアとしての一日の活動は終了である。

さて、このような一般的な災害ボランティアの活動の中にどのような問題があるのだろうか。もちろん、活動中の安全管理の問題やボランティアのモラルの問題などはあるだろう。そのような形式的な、あるいはボランティア以前の問題ではなく、このような災害ボランティアの活動の仕組みそのものには標準化という問題が横たわっているのである。

災害ボランティアの標準化という問題

前述したように、災害時にはボランティアが「当然あるもの」として捉えられるようになり、2000年頃から災害ボランティアを「効果的に」活用するためにさまざまな対応がなされた。自治体における防災計画や社会福祉協議会の職員などを対象とした研修会、内閣府での「防災ボランティア活動検討会」などがそれにあたる。

しかし、ボランティアとはそもそも標準化になじまない性格を持っている。ボランティアはよく「素人」であるといわれる。これは専門的知識や能力が欠如したという意味ではなく、ギデンズがいうような機能分化によって個人が専門的領域を担うという「抽象システム」(Giddens 1990＝1993) によって割り当てられた領域とは異なる領域、あるいは想定されていない領域で活動しているという意味で素人＝非‐専門家なのである。つまり、ボランティアとは機能分化による専門化に支えられる標準化の動きからは逸脱していく活動なのである。たとえば、高齢者の外出介助をするボランティアは日常の活動では違うことをおこない生計を立てているはずである。その人はその生計を立てる領域において専門性を有している。その生計を立てている（抽象システムの中で割り当てら

れた）領域を外れて，高齢者とかかわる活動をすることでボランティアと呼ばれるようになる。専門領域外で活動しているから素人であり，無償であったり，人間的であるといわれたりするのである。だが，彼は日常生活の中で身につけた専門知識や能力を持った「玄人」でもあるのだ。

　ボランティア活動では，その人の意思や判断が重視される。つまり，活動を標準化し，属人的な性格ではなくシステマティックでかつ計算可能な状態を志向する動きとは本来的に異なるのである。しかし，災害ボランティアが活動しようとすれば，災害ボランティアセンターという標準化回路を通らざるを得ない仕組みができあがっている。これが災害ボランティア活動にある影を落としている。

　もちろん，ルーティンが不全になり，混乱した被災地において，効率的に作業することも求められる。そのような場合，ボランティア活動を標準化して計算可能な状態にすることは必要である。ここで，災害ボランティアがおかれているアンビバレントな状況を理解するためには，災害ボランティアのふたつの特性を理解することが重要であろう。

　災害ボランティアの活動には，まず災害によって不全になってしまった日常の社会システムの補完をするものがある。清掃作業の補完としてのがれきの撤去であったり，流通の補完としての物資の仕分けであったりといった活動である。このような補完活動では，すでに決まっているルーティンをいかにこなすかということが求められる。このような活動は効率的で量的な集中をともなう活動になってくるため，標準化された災害ボランティアセンターという仕組みは効果的である。

　しかし，災害ボランティアが持つもうひとつの特性には，効率性や量的集中を前提とするというよりも，個別的で質的なものがある。たとえば，避難所で見過ごされがちな子どもへのケアなどに見られる。災害によって被害を受けた人たちは今後の生活を建て直さなければならないため，生計支持者である大人たちの苦悩に目が向きやすい。だが，被災という体験は子どもたちにも同じようにおそっているはずである。子どもたちも同じように日常性が崩壊し，不安な状態にある。避難所という非常事態において，子どもたちに対して，災害に

よって苦悩している大人たちの配慮は欠如する傾向にある。一方で，災害ボランティアは抽象システムから逸脱しているので，ボランティアが活動する領域でのルールや常識から自由になる可能性を持っている。結果として，避難所を運営する行政（＝専門家）では見過ごしてしまいかねない何らかのサポートを必要とする子どもたちに目を向け，いままで理解されることがなかった未知の問題を発見することができる。そして，その必要性をさまざまな人や組織に訴えかけることができるのである。

　物理的に外部からやってくる，そして抽象システムを逸脱してやってくる災害ボランティアは，災害によって新たに生じた問題や潜在化している問題に対応することができる。そして，新しい仕組みを作り出したりすることができるのである。このようなボランティア活動の特性は，標準化されたボランティアセンターでの効率性を重視するようなコーディネートには必ずしもなじまない。結果として，このシステム逸脱的な行為に由来するボランティアの特性が，2節で述べたように現在，「災害ボランティアの標準化」という動きによって堀り崩されつつあるといえる。

　さらに，逸脱的な活動としてのボランティアをコントロール可能な状態に置くことは，同時にボランティアが活動する対象もコントロール可能にすることを意味している。その典型的な例が災害ボランティアセンターにおけるニーズとシーズのマッチングという場面である。次に，災害ボランティアセンターにおけるニーズとシーズのマッチングがはらむ問題について考えていきたい。

ニーズとシーズのマッチング

　災害ボランティアセンターでは，前述したように災害ボランティアとしてセンターを訪れた人から，年齢や性別，特技・資格，活動期間などを聞き取っておく。これがしたい，これができるというようなボランティアの思いや能力を「シーズ（seeds）」と呼ぶ。他方，センターでは被災者や被災地域から困っていること，してほしいことをあらかじめ聞き取っておく。あるいは，被災者が直接申し出てくるものをストックする。これは「ニーズ（needs）」と呼ばれる。センターの重要な作業のひとつとしてこのニーズとシーズのマッチングがある。

そして，センターの作業ではこのマッチングが効率的におこなわれることが重視される。

　マッチングがおこなわれる災害ボランティアセンターにとって必要なのは，センターという場所と仕組み，そしてそれを動かす人とモノと資金である。逆に言うと，場所と仕組みと人，モノ，資金がないとセンターは作れない。そして，標準化された災害ボランティアの活動はセンターを中心に置く仕組みになっているので，センターがないと機能しない。東日本大震災では被災地域が広範囲にわたり，しかも行政機能自体にも大きな被害が及んだため，結果として，災害ボランティアセンターがなかなか設置されず，災害ボランティアの活動がすぐには展開できなかったのはそのような背景もある。

　前述した通り，センターは災害ボランティアを標準化する，いいかえると機能分化から逸脱していく傾向があるボランティアを計算可能なものにする機能を果たす。センターでのマッチングはできるだけ迅速におこなわれ，齟齬のない組み合わせをすることが必要となる。そのためには，シーズであるボランティアだけではなく，ニーズである被災者たちの要望もまた計算可能な状態にすることが必要となる。たとえば，いわゆるがれき撤去と呼ばれる活動で名指しされるがれきとは，実は「がれき」ではなく被災者たちの生活や歴史などが沈殿したものであるが，被災者にとっての意味は捨象され，極端ないい方をすれば，産業廃棄物としてのがれきに置きかえられていく[11]。もちろん，東日本大震災では思い出の品である写真や記念品などがボランティアなどの手によって集められ，被災者たちに戻されるということがあった。このような被災者たちが抱く「意味」を考慮した活動はいままでの災害ではあまり見られなかったことであろう。とはいえ，一般的には泥などにまみれたがれきの撤去作業としてニーズが分類されていく。つまり，作業量とそれに対応する労働力量（人数）とがマッチングされていくのである。

　また，災害ボランティアセンターが活動の中心に置かれると，センターが把握しているニーズだけが被災者のニーズになってしまう危険性がある。しかし，センターのスタッフ数は被害の規模に対して十分ではない。たとえば，センターが置かれる社会福祉協議会においても災害のための人員を通常から雇用して

いるわけではない。そして，災害が起きたからといって，通常の業務がなくなるわけではない。このような状態において，たとえさまざまな応援があったとしても被災者たちのニーズをセンターがすべて把握することは物理的に困難である。
(12)

　センターに集約されたニーズにボランティアが持つシーズを対応させる方式では，ニーズが無いとボランティア活動は基本的におこなわれない。実際，私が2011年3月末に訪れた岩手県A村もそのような状態であった。「今日はニーズがありませんので，ボランティアは受け付けていません」という趣旨の対応がおこなわれた。しかし，センターの外はひどい被害状況なのである。

　センターにニーズが十分に集約できないというのは，スタッフの数が問題なだけではない。十分にスタッフがいたとしても，やはりセンターにはあらゆるニーズを集約することはできないのである。

　センターでのマッチングの前提となるニーズというものに注目してみよう。前述したようにニーズとは被災者や被災地がしてほしい，困っていると訴えたことを操作可能にしたものである。つまり，被災者のさまざまな思いや考えを分類し，伝達できるように客体化したものといえる。しかしそもそも，被災者のニーズは簡単に聞き取ることができるだろうか。

　一般的にニーズは被災者が意識的に情報として所有していると考えられている。したがって，ニーズは被災者に聞けばわかるとされる。しかし，私たちが日常生活において，急に誰かに「困ったことはないですか？」「いま一番してほしいことは何ですか？」と尋ねられたとして，すぐに「本当に」困ったこと，してほしいことを伝えることができるだろうか。おそらく同じように避難所で被災者に困りごとなどを聞いたとしても，即座に浮かぶことは一般的に想定されるようなニーズ（プライバシーが保てなくてゆっくり休めないなど）であったり，形式的なニーズ（家財道具が足りないなど）であったりするだろう。このように，聞き取られるニーズが一般的であったり，形式的であったりするのは，ニーズを聞き取られる人が被災者という社会的に期待された役割を果たしてしまうことに起因しているのかもしれない。あるいはいっても仕方がないとか，こんなことまでいったらわがままと思われるといった自己抑制が働いているのかもし

れない。

　また，ニーズとシーズのマッチングの前提にあるニーズ観では，誰が聞いたとしても被災者からはおなじニーズが出てくると想定される。しかし，高齢の被災者に対して若い人が聞いた場合と同年代の人が聞いた場合ではおそらく異なるニーズが聞き取られるだろう。つまり，ニーズは被災者が独占的に所有しているというよりは，被災者とニーズを聞き取る人の間の相互作用によって生じてくるものなのである。そのように考えるならば，聞き取られたニーズは網羅的で絶対的なものではなく，限定的で状況依存的なものである。場合によっては，その聞き取られたニーズに基づいて活動場所に行ってもセンターで指示された作業とは違うことをしなければならないということも生じてくるはずである。

　ボランティアによる効率的な支援活動をおこなうための環境づくりのために災害ボランティアセンターではニーズとシーズをマッチングする。しかし，ここで見たようにニーズとは物理的にすべてをすくい取ることもできないし，論理的に考えてみてもニーズとして聞き取られるものは被災者の必要なことではあるが，オーセンティックなものとして絶対視できるものではないのである。したがって，このような不確実なニーズに基づきおこなわれる災害ボランティアセンターでのマッチングはそもそも不確実なものなのである。

　ここで重要なのは，災害ボランティアセンターでのマッチング，ひいては災害ボランティアセンターを中心につくられた災害ボランティア活動が不確定で意味がないということではなく，この不確定性を認識するということである。渥美公秀が指摘するように災害ボランティアセンターを標準化していこうとする近年のトレンドは，センターを絶対視する傾向を強めている（渥美 2008）。たとえば，困難な状態にある人を一刻でも早くサポートしようとしてセンターを通さずに活動したならば，その活動は「迷惑ボランティア」と呼ばれ，してはいけない活動形態という烙印を押される。センターでは標準化されたニーズとシーズが整然とマッチングされることが志向されるからである。しかしそうすることで，場合によっては，「被災者の顔を見なかった」（渥美 2008：94）という批判も生じてくる。このように，災害ボランティアセンターに集約される

ニーズは絶対的であると無批判に捉えるならば、センターが絶対視され、形骸化してしまう。そうなると、被災者や被災地が取り残されてしまうということになりかねないのである。したがって、先に問題にした災害ボランティアが持っている能力を発揮させるためには、私たちは災害ボランティアセンターの必要性と限界について理解しておかなければならないのである。

被災者中心の活動に向けて

　災害ボランティアセンターには原理的に限界があるというならば、どのように解決すればよいのだろうか。私たちには、災害ボランティアセンター＝ボランティアのコーディネートありきではなく、「被災者を中心に置いた」活動から発想を始めることが求められるのである。

　阪神・淡路大震災以降の災害ボランティアの活動において「被災者中心」というスローガンがよく掲げられてきた。それは、阪神・淡路大震災の教訓でもあった。阪神・淡路大震災では、兵庫県によって「創造的復興」という標語の下、生活の復興・復興まちづくり・産業の復興がおこなわれた。しかし、15年以上経ったいまでもさまざまな問題が生じている。たとえば、東日本大震災でも問題になっている県外避難者（広域避難者）の問題は発災から15年経った2010年にあらためて調査された（田並 2010）。さらに震災時の後遺症による障がいを抱えた人たち、いわゆる震災障がい者の問題はその全容解明の途についたばかりである。

　このような状況は、復興の過程で被災者が取り残されて、長い間看過されてしまうということを示している。被災者の多様性に配慮しなければ、災害の発生時において取り残されてしまう被災者が生じてしまうので「被災者中心」ということが叫ばれているのである。

　ただし、被災者中心とは被災者のことを災害ボランティアが理解し、その理解にそって支援活動をするということではない。支援活動をおこなう者が、被災者自身の困難な状態を理解することは原理的に不可能である。被災者中心とは、被災者の言葉に耳を傾ける姿勢によって初めて可能となる。そして相手から言葉を引き出すのではなく、相手のペースに身を委ねることなのである。

この耳を傾けるという姿勢は，作業の効率性の追求からは生じない。いいかえるならば，活動を標準化し，機能的にボランティアを活用する仕組みとは異なる被災者との関係性に基づいている。つまり，この姿勢は，被災者をニーズから捉えようとはしないことなのである。

　また，この姿勢は被災者と支援者という二項対立的な関係性を持ち込まない。二項対立的な関係は，恵まれた私／かわいそうな被災者という意識に支えられる。そして，この意識は被災者と支援者の間に不均衡な関係を作り出す。ボランティアが上で，被災者が下という関係性が暗黙のうちに前提とされてしまいかねない。たとえば，二項対立を前提として活動するボランティアは「被災者なんだから私たちの支援を喜んで受け入れるはずだ。受け入れないのは私たちに問題があるのではなく，被災者のほうにある」と思ってしまう。しかし，被災者の言葉に耳を傾けるということは，活動の中で「意味を持つ他者」，つまり自分の生活に，人生に関係する相手として被災者が立ち現れてきたことを意味している。その時には，被災者であるということが関係性の前提になるのではない。そこにあるのは，ボランティア‐支援を受けるものという関係ではなく，〇〇さんと△△さんという具体的な人間関係である。結果として被災者は災害ボランティアと「共に」活動を成立させる他者として理解されるのである[13]。このような意味で，ボランティア活動は，二項対立的ではなく，自己と他者との水平的なコミュニケーションによって支えられているといえる。

　被災者を中心においた活動は，このように災害ボランティアセンターが推し進めるような効率性とは相容れない性質を持っている。前述したように，災害ボランティアの活動には機能不全に陥った日常的なルーティンの補完というだけではなく，新たな問題の発見とそれへの対応という可能性がある。したがって，災害においては災害ボランティアセンターだけでなく，時間をかけ，自己と他者という関係をつくることができるような仕組みが必要となる。たとえば，長期的に被災地に入り，数量的な問題はあえて無視して，おなじ人や集団と深い関係をつくっていくことも大切なのである。そのために，NPOやNGOといった多様な価値観とミッションを持った組織が標準化されない活動を展開する環境が必要なのである。

4 復興における災害ボランティアの役割と課題

　発災直後から仮設住宅に入る頃までは災害ボランティアの活動においても効率性や量的な集中が優先される傾向がある。それは，被災によって不全に陥ってしまった日常的なルーティンの回復が求められるからである。しかし，仮設住宅に入り，被災者や被災地にも一定の日常性が戻ってくると災害ボランティアの活動にも変化が現れてくる。東日本大震災の被災地でも避難所が解消され，仮設住宅での生活が始まっている。誤解を恐れずにいうならば，質的な側面を考慮して活動することが強調されていく一方，被災地以外の人びとの関心は発災当時と比べると低くなっていることは否めない。このような環境の中で災害ボランティアはどのような活動をおこなうのであろうか。この節では，阪神・淡路大震災や新潟県中越地震などの復興過程における災害ボランティアのあり方から，東日本大震災の復興における災害ボランティアに求められる方向性について考えてみたい。

復興における災害ボランティアと開発という思想
　災害ボランティアが復興において果たす役割について考える際，「開発」という視点から考えることが有効であると考える。なぜならば開発は，復興のように被災地を被災前に戻すという現状復旧志向というよりはむしろ被災者の自立を促し，新しい環境を創りだす動きとして捉えられるからである。開発が外部から何らかの潜在能力を発揮させる機会を提供する行為だとするならば，復興を支援する行為は開発という考え方と重なるところがあるのである。
　開発という考え方にも，大きく分けて経済開発と社会開発（人間開発）のふたつがある。これを復興に置きかえてみるならば，大規模な投資によって産業を回復させたり，新たな産業構造を創りだしたりすることで被災地域の復興を進めようとする考え方は経済開発的な発想に基づいている。一方，災害によって疲弊したコミュニティや文化を回復させたり，被災地に住み続ける新しい意味や価値を創りだしたりすることで復興を進めようとする考え方は社会開発的

な発想といえる。被災者を意味のある他者としてともに活動をおこなう可能性を有する災害ボランティアは社会開発的な発想に基づいて活動することで，みずからがもつ可能性を広げることができる。

　恩田守雄は「人間開発としての社会開発は，経済的行為と社会的行為をバランスさせ，コミュニティ行為を中心とした社会的行為の意識化（conscientization）とエンパワーメント（self-empowerment）によって，行為システムのパフォーマンス（遂行能力）を高めることである」（恩田 2001：106）と述べる。つまり，復興における災害ボランティアは被災者が経済的に立ち直ることを支援するだけではない。人と人とのつながりによって，被災者が自らの生活を見直し，被災者自身や被災者を取り巻く環境を，被災者が望ましいと思える状態にするために支援していくことも災害ボランティアの復興における活動の目的となるのである。

　人間開発という点から復興を考えた場合，数ある問題から「誰」が被災地の「問題」を特定し，さらにその問題を「どのように解決」するのかが問題となってくる。人間開発の理念に沿って考えるならば，「誰」というのは被災者自身であり，「問題」とは被災者自身とそれにかかわる他者（家族や友人，同僚や取引先など），そして潜在能力を発揮することを妨げている地域のことがらであり，「どのように解決」とは被災者自身が能力を身につけ，計画を立て，それを主導しておこなうことを意味しているはずである。しかし，実際にはいわゆる開発と呼ばれる場面と同様に理念的にはこのように復興は進んでいかない。

　実際には，国や県などが研究者やコンサルタントなどを雇い，包括的な復興の課題をまとめ，それに沿って復興計画がつくられる。たとえば，阪神・淡路大震災における復興計画は「3月17日の一方的な都市計画決定に代表される強権発動」（室﨑 1998：335）によって策定されたといわれる。そうなると，復興は被災者自身にかかわることでありながら，その過程から被災者を排除した状態で進むことになる。このようにコンサルタントや都市計画の専門家によって復興が主導される背景には，科学コミュニケーション論でいう「欠如モデル」[14]に依拠する思考が大きく影響している。

　科学コミュニケーション論の欠如モデルとは，専門家と専門知識を十分には

持っていない一般の人びととの間でのコミュニケーションモデルのひとつである。専門家は専門知識を持っているので、一般の人びとに比べてコミュニケーションの上で優位に立ち、権力を持つことになる。専門家は一般の人びとにできるだけ自分たちが必要とみなす知識を多く持ってもらうために、「わかりやすく」あるいは「誇張して」専門知識を伝える。

　ここでの問題は、どのような知識が必要かは専門家が特権的に決定できるということである。つまり、専門家は知識を十分には持ち合わせていない一般の人びとに対して専門家が考えるあるべき専門知識の理解状態を押しつけることができるのである。これは啓蒙的思考そのものである。結果として、専門家と一般の人びととの間にはヒエラルキーが生じる。

　これを人間開発としての復興に当てはめてみると、次のようになるだろう。被災者はマクロ的な社会構造・都市構造や、自然科学的処方に対して十分な知識を持ち合わせていない。したがって、復興はそれらの専門的知識を独占的に所有していると考えられる専門家に任せ、一般の人びとには専門家が必要とみなした知識や情報だけを、わかりやすく伝えればよいということになる。

　このような復興の欠如モデルでは、被災者がその過程から排除されているという問題以外にも、重要な問題が横たわっている。まず、私たちが「専門家」と考えている人びとを知識に基礎を置く権威を持った専門家として"あがめて"しまっていいのかという問題がある。つまり、専門家の正当性の問題である。たとえば、阪神・淡路大震災において兵庫県が標榜した創造的復興では生活の復興・復興まちづくり・産業の復興という多様な要素が組み込まれていた。今日のように専門分化した抽象システムにおいては、このような複合的な課題に対して、さまざまな分野からなる専門集団が復興を方向づけるために必要とされる。だが、専門分化してしまったために全体を把握する専門家が存在しなくなっているのである。

　そして、一般の人びとには、目の前に現れる専門知識を有する人びとは単一で同質の「専門家」というカテゴリーに属する人として映る。しかし、科学が反証に開かれていることからもわかる通り、専門家というカテゴリーは決して同質ではない。そこには、さまざまな紛争が含まれているのである。したがっ

て，私たちの前に現れた専門家の意見は，唯一無二の絶対的なものではないはずである。[15]

　個別事象についての専門知識の妥当性は保障されるかもしれないが，それが復興という全体的な事象において妥当性を持つとは限らない。たとえば，住宅の復興ということを考えてみても，工学的に妥当と思える知識と経済的に妥当と思える知識とでは齟齬をきたす可能性がある。いいかえるならば，復興において専門家による専門知識は客観性や包括的な妥当性があるとはいえないのである。しかし，私たちは専門家の意見に反論することが困難な状況に置かれる。

　被災者は自らの生活，生命，生きかたについての決定から排除され，専門家によって復興過程が進められていく。しかも，その妥当性は保障されてはいないのである。したがって，被災者はそのような復興計画からは距離をとってしまいかねない。そうなると，さまざまな人々の利害を実現した形での復興は進まないということになる。そこで，このよう欠如モデルを克服するために，積極的に活用されるのが「住民参加」という手法である。

住民参加という回路

　住民参加は一般には，政策過程（形成・決定・執行）への住民の「参加」を意味する。いいかえるならば，社会全体の意思決定様式としての民主主義のあり方を示す言葉であり，その法制度的保証は1992年に改正された都市計画法にあるといわれる。都市計画法には，「市町村は，基本方針を定めようとするときは，あらかじめ，公聴会の開催など，住民の意見を反映させるために必要な措置を講ずるものとする」という条文があり，住民参加を基本計画策定の要件としている。

　法律がある社会的事象によって裏づけられているとするならば，住民参加に関する法律が作られる背景には，次の4点が考えられる。第一に国や自治体における政策過程が硬直化してきたこと，第二には価値や問題の多様性が行政の既存の処理能力を超えてしまったこと，第三には一般の人びとの権利意識が変容してきたこと，そして第四には一般の人びとの参加意識の高まりと組織力が向上したことがあると考えられる。大きくまとめると，住民参加を必要とする

負の要因と，住民参加を可能にする正の要因が因果的関係ではなく，共存しているといえる。

このように考えると排除された住民を意思決定過程に取り込むこと以上に，災害復興において住民参加が必要となることが分かる。それはなぜか。上述の住民参加が実現した要因から考えると，復興に必要となる「創造的」側面が既存の政策過程では十分に実現できないことがまず理由として考えられる。さらに，既存の政策過程が機能低下しているだけでなく，現状復旧ではない新しいコミュニティのあり方＝創造的復興を目指す住民や民間団体からの要求や新たに現れる諸問題を処理する能力がもともと備わっていないからだと理解することができる。

また，復興においてはさまざまな利害関心が衝突する。その中には，新潟県中越地震でも見られたように，たとえ限界集落と呼ばれるような地域であっても集落を再生させたいという住民の希望と，行政コストの面から見てそのような集落はできるだけコストがかからない地域に移転したほうがよいという考えの衝突も含まれる。このような対立する利害を住民自らが考えていく必要がある。そして，何よりもこのような被災者の利害関心を実現するために，課題を発見し，それに対応する住民の潜在能力を活性化させる活動ができるさまざまなボランティアや NPO や NGO といった，集団や組織が現に存在しており，実際に被災地で被災者たちとかかわっているということが，復興において住民参加を必要とする正の要因なのである。

正と負の要因を背景に持つ復興過程における住民参加は実際にはワークショップという形で住民の意見を政策過程などに反映させるよう準備・実施されている。そのワークショップの開催主体はさまざまである。行政が計画策定においておこなう場合もあれば，ボランティアや NPO などが住民の意見形成の手段として使う場合もある。

このようなワークショップの特徴は，木下勇によると「構成員が水平的な関係のもとに経験や意見，情報を分かち合い，身体の動きを伴った作業を積み重ねる過程において，集団の相互作用による主体の意識化がなされ，目標に向かって集団で創造していく」（木下 2007：15-16）ことを可能にするところにある。

このように考えるならば，ワークショップを通じての住民参加とは前述した人間開発の理念に合致するものであり，それを具体化する手法であるといえる。したがって，災害ボランティアはワークショップという手法を提供したり，それの実施を支援したりすることを通じて，復興過程にかかわることができるのである。

阪神・淡路大震災と新潟県中越地震における住民参加と災害ボランティア[16]

このような住民参加に基づく復興という考え方は，前述したように阪神・淡路大震災の教訓のひとつであった。室﨑益輝が指摘しているように，阪神・淡路大震災ではこの住民参加が十分におこなわれないまま都市復興計画が立てられたために，行政と住民との間に距離が生じてしまった（室﨑 1998）。そのために，復興過程からこぼれ落ちていった人びとや集団，住民の意に沿わない開発，見過ごされてしまった問題などが生じてしまったといえる。

その教訓から，阪神・淡路大震災の被災地では復興計画策定以後の復興過程において住民参加がとりわけボランティアやNPO・NGOから主張された。たとえば，震災から5年を迎えた2000年に阪神・淡路大震災の復興にかかわり続けている個人・団体がおこなった検証作業では次のようにまとめられている。

> 被災者と被災地を支援した動きは，「市民力」と呼ぶにふさわしい市民のエネルギーの高まりとなっている。……その後も，行政施策やビジネスの谷間にある困難な問題を解決するため，市民の知恵と意思をよせあって事業を興すなど，これからの市民社会への足がかりをつくってきたといえる。
> （震災復興市民検証研究会 2001：248）

このまとめで特徴的なことは，「市民社会」が日本におけるボランティアや市民活動の興隆に対応して主張されていることである。同様に，別のところで述べられている災害ボランティアやNPO・NGOが描く市民社会も「ぬくもりのある，こころ豊かなまちをつくっていくためには，市民の自立と支え合い」（市民とNGOの「防災」国際フォーラム実行委員会 1998：14）を基調したものである。[17]

このように復興過程においてボランティアや市民組織が「市民社会」を志向することは阪神・淡路大震災の被災地が持っている特徴かもしれない。つまり，阪神・淡路大震災は神戸を中心とした大規模な都市圏である阪神間で生じたということである。それは，いわゆる都市的な生活スタイルや中枢的な産業構造が存在しているところで地震が発生したことを意味している。

　このような地域特性を持つ阪神・淡路大震災の復興では，産業構造の大規模な転換が無くとも社会的インフラなどを整備すればある程度の回復を期待することができる。そして，インフラ整備にともなう住宅整備や教育，医療の整備をおこなえば，ある一定程度の人口増加も期待できる。したがって，復興においてボランティアや市民組織にとって必要なのは近代的産業構造や都市的な生活スタイルといった近代的価値をふまえた上で，それをよりよく実現する新しい考え方や仕組みを生み出すことであった。その新しい考え方や仕組みこそが，「市民社会」というものであったといえる。

　一方，阪神・淡路大震災から9年あまり経った2004年に発生した新潟県中越地震は，時代的背景も被災地の社会構造も阪神・淡路大震災とは異なっていた。中越地震はいわゆる中山間地で発生した地震である。[18]被災地の多くは山の中に点在した集落であった。また，バブル崩壊以後の日本の産業構造の転換にともない，産業の空洞化が生じていた。このような状況の中で発生した中越地震の復興は，阪神・淡路大震災のように市民社会を志向するものではなかった。

　中越地震の復興では，その当初から地元住民や市民組織，民間団体などが中心となって「中越復興市民会議（以下，市民会議）」が組織された。市民会議は「被災状況や個人の生活環境の違いの中で一様に捉えることが出来ない様々な問題」に対して「産官学民の枠を越えたつながりを育て，大きな，そして，より有機的な動きを創り出すための中間支援組織」（中越復興市民会議HP 2005）を目指した。

　市民会議の活動は「おこす」「よりそう」「つたえる」「つなぐ」「かんがえる」の5つからなっていた。たとえば，「おこす事業」では被災地コミュニティの住民自らが厳しい環境におかれたコミュニティの将来像を構想し，それにしたがって行動するための人的サポートや資金獲得に向けてのアドバイスなど

をおこなった。さらに，このような復興に向けて苦闘しながらも活動をおこなっている地域同士を交流させる事業（「つなぐ」）もおこない，地域間が切磋琢磨する環境をつくっていった。

では，中越地震ではなぜ阪神・淡路大震災の時のような「市民社会」が志向されなかったのだろうか。中越地震の後も，ボランティアやNPO・NGO，研究者たちの間で理論的な討議がおこなわれた[19]。そこで問題となったのは，個人の自立とそれを保障する経済発展に裏づけられるような近代的価値を受け継ぐ形で現れる市民社会を構想することではなかった。そうではなく，近代的価値そのものを問うような「豊かさとは何か」という問題であった。

このような問いが現れた背景には，中越地震が阪神・淡路大震災とは時間的・空間的に異なっていることがあげられる。時間的に考えるならば，かつてのように，「〈発展＝開発〉がもたらす『豊かさ』を自らの個人的な『豊かさ』へと重ね合わせていくことを可能にする『了解』と『正当化』のプロセス」（町村 1999：85）が存在しなくなってしまったことが影響しているだろう。そして，空間的には近代的な価値の階梯において中心により近い阪神・淡路と半周縁に近い中越という違いがある。結果として，中越地方では震災前から近代化の果てに行き着いた過疎・高齢化，産業や文化の空洞化などに大きな不安を持っていたため，近代的価値とは異なる新しい価値を見いだす必要に迫られていたのである。

このような近代的価値とは異なる新しい価値を見いだす必要に迫られた復興において災害ボランティアにはいったい何ができるのであろうか。阪神・淡路大震災の時のように近代的な価値に根づいた新しい価値を打ち出し，それを実現するような活動では不十分といえる。「豊かさとは何か」という問いへの回答として考えるならば，中越地震での復興過程には大きくふたつの活動があったといえる。ひとつは，物質的な豊かさの追求である。つまり，新しい産業構造の提案や人的交流の活性化などである。社会起業的な活動もこの中に含まれるだろう。もうひとつは，質的な豊かさの追求である。ここで問題となるのは質的な豊かさとは具体的に何を意味しているのかということである。

以前，拙稿において中越地震の復興における社会環境をふたつの自由のせめ

ぎ合いという観点から明らかにした（関 2008a）。そこでは，市場での自由競争や自己決定に規定される新自由主義的傾向と阪神・淡路大震災以降，ボランティアやNPO・NGOが広げてきた選択の自由の保障への要求という相反する理念が，中越地震の復興には存在したと論じた。前者は物的な豊さの回復や再獲得を後押し，一方後者は外部からは限界集落といわれる故郷で生活を再出発する選択を主張するような，自らの文化的価値や脱物質主義的な関心に沿った自由を選択することを保障するべきだという考え方を支えた。いいかえるならば，質的な豊かさとはこの自由な選択によって保障されるべき志向性を意味しているのである。物理的条件ではなく，文化や私的利害関心に基づき行動することを追求できることが豊かさなのである。

　中越地震の復興における災害ボランティアに特徴的であったのは，この質的な豊かさを追求することを問題としたことであろう。実際には「ただ傍らにいること」（渥美 2001：63）によってそれをすすめた。復興に向かう活動とは被災者の自立のために外部から潜在能力を発揮させるように働きかけることだとするならば，ボランティアはただ傍らにいるのではなく，何かしなければならない（と考えてしまう）。しかし，被災者のそばから離れずにいろいろな体験をしていくと，被災者と災害ボランティアがかかわっている問題が被災者だけの問題ではなく，災害ボランティアを含めた社会の問題であるという連関性を発見し，ともに考え，行動することが可能になってくる。そうすることで両者は，被災者の質的な豊かさの追求を支えてきたのである[20]。

5　東日本大震災と災害ボランティア
―これまでとこれから―

　東日本大震災においても阪神・淡路大震災から積み重ねられてきた経験からボランティアやNPO・NGOはさまざまな活動をおこなってきており，そして今後も復興の場面などで重要な役割を果たしていくだろう。しかし，そこにはふたつの大きな問題が横たわっている。第一は，発災直後，いわゆる救援・復旧期における災害ボランティアセンターをめぐる問題である。もうひとつは，

復興期における災害ボランティアの関わり方である。

　前者の災害ボランティアセンターは，災害ボランティアを効果的に活用するために公的機関などによりなされた標準化の試みの結果産み出された。被災者を支援することが第一の目的であったはずが，被災者の存在を空洞にしかねない危険性を指摘した。手段が目的に転換されてしまいかねない状況がある。

　このような災害ボランティア活用のための標準化は，近代が推し進めた抽象システムに裏づけられている。しかし，ボランティアはそこから逸脱する活動であるとするならば，考えるべき課題は構造的なものであることがわかる。つまり，効率性を重視して管理を旨とする近代的な志向と，抽象システムから逃れ，潜在的な問題や課題を発見する可能性を持つ非‐近代的あるいはポスト・モダニティ的な思考とをいかに調和させるかが，私たちに課題として突きつけられているのである。東日本大震災におけるボランティアが抱えた問題からこのような課題が明らかになっていったといえる。

　また，現在被災地の各地でおこなわれている復興期の災害ボランティアについて阪神・淡路大震災と新潟県中越地震の対比からわかることは，（特に都市部以外の地域の）復興においては市民社会という近代に根づく価値から，その近代的価値自体を問い直す豊かさとの関係が問われていることであった。量的な豊かさから質的なものと量的なものとの「バランス」[21]がとれた豊かさへという変化は，復興期における災害ボランティアの姿勢を問題にしている。

　東日本大震災は中越地震と同じような時代的背景を持っているといっていいだろう。経済における新自由主義的傾向が社会を覆い，自己決定と自己責任が強調される。そして，東北の被災地は中越地震と同じく経済的には下降傾向にある地域である。そうなると，中越地震の時と同様に，東日本大震災の復興においては近代に根づく価値，たとえば市民社会を標榜するというよりは，近代的な価値そのものを問うような思考が生まれてくる可能性がある。おそらくここにこそ災害ボランティアが活躍する空間，あるいは存在する意義があるのではないだろうか。ボランティアという活動が持つ可能性，抽象システムから逸脱して，他者の存在を前提としたコミュニカティブな活動をする可能性は，新しい価値を生み出す契機を含んでいるはずである。

注
(1) 当時の災害ボランティアセンターの様子については，西宮ボランティアネットワーク（1995）を参照。当時，西宮では「西宮方式」と呼ばれる行政と民間団体との協働に基づき，情報の共有や活動場所の提供などがおこなわれていた。
(2) この経緯については，辻元（2011）に当事者の立場から詳しく書かれている。もちろん，このような対応が実際的なボランティアの動きにどのように影響したかは別途検証する必要があるだろう。
(3) ガソリン不足については，「天災」ではなく「人災」であるという新聞の指摘もある。『毎日新聞』（2011年10月2日東京朝刊）「検証・大震災：「人災」ガソリン不足　タンクローリー，遅れた大量投入」では，政府と業界団体との災害時の連携が不十分であったと伝えている。
(4) 社会福祉協議会は社会福祉法によって規定されている民間の社会福祉法人である。すべての都道府県，市町村に設置が義務づけられており，行政との関係も深い。たとえば，行政とは予算措置，委託事業，人材交流などさまざまな面で連携している。そのような意味で社会福祉協議会は民間とはいえ半官半民，準公的機関という位置づけがなされる。
(5) 公的機関の災害ボランティアへの対応については，菅磨志保（2008：147）に詳しい。
(6) 渥美は災害時のボランティアへの対応のマニュアル化などを「秩序化」と呼んでいる（渥美 2008）。
(7) たとえば，防災研究において著名な室﨑益輝は発災直後のインタビューの中で「ボランティアは押し掛けていい」といって，ひとりでも多くのボランティアが被災地に一刻も早く駆けつけることを主張していた（『Newsweek 日本版』2011年4月4日10時53分）。
(8) もちろん，組織的な動員や周囲の無言の圧力などにより本当に「行きたい」という意思があるかどうかは疑わしいだろう。ただ，ここでは形式的に災害ボランティアの活動の流れを確認するということから，動機や意思については深く立ち入らない。
(9) 抽象システムの中で割り当てられた領域を外れて活動するということは，そこで個人や組織の有する専門能力を発揮しないということではない。逆に，個人や組織が有する専門能力が抽象システムの中で割り当てられた領域とは違う領域で発揮されることで，硬直した事態を変化させたり，より多様な活動が繰り広げられたりする。たとえば，避難場所においておこなわれるマッサージのボランティアなどは，マッサージという専門能力が，店や診療所以外で発揮される，いいかえるならば，専門能力を発揮しながらも，専門家に付与された権威を発揮しないことで，避難生

活を改善させることができる。いわゆる専門家ボランティアという存在は現代社会においては典型的なボランティアの形態といえるのである。
⑽　山下祐介と菅磨志保によると，壊れた社会システムの補完としての機能（補完機能）と創発能力に裏づけられる開発的機能のふたつが災害ボランティアに見出せるという（山下・菅 2002：136-137）。
⑾　ここで被災者たちの意味が捨象されていくというのは，ボランティア活動の場面ではなく，マッチングの場面でのことである。個々の活動の場面では，被災者たちとボランティアたちが意味をめぐりさまざまなやりとりをおこなっていることは確認しておきたい。
⑿　もちろん，その問題を克服するために他地区の社会福祉協議会からの応援，NPO・NGOのサポート，一時的なスタッフの雇用などがおこなわれる。ただ，そのような人びとも十分な知識や地域の課題に対する理解があるわけではない。場合によっては，標準化された災害ボランティアセンターを実施することを一番重視してセンターを運営することにもなりかねない。その結果は，被災者の立場に立った支援から逸脱した災害ボランティアセンターの運営となってしまうだろう。このようなボランティアセンターが抱える危険性については，渥美（2008）を参照のこと。
⒀　ボランティアを単に「する‐される」の関係に縮減すると，ボランティアを通じて広がるさまざまな可能性を見逃すことになる。たとえば，被災地に入った学生たちはボランティア活動をすることで，人間的に成長したり，コミュニケーションの問題を感じ取ったりしている。原田隆司は，ボランティアの特徴を，「何らかの具体的な行動を通してだけ，人と人が結びついていることである。それまで互いに知らなかった人が，共同で新しい行動を実現させている」と述べている（原田 2000：82）。
⒁　「欠如モデル」については，藤垣（2008）を参照のこと。
⒂　専門家の意見が絶対ではないということは，東日本大震災後の福島第一原子力発電所事故による放射能問題で如実に示されることになった。
⒃　本項では，あらためて阪神・淡路大震災と中越地震の市民の動きの違いについて確認する必要があったので，拙稿（関 2008b）を元に議論している。あわせてそちらも参照されたい。
⒄　このような「新しい市民社会」像を今田忠は「コミュニタリアニズム」「討議的民主主義 deliberative democracy」「サステイナブル・コミュニティ」という面から特徴づけている（今田 2005：76）。
⒅　もともと，中山間地とは農業にかかわる法律による区分（「山間地及びその周辺の地域その他の地勢等の地理的条件が悪く，農業の生産条件が不利な地域」）である。それが転じて，比較的都市部に近い山間の集落を指すようになった。

⒆ そのひとつの試みとして「復興デザイン研究会」というものがある。この研究会は，被災地域の市民組織や大学研究者，外部の NPO や研究者などが参加して，「復興とは何か」ということについて議論をおこなっていた。

⒇ 自己と他者の問題の連関性について，中田豊一の以下の指摘は示唆に富んでいる。「あなたも知っているように，私たちの間には，もともとなんの関係もありません。私があなたを援助する義務もありませんでしたし，援助するためのこれといった理由も思いつきません。私は私の問題を解決するために努力する。あなたはあなたの問題を解決するために努力する。それだけのことです。その一方，私だけの問題は存在しないし，あなただけの問題も存在しないことも確かです。私は自分だけで自分の問題に気づくことはできないし，あなたもそれは同じことです。私というものには固定的な実体はなく，自己とは他者との関係においてのみ成立するものだからです。だから私は，この場この時を共有しているあなたと私との関係について，あなたと語り合ってみたいのです。あなたに本当の援助が必要なのか，私たちが真にすべきことは援助なのか，私たちの関係の奥に潜むそれぞれの問題は何なのかを，あなたといまここでともに問うてみたいのです。あなたは，どうですか。」（中田 2000：203-204）

21 もちろん，「バランス」というのは非常に価値的なものであり，客観的な基準があるわけではない。したがって，このバランスについても議論すべきであるが，本章ではとりあえず，効率性・利便性が第一の基準ではなく，他に多数ある基準と同等として扱われうる状況としておく。

文献

渥美公秀，2001，『ボランティアの知』大阪大学出版会。
渥美公秀，2008，「災害ボランティアの14年」菅磨志保・山下祐介・渥美公秀編著『災害ボランティア論入門』弘文堂，86-96。
藤垣裕子，2008，「PUS 論」藤垣裕子・廣野喜幸編『科学コミュニケーション論』東京大学出版会。
Giddens, Anthony, 1990, *The Consequence of Modernity,* Polity Press. (＝1993, 松尾精文・小幡正敏訳『近代とはいかなる時代か？』而立書房。)
原田隆司，2000，『ボランティアという人間関係』世界思想社。
今田忠，2005，「震災 NPO と新しい市民社会」『The Nonprofit Reviwe』5(2)：73-79.
川本隆史，1998，「講義の7日間——共生ということ」川本隆史編著『新・哲学講義6 共に生きる』岩波書店，1-66。
木下勇，2007，『ワークショップ——住民主体のまちづくりへの方法論』学芸出版社。

町村敬志，1999，「『豊かさ』の語りの行方」『都市問題研究』51(2)：78-108.
室﨑益輝，1998，「復興都市計画論の再構成」三村浩史・地域共生編集委員会編著『地域共生のまちづくり』学芸出版社，332-347。
中田豊一，2000，『ボランティア未来論』コモンズ。
西宮ボランティアネットワーク，1995，『ボランティアはいかに活動したか』日本放送出版協会。
恩田守雄，2001，『開発社会学』ミネルヴァ書房。
大阪ボランティア協会，2011，『Volo』467.
関嘉寛，2006，「災害復興期における公共性と市民活動」『大阪大学大学院人間科学研究科紀要』32：211-232。
関嘉寛，2008a，「復興支援のこれまでとこれから」菅磨志保・山下祐介・渥美公秀編著『災害ボランティア論入門』弘文堂，204-210。
関嘉寛，2008b，「災害ボランティアやNPOがそこにいること」菅磨志保・山下祐介・渥美公秀編著『災害ボランティア論入門』弘文堂，242-249。
市民とNGOの「防災」国際フォーラム実行委員会編，1998，『阪神大震災——市民がつくる復興計画』神戸新聞総合出版センター。
震災復興市民検証研究会編著，2001，『市民社会をつくる』市民社会推進機構。
菅磨志保，2008，「災害救援の新たな仕組みを求めて」菅磨志保・山下祐介・渥美公秀編著『災害ボランティア論入門』弘文堂，142-154。
田並尚恵，2010，「阪神・淡路大震災の県外被災者の今」『災害復興研究』2：143-160。
辻元清美，2012，「災害の現場で何が見えたか——ボランティアと政府の役割」『世界』4月号，岩波書店。
Wynne, Brian, 1995, "Public Understanding of Science" Jasanoff, Sheila et al. eds., *Handbook of Science and Technology Studies,* Sage, 361-388.
山下祐介・菅磨志保，2002，『震災ボランティアの社会学』ミネルヴァ書房。

ウェブサイト

東日本大震災支援ネットワーク，2011，「JCNとは」(http://www.jpn-civil.net/about_us/)
中越復興市民会議HP，2005，「設立の背景と目的」(http://www.cf-network.jp/setsuritsu.html)
Newsweek日本版，2011，「ボランティアは押し掛けていい」(http://www.newsweekjapan.jp/stories/world/2011/04/post-2035.php)

(2011年11月脱稿)

第4章

千年災禍の所有とコントロール
――原発と津波をめぐる漁山村の論理から――

金菱　清

1　災害のリスクに対処するためのコミュニティの可能性

浸水域／非浸水域

　本章では，津波や原発災害のために人の住めない"非"居住区域において震災マイノリティが「リスクがありながらもその地域でなお暮らす」ための論理を考えることを目的とする。

　3.11大震災の後，被災地を隈なく歩いているとあることが目に焼きつき気になりだした。神社やお墓およびお地蔵様である。多くの地域でそれらは無傷のまま残されていた。テレビ報道などで誰しもが知るようにがれきがあたり一面を覆っている一方で，朱色の鳥居やお宮が異様なまでに凛と聳え立っていた。死者を祀る場所が生き残り，生きて暮らしを支える場所が一瞬で消え去った。岩手県釜石市を訪れて元市役所職員に浸水区域の地図を渡されたとき，思わず息を飲んだ。まるで神社やお墓の印（地図記号）の輪郭をなぞるかのように浸水域／非浸水域がきれいに色分けされていた。

　仙台市の浪分神社のように，過去の大津波の際に海水が被った境界線に神社が立てられていたり，もしくは安全な場所に移されたりしていたことを考えれば，浸水域の境界線上に神社があるのは至極当然のことかもしれない。この色分けにしたがえば，神社やお墓のある丘は安全地帯であるが，人びとが暮らしていた一帯は津波によるリスク地帯である。こうしたリスク地帯に建築制限を設けて人の暮らしを制限することは一見理にかなっているようにみえる。津波

後の行動を考えると，当初津波の恐怖からもうここには二度と住まないと人びとは決める。そして，それを後押しするように法律によって居住が制限される。[1]

法律による規制とそれを裏切る実態

このことを裏付ける資料をめくると，『宮城県昭和震嘯誌』(1935) に，現在の動きに似た状況があり同様の法律が施行されている。1933年（昭和8）の昭和三陸地震後に宮城県が出した条例によれば，「宅地造成の高さは今回及明治29年海嘯以上となすこと」（海嘯＝津波）とされ，『海嘯罹災地建築取締規則』が出されている。それによれば，7村25地区の建築を制限することで人びとの安全な暮らしを確保するよう働きかけている。[2]

ただし，東日本大震災における津波により浸水した区域を日本全国にあてはめた場合（海岸線からの距離が10km以内で標高30m以下の地域），実に日本の国土の10％（約3万7000km^2），総人口の35％に当たる4438万人が居住する地域に広がることが国土交通省の分析で明らかになっている。さらに土砂崩れや地すべり・活断層・火山などさまざまなリスクを掛け合わせていくと日本の国土全体において安全に住める土地はほとんど皆無だとさえいえる。

他方なおもそこにとどまり住み続ける人がいる。岩手県宮古市で聞いた話によると，倒壊した家屋を行政に撤去してもらうために赤で×というペンキを当初塗っていたが，住民があわてて白のペンキで消していく事態が生じた。新築の建築・増改築は当局に許可されない状況なので，たとえ柱一本でも残っていればリフォームや補修をして作業や居住スペースとして確保したいためであった。震災から半年以上が経っても行政による復興計画が住民に示されない中，浸水区域では棟上げ式をおこない，新築の住宅を建てる地域も目立ち始め，元の家屋敷に戻り始めている住民も少なくない。私たちは行政が思い描く都市計画とは別に，人びとがリスクのあるなかでも「そこに住む」とはどういうことかについて考えなければならないだろう。

気仙沼市の市街地にある魚町の海岸沿いの3階建の自宅に住む人びとが，震災後なかなか電気が復旧しないので市役所に出向いたところ，「まだ住んでいたのですか」というつれない返事が返ってきたそうである。居住できる空間ま

で"非"居住区域へと転換したのである。また、石巻市の海岸地域で交通の利便性が悪い仮設住宅にも入れなかった人たちは、9月末に避難所すべてが閉鎖されてしまうと、地盤沈下が進み海水に浸る自宅に戻って2階や3階で暮らさざるをえない。こうしたいわゆる「在宅避難民」が数多く出現した。未曾有の大震災においては震災マイノリティという、ある一定程度の集団にもならない孤立したばらばらな人びとがあまりにも多く生み出される。

震災マイノリティの存在

　このことは一見まとまっているようにみえる仮設住宅にもあてはまる。阪神・淡路大震災における孤独死や認知症悪化の教訓を受けて、自治体のなかには避難者の孤立化を避けるために、地域ごとのまとまりあるいは隣近所のまとまりごとで仮設住宅に入居する方針をたてたところがある。宮城県名取市の箱塚桜仮設住宅は仮設ではなく「団地」という名称にして、ちびっこ広場を作り、昼の時間帯は車の通行を禁止し、子どもを中心としたコミュニティをいち早く立ち上げ、孤独死を避ける方策を自治会独自で作り出している。

　その一方で、従来通り公平性を重視し、入居は抽選という形をとる自治体もあった。三陸沿岸という地理的条件のため仮設住宅を建てる土地が確保されず、地区ごとにまとまって入居できない地域もあった。たとえば宮城県気仙沼市唐桑にある仮設住宅の聞き取りでは、地区で集団移転を希望しているが、仮設住宅へは抽選による入居のため隣が誰かわからず、新たな自治会を立ち上げることも困難となる。そればかりか、地区住民同士で集団移転のことについて話し合おうとしても、県を越えた岩手県一関市の仮設住宅に入居している人もいるために一ヶ所に集まることすら困難な状況を生み出している。同じ津波浸水地域でも新たな政策によって、コミュニティを分断させ孤立化させているケースがでてきている。自然災害に加えて、行政や国の社会政策が意図せざる結果として「震災マイノリティ」を生み出しているのである。

　さらに、いまなお見通しのたたない原発避難地域においては、家族自体が離散している状況にある。もともとひとつであった家族が、仕事でそこを離れられない、放射能を避けるために借り上げ住宅や仮設に移る、小さい子どもを抱

え関東や関西などに避難し移住したりする，というふうに個別事情によって分断される。原発の計画的避難区域から福島市内に移り住んだおばあさんは，「あいさつを忘れた」と私たちに話してくれた。いままでだとお互いに顔見知りでまずあいさつからはじまり，「どこさいくんだ」という会話になるが，墓参りのため避難区域に一時的に帰村して隣近所の人と久しぶりに会うと，あいさつもそっちのけで，「どこから来たんだ」という話から始まるのである。つまり，同じところに避難できずに，各家庭・各個人がバラバラになって連絡も取れないでいることが，このあいさつの言葉には端的に表現されているのである。このように不可視化された震災マイノリティはコミュニティとしてまとまるにもまとまりようがない状況にある。

　本章は，福島第一原発による放射性物質の飛散によって住むことができなくなった集落（福島県飯舘村）と津波の襲来によって壊滅状態になった集落（宮城県石巻市北上町十三浜）を事例としてとりあげ，原発事故による計画的避難区域と水産業復興特区をめぐり，"非"居住区域において震災マイノリティが「リスク地帯でなお暮らす」ための論理を明らかにする。この論理を明らかにすることによって，災害のリスクや権利の剥奪に対処するためのコミュニティの可能性を問おうとするものである。

2　「計画的避難区域」に戻るための山村の論理

国による区域設定と異なる線引き

　福島県の内陸部にある飯舘村は，津波による被害はなかったものの，福島第一原発の水素爆発事故によって全域が高濃度の放射能汚染にさらされたところである。2011年3月20日に土壌1kg当たり16万3000ベクレルのセシウム137が検出されたことが報じられた（『朝日新聞』2011年3月25日）。これを受けて国は，4月11日飯舘村全域を含む周辺町村を年間の積算放射線量のデータをもとに「計画的避難区域」に指定する旨を発表し，5月末を目途に避難を終了することを決定した。

　原発事故が突き付けた現実は，原発が，大都市という人口稠密地帯を避けて，

畜産業という第一次産業を主な生業とする小規模な市町村に立地している点である。大都市の第三次産業従事者は身体ひとつで即日避難が比較的容易だが，後者の市町村の場合，即座にその地を離れることができない人びとが多いという制約を持つ。ここでは原発によって"非"居住区域とされた人びとがその土地をどのように離れたか，分断され不可視化されたマイノリティとして人びとが「そこでなお暮らす」ための論理とはどのようなものかを探る。[3]

「区切り」をつけるため花をすべて鋤き込む

　飯舘村の比曽地区に暮らす佐藤照子さん（61歳）の心は揺れていた。突然国から計画的避難の指示があり，飯舘村から第一陣が他県へ避難したという報道を聞いたり，若い人があっちに行った，こっちに行ったという話が聞こえてくる。佐藤さん当人は村外への移住は望んでいなかった。それは放射線量のデータの高い・低いよりもむしろ，「仏様がいるじゃないですか，父や母やお祖父さんやそれ以前の御先祖さんがここに眠っているわけだからそれをほっぽりなげていくことは……」というのが理由であり，田畑や農地を先祖からの預かり物として捉えているからである。原発事故直後の4・5月は避難をめぐって苦悩する。

　しかし，佐藤さんは単に先祖のことだけを問題にしているのではない。照子さんは飯舘村の主要産業のうちのひとつである牛と飯舘村特産のトルコ桔梗（キキョウ）の花卉園芸業を家業のひとつとして営んでいた。震災当日は村役場近くで地震に遭うが，停電していたためテレビ・ラジオなどの情報がないまま丸3日が経ち3月14日まで震源地や地震の規模，津波や原発についての詳細をまったく何も知らない状態にあった。14日の福島第一原発3号機における水素爆発当時は屋外で農作業中，「聞いたことのないとんでもない音」を直接耳にしている。

　それでも原発の爆発だと思わなかった彼女は，放射性物質の飛散が最も多かったとされる15日も日中は屋外にいた。海寄りの浜通りから風が吹いて，顔を触ってみるとひりひりといままでにない痛みを感じ，扁桃腺が腫れるわけでもないのに風邪でもひいたかのような喉の異変を感じる。これは放射能を吸い込んだためと後でわかる。原発が爆発したから危ないと息子に注意されて初めて

我に返り，自分の身を守るためにと不要不急の外出を控え，外出の際はオーバーを着て帽子をかぶり手袋をして出かけるように心がける。
　その後，放射性物質の影響は同心円状に広がっているわけではなく，風向きや雨の条件によって第一原発の北西側に高濃度の放射性物質が溜まっていることが次々に報道されていく。まさに北西側の方角に位置するのが飯舘村全域だということになる。上下水道の敷設されていない比曽地区では，沢のおいしい水を飲んでおり，汚染に対する警戒感は微塵もなかった。ところが村から沢の水は飲んではいけないと救援物資用の飲料水が配布される。
　4月11日に村が計画的避難区域に指定される動きがでてからも彼女は農作業に従事している。「そんなに飯舘の放射能数値は悪いのかな」と半信半疑でいたという。事故前の1月に播いたトルコ桔梗を，2・3月には暖房施設に移して苗を育てていた。米や煙草，ブロッコリーなどの露地栽培は高い線量の放射能のために不耕作が決定されたが，そのなかにあって，花卉園芸用の桔梗はハウスの中で栽培していて土壌も汚染されていないので大丈夫だろうと考えていた。水素爆発後の3月下旬と4月上旬にハウス3棟で一本一本丁寧に桔梗の定植をおこなったのだが，4月中旬頃になってから花卉も不耕作という通知を受ける。通知を受けても，定植を終えて土壌に根付き青々と育つ苗を枯らすことができず「助けたいなあ」と雑草をむしったり水をかけたりしていた。
　そのうち国指定による5月末日の「計画的避難」の期日が迫ってくる。集団避難先である栃木県鹿沼へ第一陣が着いたことや，同じ地区の人があちらに行ったという話が次々と耳に入るにつれ，徐々に心がざわつき葛藤の日々を送ることになる。5月初めには借り上げ住宅にも家賃補助が出ると知ると，知人を通じて福島市内にアパートを借りる。借り上げの承諾書が5月16日に出たので家財道具を運んだり鍵を貰いに福島市と村を往復する日々が続く。
　アパートを決めたから即座に移れるわけでもなく，親牛を6頭，子牛を6頭飼っていたので，その間スクリーニング検査を済ませ牛の世話をしながら5月23日の全頭出荷を終えてから福島市へ行くことにする。生まれて間もない子牛もいたので，それは言葉にできないほどの悲しみだったという。4匹飼っていたペットの犬も放置することができず，誰かにひきとってもらう手続きを進め

る。そして，これらがすべて終わった6月4日に飯舘村の自宅の鍵を閉めた。

　避難までの間，桔梗の出荷時期であるお盆まで農作業ができないと判断した彼女は，トルコ桔梗を耕運機ですべて鋤き込んでしまう。彼女の行為には大きく分けてふたつの意味が込められている。ひとつは，このまま放置するとたとえ頑張って桔梗が生き残ったとしても雑草が蔓延しハウスの中が荒れた状態になることと，花を咲かせることもできないので，そうであるならば自らの手で花の命を全うさせてあげたいという思いである。もうひとつは，放射能が無味無臭・無色透明かつ即座に健康上影響を与えるようなものではないために，そのまま普通の生活ができてしまうが，しかし国の指定によりやむなく計画避難をしなければならず，どこかで一線を引かなければ「ずるずるいってしまう」ことである。つまり耕運機による鋤き込みは，自分を納得させて，他所へ避難する気持ちを奮い立たせるための自助努力なのである。それを彼女は諦めるための「区切り」だと表現する。

　この区切りは，もちろん半永久的に諦めて村を離れるという意味ではない。"一時的な"離村を決意するための区切りなのである。したがって，福島市内に引越しした後も故郷に関心を寄せ続ける。牛や花を処分した後も，農機具や軽トラ，トラクターなどすべてのことが気になって夜も眠れず，2・3日に一度は帰村している。しかし，放射線量が高いため草の刈り取りなどは村から禁止されており，草が2mにも伸びて荒れた故郷を見るにつけ，落胆を隠せないでいた。

地域がかかる"トルコ病"

　照子さんの話にじっくり耳を傾けていると，同じ論理が一貫して流れていることがわかった。飼養していた牛にしても，ハウス栽培のトルコ桔梗にしても，話の端々に「かわいそうだ」「（命を）全うさせてあげたい」という言葉が必ずついてまわる。ふつうは牛も花も経済的価値ではかる商品だと割り切れる。事実，牛は肉牛として処分され，花は切り花となって出荷される。そこに何らの感情も必要ないと考えるのが普通である。損失した分の代償として東電や国から補償がされる（はずである）。

しかし，実際にはそのように割り切れるものではない。というよりもむしろ，牛や花という生物に対して過剰とでもいえる想いがあり，その想いが彼女たちの心を大地（村）に繋ぎ留めているのではないかとさえ思えてくる。ここに"非"居住区域に戻るためのヒントがある。

　まず畜産業であるが，家畜人工授精師の資格を持つ息子が繁殖牛の母牛を人工授精させ，10ヶ月かけて子牛を肥育し，それを出荷する。飯舘村には和牛農家が249戸あり，飼養頭数は1223頭を数え，乳用肥育などの酪農牛を含めると約3000頭の牛が飼われていた。これは村の人口（約6000人）の半分の数にあたる。照子さんがやっているように繁殖から肥育まで一貫した体制を作り「飯舘牛」という和牛ブランドを村独自でたちあげてきたのである。それは1980年（昭和55）前後の冷害によって大凶作（作況指数12）にあい，まったく米が採れなかったことをふまえ，米専業からリスク分散の意味も込めて牛やトルコ桔梗という未知の分野に進出し，村の行く末をかけて30年ほどつくりあげてきた成果でもある。

　牛舎の他にもさまざまな投資が必要となる。和牛もどんな種でもよいのではなく，牛の血統（たとえば宮崎の安平）を考えて品質の高い種牛を購入したり，交配したりする。牛の餌も海外から買うのではなく，自家産の牧草を刈り取り，ロールし，ラッピングする。それらもすべて専用の機械を必要とする。

　一見経済的価値に見える牛に対して飼い主は，牛は何もいわず人間に与えられた餌を黙って食べて，与えられた環境のなかでしか生きられないけれども，牛にも感情があると感じる。そして，牛がいるおかげで生活が成り立ち，その意味で牛に対して「お陰さまでありがとうという気持ちでいっぱいだ」という。原発事故後に生まれたばかりの子牛を飼育してくれる人に引き渡す際にも，「飼い主がいい人でありますように」と願いを込めて送りだす。

　出産に立ち会い手塩にかけて育てている牛を自分たちの"家族"とみなす。この気持ちはトルコ桔梗に対しても変わらない。トルコ桔梗の花を「娘」として彼女は捉えている。どうしてだろうか。原発事故が起こるまでの17年間にかけてきた情熱があるからだ。その情熱について彼女は地域全体がかかる「トルコ病」だと説明する。

照子さんは18年前に母親を亡くし，後継者として母の後をついで畜産を始めた。この時，親牛が14頭，子牛が10頭程度の合計20数頭を飼育していた。酪農の牛と違って肉牛の牛は餌を与えたあとは牛舎をのぞく程度で特段手をかける必要もなく，日中時間をもてあましていた。そこでその時間を利用して花を作ってみたいと農協に相談をもちかける。6月という時期でヒマワリくらいしか選択肢はなかった。

　比曽地区のなかでは，どの農家もホウレンソウやインゲンなどの野菜を育てていた。しかし自分は花を育てて生活していけたらと思い，再度農協に相談すると，村としてトルコ桔梗を増やそうと考えており，死に物狂いで努力するなら教えると言われる。そこで即答をして次の年からトルコ桔梗を作り始めた。

　ところが最初はまったくうまくいかなかった。私はなんでこんなに下手なのかと反省し，方々に行き勉強をし始める。ホウレンソウを作っている人は6月に収穫して収入になる。ところがトルコ桔梗は盆前に収穫を迎えるために「テルちゃんこの花いつ咲くの」と，まわりから冷やかしも受け，悔しい思いをしたが，負けるわけにはいかない。当時はインゲンや小松菜などの野菜で生活を立て，花でご飯を食べられる時代ではなかった。

　1棟のハウスでスタートしたトルコ桔梗づくりだが，面白くて，もうちょっとできるかもしれないと1棟また1棟とハウスを増やしていく。さらに，大型ハウスを導入したり，暖房器具をいれたり設備投資をし，手をかければかけるほどきれいな花を咲かせてくれるという手ごたえを感じる。すると苦労が報われた気持ちになる。結果的には3反（30a），ハウスの数にして13棟まで増棟していた。いつしか花と牛の収入が逆転し，花が主で牛が二番となる。

　トルコ桔梗の花を切るときには毎回，「本当に娘を嫁に出すぐらいの気持ちだ」という。他の花はつぼみの段階で出荷するためにそのハレ姿を見ることはないが，トルコ桔梗の場合，3～4輪花が実際に開花したのを見届けてからの出荷となる。このことがよりいっそう彼女たちをひきつける。「トルコ病。トルコの花の魅力。こんなにきれいに咲いてくれたという気持ちが，苦労を帳消しにしてくれる。花の一生でもいい姿がある。お嫁に出すときの若々しい花の姿がある。構わないでほうっておくと花も30代40代になる。いいときにお嫁に

だしたい気持ちはあります」という。

"飯舘村"のトルコ桔梗

照子さんが牛と花に区切りをつけたのは，一時的な離村の踏ん切りであり，棄村を意味するものではない。もちろん，仕事の場を奪われ日々の生活はたいへん苦しく，半年経っても補償金や損害賠償についての話がいっこうに進んでいない現状にある。そのなかで，福島市内に移り住んだ彼女は家計を維持するため新聞広告に掲載されていたJA福島の共選所での短期のアルバイトを始める。8月に桃，9月に梨，10月にリンゴと続き12月の中頃の摘みおわりまで続けられる。その間も，心配なので休暇を取得しては飯舘村に帰村している。

彼女をはじめとする飯舘村農協の花卉部会では，村でトルコ桔梗栽培の再開を模索している。ただしいつ帰村できるか見通しが立たない段階であるため，別の選択肢として村や知人から，他村他所の遊休地でトルコ桔梗を栽培しないかと打診を受ける。定職にできそうな仕事もなくいつ戻れるかわからないなかで，仲間や知り合いから手を差し伸べられるありがたさと仕事を再開できる喜びは何物にも代えがたいはずである。しかし彼女はひとりだけ抜け駆けもできないし，もう少し冷静に考えてみると誘いをすべて断っている。トルコ桔梗に情熱を燃やしていた彼女にとって，いち早く飛びついてもよさそうな誘いである。

しかし，花にかける想いとは別に「飯舘のトルコ桔梗を作りたいというのと，どこでもいいからトルコ桔梗を作りたいというのとは違うんです」と飯舘という呼称を使って明確にその違いを区別している。その理由として，まず飯舘村の自然条件をあげている。阿武隈山地の北に位置する村の標高は400〜600mあり，夜になると急に冷える風を栄養として花を育ててきた。福島の他所でハウス栽培をしても自然条件が適合するのか疑問であると考えているのである。

ただ，飯舘村での花の栽培は単に自然条件だけにとどまらない。飯舘だからこそトルコ桔梗の花が咲くという思いには，自分たちの力でトルコ桔梗を飯舘の特産品にまで押し上げたという自分たちの自負が込められている。

第4章 千年災禍の所有とコントロール

　みんな飯舘村にハウスも暖房器具も土壌消毒の設備ももっていて，みんなに認められるいい品質の品種を作ろうと情熱を注いできましたから，できるなら戻りたいし，花を作りたいと思う。一番飯舘村で農業やって復興に一番先に手を挙げられるのも花だと思っています。ハウスが掛かってますから，中の土壌は汚染されていないはずなんです。そういう意味では，まわりでは除染が必要ですけれども，土そのものは数値はゼロとはいいませんけど，一番先に花で復興しよう，のろしをあげようと仲間でそういう話をしています。(2011年9月30日，佐藤照子さん)

　飯舘村は，平成の大合併の際にも合併しないという独自路線を選択し，自立自給の「までい」の村づくりを進めてきた。までいとは真手＝両手という意味から派生した，片手間ではなしに「手間隙を惜しまず」「時間をかけて」「じっくりと」などが込められた言葉である。いまでいうスローライフの村づくりが，避難によって人びとが各所に離散しバラバラになるなかで，帰村に向けた動機づけとなり避難解除を待つ忍耐力を与えている。

　もちろん私たちは報道を通して，原発の水素爆発事故を起こした東京電力とその影響を被った周辺市町村という対立図式あるいは加害・被害構造をまず思い浮かべる。津波や地震による直接の被害が皆無にもかかわらず，家や仕事を失い家族さえバラバラになれば，加害者である東電に自分たちの怒りの矛先が向いてもおかしくないと私たちは考える。

　しかし照子さんの考えは違う。一方的に東電を責めればいいという問題でもなく，原発を冷温停止させるべく努力（その後政府による冷温停止宣言）が続くなか，飯舘村の住民はいまは耐えて信じて事故収束を待つしかないのである。原発災害をマイナスとしてだけ捉えるのではなく，考えようによっては事故によって農業以外の生き方が体験でき，農業から少し距離をおくことで農業を見直すよい機会を与えられたと考えれば，悪いことばかりではなくなる。原発事故の影響がある程度見えるまでを自身が勉強する時間と置き換え，これから老後に向かってどういう人生を過ごしていくのか，いままで体験できなかったことをこれから経験できる，未知の世界を切り開くことができると考えていると

いう。

　ここには加害・被害図式からの離脱による冷静な判断と終息の見通しの立たない原発事故への忍耐が自己納得と他者への説得として展開されている。現場の住民が必ずしも加害・被害の図式に組み込まれないのか。飯舘村は，原発直近の自治体のように（疑似）受益圏として電源三法による交付金を受け取っている地域ではない。したがって，放射能汚染においては十二分に加害・被害論でいう受苦圏にあてはめて考えられる。

　しかし，原発事故をマイナスに捉えると，それは補償という形で金銭に換算されることで差し引きゼロとされる。加害・被害図式そのものから離脱することは，お金に換算されまいとするソフトレジスタンスの意思表示ともとれる。マイナスから出発するのではなく，スタート地点をプラスに転換させることで，次の道を切り開こうとする意志がそこにはある。彼女の論理では，東電も被害者ということになる。このことにより原発災害が意味論的にコントロールされ，相対的に自律する主体が立ちあがる。

　原発事故により家族すらがバラバラに解体されているなかで，彼女は自分を単独の個とは捉えていない。絶望しない限りどこでもひとりで生きていけるけれども，一個の人間としての自分を歴史の文脈に位置づけ，昔から延々と農業で生きてきた故郷に据え飯舘村に居ることをないがしろにせずに生きようとするのである。

　トルコ桔梗の出荷のピーク時には，とても食事を作っている時間もなく，そういう時には何も言わないでもご近所さんが食事を差し入れてくれた。それをありがたくいただくと，また頑張ろうかという気持ちになる。ひとりで生きてきたのではなく，地域に守られ育てられたという実感が彼女にはあるのだ。

　理念としてのコミュニティではなく，この「地域」には住人たちが実際に育んできた「幸せ」が詰まっているのである。畜産にも，花卉にも地域が常につながっている。

　たしかにお金も放射線濃度の低下も暮らしを立てていくうえで考えずにすませられない要素ではあるが，それだけで人は暮らしてはいないことが照子さんから聞き取りをしていてわかってくる。個が守られる地域があって初めて，個

は生き生きと輝き，そこで情熱を傾ける対象を生み出すのである。

3 「水産業復興特区」に対抗する漁村の論理

県による特区設定とは異なる線引き

　東日本大震災にともなう大津波によって宮城県沿岸にある石巻市北上町十三浜は，壊滅状態になった。その中の大室という集落では，戸数50戸のうち48戸が流されて全壊し，船舶も90％が流失や沈没あるいは破損した。当初地域住民の喪失感は先祖伝来の土地を捨てるのに何の躊躇もないほど深刻なものであった。

　大室に住む漁協の前組合長で現十三浜支所運営委員長（実質上の組合長）である佐藤清吾さん（71歳）は，妻や孫，兄や姉をはじめ，親戚15名がいまだ安否不明にある。大津波による破滅的な災禍にもかかわらず，大室地区では清吾さんはじめ，十三浜に住み続けたいという人びとが大半を占め，集落独自のアンケート調査では80％がこの地での漁業の継続を訴えている。震災からわずか1ヶ月後には，大室地区では雨風が吹きつけるなか青空集会を開き，集団移転に向けての話合いを行った。

　こうした漁村の動きに対して，復興の力を削ぐような提案が宮城県から出される。それが村井嘉浩宮城県知事肝いりの水産業復興特区構想である。この特区構想では，養殖業等の沿岸漁業への民間事業者の参入や資本の導入が促進される特区を新たに創設することが謳われている。現行の漁業法では，地元の漁協が事実上，漁業権を独占することができる。ワカメやカキなどの養殖では「区画漁業権」が設定されており，都道府県知事が免許を出す際に漁協を最優先することが漁業法で明示されている（漁業法第14条）。水産業復興特区は，漁協を最優先するという規定を外すことで民間企業も漁協加盟者と同等に沿岸漁業に従事できるようにする特例措置である。

　これに対して宮城県内一部を除くすべての漁協は復興特区に対する反対を表明した。漁業者が生産と生活の基盤を失ったなかで，漁業会社等の新たな経営組織体の参入を活発化させることは，一見受け入れてもよさそうな提案である。

しかし県漁協は一歩も譲らぬ姿勢で無条件の撤回を訴えている。民間資本の参入が漁村になじまないこと，復興特区に反対すること，そして破滅的な災禍にもかかわらずリスクの高い沿岸域にとどまり漁業を続けようとすることには，何かしらの共通点があるように思われる。すなわち，壊滅した漁村という震災マイノリティが漁業会社というメジャーというべき民間資本を導入することへの抵抗にはどのような論理があるのかについて，漁村の成り立ちにまで遡って考えてみたい。

適地適作から適作適地への転換と挑戦

石巻市北上町十三浜は，主にワカメの養殖業を主体とする基幹産業によって成り立っていた地域である。基幹産業であるということは事業の後継者が育ち，そこでの暮らしが成り立つことを意味している。震災前には堅実な現金収入があり，漁協全体では共販（共同での販売）で3億，自販（自主ルートでの販売）で1億円以上の収益をあげていた。養殖ワカメの販売額として県内トップである。これには自然条件がかかわっている。十三浜には東北で最大級の河川である北上川が流れ込み，適度の淡水が運び込まれることで育つミネラル分が含まれた良質のワカメを育て，これがブランド化されている。

ここには自然の豊かな恵みのなかで生活の基盤が存立していることがみてとれる。自然条件に合わせた「適地適作」としてワカメを位置づけるならば，収益が確実に確保できる場所にメンバー間で競争させる復興特区を導入することの意義は受け入れられやすいかもしれない。

旧北上町は昭和50年代には県内で出稼ぎ者数が一番多く，この地域で生活していくことはたいへん厳しかった。したがって自然条件のほかにも社会条件が付加されて初めて県内屈指のワカメブランドを育て上げてきたといえる。つまり，適地適作というよりも自分たちがそこで生きて暮らしていくために選び取ってきた選択なのであり，「適作適地」として基幹産業としてのワカメ養殖を生み出したのである。震災後に復興・普及のために取り組んだのもワカメ養殖であった。養殖が地域を支える社会的条件を以下6つ（養殖，アワビ，出稼ぎ，周年漁業，地域のまとまりと競争原理，家内工業）に分けてみていこう。

天然から養殖へ

 半農半漁の漁村であった北上町十三浜は，春は田の作付けと自家製茶の摘み取り，天然ワカメの口開け（解禁），ウニ漁および麦刈りに始まり，初夏になるとコオナゴ漁と田植え，村外での出作の田圃と村内の畑作，夏には天然コンブ漁，タコ漁に麦播きと続き，それが終わると秋からはアワビ漁のシーズンに入るという，四季の変化に富んだ暮らしを送っていた。

 自給自足的な暮らしと豊かな自然の恵みを受けられる反面，天然の海産物は天候などに左右されるために収穫は不安定なものであった。しかも人によって漁穫量に大きな差があった。それは収入の差となって現れた。そこで，漁協では，腕の良い悪いにかかわりなく収穫が得られるワカメの養殖に着手する。ワカメ養殖の技術はまだ50年も経っていないが，浮流式養殖や種苗生産という方式が整ったことにより，耐波性が強くて環境にも左右されない，しかもそれまで未利用だった外海での養殖への道が拓けることになる。こうして養殖によるワカメの生産量が安定し，ある程度漁協員の間で収入が平準化されていく。

アワビで嫁をもらう

 人びとがこの地を離れない大きな魅力，それは，アワビ漁にある。「平均的漁獲高を維持し，根付資源の大黒柱であり，漁家生活の安定的収入源」（十三浜漁協事業概況：昭和53年）であるアワビ漁は，それだけで一年の生計を維持できるほどの収入をもたらした。漁協による資源管理と口開けの設定がおこなわれていた。「少々頭が悪くても，その当時アワビ取りが上手だと，嫁さんがもらえたんですよ」（2008年2月28日，KZ氏）というぐらい個人の収入を下支えしていた。ただしアワビ漁は漁の上手下手がダイレクトに収入を左右するため，所得格差を生みだしやすい。

関東への出稼ぎから近距離季節労働へ

 基幹産業となっていくワカメ養殖が導入されるまで，現金収入はアワビ漁と遠方の出稼ぎで占められていた。アワビ漁の期間は限定されるため，その他の期間は関東への出稼ぎに充てられた。

このような状況のなかで、個人の能力や環境に左右されずに地場産品の収入で家族とともに地元で暮らしたいという気運が高まる。そこで動いたのが漁協の青年部である。すでに先進的にワカメ養殖をおこなっていた岩手県や北海道を視察し、養殖導入の機会をうかがい、青年部指導のもと50世帯以上の漁家がまとまって1972年（昭和47）に試験的にワカメ養殖を始めた。当初は養殖の知識や技術が乏しく、失敗を繰り返していた。それでも、研究を重ねながら、波が高い外海で養殖をおこなうことで、環境に左右されることがなくなり、生産は安定的なものになっていった。

関東への出稼ぎとアワビ漁によってかろうじて人びとは地域にとどまっていたものが、ワカメ養殖の導入にともなって、出稼ぎ期間が短縮されることになる。ワカメ養殖は、秋に採苗・苗付けをすると翌春には収穫できる短期栽培である。こうして地域の就業構造はアワビの開口期以外の冬期には遠方への出稼ぎから近距離の石巻市内の水産工場での季節労働へと、徐々に変化していく。

周年漁業の完成（コンブ・ホタテ養殖）

「ワカメ産業が技術の向上によってどこの海でも生産されている」（十三浜漁協事業の概況：昭和51年）ようになったため、他の養殖もはじめることでリスクを分散することが求められていた。さらに、出稼ぎに頼らず家族とともに暮らそうと、ワカメの収穫後から冬期にいたる空白期間を埋め合わせてくれる作物として白羽の矢が立てられたのがコンブとホタテの養殖である。「『出稼ぎ解消を促成（養殖）コンブで……』というのが導入のきっかけ。50年からの試験養殖の結果、ワカメの裏作としてほぼ成功」（『石巻日々』昭和54年）とある。つまり、コンブとホタテの養殖は、漁家収入の減少を防ぐため、ワカメの裏作としてはじめられた。コンブ養殖はワカメの種付けと収穫後にそれぞれ行うことができ、ワカメ同様半年で成長し刈り取ることができる促成品種である。

ホタテは主に夏にネットの入れ替え（大きくなるので1ネット当たりの数を減らす作業）などの作業をおこなって収穫までに2年半かかる。その一方で、価格が高いのでこれらを個々の漁家が生活戦略として生業をうまく組み合わせることで「リスク分散」と「周年漁業」を目指した。このことにより、失業保険と

アワビ漁と季節労働という高収入だが不安定な1年間の生活が，その地域で将来の見通しがたつ安定した暮らしを手に入れたのである。

もちろん養殖が軌道に乗るまで，「最初のうちは出稼ぎにも行かず，採算も取れないコンブ養殖を続ける青年部員たちの親からは『家をつぶす気か』と怒鳴られたこともあった」（『石巻かほく』昭和59年）と批判が身内からも出ていた。このような反目のなかでようやく周年漁業を完成し，この地域で家族がともに暮らしていける基幹産業の基盤を作り上げたのである。

地域としてのまとまりと競争原理

震災前は北上の養殖ワカメは一級品だということで，「十三浜のワカメ」として仙台市内の百貨店などではブランドとして売られるような状況にあった。このブランドが確立するまでには，養殖業者による技術革新がともなっていた。垂下式から水平式といわれる養殖技術への転換である。この技法はワカメを海水面に近づけて育てることによって光合成を促進させ，獲れる量は目減りするがワカメの品質を向上させ，ワカメの下でコンブを養殖することを可能にした。

養殖導入当時は乾燥ワカメとして出荷していたが，他地域と差別化するためにボイルワカメと呼ばれる「湯通し塩蔵ワカメ」にいち早く取り組んでいる。ボイルワカメへの切り替えは，栄養素の保持・食感・風味・色彩を嗜好する消費者のニーズに応えるためである。養殖ワカメの元になる種苗は，現在3種類，鳴門産・塩釜産・岩手産があり，このうち鳴門産や塩釜産の種苗は早種で早く収穫でき収量はあがるが品質上見劣りする。それに対して岩手産の種苗は，葉肉が厚く品質的にも良いが，鳴門産と比べると収穫時期が遅れるため，十三浜に流れ込む新北上川の濁流（＝融雪洪水）と時期が重なる。早種を多く用いればいいのであるが，浜ごと漁家ごとで「あちらの家よりは良いものを」「（等級の）落ちたものは出せない」という品質を追求する競争がある。その結果，さまざまなリスク分散はするけれども，そのリスクを超えて岩手産の良質なワカメを製品として出す覚悟を引き受けている。

同じ養殖でも隣接地域は，銀鮭養殖がお金をもたらしているということで漁家も浮足立っていたが，地域の選択としてそのブームに乗らず，十三浜地域は

銀鮭の養殖を禁止している。「何人かの金獲りのために磯物が汚れることは認められない」（2009年3月18日，SS氏）。磯のヒジキやフノリなどが鮭の餌で生臭くなり，一握りの金獲りのために磯物全体が汚れることは認められないという考え方である。つまり個人に任せるのではなく，ワカメ・コンブ・ホタテ養殖を「地域」の産業として育成するということである。

養殖銀鮭はその後安価な輸入ものに押され値段が暴落し，施設や餌代などで膨大な借金を養殖業者に背負わせることになった。漁民の間では「餌だけでなく，山まで食ったとか，家も食ってしまったとか，人も喰ったとか」という話が伝わっている。この銀鮭養殖は，民間資本の撤退の歴史として当該地域に深く刻まれているため，復興に際しての民間資本の導入を柱とした特区構想には反対なのである。

周年漁業が確立するなかで後継者も育ち，この地域での生業を成り立たせる基盤ができる。それにともなって，当初"未開拓だった"海は，現在，許可の限度いっぱいまで養殖施設が拡がっている。

家内工業

養殖ワカメの収穫は，まだ夜も明けないうちから作業が始まる。「千葉さん方では，午前5時に起床して一家総出で収穫にあたっている。千葉さんと息子さんが小舟で魚場の養殖棚から1m以上に伸びたワカメを刈り取り，岸壁に水揚げした後，奥さんたちも加わって葉の部分とメカブを切り離し，ボイル加工するなど午前中いっぱいは選別作業に追われる毎日」（『石巻日々』昭和58年）。基本的には収穫は家内工業であり，家族総出で作業をする。

しかしながら，3～4月の刈り取り時期には人出不足が生じる。家族だけではこなせない場合には，臨時に人手が必要となる。仕事のわかる即戦力の人が本当はいいのだけれども，しかし，短期となるとなかなか見つからない。「人がいるならできるなら雇いたい。ワカメは4月いっぱいで商品価値なくなってしまうので短期間でやってしまわなければならない」（2009年8月3日，TJ氏）。こうした事情が，どうしても家内工業の色合いを帯びた閉じた世界を作ってしまうことになる。

第 4 章　千年災禍の所有とコントロール

地域の"賭け"

　北上川河口付近はコンブ生育の南限域にあたり，これより南域でコンブを育てることはできない。養殖技術によってこの海域まで南限域が下がったことになる。大昔から養殖があるのではなく，現役世代の先駆者が働いているほど，歴史としては新しい。ワカメとコンブの養殖が本格的に軌道に乗り始めるのが昭和50年代半ば，その後ホタテ養殖と続いていく。現在，北上川河口付近の沿岸では後継者が確実に育つなどワカメ養殖が地域の「基幹産業」として成立している。

　ただし，単純に自然条件に恵まれているだけではないことは以上6つの社会的条件から見えてくる。養殖の成立には，どのようにすればその土地で生きていけるのかという地域としての"賭け"が大きく関係している。

　水産業復興特区によって，漁協の優先順位を民間会社と同列に置くことは，地域の「基幹産業」としての歴史を消去することにほかならない。漁業権とは漁民が地先の海水面を利用してきた慣習を踏襲し，近代法をそのままかぶせた権利である。それ以上に，その地先の海という未知の空間を開拓してきた経緯を持つ。その歴史性を無視して，民間企業に無条件で門戸を開放することは，働きかけてきた空間（地先の権利）と場所（本源的所有の権利）の両方を一挙に剥奪することを意味する。

　また，漁業は海難や水難事故にいつ襲われるとも知れないという死に直結する職であり，津波というリスクを抱えながら厳しい自然条件のもとで漁を営んできた。それを象徴する言葉が，「風と和尚は昼時」（2011年6月4日，佐藤清吾氏）という漁師に伝わる言葉である。この格言は，朝遅くまで寝て昼からお葬式などの読経を読む優雅な和尚という職業の様子を指すと同時に，昼まで穏やかだった凪の状態が，昼時に風が吹き始め荒波となる様子を指す。波の穏やかなうちに海へ出て作業をし，船が陸に帰り着くようにすると，逆算すればまだ夜も明けない午前3～4時には起床していなければならない。もしサラリーマンのように午前8時に出勤し，そこから漁の準備をし，沖に出れば，風が吹き波は高く，危険なのである。自然のサイクルと生活のサイクルをマッチさせることで厳しい自然に立ち向かっているのである。

新たな弱者生活権を保障する漁村の論理

　漁村におけるもうひとつの重要な論理が東日本大震災を機に浮かび上がってきた。それが「弱者生活権」を保障する漁村の機能である。具体的には"協業化"の動きである。岩手県宮古市の重茂漁協をはじめ，宮城県塩釜市の浦戸諸島や亘理の荒浜などでワカメや海苔養殖の協業化の試みがすでにおこなわれている。沖に避難させて助かった船や新たに購入した船を漁協が集め，それでも数が足りない場合，グループごとに船を割り当て共同作業をおこない，その収益すべてを共同のものとし，各成員に均等割りする取り組みである。

　これまでのコモンズ論で議論されてきた弱者生活権は，誰のものでもない総有の一部である共有地に対して優先的にアクセスして資源を得る権利を所得のより少ない弱者（貧困者）が保有するというものであった（鳥越 1997）。

　ところが大震災という「非常時」に見えてきた漁村の対応とそのあり方は，弱者に対する働きかけにとどまることなく，強者を含むすべてのコミュニティの成員に対して平準化を求めるものである。それは単に弱者が総有の一部である共有地を優先的にアクセス可能であることに限定されない。

　十三浜では，浜ごとに被害が異なり，一部の浜では家も船も無傷に近いところがあった。その漁協員から養殖の協業化に対して，被害がなかった組合員はいままで（平常時）どおりの単独操業でいいのではないかという疑問が提示された。家族経営的な養殖業のあり方からいって，自分たちにも生活があり，それを守ろうとすることは当然のように思われる。そして津波に生活の糧を突然奪われ何もかもなくした人たちは，単独操業や個人の持ち分（船など）に対して何の発言権もない。このような平常時の原則に対して，組合が下したのは次のような判断だった。

　　自分の努力がすぐに反映してくるような形にやらせろと騒いだんだけども，俺は頭から駄目だと言った。今こういう（船も作業場も家も流されて）地べたを這いつくばっている漁民がほとんどなのに，一部体力のある人間が利益を得て，体力のある声の大きい人だけの意見を聞いて，そのまま通すとたいへんだっちゃ。好きで船をもたないならいいけど，（津波で）持っ

て行かれてなくなったんだから。一人が100歩進むことを許すわけにはいかないから，100人で一歩ずつ進むことで（漁協の）中をまとめた。被害を受けずに不満を持つ人も今はその気になってやってくれている。作業もグループ（共同）でやっている。（2011年11月20日，佐藤清吾漁協運営委員長）

　個々の漁船という私有物すらが，みんなのものという共有物になっていく現実がここにはある。これは，たとえ体力のある人が収入を減じたとしても全体としての考えからすれば総有地の各成員に対する完全平準化によって地域から脱落者をひとりも出さない方策である。家族も財産も仕事もなくなった人びとにとって，明日からもこの地で暮らすことができるかどうかという将来に対する見通しは，経済的な支援だけでなく人びとの精神的な支柱も必要としているのである。

　当初浜を離れようかと逡巡していた清吾さんは，組合長への再任を懇願され三顧の礼をもって漁協の人びとから迎えられた。これまでの経験から地域を引っ張っていってくれるという期待が寄せられたのは，何よりも弱者の声にもならない声を聞き分けられるリーダーとして信頼が篤かったからである。

　十三浜の漁協では，高い収入が見込めるアワビ漁を後回しにしてまで，ワカメの養殖の再開を優先させている。というのも，アワビは逃げないが，ワカメ養殖は時機が遅れると減収につながるためであり，漁協はワカメ養殖の作業を優先的におこないその後アワビ漁にとりかかるように指示している。半年で収穫が見込めるブランドのワカメを復活させることが何よりも漁家の生活の安定化に寄与するとの考えからである。

4　災害をコントロールする

　本章では，津波や原発災害によって"非"居住区域とされた地域において震災マイノリティが「リスクがありながらもその地域でなお暮らす」ための論理を考えてきた。

　原発事故による計画的避難区域となった飯舘村では，その地域を捨てて他地

域に即座に移住する住民の姿はそこにはなかった。トルコ桔梗をすべて鋤き込んでしまう行為は，一見政府の計画的避難指示に応じる行動として映るが，名残り惜しい村への気持ちを一時的にであれ断ち切るための区切りであることがわかった。この村への強い気持ちは，動植物を我が子として育て上げてきた自負と思い入れに表れている。それは経済的価値であると同時に，生活を支えてくれたことに対する感謝の気持ちである。放射能が無色透明で見えないのと同じように，先祖の魂もまた目に見えない。放射能に汚染された田畑を不耕作にして先祖に申し訳ないという気持ちでいっぱいなのである。そして放射能の前で何もできない自らの非力さをむしろ責める。

　加害・被害図式に結び付けて甘んじて補償を受けることは難しくないが，大津波という千年災禍の前では，東電も自分たちも同じ犠牲者であると飯舘村の女性は捉える。その意味で，原発災害を人災としてではなく，自然災害であると位置づけている。もちろん人災として東電に責めを負わせることはできる。しかしここでのポイントは，原発によって愛する牛やトルコ桔梗の花を駄目にされ，財産を奪われ，家族をバラバラにされ，さらに故郷を追われた，そのような当事者から発せられている言葉であることだ。原発によって金銭的に恩恵を受けていても，あるいは逆に被害を被っていても，それは同じことの裏表で，原発に対して従属的な発想になってしまうのである。そうではなく，自分たちが主体となって新たな価値を生み出すことができれば，原発から相対的に自律しうる関係を築け，次のスタートを切る準備をすることができる。

　また，津波により漁村が壊滅した浸水区域である石巻市北上町十三浜では，そこを捨てて他所に移住する住民はほとんどいなかった。復興策として宮城県は民間資本の導入を前提とした水産業復興特区を提唱してきた。これに漁民は一斉に反発した。三陸沿岸は世界三大漁場にも数えられるほど有数の自然の恵みを持つ海域である。この地域では家族が離れ離れになる出稼ぎを解消するために，青年団が中心となりワカメ養殖を試行し，ホタテやコンブの養殖を組み合わせてリスク分散しつつ周年漁業を確立させてきた歴史を持つ。

　こうした養殖の技術革新に加えて，互いに競いあうことで品質を向上させてきた。これが三陸ワカメひいては「十三浜のワカメ」というブランドをつくり

あげてきたのである。仮に特区により導入された会社組織の中に漁民が組み込まれ，一定の給与を支払われ，単なる労務提供者ということになれば，製品向上や品質にかける彼らの熱意は削がれることになりかねない。海の豊かな資源を民間企業にも公平分配するという単純な議論は，地域の現状や歴史にそぐわないだろう。もとより，三陸の漁村は地先漁業権によって支えられてきており，漁協メンバーが排他的に魚介を採捕し，養殖など海水面を利用する権利は，厳しい自然条件で漁家が暮らしていくための最も重要なものである。

　それにとどまらず，十三浜の例のような漁村の論理は，弱者生活権としての生活保障の機能を持ちうる。この機能は一時的で限定されたものであるが，ある普遍性を有する。環境社会学者の古川彰によると，滋賀県の琵琶湖畔の村では，洪水の際，村全員を漁業者と見立てる「貧民漁業制」という権利を適用したことを見出している（古川 2004）。こうした事例も含めて考えると，漁村には「収穫したものは個人のもの」である一家総取り制という平時の論理と，災禍の際の「収穫したものはみんなのもの」である全漁民均等割り制という論理が共存し，両者を使い分けることでその土地で暮らしていくことを可能にしてきたのである。こうした相互転換と柔軟性が未曾有の災害をコントロールしてきたのである。

　本章での，震災マイノリティが「そこでなお暮らすための論理」は何かという問いかけは，自然科学とは異なる知見を導き出しうる。すなわち，自然科学者はリスク論の見地から災害を「自然現象」として取り出し，人間社会の外部条件として警告を発する。それに対して社会科学は，災害を文化現象あるいは社会現象として取り出し，人間社会の内部条件として扱う[5]。このふたつの違いについて，物理学者であり，優れた社会科学者でもあった寺田寅彦は，「津波と人間」で次のように述べる。自然科学者の警告に対して罹災者は，「それほどわかっているなら災禍に間に合うようになぜ警告してくれなかったのか」と問う。自然科学者が「注意を払わないからいけない」と返すと，罹災民は，「二十年も前のことなどこのせち辛い世の中でとても覚えてはいられない」と言う。ただし自然科学者らしく寺田は，「自然ほど伝統に忠実なものはなく，地震や津波は，流行にかまわず，頑固に，保守的に執念深くやってくる」と釘

をさす。

　これに対して，なぜこれほどまでの津波や原発災害に遭いながらもそこにとどまったり帰ろうとしたりするのかについて，社会現象および文化現象から説明することが可能である。つまり，彼らの生活の論理から眺めてみると，人知を超えるような災害も，時間が経過するにしたがって現実の生活場面に回収されはじめる。もちろん当初は，人びとが受けた衝撃や喪失感はそこを離れさせるのに十二分であったが，時間とともに，それぞれの生活の中に災禍が組み入れられてきている。

　あるとき津波のことを「嵐」と呼んでいる漁民にであったが，当初「嵐」が津波を指すとは理解できなかった。津波は想定外の自然現象だが，嵐は日常の穏やかな海とは違うものの，あくまで生活サイクルのなかでの非日常な現象と捉えられるからである。気仙沼市唐桑の漁民に聞いたときも，「普段穏やかだけどなんで（津波として）荒れたのかなあ」と語ってくれたが，普通オカ（陸）にいる私たちは大津波に対して"荒れた"という表現は使わない。海に背を向けることなく海で生業を営む人びとは海と遠く離れて住むようなことはない。たとえ命や家屋を流されたとしても，津波を日常の連続性のなかに組み込んでいるのである[6]。

　ことさら自然現象としての津波だけを取り出してリスクと見なし，そこに住まわせないように人間を排除する論理のほうが不自然であることがみえてくる。いわば彼らは，「風と和尚は昼時」という隠喩を用いながら自然とギリギリの交渉をしているのである。人類学者のホフマン・オリヴァースミスは，自身も巻き込まれた1991年のアメリカ・オークランド火災をとりあげ，たいていの人びとはまず自然の事象を文化のもとに置き直そうとしたと分析している。そして被災者がなぜ荒廃した地域に戻ってくるのか，災害が慢性的に起こる地域になぜ人は住み続けるのかについて彼女は，経済的理由や安全な場所から締め出されているという理由以外に，宗教的象徴表現の研究者が，隠喩が所有の働きをもたらすことを明らかにしているという指摘をしている（Hoffman 2002＝2006：159）。

　社会学に引きつけて言えば，人びとの生活サイクルに自然の災禍を所与のも

のとして組み込み所有することで，災禍をコントロール可能なものにしていることを指摘できる。リスクがあるから住まないのではなく，リスクがあるからこそ，そこで生活を営もうとするのである。照子さんが飯舘村のトルコ桔梗にこだわるのも，他の場所ならいつでもできると考えるからである。そうではなく，震災は自分たちへの試練だと捉え，トルコ桔梗の栽培に挑戦して最初失敗し悔しい思いをした経験と重ねていく。うまくいかないからこそ人は挑戦する。いま彼女たちが送っている避難生活も飯舘村でトルコ桔梗の花を再び咲かせ復興の狼煙をあげるための「準備期間」なのである。

　彼ら彼女らの論理にしたがえば，津波や原発災害は，初めて巡りあうリスクではない。かつて地域や集落ではさまざまなリスクを背負い込んできたのである。すなわち，飯舘村の場合であれば冷害による米農家の大打撃であり，十三浜の場合であれば出稼ぎによる著しい人口流出である。一度どん底を味わい，生きていくのにもたいへん厳しかった時代を経験している。そのなかで，地域の"賭け"として孤立と反目を経験しながら，それぞれが30年ほどかけて「地域ブランド」を立ち上げてきた。地域ブランドは，品質保証が求められるために，個人の技量に任せられるところが大きい。地域の人たちは，トルコ桔梗（トルコ病）やワカメの養殖の魅力に取りつかれるのである。苦労は大きいが，その努力が報われるからである。

　したがって，自然条件の厳しい地域に残るという選択をする人たちにとって，相当のリスクはあったとしても当該地域を離れて生きることのほうが難しく，離れる人は津波や原発事故とはかかわりなく，その前に村や集落からすでに立ち去っていると理解される。

　言い方を代えるならば，地域コミュニティはその社会を根底から破壊するような災禍にあってもなお，その災禍を吸収するダイナミズムを保持していることが明らかとなる。すなわち，ここでの災禍の「所有」とは，コミュニティのなかで災害のリスクを"引き受ける"ということにほかならない。寺田寅彦ら自然科学者の，なぜリスクがありつつ住むのかという疑問に対しては，津波や原発などのリスクは外部の条件ではなく，これまで地域コミュニティが引き受けてきた数あるリスクのうちのひとつにしか過ぎないからと答えることができ

る。これが社会学からの回答であろう。したがって，ことさら津波や原発のリスクのみを取り出し声高に叫んでみることは，私たちの生活がいかなるリスクも引き受けないで成り立つという幻想の上の議論であるといえるだろう。

付記

　本章で引いた，福島県飯舘村の佐藤照子さんおよび宮城県石巻市北上町十三浜の佐藤清吾さんによる震災の手記は金菱編（2012）に収録されている。なお調査にあたっては，私立大学戦略的研究基盤形成支援事業の「地域脆弱性の克服と持続基盤形成を促す大学・地域協働拠点の構築」代表宮城豊彦教授，日本学術振興会科学研費補助金若手研究B「生きられた法と辺境のダイナミズム」金菱清および北海道大学宮内泰介教授との旧北上町の共同調査の成果の一部に基づいている。

注
(1) 復興計画の遅れにともなって震災後半年（その後さらに2ヶ月間延長決定）まで，宮城県では，気仙沼市，南三陸町，女川町，石巻市，東松島町，名取市，山元町の四市三町1800 ha に対して新築や増改築を禁止する建築制限区域を設けている。
(2) 建築制限について東日本大震災では，岩手県と宮城県でかなりスタンスが異なる。岩手県の場合は，安全確保を主眼とした無期限の規制を採用している（建築基準法39条）。それに対して宮城県の場合は，その後のまちづくりをスムーズにおこなえるように壊滅的被害を受けた沿岸部の地域を「災害危険区域」に指定し，期限を区切って建築制限をした（建築基準法84条）。両者の意見の相違は以下のような形となって現れる（以下『河北新報』2011年4月25日より）。岩手県都市計画課は「これだけ大規模に都市機能が失われると，8か月間で復興方針を示すのは難しい」と指摘し，市街地のみを制限する宮城県方式を「一部区域だけ規制しても実効性はない」と首をかしげる。これに対して，宮城県建築宅地課は「岩手県方式は危険が除去されるまで制限が解除できず，住民の権利を長期に侵害しかね」ず，「39条だと住宅以外は建築禁止まで踏み込めず意味がない」と強調する。
(3) 広域災害についての研究が，人びとの行動を理解するために数量的統計手法で全体を把握する方向に舵を切る傾向にある。その中にあって本章の立ち位置は，地域の復興に立ち向かう震災マイノリティを対象としその心持ち（心意）とコミュニティの可能性について論じることに限定している。当然のことながら他の現実の提示の仕方もありうるし，そもそも放射線リスク地域に戻ることが医学的見地からみて健康上問題であるという立論も成り立つ。しかし，本章では，散り散りになった不可視の震災マイノリティが潜在的に災禍をどのようにコントロールし，将来のコミ

ュニティを思い描くのか，という方向にむしろ軸足を置いて調査すべきだと主張する。
(4) 私有と総有という土地の二重性に着目して，私有地がない共有地では，私有地を持たない者や生活するのに困難な者に優先的に利用する権利を持つという論理である（鳥越 1997）。コモンズにおける新しい総有の議論については菅豊の論考が適確である（菅 2004）。
(5) 民俗学的説明としては，昭和三陸津波の際，家を継承する意識の強い沿岸部では津波で亡くなった村人の家に血縁関係のない他人を継がせた「寄せ家督」の実例があることや浜に戻って本家を建てると，村人の出世であると考えられたということを明らかにしている（川島 2011）。あるいは，山口弥一郎は，被災した漁村の人びとがいったんは引き揚げるものの，なぜ再び災禍をこうむった海のそばで暮らそうと帰ってきてしまうのかを経済的問題と民俗的な感情に照らして検証している（山口 2011）。
(6) 気仙沼市唐桑町では，死者供養を次のような形で解釈し実践している。すなわち，多数の死者や船舶への被害，浜や港の被害は，海洋沿岸世界におけるケガレをもたらしているため，浜払いや御施餓鬼供養等の行事によって海の穢れが祓い清められる。未曾有（スーパー非日常）の災害と言われながら，過去の海難事故の処理と同様に伝統儀礼に則り，これらの作法に準じること自体，あたかも所与のように災害を扱うことで日常の連続性（日常のケと非日常としてのハレ）の中に回収し取り込んでいこうとする様を示している。

文献

古川彰，2004，「村の災害と無事――「貧民漁業制」という仕掛け」『村の生活環境史』世界思想社，202-212。

Hoffman, Susanna M. 2002, "The Monster and the Mother: The Symbolism of Disaster", Susanna M. Hoffman and Anthony Oliver-Smith eds., *Catastrophe and Culture : The Anthropology of Disaster*, School of American Research Advanced Seminar Series, 113-142.（＝2006, 若林佳史訳「怪物と母――災害の象徴表現」『災害の人類学――カタスロフィと文化』明石書店, 127-160。）

金菱清編，2012，『3.11慟哭の記録――71人が体感した大津波・原発・巨大地震』新曜社。

金菱清，2011，「100年前の公共事業が引き起こす環境破壊――濁流問題と海の"カナリア"」舩橋晴俊編『環境社会学』弘文堂，76-91。

川島秀一，2011，「流された漁村にたつ」『季刊東北学』28：194-200。

宮城県，1935，『宮城県昭和震嘯誌』。

宮城県，2011，『東日本大震災復興構想会議資料』（村井嘉浩宮城県知事5月10日提出）
菅豊，2004，「平準化システムとしての新しい総有論の試み」寺嶋秀明編『平等と不平等をめぐる人類学的研究』ナカニシヤ出版，240-273。
寺田寅彦，2011，「津波と人間」『天災と国防』講談社学術文庫，136-145。
鳥越皓之，1997，「コモンズの利用権を享受する者」『環境社会学研究』3：5-14。
山口弥一郎，［1943］2011，『津波と村』三弥井書店。

（2011年11月脱稿，2012年4月加筆修正）

第Ⅱ部　原発事故と原子力政策

第5章

福島原発震災の制度的・政策的欠陥
――多重防護の破綻という視点――

舩橋晴俊

　本章の課題は，福島第一原発の事故を引き起こしたエネルギー政策をめぐる意志決定過程の欠陥と，その前提となっている制度的枠組みの欠陥を，社会学的に解明することである。

　この課題の探究の前提的認識は，福島第一原発の事故が人災だということである。その含意は，「原発震災」[1]がなぜ発生したのか，なぜ防げなかったのかという問題を解明するに際して，自然科学的要因や工学的要因に注目するだけでは不十分であり，人為的要因，社会的要因がいかなる作用を果たしたのかという視点からの解明が必要だということである。本章の課題を検討するに際して，次のように問題を分節化することにしよう。

　まず，福島原発震災の発生・進行過程の工学的・技術的過程の概略を把握する。震災の発生・進行過程は，福島原発の立地計画や，設備設計や，安全対策のさまざまな防災上の観点から見た場合の欠陥を露呈させている。そこに，どのような技術的欠陥があったのか，またそのような技術的欠陥が，どのような形で指摘されていたのかを整理する（1節）。

　ところが，そのような技術的欠陥が存在し，警告が発せられていたにもかかわらず，安全サイドの選択をすることに繰り返し失敗したのはなぜなのだろうか。社会制御システムレベルの政策決定や組織レベルの意志決定のあり方を規定していた構造的要因と主体的要因を解明する必要がある。その解明は，次の4つの命題によって可能である，というのが本章の見解である。

①日本の電力会社の経営の前提になっている制度的枠組み，すなわち，地域独

占，発送電分離，電力価格決定方式などの制度的枠組みと，原発立地を促進する制度的枠組みとしての電源三法交付金は，原発立地を推進する主体としての電力会社と経産省に巨大な経済力を付与している。

②電力会社の有する巨大な経済力は，巨大な情報操作力と政治力を生み出す。また経産省も，巨人な経済力・情報操作力・政治力を有している。

③電力会社からのマネーフローを主要な連結力として，「原子力複合体」が形成されている。ここで，原子力複合体とは原子力発電を推進する点で利害関心を共有する政界，産業界，行政組織，関連学界，メディア業界に属する諸主体とその周辺の諸主体から形成されている。原子力複合体は，大局的な電力政策と個別的な原子力施設の立地について，個別の地域に対してはもとより，政府レベルの制御中枢圏に対しても圧倒的な影響力を有している。

④さまざまな制度的枠組みが原子力複合体の形成と維持を支えているが，原子力複合体を構成する諸主体は，その巨大な経済力，情報操作力，政治力を駆使して，自らを支える制度的枠組みを維持強化している。

2節では，以上の4つの命題をより詳しく検討する。

さらに社会学的に考えなければならないのは，このような意志決定過程にからみあっている，日本社会における人間関係と主体性の問題である。森有正の提起している「私的二項関係」という概念を軸に，この点の考察を試みる（3節）。

最後に，このような原子力複合体が，安全性をおろそかにしながら政策決定を左右し，結果として大震災を引き起こしてしまった構造を，どのような方向に向けて変革するべきかを提起する（4節）。

1 福島原発震災の発生・進行経過とその前提としての技術的欠陥

震災の進行過程

地震と津波がどのようにして原発災害を引き起こしてしまったのかについては，いくつかの解釈があり，その詳細については，なお未解明な点が残されて

いる。しかし，自然科学系，工学系の研究者によって精力的な解明がなされており，これまでの発表により，大筋の把握は可能と考えられる。現在までに得られた知見を筆者なりにまとめると次のような経緯となる（井野編 2011：19-44）。

①地震により，送電線の鉄塔が破壊され，それによって，福島第一原発への外部電源供給が絶たれた。
②非常用ディーゼル電源が津波で故障し，燃料タンクも流出し，非常用電源による電力供給も不可能になった。
③全電源の喪失によってすべてのポンプが作動せず，冷却材（水）の注水ができなくなった。同時に，緊急炉心冷却機能も失われた。
④原子炉炉心の水位が低下し，燃料棒が露出した。加えて，地震による圧力容器の破損で，水が流出したという指摘もある（田中三彦 2011）。
⑤燃料棒の温度が上昇し，ジルコニウム合金の被覆管が水蒸気と反応し，水素を発生しつつ破損。ウラン燃料がむき出しになった。
⑥圧力容器から格納容器へと水素と放射性物質が漏出する。
⑦格納容器の内圧が上昇し，格納容器の閉じこめ機能が失われ，水素と水蒸気と放射能が格納容器から漏れ出す。
⑧水素が建屋内にたまり，酸素と反応して水素爆発が起こる。放射性物質の拡散。
⑨圧力容器へ海水を注入したが，放射能を含んだ水が，その外部へ漏出。
⑩圧力容器内の融けた燃料棒が，格納容器へと融け落ちる（メルトダウン）。
⑪格納容器が壊れているので，高濃度汚染水が格納容器から外に排出された。

前提となった諸条件

以上のような形で，原発が制御不能に陥った前提には，福島第一原発の有するさまざまな立地上，設計上の特徴があり，それが，原発災害が進行する前提条件となっていた。それらの条件を検討してみよう。

①地震国日本への多数の原発の立地。地震多発地帯に54基の原発が操業しているという点で，日本は世界の中でも，きわめて特異な位置にある。北欧，西欧，北米諸国では，地震の危険性と原発立地が，日本のようには重なっていない。しかも，福島第一原発について言えば，地震に加えて，津波の被害を受けやすい場所への立地となっていた。

②ひとつの敷地への多数の原子炉の集中立地。このことは，いったん事故が発生した場合の対処の困難さと危険性を増大させていた。もしひとつの原発からでも，より大量の放射能が排出された場合，事故対処要員を現場に送ることができなくなり，連鎖的破局が発生するおそれがあった。

③津波に対する防波堤の高さ不足。福島第一原発では，津波の高さは，最大でも5.7mと想定されていたが，実際には，15mの高さの津波がおそった。津波の想定の高さが甘く，実際の津波に対して，堤防が低すぎた。

④採用されている原発の設計上の欠陥。福島第一原発の1号機から5号機は，GEのMark Ⅰが使用されていた。この型は，原子力開発の初期に作られたものであり，設計した当のGEの技術者（デール・ブライデンボー）によって，1974〜75年に欠陥が指摘され，操業停止が提案されていた（『週刊現代』2011年4月16日号：21-28）。

⑤非常用電源として各号機ごとに二台のディーゼル発電機が備えられていたが，いずれも，強度の弱いタービン建屋内の地下室であり，津波に対して脆弱であった。そのような背景には，アメリカで開発された原発をまるごと輸入したという事情があり，日本に特有な津波の危険に対する対処が考えられていなかった。

⑥非常用電源の備え不足。非常用電源が喪失するさまざまな可能性を考え，どのような事態が起こっても耐えられるような複数の独立した対応策が欠如していた。送電線の倒壊と地下のディーゼル発電機が失われたとき，どのように対応するのかという方策が欠如していた。

⑦老朽化した原発の長期使用。福島第一原発の1号機の運転開始は，1971年3月であり，40年間も使用していた。

⑧緊急対策としてのオフサイトセンターが設置されていたが，電源喪失や放射

線防護の手薄さがあり，実際には機能しなかった。

　以上のように，技術的多重防護が破綻した背景には，事故の発生と拡大を準備するような危険な要素が，設備と技術の体系の中に埋め込まれていたという事情があった。すなわち，それは，危険因子が組み込まれているのに，それを発見し除去する努力が不十分であったことを意味する。

　本来であれば，原子力発電所の設計と建設にかかわる多数の主体によって，安全性を確保するための二重三重の配慮や努力や点検がなされるべきであり，危険因子を抱えたままの操業にはストップがかけられるべきであった。実際，このような安全性／危険性の見地から見た技術的欠陥については，さまざまな指摘や警告が震災前からなされていた。だが，その回避・克服のための技術的改善策は，組織過程，社会過程の中で採用されてこなかった。

　いいかえると，「技術的多重防護の破綻」，あるいは危険因子の連鎖的埋め込みの背景には，「社会的多重防護の破綻」が存在したと言わなければならない。「社会的多重防護の破綻」は，多数の意志決定の累積の中から生み出されてきたものである。なぜ，そのような欠陥のある意志決定がなされてきたのか。冒頭に掲げた4つの命題をより詳しく検討することを通して，この問題に答えていきたい。

2　社会的多重防護の破綻の背景としての主体・アリーナ連関

制度的枠組みが保証する巨大な経済力

　まず，注目するべきは，原子力発電を推進する主要な主体である電力会社と経済産業省が有する巨大な経済力である。

　日本の電力会社は，いくつかの保護的な制度的枠組みによって，巨大な経済力の入手が保証されている。そのような制度的枠組みとしては，地域独占，発送電統合，総括原価方式による電力販売価格決定の3つが重要である。これらの制度的枠組みには，1990年代以降，電力自由化の方針のもと，多少の修正が加えられてきた。しかし，骨格的制度構造は変わっていないのである。

地域独占とは，各地域においてひとつの「一般電気事業者」が独占的に電力供給を担っていることである。たとえば，東京電力は一般電気事業者として関東圏の一都六県及び山梨県と静岡県の富士川以東の電力供給を一手に担っている。

　1995年以来，電力自由化が推進されるようになり，卸供給事業者（IPP）や，特定規模電気事業者（PPS）が段階的に発電に参入するようになった。しかし，自由化がはじまって15年以上経過した2011年7月でも，特定規模電気事業者（PPS）のシェアは3％程度に過ぎず（熊本 2011：48），一般電気事業者のシェアが圧倒的である。

　次に，発送電統合とは，発電事業と送電事業とをひとつの電力会社が統合的に担うことをいう。この制度的仕組みは新規の発電事業者の参入にとって，大きな障壁となりうるものである。というのは，送電線網の管理者である電力会社が，他の発電事業者の送電線利用に課す託送料が高価であったり，場合によっては送電線使用を拒否する場合がありうるからである。実際，日本においては託送料金が高すぎるという批判がPPS側からなされており，実績としても，2005年度には，10電力会社の送配電部門で，2000億円を超える超過利潤が発生している（熊本 2011：50）。

　さらに，「総括原価方式による電力販売価格決定」とは，発送電に要した経費（固定資産の減価償却費，営業費，諸税）に，「真実かつ有効な事業資産」に一定の報酬率をかけて得られる「事業報酬」を加えて，その全体が収入として保証されるように電力販売価格を決定することである。報酬率は，1960年から1987年までは，8.0％であったが，1988年以後，圧縮する方向で数回の改訂があり，2008年においては3.0％から3.3％と電力会社によって異なる率になっている。このような方式は電力業以外の業種でも採用されてきたものであり，確実な収入の確保による経営安定化という機能を果たしているとも言えるが，総括原価の中に広告費などが算入されることにより，過剰な収益を可能にしていると批判されてもいる。

　このような仕組みによって，電力会社の売り上げ高は巨額なものになっており，最大の東京電力の売り上げは5兆3700億円（2010年度）に及んでいる。

他方，原子力を推進してきた行政組織も巨大な経済力を有している。経済産業省と文科省はそれぞれ巨額の原子力関連の予算を有している。2000年度以降，毎年度4300～4800億円の予算が投入されており，2010年度原子力関係政府予算は，原子力委員会のまとめによれば4465億円であり，その内訳は，文部科学省2557億円，経済産業省1806億円，その他諸省が102億円である（原子力委員会 2009：73）。

このような予算の大半を支えているのが，通称「電源三法交付金」であり，この交付金は，電力使用1000kWh当たり375円を徴収する電源開発促進税に財源を有し，エネルギー対策特別会計電源開発促進勘定として管理されている。この電源開発促進勘定による2010年度予算は，文科省1466億円，経産省1806億円，合計で3272億円に達する（原子力委員会 2009：73）。

このように，日本の電力会社の経営の前提になっている制度的枠組み，すなわち，地域独占，発送電分離，電力価格決定方式などの制度的枠組みと，原発立地を促進する制度的枠組みとしての電源三法交付金は，原発立地を推進する主体としての電力会社と経産省に巨大な経済力を付与している。

経済力と情報操作力と政治力の相互関係

原子力利用を推進してきた主要な組織である電力会社，経済産業省，文部科学省（省庁再編前の2000年12月までは科学技術庁）の有する巨大な経済力は，巨大な情報操作力と政治力に転化してきた。

情報操作力への転化

前項で見たように，電力会社と原子力推進官庁は，巨大な経済力を有しているのであるが，その経済力は，いくつかの回路を通して，情報操作力や政治システムにおける決定力に転化するのである。

情報操作力の第一の回路は，電力会社の広告や宣伝，ならびに政府組織による広報である。これらの宣伝や広報のためには，莫大な経費が費やされている。直接的な広報誌を作成するとともに，新聞広告や，テレビ，ラジオといった放送における広告を通しても，宣伝がおこなわれる。そのほかに，各原発サイト

においては，PR館が設置されている。電力会社や関連団体の総計年間広告費は，約2000億円に達するといわれている（週刊金曜日編集部「電力会社が利用した文化人ブラックリスト」『週刊金曜日』2011年4月15日号）。

　第二に，このような巨額な広報費，広告費とならんで，メディアの報道や番組の内容への直接的な働きかけもおこなわれる。原子力発電に批判的な番組や記事に対する牽制と，好意的な記事に対する促進的な働きかけである（佐高 2011a；本間 2012）。

　第三に，メディアに登場する文化人やオピニオンリーダーへの働きかけがある。これまで原子力発電に対して好意的な文化人やオピニオンリーダーを増やそうという努力がなされてきた。これに対しては，原子力問題の深刻さに鈍感な文化人，芸能人が，安易に原子力推進の宣伝役になってきたことに対する厳しい批判もなされるようになった（佐高 2011a）。

　第四に，研究者への働きかけも，情報操作力の増大の重要な一環をなす。原子力発電の是非をめぐって説得的な議論をするためには，高度な専門知識の蓄積が必要である。原子力を支持する専門家が多数存在し，また，批判論に対する否定的見解を提示してもらう必要がある。さまざまな専門家を通して，原子力の必要性や安全性を宣伝することは，重要な広報戦略であった。

　このようなさまざまな回路を通しての情報操作は，理論的情報の洗練とともに，感性に訴える情報の大量提供という形でもなされていた。たとえば，東北電力は青森県の東通原発に「トントゥビレッジ」と名付けたPR館を持っている。これは，こびとを主題にした子どもにとっての快適な遊び場空間として設計されており，ミュージアムあるいはテーマパークのような趣の建物である。ある住民は，子どもに対して，原子力に対する親和感情の「刷り込み」をねらっているものだと批判していた。

　このようなさまざまな回路を通しての広報宣伝は，原子力発電に好意的な社会意識や世論を作り出すためになされてきた。そして，選挙制度を通して民意を表明する仕組みが備わっている社会においては，好意的な世論の存在は，政治的な決定権の獲得の大きなテコになる。すなわち，情報操作力は世論の操作に成功すれば，政治的影響力に転化する。

政治的・行政的影響力への転化と強化

電力会社や行政組織の有する経済力と情報操作力は，もともと存在していた行政組織の影響力を強めるとともに，電力会社の政治的影響力へと転化する。

経産省や文科省は，巨額な原子力予算のみならず，行政的権限も有しており，各地の原子力関連施設の建設に際して，その権限を行使してきた。その際，情報操作力は，広告・宣伝を通しての世論への働きかけに効果を発揮してきたし，一般会計予算および，電源開発促進勘定を通しての巨額の支出は，政治システムにおける交換力，操作力という効果を発揮してきた。とりわけ，他の産業が乏しく，雇用機会に恵まれない地域において，原発マネー，核燃マネーが，地域住民の多数派形成に大きな効果を発揮してきたことは，さまざまに報告されてきた（朝日新聞青森支局 2005；清水 2011；開沼 2011）。

また，電力会社は民間企業であるが，地域社会レベルの政治的意志決定にも，国政レベルの政治的意志決定にも，以下のような諸回路を通して，大きな影響力を発揮してきた。

第一に，各級の公職選挙においては，原子力発電を支持するような候補者を組織的に支援し，当選させようとしてきた。市町村レベルでも県レベルでも，原発に好意的な候補者を積極的・組織的に支援し，議員や首長として当選させてきた。自らの代弁者である政治家を増やそうという努力が最も露骨に表現されるのは，電力業界より直接に候補者を擁立する場合である。

第二に，政治資金の提供による影響力の行使がある。政党あるいは議員個人への政治献金が，さまざまな形でおこなわれてきた。東京電力は，木川田社長の時代の1974年に，市民運動家の市川房枝氏の追及を受け政治献金の廃止を取締役会で決めた（佐高 2011b；146）。しかし，会社としての献金はとりやめても，自民党政権時代には役員がその地位に応じて金額を定めた個人献金を組織的に続けていた。

第三に，民意の表出される手続き的回路が存在する時に，好意的な意見を演出するための操作がある。2011年6月には，九州電力の「やらせメール」問題が顕在化した。福島原発災害後に九州電力玄海原発の再稼働が問題になった状況で，国が主催する佐賀県民向け説明会が開催されることになったところ，九

州電力は協力会社に対して，発電再開容認の意見を県民からの意見提出という形で出すように要望した。しかも，古川佐賀県知事の発言が，そのような「やらせ」を促す形になっていた（『日経COM』2011年11月27日；『しんぶん赤旗』2011年10月18日）。同様に，2008年には，北海道電力のプルサーマル計画をめぐる住民の意見募集に際して，北海道庁の当時の課長が，北電に対して賛成意見を出すよう部下に依頼したことが，第三者調査委員会によって指摘されている（毎日jp 2011年11月26日）。

これらの「やらせ問題」は，例外的にそれらの事例においてアンフェアなやり方がなされたというものではなくて，従来からの各種のシンポジウムやパブリックヒアリングにおいても，「好意的な世論」を演出するために広範に採用されてきた方式が，顕在化してしまったものと解するべきである。

第四に，電力会社およびその連合体である電気事業連合（電事連）は，個々の政策決定や制度設計において，原子力産業界や電力業界の利益を増大・防衛させるような政策の推進のために，繰り返し，要望や働きかけをおこなってきた。反対に，原子力業界や電力業界の既得権を削減するような変革努力には抵抗してきた。

原子力複合体の形成と，その政策決定への影響力

原子力複合体の形成

以上のような，電力会社を中心とするマネーフローを連結軸として，「原子力複合体」が形成される。原子力複合体とは，原子力利用に共通の利害関心を有し，その推進を緊密に協力しながら担っているような電力業界，原子力産業と関連業界，経済官庁，政界，学界，メディア業界に属する諸主体（組織，個人）の総体から構成されている。原子力複合体はその文化風土の前近代性を強調するならば「原子力ムラ」と呼ぶこともできるが，内部の役割分担や利害関係が構造化されつつ，高度に統合されており，国家体制レベルの制御中枢圏に対して強大な影響力を発揮しているという特徴を表現するために，「原子力複合体」という名称を採用する。そのイメージは図5-1に示したようなものである。原子力複合体を構成する諸主体とその特徴を概観しておこう。

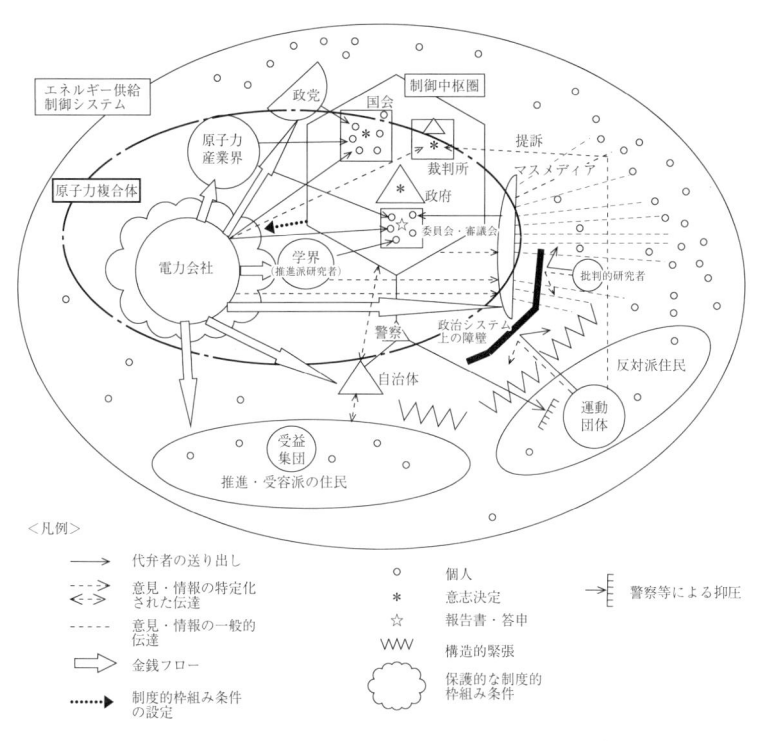

第5章　福島原発震災の制度的・政策的欠陥

図5-1　これまでの原子力政策をめぐる主体・アリーナの布置連関

　日本の原子力複合体のコアにあるのは，保護的・特権的な制度枠組みのもとで，巨大な経済力を獲得している電力会社である。電力会社あるいはそれに準ずる日本原燃のような組織が有する経済力は，マネーフローとなって，他の主体を統合し，協力させる力へと転化する。

　電力会社と緊密な取引関係にあるのは，原子力産業界であり，日本においては，その中心は原子炉の製造を担う東芝，三菱，日立の三社である。さらに，そこには，原子炉メーカーに関係する数多くの関連会社や建設業者が含まれている。電力会社は，全体としての原子力産業に毎年，約2兆円を支出している（「特集　原発――カネ利権人脈」『週刊ダイヤモンド』2011年5月21日号：26-59）。

　日本の原子力産業の顕著な特徴は，多重下請け構造である。このことは国際的には一般的なものではない（北村 2011：176-179）。

政府の行政組織における原子力政策の担い手としては，内閣府に原子力政策の最高決定機関として原子力委員会が設置され，さらに原子力安全規制政策の最高決定機関として原子力安全委員会が設置されていたが，必ずしもこれらの委員会が実権を持っていたわけではない。2000年までの中央の行政組織において実質的な勢力を有するのは，原子力政策の実施を担う科学技術庁と商業原子力発電事業を所管する通産省であった。両組織の二元体制が原子力行政を担当してきた（吉岡 1999）。だが，2001年1月の中央省庁再編によって科学技術庁は解体され，（旧）文部省に統合され文部科学省が形成されるとともに，通産省は経済産業省へと再編され，原子力行政の権限を拡大しつつ掌握しその中心的担い手となった。安全規制を担当する組織として，経済産業省の外局としての原子力安全・保安院が設立され，経済産業省が原子力発電の推進と規制の双方を担うこととなった。吉岡によれば，「経済産業省主導体制」が成立したのである（吉岡 2011：139-140）。

政府の原発推進政策には，立地点となった地方自治体がさまざまな形で協力してきた。原発の立地・操業のためには，道県レベル，市町村レベルの双方で，自治体の協力と同意が必要である。立地が問題化した地域においては，住民間で激しく賛否両論が闘わされるのが常である。立地が実現した自治体においては，首長や議会が立地を促進し，反対論を却てきたが，立地推進の動機としては経済的受益への期待が大きく作用している。関連産業の発展，雇用の確保，自治体財政収入の増大といった受益が，自治体の立地推進の大きな動機となっている。財政収入としては，固定資産税に加えて，電源三法交付金や核燃料税という形で，原子力発電事業固有の受益機会が自治体の選択に大きな影響を与えてきた。

さらに，原子力複合体の一部分においては，秩序維持の強制力を発揮する諸組織の力も作用している。地域紛争が非妥協的に続けられた場合，警察力や海上保安庁が，住民の実力阻止行動を抑圧するために動員されてきた。このような行為パターンは，かつての熊本水俣病問題で，1959年11月にチッソ水俣工場に乱入した漁民を警察が大量逮捕し，多数の死者と重篤な水俣病患者を生み出した加害企業を警察が防衛する役割を果たしたことを彷彿させる。

さらに、原子力推進の立場に立つさまざまな研究者と、関連学会や関連する大学部局も、原子力複合体の一角を形成している。原発推進の立場に立つ一部の研究者に対して、電力会社から多額の研究費が提供されており（佐々木 2011）、そのことは原子力推進派の研究者の増大や組織化に寄与してきた。福島原発災害以後、「御用学者」批判が、広範に語られるようになった。このような批判は、研究者が研究者としての自律性を失い、さまざまな利害関係や社会関係への配慮のもとに、研究内容そのものを恣意的に操作しているのではないかという疑念に発している。原子力委員会、原子力安全委員会、総合資源エネルギー調査会といった審議機関には多数の研究者が参加しているが、それらの人びとのあり方があらためて問われることとなった。

さらに、メディアも原子力発電推進において、大きな役割を果たしてきた。読売新聞は一貫して原発推進の世論形成を推進してきた。また、1974年以降、朝日新聞にも、原子力広告が掲載されるようになった。続いて、毎日新聞にも原子力広告が掲載されるようになり、逆に原発に批判的な記事は抑制されるようになった（「封印され続けた『負の歴史』日本『原発大国化』への全遺産」『週刊東洋経済』2011年6月11日号：54-58）。

原子力複合体に類似の言葉としては、「産軍複合体」という言葉がある。周知のように「産軍複合体」とは、軍備増強に共通の利害関心を有する軍事組織と軍事産業が相互に協力しながら巨大な経済力、政治力を入手し、政策決定に大きな影響力を発揮するようになった状態を批判的に捉えようとする概念である。原子力複合体は、産軍複合体と類比的な意味で使用できるのみならず、部分的に重なる状況を示しているのである。

核戦力を軍備の柱にしているアメリカ合衆国のような国においては、原子力複合体と産軍複合体とは融合している面がある。これに対して、日本は核武装を採用しないことを表向きの政策としてきたが、だからといって、原子力複合体が産軍複合体と無縁であるとはいえない。日本においても、軍事的要因が、1960年代以来、タテマエとしての「原子力の平和利用」を推進するひとつの要因となっていたことが、最近、明らかになったからである。

1969年9月に作成され、2010年まで極秘扱にされていた外務省の内部文書に

よれば,「核兵器については, NPTに参加すると否とにかかわらず, 当面核兵器は保有しない政策をとるが, 核兵器の製造の経済的・技術的ポテンシャルは常に保持するとともにこれに対する掣肘を受けないよう配慮する」（外務省外交政策企画委員会 1969：67）と記されている。この文章の含意は, 核武装の潜在能力を維持するために原発を推進するということである。このような考え方は, 福島原発震災後に脱原発論が強まる中で, エネルギー政策とは異なる文脈での原発維持論として, 一部の保守派の政治家から公然と表明されるようになった。自民党政調会長（2011年時点）の石破茂は「原発を維持するということは, 核兵器を作ろうと思えば一定期間のうちに作れるという『核の潜在的抑止力』になっていると思っています。逆に言えば, 原発をなくすということはその潜在的抑止力をも放棄することになる, という点を問いたい」と語っている（石破 2011：85）。同様の考え方は, 原発震災後の『読売新聞』社説によっても, 次のように主張されている。「日本は, 平和利用を前提に, 核兵器材料にもなるプルトニウムの活用を国際的に認められ, 高水準の原子力技術を保持してきた。これが, 潜在的な核抑止力としても機能している」（『読売新聞』2011年8月10日）。

原発推進についてのこのような論拠は, これまで国会などで政府の正式な政策として表明されたことはなかった。潜在的核抑止力という論理は, 秘密文書に記されていたが国民には長らく隠されていたものである。だが, 石破議員や『読売新聞』社説に見られるように, 推進派の一部では密かに抱き続けられた考え方だったのである。原子力複合体を支える要因として, 産軍複合体に重なる論理が作用していたことに注意したい。

以上のように, 原子力複合体は非常に複雑な顔をしている。一方ではさまざまな形で, 明るいイメージを振りまいている。オール電化の宣伝などに見られるように消費者に快適なサービスを提供する明るい企業, 二酸化炭素の削減に有効な原発, トントゥビレッジにみられるようなテーマパークのような装飾性を示す。他方では多額の研究費で研究者を操作しようとし, 核武装の可能性を維持し, 広告費を操作力としてマスメディアに対して働きかけ, ぎりぎりのところでは反対運動に対する警察力行使すら前提にしている。

原子力複合体の制御中枢圏に対する支配力

 原子力複合体はエネルギー政策、とりわけ原子力政策の形成と推進にあたって、圧倒的な力を発揮してきた。国家体制レベルの制御中枢圏は、中央政府、国会、裁判所で形成されているが、日本社会においては、そのいずれに対しても、長期にわたって原子力複合体が大きな影響力を発揮してきた。

 日本政府の原子力政策の長期的方針を定めてきたのは、1956年以来数年ごとに策定されてきた「原子力長期計画」である。しかし、この長期計画の策定会議という政策形成アリーナは、原子力複合体の代弁者を主要なメンバーとして構成されてきた。構成メンバーが偏っていれば、そこから作り出される計画も偏ったものにならざるを得ない。ようやく2000年の原子力長期計画改定作業（第九回改定）の際に、原発に批判的な意見を有する委員が数名選ばれるようになった。また2005年10月にまとめられた「原子力政策大綱」の策定過程においても、原発批判派が委員として参加していた。しかし、批判派は少数派であり、「原子力政策大綱」は原子力複合体を構成する諸主体の主導権のもとにとりまとめられたのである（伴 2006）。

 国会議員の構成や国会での審議に対しても、原子力複合体は大きな影響力を発揮してきた。国会議員の中には、電力業界の出身者や電力労組の出身者が繰り返し選出されてきた。また、電力業界による選挙支援や政治資金の提供も長らくおこなわれてきた。そして国会は、原子力法制の制定と毎年の国家予算を通して原子力複合体を支えてきた。間歇的に原子力批判派の議員が質問に立つことはあるが、全体としての国会の意志決定は、長期にわたって原子力複合体の存続を支持するものであった。たとえば、電源三法交付金を振り替えて、再生可能エネルギーの支援に回すというような選択を国会は回避し続けてきた。

 原子力複合体が、国家体制レベルの制御中枢圏に大きな影響力を発揮してしまっているということは、制御中枢圏の中に、原子力複合体に対する超越性を有する主体や制御アリーナが存在しないことを含意している。このことの帰結は、既得権を再編するような変革ができないということである。

制度的枠組みと主体群の相互補強——硬直性と排他性のメカニズム

このような原子力複合体による原発推進政策については、1970年代以来さまざまな批判がなされてきたにもかかわらず、見直しや方向転換ができなかったのはなぜなのだろうか。ここで、注目するべきは、「制度的枠組みと主体群の相互補強」という事態である。

一方で、制度は「成型効果」と「拘束効果」を発揮する。すなわち、一連の制度的枠組みの存在が、特定の利害関心と強固な資源動員力を有し、原発を推進するような諸主体を作り出し再生産するし、また、それらの主体はその時々の状況において、原子力複合体の利益を守るような意志決定をするように拘束されている。他方で、そのような諸主体が、政治システムにおける意志決定過程においては大きな影響力を発揮し、原子力複合体の維持にとって有利な制度的枠組みを守り続ける。このふたつの作用の帰結は、相互循環的に既存の制度と政策を硬直的に保守しようとすることになる。すなわち、原子力複合体とそれを支える制度的枠組みは高度に構造化されており、自己維持的政策を選択し続け、外部からの介入を排除し続けてきた。

3 原子力複合体のもとで、社会的多重防護はなぜ破綻するのか

前節までに見たように、日本においては原子力複合体が、原子力政策の形成に非常に大きな影響力を発揮してきた。

そのような政策形成と実行過程において、安全確保の努力はどのようにおこなわれてきたのであろうか。福島原発震災の発生は、何らかの安全確保努力がおこなわれていたにせよ、実際には、技術的多重防護の破綻の背景として、社会的多重防護が破綻していたことを示しているのである。社会的多重防護はどのようにして破綻したのだろうか。

原子力複合体のもとでの原子力政策と安全審査の欠陥

日本の原子力政策においては、政策選択のレベルにおける原子力発電の選択の総合評価が欠落してきた。すなわち、原子力発電の有する受益と受苦と費用

とを正確に測定し，総合的に評価した上で，原子力発電の採用，継続，中止を検討する機会が欠けてきたのである。原子力発電の有する「強度の両価性」のうち，受益が優先的に注目され，事故や被曝労働や放射性廃棄物という受苦は軽視されてきた。

そのような総合評価を欠如するという制度的枠組みのもとで，安全確保の努力はどのようになされてきたのであろうか。技術的多重防護の破綻を防ぎ，安全性を高めるための意志決定をするにはどのような機会があったのであろうか。

個別原発の建設に際しての，安全性の確保に関連する諸手続きを検討してみよう。ひとつの原発のライフサイクルは，立地点選定，建設準備，建設，運転，廃止措置と五段階に分けられる。そのいずれの段階でも安全性の確保，汚染の防止が課題になる。本章では，最初の二段階を中心に検討を加える。

2011年時点の制度的枠組みにおいては，原発の建設のための手続きは，電力会社による漁業補償問題の解決，環境影響評価，経産省による第一次公開ヒアリング，地元自治体の同意の表明，経産大臣による重要電源開発地点の指定，事業者による原子炉設置許可申請，経産省による安全審査，原子力委員会による審査，原子力安全委員会による第二次公開ヒアリング，原子力安全委員会による審査，経産大臣による原子炉設置許可，経産大臣による工事計画認可，といった諸段階を経過する。

福島第一原発の建設が進められた1960年代から1970年代の初めにかけての建設手続きにおいては，現在（2011年）の手続きに比べて，住民や自治体の意見を反映させる回路が，より貧弱であった。一番早い1号機の原子炉設置許可は1966年12月1日，臨界は1970年10月10日であり，最後の6号機は，1970年1月に設置許可，79年3月に臨界であるが，いずれの原子炉の建設に際しても，当時の制度構造ゆえに，第一次公開ヒアリングも第二次公開ヒアリングもおこなわれていない。また，環境省が担当する環境影響評価も当時は欠如していた。

福島原発の設置に際しての安全審査の中心は，「核原料物質，核燃料物質及び原子炉の規制に関する法律」に基づき，原子力委員会の答申を得て内閣総理大臣が許可をするという手続きにある。実質的には，原子力委員会の下部組織として，「原子炉安全専門審査会」が安全審査をおこない，報告書を提出して

いる。その際,「重大事故」「仮想事故」についての検討がなされている。

このような安全審査の構造において,実際の福島原発震災を起こしたような規模の地震や津波やその帰結としてのシビアアクシデント(過酷事故)は想定されていなかった。

まず,日本の安全審査の構造的欠陥として,大規模な地震や津波による打撃を考察の対象外としており,想定されている「重大事故」や「仮想事故」は現実の事故に比べれば遙かに控えめなものでしかなかったことがある。出発点において,地震や津波の恐ろしさを理解しておらず,甘い見通しの上に立った設計だったのである。

重大事故や仮想事故の把握にしても,トータルとしての地震や津波が何を引き起こすかという視点に欠け,原子炉内の冷却機能喪失までは考えているけれども,全電源喪失という事態は検討していないのである。

福島第一原発の設計を担当したO氏は,設計当時,「マグニチュード8.0以上の地震は起きないと言われた」ことと,「設計条件に(今回のような規模の)津波は想定されていなかった」ことを告白している(2011年3月16日に開かれた原子力資料情報室の記者会見での発言)。東京電力の想定していた津波は5.7mであったが,実際には,14〜15mの津波が襲ったのであった。

端的に言えば,重大事故についての適切なシミュレーションが欠如していた。吉岡斉は,重大事故の想定の欠如について3点を例示している。第一に,現実には長時間の電源喪失が発生してしまったが,そのような事態を想定していなかったこと。第二に,「圧力容器・格納容器の破壊に関するシミュレーションが実施されておらず,それを防ぐ対策も不在であった」こと(吉岡 2011:131-132)。第三に,「圧力容器・格納容器の破壊後の事故対処に関するシミュレーションが実施されておらず,その対策も不在であった。安全審査をパスするための建前として圧力容器,格納容器の破壊はあり得ないこととなっていた」(吉岡 2011:132)。

以上のように,今日では,当初の設計と建設において不十分な安全対策しかとられていなかったことが判明しているが,その後,安全対策の見直しや強化はされなかったのであろうか。実際には,操業後に,安全対策の不備や,災害

の想定が小さすぎることに対して，警告や指摘がなされていたのである．

原子力産業における利益優先の体質と警告の無視

　福島第一原発の1号機から5号機は，GEのMarkⅠが使用されていた．だが，MarkⅠの設計を担当したデール・ブライデンボーたちは，1975年頃より，MarkⅠが地震や津波などの大きな災害によって冷却機能を喪失すると，格納容器に想定されていた以上の負荷がかかり，破裂する可能性があることに気がついた．同氏は，MarkⅠの操業を停止することをGE社内で提案したが，企業としての利益を重視する経営陣はそれを拒否した．1976年2月2日に同氏ら3人の技師は，抗議してGEを辞職した(2)（原子力資料情報室編 2010：324および「設計者が明かす『福島第1原発は欠陥品です』」『週刊現代』2011年4月16日号：20-28）．

　地震研究者からの警告は早くから繰り返されていた．地震学者の石橋克彦氏（神戸大学名誉教授）は，「地震に伴う原発事故と通常の震災が複合する『原発震災』を1997年から警告し続け，2007年の新潟県中越沖地震で東電柏崎刈羽原発が被災してからは，『原発震災の危険性が一層高まった』と指摘していた」（『毎日新聞』2011年4月18日）．

　2009年夏には，原発の耐震・構造設計に関する経済産業省の審議会で，産業技術総合研究所の「岡村行信氏が，貞観地震の『再来』を考慮すべきだと主張したが，『まだ十分な情報がない』とする東電側の反応は鈍く，実際に対策に生かされることはなかった」（『毎日新聞』2011年4月18日）．

　さらに，東電社内の研究チームも，福島第一原発に設計の想定を超える津波が来る確率を「50年以内に約10％」と予測し，2006年7月のアメリカでの原子力工学の国際会議で発表していた（『朝日新聞』2011年4月24日）．

　これらの研究者レベルでの最新の知見に基づく危険性の指摘と警告は，「原発震災」の防止に生かされることがなかった．

　福島原発建設の当初時点と比べて，その後，日本でも原発操業後のいろいろな経験をふまえて，安全性確保のための手続きや取り組み態勢の強化が図られてきた．代表的には，原子炉設置に際しての第一次公開ヒアリング（その最初

は，1980年12月に柏崎刈羽2，5号炉増設に際してなされた），第二次公開ヒアリング（その最初は，1980年1月に高浜3，4号炉増設に際してなされた）の実施，2001年1月の中央省庁再編にともなう組織変革として原子力安全・保安院の設置などは重要である。けれども，これらの「改革」は，根本的な改善になっていないという根強い批判がある。

原子力安全・保安院は，組織構造的にも，原子力推進を担当する組織（資源エネルギー庁）と距離がとれていないし，それどころか，人脈的にも人事交流において一体化している。

吉岡は，「原子炉などの核施設が重大な損傷を受け大量の放射性物質が外部へ放出される事故は現実的には決して起こらないとする思いこみ」を「原子力安全神話」と定義している（吉岡 2011：132）。原子力複合体を覆うのは，まさにこの原子力安全神話であった。

差し止め訴訟

このように行政組織における安全確保のための規制が，緊張感を失ってしまっていることに対して，司法は安全確保のために積極的な役割を果たしてきただろうか。

原発に関する訴訟で，建設差し止めの判断がなされたことは，2回しかない。そのひとつは，周辺住民らが福井県「もんじゅ」の設置許可処分無効確認を求めた行政訴訟の控訴審において，2003年1月27日に名古屋高裁がもんじゅの安全審査に欠落があるとして設置許可は無効とする判決を出した事例である。もうひとつは，2006年3月24日の金沢地裁で，志賀原発2号機運転差し止めの判決（原子力資料情報室編 2010：329）がなされたことである。しかし，このふたつの判決はいずれも後の上級審の判決によって覆えされている。他のすべての原発訴訟判決は，差し止めを回避している点で，事業者側に有利な結果となっている。ここには，裁判官の控えめな役割定義がある。すなわち，踏み込んだ実質判断を回避しようとする姿勢が傾向的に見られる。

4 日本社会の人間関係と主体性の質

　危険性を抱えながら原発の操業を続けている原子力複合体が自存化し，制御中枢圏に対して強力な影響力を与えつつも，外部からの批判や懸念に対して鈍感であったり軽視することによって，原発の大事故を引き起こしかねないという事態は，他の諸国にも見られる。日本における福島原発震災の意味することは，原子力複合体の自存化の結果，安全性という見地からそれを規制する力があまりにも弱いままにとどまり，社会的多重防護が破綻してしまったという事態である。

　本節では，日本社会の人間関係の質と主体性の質が，社会的多重防護の破綻を深く規定していたのではないかという視点から，原発震災の発生メカニズムを検討してみたい。社会学は，そのような課題設定にも取り組むべきと考えるからである。

　日本人論，日本社会論の領域での考察は多数にのぼるが，原発震災という主題との関係でいえば，森有正の提起した「私的二項関係」という視点が非常に示唆的である。森の提起した私的二項関係（略して，二項関係）とはどのような特質を有する人間関係なのであろうか。

　森によれば，二項関係はふたつの特徴を持っている。「一はその関係の親密性，相互嵌入性であり，二はその関係の方向の垂直性である」。親密性とは，ふたりの人間が排他的に強く結びつき，その全体が排他的な性格を帯びることである。垂直性とは，ふたりの人間の関係が対等ではなく，垂直的な上下関係であるということである。その上下関係は，親子，君臣，上役と部下，師匠と弟子，先生と生徒というような関係として一定の既成の社会秩序を内容としている（森 1979：148-149）。この二項関係の中で，各人は「汝の汝」として，自分を経験する。「汝の汝」とは，自分のあり方が，本質的に他者との関係に依存していることを意味する。この二項関係は日本語と密接に結びついており，日本語における敬語法と貶語法の発達に対応している。

　では，このような私的二項関係は，組織の作動や社会的意志決定過程にどの

ような特徴を付与するのであろうか。ここでは，以下の諸点を指摘しておきたい。

　第一に，私的二項関係の中の個人は，ひとりひとりの判断と意見の自律性が不十分であり，そのつどの人間関係，社会関係のあり方に，判断や意見が左右される。このことは，プロフェッショナリズムの欠如（北村 2011：203以下）と結びつきやすく，また「御用学者」を生み出しやすい。ここでプロフェッショナリズムとは，外的状況に左右されることなく専門職業人としての判断や認識の自律性を一貫して保持していることである。北村によれば，「日本には職人気質は残っているが，欧米に見られるような社会的地位が確立したプロフェッショナリズムは存在しない。原子炉内の『シュラウド』とよばれる鉄製隔壁のひび割れが問題になったとき，アメリカの検査技術者の権威とプライドに触れて，日本の関係者は一様に驚いた。彼は自分が検査しサインをしたものに対しては絶対に譲歩しない」（北村 2011：203）。また，「御用学者」とは，いつも政府権力者に都合のよい形で専門的知識と称するものを提供し，学問的自律性に疑問が持たれるような研究者のことである。

　第二に，私的二項関係の中の個人は，他者をその異質性において受け止めることができず，同化的態度をとる。同化的な態度とは，未知のもの，異質なものに耐えられず，それを既知のもの，同質のものに転換しようとすることである。そのような態度は，規制という形式での社会制御が問題になるとき，緊張感をもった社会関係を維持することが苦手であるという帰結を生む。すなわち，「なれあい」的な同化を求めがちであり，規制の空洞化や装飾化を招きやすい。たとえば，本来は緊張のある社会関係が想定されているような株主総会とか，会計監査制度とか，環境アセスメント制度とか，さらにより大きくは三権分立制度が，諸外国から日本に輸入されるとき，同化作用によって本来の緊張感のある規制関係やチェックアンドバランスの関係が変質してしまい，規制や相互チェックが空洞化してしまう。

　第三に，一般に「私的二項関係」の集積としての集団は，その内部と外部とに区別を作り出し，内部に対しては敏感になるのに対して，外部には鈍感になる。外部の異質な考え方や視点に対して閉鎖的になる。そのような集団は閉鎖

的な内部をていねいに完全なものにしていくことは得意だが，異質なものとふれあい，そこから，自己反省を深め，自分を新しくしていくことが苦手である。原子力複合体が，しばしば原子力ムラとも呼ばれ，その閉鎖性を批判される背景には，このような事情が作用している。

　第四に，二項関係は，公共圏や公論形成の場を支えるエートスとの親和性が低い。なぜなら，私的二項関係は，異質な者どうしが徹底して話し合うことを困難にするので，異質な者に開かれた形で討論がおこなわれるような「公共圏の形成」になじまない。外からの批判を冷静に受け止めることが苦手である。逆に「密室」における意志決定にはなじみやすい。2011年には電力会社をめぐる「やらせメール」が問題化したが，「やらせメール」による世論操作とは，まさに「未知のもの」をそれ自体として受け止めることのできない態度を表している。

　原子力複合体という構造は諸外国にもみられるものであるが，日本のそれは，以上のような日本社会の人間関係と集団の特質に規定されており，その内部において異質な考えは排除されたり，タブー視されやすい。また，外部に対する閉鎖性が強く，外部からの批判に鈍感であり，より広い社会という視点で，責任感を備えた決定をおこなうことについて失敗してきた。たとえば，安全性確保のための手厚い対策と企業の利益が対立した時，社会的見地からは安全性を重視するべきところ，原子力複合体の内部の利害関心が優先されて，安全性対策をほどほどにするということが繰り返されてきた。

　以上のような反省をふまえて，エネルギー政策の決定のためには，本来，何が必要なのかが問われなければならない。

5　エネルギー政策の転換のために，どのような社会変革が必要なのか

　福島原発震災をもたらした社会的意志決定を生み出したのは図5-1に示されたような主体群，アリーナ群の布置連関であった。このような布置連関のもとで，原子力複合体の利害関心が優先されて制御中枢圏の政策決定を左右してきた。

第Ⅱ部　原発事故と原子力政策

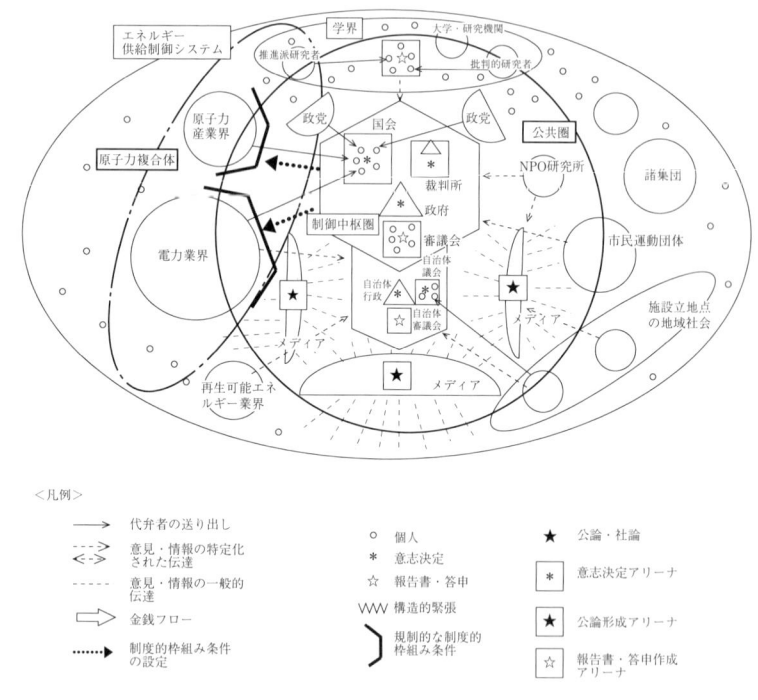

図5-2　エネルギー政策をめぐるアリーナと公共圏

　図5-1のような主体・アリーナ布置連関のあり方を改善し，エネルギー政策について道理性と合理性を備えた仕組みを作るためには，どのような変革が必要であろうか。これまでの考察をふまえて，必要な変革の方向を総括的に理念型として示せば，図5-2のようになる。図5-2の含意について，その要点を説明しておこう。

　第一に，政策決定を健全なものにするためには，討論空間としての公共圏が，制御中枢圏を取り巻くような形で形成されなければならない。公共圏は，制御中枢圏に対して，民衆の要求や意見を敏感に反映させていく回路である。また，公共圏における議論は，政策選択において，社会的な道理性や合理性とは何かを明確にし，制御中枢圏の選択する政策内容の洗練に貢献することが可能である。そのような公共圏の議論の反映をふまえてこそ，制御中枢圏は，その広範な「影響範囲」と，政策選択における「考慮範囲」を一致させることができる

であろう。

　第二に，公共圏における公論形成が豊かになされるためには，それを担う「公論形成アリーナ」や主体が，さまざまに形成されるべきである。メディアは「公共圏の耕作者」といわれるが，メディア自体に多元性が必要である。複数のマスメディアとともに，複数の市民メディアが必要である。また，政策論争を活発化していくためには，政策提案型のNPOや市民シンクタンクが必要である。大学や各種の研究機関も，政策立案の前提としての現状分析や報告書を作成するべきであるし，さらに進んで政策提言を積極的におこなうべきである。

　第三に，公共圏における公論形成が質的に洗練されるためには，「二主体型の討論アリーナ」ではなく，「三主体型の討論アリーナ」の形成が必要である。ここで，「二主体型の討論アリーナ」とは，賛否が争われている討論の主題について，一方の利害当事者が同時に討論過程の管理も担当するような形での討論形態である。これまでの日本の原子力政策においては，「二主体型の討論アリーナ」が圧倒的に多く，原発建設推進の立場に立つ主体が，討論過程全体を管理し，操作してきた。電力会社や自治体が関与した「やらせ」とは，「二主体型の討論アリーナ」の構造から派生したものである。これに対して，「三主体型の討論アリーナ」とは，議論しあう複数の陣営とは独立の第三者的主体が存在し，第三者的主体が討論過程を「公正」の実現という見地から管理するものである。すなわち，討論過程の管理者は議論の内容に対しては中立であるべきである。管理者は，討論への参加者の選定や受容，討論手続き，発言機会の設定などについて，「公正な討論」の実現を第一義的に志向し，それを通して，道理性と合理性の探究を促進するのである。

　第四に，制御中枢圏は，公共圏での議論の深化を反映しながら政策内容の洗練と社会的合意形成に努めるべきであり，総合的な視点からエネルギー政策を形成し，選択しなければならない。原子力はエネルギー政策のためのひとつの選択肢であり，それにどのような役割を与えるのか，与えないのかということについては，そのもたらす受益と受苦と費用とを慎重に吟味して判断するべきである。制御中枢圏は，道理性と合理性の探究に立脚した超越性を備えるべき

であり、原子力複合体などの個々の利害集団に対して(廃止という選択肢も含みつつ)制御作用を果たすべきであり、それが逆転して、原子力複合体が制御中枢圏を操作し左右するのであってはならない。

　以上、本章では、原子力政策をめぐる意志決定と制度構造の欠点を検討し、その改革の方向を探ってきたが、最後にエネルギー政策の内容についての筆者の見解を簡潔に記しておきたい。原子力発電は、高速増殖炉の開発も含めて、その経済性の欠如、定常的汚染、放射性廃棄物問題、被曝労働、大事故の危険性という固有の難点を有するのであり、これらの克服・解決の最も賢明な道はできるだけ早く原発を停止することである。代替エネルギー政策と雇用政策としては、省エネと再生可能エネルギーの導入普及を主力として、化石燃料への依存の増大は一時的なものにとどめ、脱化石燃料をも長期的な展望のもとに推進するべきである。これらの論点のより詳細な吟味・展開は別の機会を必要とする。

注
(1)「原発震災」とは、「大地震によって通常震災と原発災害が複合する」事態をさす(石橋 2012：67)。「通常震災」とは地震およびそれが引きおこす津波や火事の災害を含意している。「原発災害」とは、原発の正常な運転・操業ができなくなったという意味での「原発事故」が周辺の人々や地域社会にさまざまな被害を生み出すことを含意している。「原発震災」とは通常震災と原発災害が同時に発生することによってそれぞれの被害を増幅させるという深刻な事態を表す言葉である。
(2)　ただし、GEは、1990年頃になってMark Iの格納容器にガス放出弁を取り付けるという改良工事をおこなった。(『週刊現代』2011年4月16日号：25)

文献
朝日新聞青森総局, 2005, 『核燃マネー――青森からの報告』岩波書店。
石破茂, 2011, 「『核の潜在的抑止力』を維持するために私は原発をやめるべきだとは思いません」『SAPIO』10月5日号：85-87。
石橋克彦, 2012, 『原発震災――警鐘の軌跡』七つ森書館。
井野博満編, 2011, 『福島原発事故はなぜ起きたか』藤原書店。
開沼博, 2011, 『「フクシマ」論――原子力ムラはなぜ生まれたのか』青土社。

北村俊郎, 2011, 『原発推進者の無念——避難所生活で考え直したこと』平凡社新書。
熊本一規, 2011, 『脱原発の経済学』緑風出版。
原子力資料情報室編, 2010, 『原子力市民年鑑 2010』七つ森書館。
佐々木奎一, 2011,「あの東大, 京大センセイたちが受け取っていた「8億円原発マネー」」『SAPIO』7月20日号：31-35。
佐高信, 2011a, 『原発文化人50人斬り』毎日新聞社。
佐高信, 2011b, 『電力と国家』集英社。
清水修二, 2011, 『原発になお地域の未来を託せるか』自治体研究社。
田中三彦, 2011,「福島第一原発事故はけっして"想定外"ではない」『世界』5月号, 岩波書店：134-143。
伴英幸, 2006, 『原子力政策大綱批判——策定会議の現場から』七つ森書館。
本間龍, 2012, 『原発報道——巨大広告主と大手広告代理店によるメディア支配のしくみ』亜紀書房。
森有正, 1979,「大陸の影の下で」『森有正全集 5』122-162。
吉岡斉, 1999, 『原子力の社会史』朝日新聞社。
吉岡斉, 2011,「原子力安全規制を麻痺させた安全神話」石橋克彦編『原発を終わらせる』岩波書店, 131-148。

ウェブサイト
原子力委員会, 2009,「平成22年度原子力関係経費の見積りについて」(http://www.aec.go.jp/jiest/NC/about/kettei/kettei091201.pdf, 2011年11月27日取得)

(2011年11月脱稿, 2012年7月修正)

第6章

何が「デモのある社会」をつくるのか
──ポスト3.11のアクティヴィズムとメディア──

平林祐子

1 2011年, 東京はなぜデモのある町になったのか

デモの季節

3.11以降, 私たちは, 数千人, 数万人規模の人びとが銀座や渋谷のメインストリートを歩くデモを, そしてアルジャジーラのネット中継で観たタハリール広場そっくりの状態になった新宿アルタ前や首相官邸前を, 何度も目撃してきた。繰り返される「原発いらない」の声, 隊列を組んで歩くドラムや太鼓の音, 軽トラの荷台で演奏するバンドの音を聞いてきた。

街頭での大規模な直接行動は, 70年代以降の日本では絶滅危惧種となっていた現象である。2000年代に入って「サウンドデモ」のような新しい形態のそれが部分的に現れたが, その規模や社会的インパクトは限定的なものにとどまっていた。

2011年3月11日の福島第一原発事故以降, これだけ多くの人びとが街頭に出てきた, 出てくることができたのはなぜか。

「感情」を「動員」につなぐリンク
「感情」の再発見

1970年代以降の社会運動研究では, 社会運動はパニックに陥った人びとの突発的行動などではなく, 損得を考えた上での合理的行動と捉える見方が広まった。60年代に噴出した公民権運動や学生運動等に参加し研究した学者たちは,

対立するさまざまな主張が存在する社会のなかで自分たちの価値観を具体化する過程，つまり政治の一部として運動を捉えた。分析の焦点となったのは，運動の推進力となる組織である。

人びとが共通の目的のもとに組織化され，組織が目標達成に向けて活動していく過程で運動の帰趨を左右する主要な条件としては，政治的機会（同盟者の有無や敵の強弱等の運動を取り巻く外部環境），資源動員（人，資金，ネットワーク等の運動が動かすことのできる資源），文化的要因（運動目標や参加者のアイデンティティ等についての意味づけ）がある。

資源動員論以降，大衆社会論や相対的剝奪論等が強調した人びとの不安や不満等はそれほど重視されなくなった。しかし2000年代に入る頃からまた，社会運動／政治における感情——怒り，恐怖，愛，などの重要性が注目を集めるようになった（Goodwin et al. 2001）。グッドウィンらによれば，人は必ずしも，論理的に考えて「この運動は成功する確率が高い」と思ったときだけ運動に参加するわけではない。そこには，自分自身の誇りを取り戻したいとか，気になる人が誘ってくれたからといった人間的な感情がある。はっきりした憎むべき「敵」が現れたときには，強い怒りがわく。それらの感情に押されて人は，客観的にみれば非合理な行動もとる。特に，突発的な事件等によって呼び起こされた強い感情は，新しい運動が生まれるきっかけとなる。

感情を具体化するインフラ

本章で注目するのは，この「感情」が「動員」につながる仕組みである。福島第一原発事故後の反原発運動の場合，想定外のできごとによって首都圏に住む人びともまた強く感情を揺さぶられたことは間違いない。最初に感じた恐怖や不安は，政府や東京電力に対する強い怒りへと結晶していく。なぜあれだけ多くの人々が街頭に出てきたか，という問いに答えるひとつめの鍵は明らかに，人びとが持った強い感情にある。

では，怒りという感情が具体的な人の動き（動員）にまで結びついたのはなぜか。10年前であったなら，事故によって同じような強い感情がわいたとしても，2011年ほどに大規模な街頭行動は起きなかったのではないか。10年前には，

第**6**章 何が「デモのある社会」をつくるのか

感情を動員へ結びつける重要なリンクがまだ存在していなかったのではないか。2001年にはツイッターも Ustream も YouTube もなかった。

社会学者による社会運動研究では，運動を支える具体的なメディア（媒体）や情報環境への注目はこれまで相対的に少ないという印象がある。インターネットについては，メディア研究者らによって，たとえば1999年の「シアトルの闘い」の時点ですでに携帯電話などによる「即席通信ネットワーク」が重要な役割を担っていたことが報告されている（Rheingold 2002＝2003：294）ものの，人びとのリアルな（オフラインの）集合行動とオンラインのつながりとの関係は，十分明らかではない。[1]

しかし，運動の具体的な過程やメカニズムに注目しようとすれば，運動が起きている社会の持つメディアや情報インフラが決定的に重要であるはずだ。情報を送るのに手書きの郵便を送るしかない社会とメールがある社会とでは，誰が運動に参加するのかがまったく違ってくる。

2011年の日本で，大規模な反原発直接行動を可能にしたのは，その時点で日本が持っていた情報流通のインフラ，具体的にはいつでもどこでもアクセスできるインターネットではないか。それこそが「感情を動員へつなぐリンク」なのではないか。そのリンクは社会に対してどんな影響を持つのか。

本章では，3.11後の半年間の東京における反原発・脱原発の直接行動[2]の実態を描きだすとともに，上記の問いに答えることを試みたい。

2 「これはやっとかないとまずいでしょ」[3]

東京の最初の1ヶ月

3.12東電前

福島第一原発事故発生後，最初におこなわれた東京の反原発直接行動は，確認できる限り，地震の翌日の3月12日に「たんぽぽ舎」が約20人でおこなった，東京電力本社（以下，東電と略記）前の抗議行動である。「たんぽぽ舎」は，水道橋に事務所を構え，1989年から23年間継続して活動をおこなってきた老舗の反原発団体である。専門的知識を蓄積し，参加者は少ないながらも長年にわた

165

って毎月，都心で反原発デモを継続してきた団体だけあって反応は素早かった。福島第一原発でどのような事態が起きうるかを予測できる知識と，継続してきた街頭行動の経験が生きたのである。「たんぽぽ舎」はさらに15日からは放射能のリスクや事故原因等について解説する緊急連続講座を5回にわたって開催し，3.11によって初めて原発に関心を持った人びとが原発問題の基礎知識を学ぶ貴重な機会をつくった。この講座の参加者の中には，東電前で直接行動を展開していくことになる，1981年生まれのフリーターで反貧困等の運動にかかわってきた園良太らも含まれていた。

3.18東電前――メディア・アクティヴィズムの始まり

　園ら3人が初めてマイクを持って東電前に立ち，抗議行動をおこなったのは3月18日のことだ（園 2011）。東電本社内の記者会見場にいたネット中継のチャンネル「IWJ」のスタッフがその声に気づき，すぐに Ustream 中継を開始する。「これは大きかった」と園はふりかえっている。数百人が視聴し，コメントを書き込んだこのネット中継こそ，3.11後の反原発メディア・アクティヴィズムの始まりだった。

　園らは3月20日，21日，23日，24日，25日と連続して東電前で抗議行動を展開し，同時に「メーリングリスト，ブログ，mixi，ツイッターなど，ありとあらゆる手段を使って」行動への参加を呼びかける。東電前で怒り，訴える園らの姿は毎回ネット中継され，視聴者が1000人を超すまでになり，中継を見た人が実際に東電前に来るようになる。共感したミュージシャンらが来てライブをおこなうなど，内容も多彩かつ魅力的になり，「たんぽぽ舎」の支援も得て，注目が高まっていった。

3.27銀座

　3月27日，銀座で反原発デモが開催される。これは，「たんぽぽ舎」，「原水爆禁止日本国民会議（原水禁）」，「原子力資料情報室」，「大地を守る会」など，以前から東京の反原発運動を担ってきた主要な団体が構成する「再処理とめたい！首都圏市民のつどい」の主催によるものだ。長年にわたり毎月繰り返され

てきたデモだが、3.11後の首都圏における反原発デモとしてはこれが最初となった。事故前のデモ参加者数は毎回20人前後であったという。しかしこの日のデモは1200人を集め、3.11後の東京の反原発が、3.11前とはまったく違う様相を呈していることが可視化される。のちに「Twit No Nukes」デモの呼びかけ人となる平野太一もここに参加していた。(4) 1985年生まれの平野にとって生まれて初めてのデモ参加だった。このデモももちろんネット中継され、ツイッターやブログ等で発信され、さらに外国メディアを中心とする一部マスメディアにも取り上げられる。

この日はデモが日比谷公園にゴールした後、呼びかけに応じた300人もの人びとが東電前へ歩き、東電から道を隔てた街角で次々にマイクを握り、思いを表明した。その後も連続しておこなわれた東電前抗議行動の中から、4月冒頭、グループ「東電前アクション！」が生まれる。

4.10高円寺

3月27日の銀座デモが、長年継続されてきた形を踏襲したデモだったのに対し、誰も見たことのない光景が広がったのが4月10日、高円寺である。高円寺の駅前商店街でリサイクル・ショップ「素人の乱」を経営する松本哉とその仲間たちが主催した「超巨大反原発デモ」は、当初、多くて3000人くらいの参加者を見込んでいたという。しかしこの日高円寺に集まった人びとは駅前の公園を埋めつくし、周辺の道路にあふれた。バンドやDJを乗せたサウンドカーに先導され、デモを歩いた人の数は、最終的に1万5000人にのぼった。

マスメディアは一部を除きほぼ黙殺といってよいほど小さくしか報じなかったが、この高円寺デモは、ポスト3.11の反原発の展開を象徴するきわめて重要な出来事である。デモの開催が決まったのがわずか10日前であったにもかかわらず、このデモの情報は、ツイッターをはじめとするインターネットメディアを通じて短期間で爆発的に広がった。そして1万5000人が撮ったり撮られたりした無数の写真や動画、(5)ツイートやテキストは、リアルタイムで、または編集されてその日のうちに、ネット上に発信された。それを視聴することで、あるいはコメントやリツイート（転送）をすることで、デモの現場にいなかった人

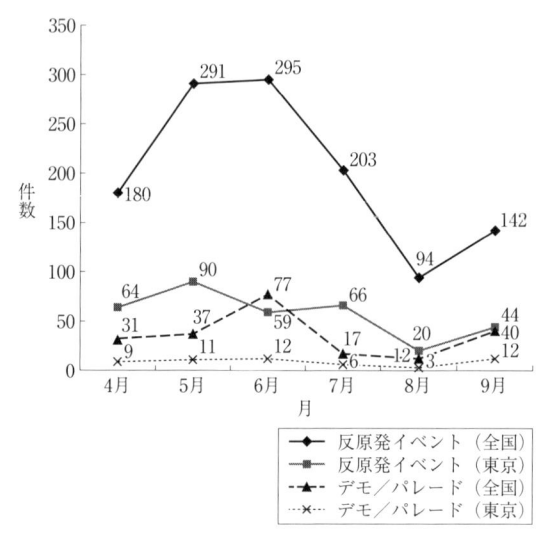

図6-1　2011年4月から9月までの反原発イベントの推移
出所：ウェブサイト「脱原発なう　脱原発系イベントカレンダー」に掲載された情報より作成。

びとも「参加者」となっていく。「ユースト（Ustream）見てる人も"参加者"だよね」という運動参加者の言葉は，まさにメディア・アクティヴィズムの本質を突いている。

　3.11から1ヶ月の間に，2011年東京の反原発を特徴づける要素は出揃っていた。

ポスト3.11の反原発イベントの推移

反原発イベントの噴出

　4月以降，首都圏をはじめ全国で，反原発イベントは爆発的に増えていく。図6-1に示すように，事故から3ヶ月後の6月がひとつのピークで，1ヶ月の間に全国で295件のイベントが開催された。イベントの中身は，講演会・学習会，シンポジウム，上映会等の学習系イベントと，デモや抗議行動などの直接行動とに大別される。全国のデモ件数は，4月が31件，5月37件，6月には77件にのぼっている。都内でも，国立，世田谷，練馬等々，各地で地域の人びとを中心におこなわれた小規模なものを含めると，週末にはたいていどこかで

第 6 章　何が「デモのある社会」をつくるのか

デモや抗議行動があるという状況になった。日本の反原発運動史上初めての事態だ。3.11後，かつてないほど多くの人びとが原発反対の意思を持つようになり，そのうち少なからぬ人びとが直接行動参加のハードルを越えて街頭に出たことがわかる。

情報はどのように伝えられたか

少し横道に入るが，情報経路にも3.11後の反原発の特徴が現れていることに注目してほしい。情報の中身だけでなく，情報の収集のされ方，提供のされ方が重要だ。

図6-1のデータは，ウェブサイト「脱原発なう　脱原発系イベントカレンダー」に掲載された情報によるものである。このサイトはひとりの個人が個人ボランティアで始めたものだ。海外も含めて各地から寄せられる脱原発系イベントの情報や，サイト管理者がネット上で検索した情報をGoogleカレンダーを利用して整理・掲載する仕組みである。2011年末段階でアクセス数は10万を越え，全国の脱原発系イベントを知るためのひとつの非常に重要な情報源となっている。世界中の誰でも手軽に情報提供ができ，整理された情報はまた世界中に公開され，多いときは1日に何度も更新されていく。質の高さによって短期間に社会的に認知され，それによって情報提供者が増えてますます質が高まるというサイクルは，優れたウェブサイトの典型的な進化プロセスであり，ネットが可能にする集合知（Wikipediaなど）の形に近い。

このような，集合知をほとんどタイムラグなしに世界中で共有可能なシステムが存在し，しかもそれを個人が——優れて高い能力と熱意を持つ個人ではあるが——運営できるという2011年日本の情報環境が，ポスト3.11の反原発の根幹を支えている。

引き金を引いたモラル・ショック
「感情は行動の背中を押す」[6]

3.11以前は原発に関心を持ったこともなく，デモなんて古い世代の左翼がやるもの，といったイメージしか持っていなかった人びとが，街中から沸いてく

るかのように東電前に集まり,デモに参加するようになったのは,この未曾有の出来事が文字通りの「モラル・ショック」として機能したためと考えられる。

モラル・ショックとは,運動参加という行動につながるような強い感情を引き起こすショックのことだ。特に「人災」,つまり「そのことについて誰かを責めることが可能」であるような出来事によるショック(7),のことを指す。

流れ出した「オルタナティブな情報」

福島原発事故の場合,大惨事自体が「本能的な危機意識」をかきたてたのは当然だが,デモをやろうと考えた人びと,参加した人びとがそれ以上に強く感じていたのは,「政府とか東電とかの嘘の仕組み」に対する怒り,マスメディアの怒涛のような安全報道が「(原発に対する反対や恐怖を)すごく言いにくい」状況をもたらしたことに対する怒りだ。(8)

情報が隠されている(のかもしれない)という発見は,マスメディアが流さない情報,つまり原発事故の実態や予想される最悪の事態についての情報を出し続けたネットメディア,ソーシャルメディアによってもたらされた。3月11日から17日までのテレビ報道の分析によれば,テレビが流している内容を補完する,あるいはそれに対抗する「オルタナティブで有益な情報」がネット上に多く上げられた(伊藤 2012;白石 2011)。原発事故直後,ツイッター上ではマスメディア以外から発せられる情報の公開・流通が非常な勢いでおこなわれていた(福島原発事故独立検証委員会 2012)。

新しいメディアが伝えた情報は,大本営発表のようになってしまったマスメディア(伊藤 2012;塩谷 2011;上杉・烏賀陽 2011)とはまったく違った。テレビが途中で打ち切ってしまう会見を最後まで中継し続けるネット放送局(ニコニコ動画,IWJ,OurPlanet TV,ビデオニュースなど),東電の会見で黙りこくる大手新聞・テレビ記者の横で攻撃的なまでに質問を続けるフリーランス・ジャーナリスト(上杉隆,日隅一雄,木野龍逸など),ツイッターやブログ,ネット番組等で発信をつづける批判派の学者・専門家・NGO(たとえば「原子力資料情報室」のネットチャンネルに出続けた後藤政志や田中三彦,神保哲生の「ビデオニュース」に繰り返し出演した小出裕章,飯田哲也など),そして福島現地にいる住民やジャー

ナリスト。

　これらの人・組織から提供された「政府（テレビ）の会見」とは違う情報は，リアルタイムで発信され，拡散された。リツイートすなわち情報の収集と拡散に特化した津田大介，情報の「検証屋」に徹した荻上チキなどの著名人を含め，無数の人びとが情報の発信と交換をおこなった（コンピューターテクノロジー編集部 2011）。原発や環境問題等に多少なりとも関係のある ML やソーシャルメディアのコミュニティの情報流通量は，3.11後，記録的な数値になったはずだ。

　高円寺デモも，4月26日の Twit No Nukes デモも，「デモ」という提案に皆すぐに賛同したという。原発反対が言いにくい状況だからこそ，「やっとかないと」と。オンラインの情報がオフラインの街頭行動へとつながったのだ。

「スイッチ」としての3.11

　社会運動への参加は，既存の社会的ネットワークやつながりがある場合ほど参加しやすくなることが知られている（Snow et al. 1980）。一緒に参加する友人がいれば，いない場合に比べて参加する確率ははるかに高くなる（McAdam 1988）。しかし非常に強く感情を揺さぶるモラル・ショックの場合，運動への参加を呼びかけてくるのが友人ではなく知らない人であったとしても，人は尻込みせず運動に飛び込んでいく（Jasper and Poulsen 1995）。

　「東電前アクション！」で初めて運動に参加したTさん（27歳女性・派遣社員，当時）は，「3.11が私にとって『スイッチ』になった」と述べている（園 2011）。それまで曲がりなりにも信じしたがってきた権威が，実はこれほどの大惨事を起こすほどに能力と責任を欠き，さらに自分たちを裏切り続けているという事態は，それまで運動と無縁だった多くの人びとにとってまさに，声をあげるスイッチとなったのである。

3　新しい人びと，新しいメディア
―3.11後の東京の反原発―

　では実際に，3.11以降の東京の反原発直接行動の実態をみてみよう。手がか

表6-1　6.11調査対象デモ／パレード　概要

名称	6.11脱原発100万人アクション・東京	エネルギーシフトパレード	6.11新宿・原発やめろデモ!!!!	計
デモ出発場所	芝公園	代々木公園	新宿中央公園	
参加者数	6000人	1500人	2万人	
呼びかけ団体	原水禁，CNIC，たんぽぽ舎，他4団体	エネルギーシフトパレード	素人の乱	
回収数	134	175	158	467

表6-2　9.11調査対象デモ／パレード　概要

名称	経産省を人間の鎖で囲もう！1万人アクション	エネルギーシフトパレード	9.11新宿・原発やめろデモ!!!!	計
デモ出発場所	日比谷公園	代々木公園	新宿中央公園	
参加者数	2000人	900人	1万5000人	
呼びかけ団体	9.11再稼動反対・脱原発！全国アクション実行委員会	エネルギーシフトパレード	素人の乱	
回収数	193	168	88	449

りとするデータは，2011年6.11と9.11に東京でおこなわれた大規模デモの参加者を対象として実施した質問紙調査と，3.11以降（正確には4月初頭以降）の東京の反原発運動シーンへの継続的参加からわかったこと，およびデモの主催者側に属する人びとからの聞き取りである。調査はこの後も継続しているが，本章の記述と分析は，主に2011年9月11日までの半年間の東京の反原発運動についてのものに特化している。

質問紙調査の概要

　質問紙調査は，震災の3ヶ月後の6月11日および半年後の9月11日に東京都心でおこなわれた3つのデモ／パレードの参加者を対象として実施した。調査の概要を表6-1と表6-2にまとめて示す。2回とも，デモ出発前の各公園において，調査員が参加者に声を掛け，応じてくれた人に質問をする面接調査の形で実施した。[10]回収数は6月が467，9月が449である。

第 6 章　何が「デモのある社会」をつくるのか

表6-3　デモ／パレード別にみた参加者の性別　　　　　　　　　　(%)

6.11	芝公園	エネパレ	新宿	合計	9.11	日比谷	エネパレ	新宿	合計
女	40	61	40	48	女	53	60	40	53
男	60	39	60	52	男	47	40	60	47
合計	100	100	100	100	合計	100	100	100	100
N(人)	131	173	154	458	N(人)	194	164	88	446

注：$\chi^2=19.115$　df=2　$p<0.001$　　　　注：$\chi^2=9.764$　df=2　$p<0.01$

　3種のデモ／パレードの主催者は6月も9月もほぼ同一で，芝・日比谷エリアでは，「原水爆禁止日本国民会議（原水禁）」や「原子力資料情報室（CNIC）」などに代表される，日本の反原発運動の老舗的な組織が主催するデモ，渋谷（代々木公園）では環境系のNGOやグループに支えられた「エネルギーシフトパレード（エネパレ）」，新宿では高円寺を拠点とするネットワーク「素人の乱」が主催するデモがおこなわれた。

　この3つのデモ／パレードはそれぞれ，反原発または脱原発（エネルギーシフト）を主張している点では共通しているが，その意味付けや表現方法は大きく異なっている。

デモ参加者はどんな人たちか

性別——女性のエネパレ，男性の新宿デモ

　まず，これらのデモ／パレードに参加していたのはどのような人びとであったのか，という問いに答えることから始めよう。ポスト3.11東京の反原発デモ参加者等を対象にした量的調査はほとんどおこなわれておらず，この調査は限界はあるものの，実態としてどうであったのかを知るひとつの手がかりにはなるはずだ。基本的な属性およびデモ／パレードへの参加を可能にした情報伝達手段，運動参加経験，という4つの要素を手掛かりに，参加者像を描き出すことを試みたい。

　まず，参加者の性別は表6-3の通りで，全体ではほぼ男女比が拮抗している。ただし，デモによる差異は際立っており，エネパレが6割女性，4割男性と女性が多いのに対し，新宿のデモはちょうどその反対で6割を男性が占めて

第Ⅱ部　原発事故と原子力政策

表6-4　6.11デモ参加者の年齢層　(%)

参加したデモ／パレード	芝公園	エネパレ	新宿	合計
20代以下	6	14	23	15
30代	17	28	29	25
40代	13	27	15	19
50代	22	17	15	18
60歳以上	43	14	18	24
合計	100	100	100	100
N(人)	134	173	153	460

注：$\chi^2=58.978$　df=8　$p<0.001$

表6-5　9.11デモ参加者の年齢層　(%)

参加したデモ／パレード	日比谷	エネパレ	新宿	合計
20代以下	13	10	22	14
30代	20	33	23	26
40代	18	25	26	22
50代	21	20	15	20
60歳以上	28	11	14	19
合計	100	100	100	100
N(人)	194	166	87	447

注：$\chi^2=30.122$　df=8　$p<0.001$

いる。

年齢――30代以下が約4割

　参加者の年齢をみると，ここでも3つのデモ／パレード間で統計的に有意な差異があるものの，それぞれの特徴が際立つ6月に対し9月は偏りが少なくなっている。表6-4，表6-5に示すように，全体では，60代以上が6月には24％，9月には19％を占め，「団塊の世代」を含む60代以上が街頭行動をしっかり支えている構図がある一方で，その子どもに当たる30代以下の世代が2回とも約4割を占める。社会運動から遠く離れていると思われてきた日本の若い世代がこれだけ多く街に出てきたことは，3.11後の首都圏反原発運動のきわめて重要な特徴といってよいだろう。

　デモ／パレードによる参加者の違いは年齢からみても非常にクリアである。

6月のデータでみると、芝公園は20代以下がわずか6％、50代以上が実に65％と、ベテランたちのデモであったことがわかる。対照的に新宿は20代以下が23％、30代とあわせると半数を超え、若者中心のデモとなっていた。その中間が、30代と40代で全体の半分以上を占めたエネパレである。デモ会場で周囲を見渡すだけでも一定程度、この違いは感じ取れるが、年齢層による棲み分けはこの調査結果によっても裏付けられる。

運動参加経験──半数が「初めてのデモ」（6月）

次に、この人たちはいままでに街頭行動に参加した経験はあるのだろうか、それとも生まれて初めてデモに参加した「新人」なのだろうか。震災以前の反原発運動の状況を考えると、震災後の参加者には新人が多い、という仮説が成り立つ。何しろ3.11以前は、月一度の反原発デモの参加者は毎回20人程度だったのだ[11]。逆に、その20人という数字が示すようにデモ参加のハードルはきわめて高いのだから、3.11後のデモ参加者も、ある程度は運動参加経験がある人びとが多いのではないか、という推測も成り立つ。じっさい、たとえば3.11後に東京で生まれた反原発ネットワークのひとつである「福島原発事故緊急会議」には、原発については「素人」であっても、長年にわたって護憲・平和、基地反対、天皇制反対等の運動にかかわってきた人や組織が多く集まっている。

調査結果は表6-6、表6-7に示す通りである[12]。デモに初めて参加したという人の割合は予想以上に高かった。6月には参加者の約半数（48％）が「新人」だった。新人の割合が最も高かったのはエネパレで、66％にのぼる。続いて新宿が41％、最も割合が少なかった芝公園でも35％と3分の1を超えた。3.11から半年が経過し、事故直後の「どうしても黙ってはいられない」という切迫した雰囲気から少しトーンダウンした9月段階でも、その日が「デモデビュー」という人は全体の3分の1を超えた。新人のデモへの流入は半年後も続いていたのである。

「新人」はどんな人たちか

新たに参加した人びとは、既存の人びとに比べて若い。表6-8は、デモ初

表6-6　6月11日のデモ参加者の運動参加経験
(%)

	芝公園	エネパレ	新宿	合計
デモ初参加	35	66	41	48
デモ参加経験あり	65	34	59	52
合計	100	100	100	100
N(人)	134	174	158	466

注：$\chi^2=33.886$　df=2　p<0.001

表6-7　9月11日のデモ参加者の運動参加経験
(%)

	日比谷	エネパレ	新宿	合計
デモ初参加	27	44	34	35
デモ参加経験あり	73	56	66	65
合計	100	100	100	100
N(人)	193	167	88	448

注：$\chi^2=11.139$　df=2　p<0.001

表6-8　デモ参加経験による年齢層の違い

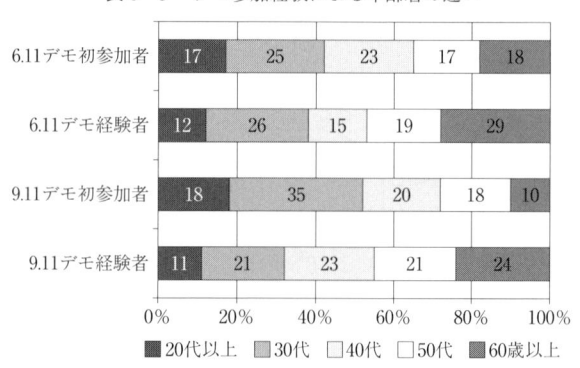

	20代以上	30代	40代	50代	60歳以上
6.11デモ初参加者	17	25	23	17	18
6.11デモ経験者	12	26	15	19	29
9.11デモ初参加者	18	35	20	18	10
9.11デモ経験者	11	21	23	21	24

参加者と，デモ経験者の年齢を比較して示したものである。初参加者は4割から5割が30代以下である。50代，60代が多くを占める既存の運動参加者の周囲の人びとが入ってきたというよりは，既存の人びととは違う新しい人びとであることが推測される。これまで見てきた3つのデモの性格や参加者の違いからしても，3.11後の反原発は，まったく新しい人びとが新しいやり方で別の運動を始めたことによって運動の多様化と拡大が起きたとみるべきだろう。

表6-9　6.11参加者の情報入手手段　　　　　　　　　　　　(%)

	芝公園	エネパレ	新宿	合計
インターネット	32	32	32	32
知人から	20	28	22	24
ツイッター	5	20	25	17
所属団体から	21	3	7	10
家族から	6	4	1	4
チラシ	9	2	1	4
mixi, Facebook	2	3	4	3
新聞・テレビ	1	1	1	1
その他	6	7	7	7
合計	100	100	100	100
N(人)	133	174	158	465

表6-10　9.11参加者の情報入手手段　　　　　　　　　　　(%)

	日比谷	エネパレ	新宿	合計
インターネット	27	23	17	24
ツイッター	16	22	38	22
知人から	21	25	15	21
以前のデモ	6	6	8	6
ML, MM	8	4	3	6
家族から	5	7	3	5
チラシ	6	1	3	4
mixi, Facebook	2	4	1	2
新聞・テレビ	1	3	1	2
その他	7	5	10	7
合計	100	100	100	100
N(人)	194	167	88	449

デモ参加者はどうやって集まったのか

インターネット，ツイッター，口コミ

　では，これらの人びとはどうやってデモ／パレードを知ったのだろうか。情報をどこから得たのか，逆にいうと「いかにして動員が可能になったのか」についての調査結果は表6-9，表6-10のようになっている。2回とも，最も多いのは「インターネット」だ。多種多様なウェブサイトやブログ等のネット上の情報が動員の入り口になっていることがわかる。さらに，強力な情報拡散力を発揮したのがツイッターである。情報源としては，ネット，ツイッター，口コミ，の3種で全体の約7割を占めた。

世代による使用メディアの違い

デモによる違いは情報源をとっても大きく、若者の多い新宿ではツイッターが4割（9月デモ）と圧倒的であるのに対し、芝・日比谷のデモではその半分以下（6月デモではわずか5％）にとどまっている。対照的に、所属団体から情報を得たという人は芝公園では2割を占める（6月デモ）が、エネパレではわずか3％、新宿では7％（同）しかなかった。6月のエネパレは、デモ参加は初めてという人が全体の約3分の2を占めた、最も「新人」の割合が高かった行動である。新人は団体に所属していない場合が多いと考えられることから、情報源は所属団体と答える人の極端な少なさが理解できる。

動員のための伝統的なメディアであるチラシは、上記の調査結果を見る限りきわめて限定的な役割しか担っていない。またマスメディアは、インターネット、ソーシャルメディアの台頭に比べ存在感がゼロに等しい。新聞やテレビはもともと決まった時期にしか「告知」はしないこと、検索ができないこと（ただし電子新聞の台頭はこの点を劇的に変えるだろう）、さらにほとんどの大手マスメディアにおいて反原発の扱いは小さい[13]というイッシュー特有の事情が関係しているだろう。動員のメディアの革新については次節でさらに検討する。

運動戦略と価値観からみる反原発の拡大

3つのデモをまとめてみると、おおよそ次のようになる。芝公園・日比谷公園デモの参加者は50代～60代の男性で、平和・護憲、基地問題等への関心が高い。労組や歴史のある反原発団体等の伝統的組織に支えられ、それら組織を通じて情報流通と動員がおこなわれている。デモでは組織の名称を書いたノボリが林立し、伝統的な「シュプレヒコール」がある。ツイッター等のソーシャルメディアの導入率は低い。

渋谷のエネルギーシフトパレードの中心は30代～40代の女性で、子ども連れや家族で参加している人びとが多い。「パレード」という名称に象徴されるように、3つのうち最も対立色が薄く、誰にでも開かれているイメージが強い。参加者はエコロジー、食や農など環境への関心が高く、NGOや有機農業グループに所属するなど、エネパレの出発地点である代々木公園で毎年開催される

「アースデー」に参加する人やグループに近いイメージだ。パレードのコールで「エネシフト！」が多用されることからもわかるように，反原発というより脱原発志向で，花を手にして歩くなど，平和的なイメージが前面に打ち出されている。

新宿のデモは，20代〜30代が中心といちばん若く，男性が6割を占める。バンドやDJを乗せた「サウンドカー」が先導する「サウンドデモ」が特徴的だ。新宿デモを主催した高円寺の「素人の乱」界隈の人びとは，反貧困をはじめとする多様なデモを一種の楽しみとして繰り返してきた経験がある（二木・松本2008）。本章では詳しく説明する紙幅がないが，2000年代以降，世界的に展開されてきたオルターグローバリゼーション運動[14]ともつながりがあり，上記のサウンドデモをはじめ，音楽やドラム隊，衣装，プラカード等の持ち物や「ジャイアントパペット」[15]等の出し物，デモのコール，パフォーマンス，そして歩き方そのもの（隊列を組んで真っ直ぐ歩くだけでなく，踊ったり歌ったり飛び入りがあったりしながら動いていく）が伝統的デモとは異なり，いわばデモ文化の最先端をいく。[16]本人たちは暴力的になるなどありえないと考えており，「きちんと統制は取れている」のだが，「僕らの秩序は警察の考える秩序と違う」[17]ために警察の警戒ぶりはすさまじく，9月のデモでは12人もの参加者が逮捕された（すべて不起訴）。ツイッターなどのソーシャルメディアを最も活用しており，突出して参加者数が多いのもこの新宿デモである。

図6-2は，3つのデモとその参加組織を，運動戦略（政策提言志向か実践・実力行使志向か）と志向する価値（環境か社会正義か）[18]のふたつの軸に沿って表現してみたものである。チェルノブイリ原発事故後の運動隆盛期以降の東京の反原発を3.11まで主に担っていたのは，この図のほぼ中心に位置する原水禁やたんぽぽ舎といった老舗反原発団体と，右上の部分に固まっているアドボカシー系団体である。アドボカシー系団体は街頭行動はほとんど主催しないので，反原発のデモ等はごく小規模でしかおこなわれていなかった。逆にいうと，3.11後には新たな参加者や組織の流入によって反原発運動は大きく拡大し，特に実践・実力志向型の運動（この図の左側の部分）が爆発的に増えたのである。

第Ⅱ部　原発事故と原子力政策

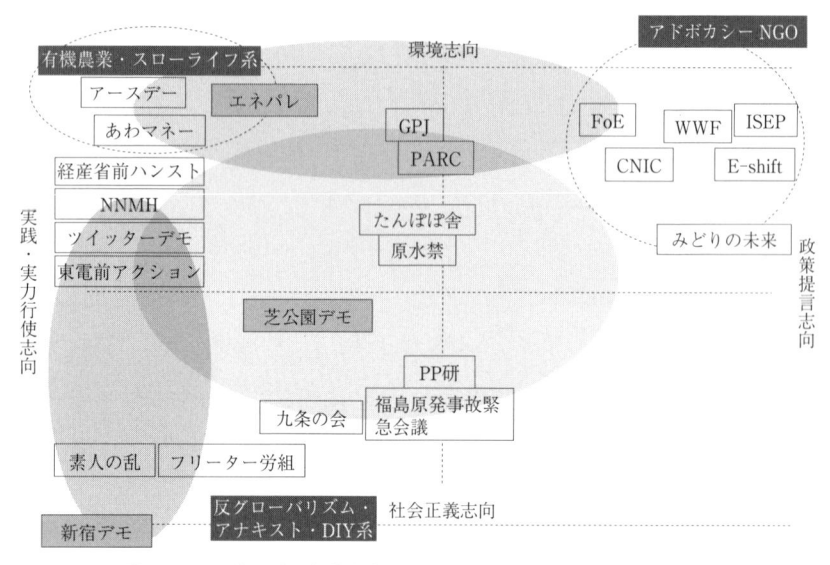

図6-2　運動戦略と価値志向による3.11後の反原発運動組織の分類

4　新しいメディアが変えた動員の手法と運動の概念

　以上見てきたような3.11後の東京の反原発デモの様相は，反原発運動におけるふたつの革新を示している。ひとつは「人の集まりかた」つまり動員（mobilization）のあり方，もうひとつは「何が運動なのか」という定義である。ふたつの革新の根幹にあるのは新しいメディアだ。

「知り合いからの情報」としてのソーシャルメディア
チラシの魅力と限界

　まず，動員における革新について，伝統的メディアとソーシャルメディアを比較して考えてみよう。前節で示したように，3.11直後半年の反原発デモへの動員ではチラシはマイナーな位置しか占めていない。デモ参加者は，チラシをもらっても持ち歩くわけではないので結局，ケータイ／スマートフォンでツイッターや告知メールを見て確認することが多いという。また，チラシは主にデ

モに先立つ類似イベントで配布される（それが最も効率的な配布方法である）ため，もともとそういう所に来ていない人を呼び込むことはできない。

　たとえば「素人の乱」がずっとやってきたように，そしてその中心人物である松本哉も強調しているように（松本 2008：50），場所や潜在的参加者が限定されているデモなら，キャンパス中にポスターを張り巡らしたり，駅前に止めてある自転車のカゴに片端からチラシを入れたり，といったアナログな手段が圧倒的な効力を発揮することは間違いないだろう。しかし，数万人，数十万人の既存のつながりのない人びとを集めようとするとき（たとえば「素人の乱」の4月10日のデモは30万人デモ！と銘打っていた），チラシの効力は限定的である[19]。集めようとする人数に比してあまりにも少量しか撒けないし，新宿や渋谷で配っても動員に結びつく可能性は薄い。対象を限定しない無差別の誘いには人は反応しないからだ。「履歴」情報のネットワークが張り巡らされ，過去にあれを買ったあなたにはこれがお勧め，という個別の情報が当たり前になっている時代に，誰に対しても同じように差し向けられた誘いの魅力は薄い。

ツイッター——自分向けの情報

　対照的に，人によって違う情報を提供するのがソーシャルメディアである。ツイッターのタイムライン（ツイートが流れてくる画面）は，誰一人として同じではない。各自，自分が選択した人（フォローしている人）が書いたツイートと，その人がリツイート（転送）したツイートだけを読むシステムだ。

　自分がフォローしている人が流してくる情報。それは，（たとえ会ったことはなくても）つながりのある人からの情報であり，万人向けの情報とはまったく違う意味を持つ。ネットメディア上で最も信頼される情報は知人からの情報であるという（eMarketer 2010）。1節で触れたように，運動に参加するかどうか（動員）に影響を与える要因として重要なのは運動関係者との既存のつながりの有無だが，ツイッター上のフォローする／される関係はまさに，動員に結びつく既存のつながりのひとつとして機能していると考えられる。

　表6-11は，ツイッターとマスメディアの特性を比較したものである。マスメディアと比べてみても，ツイッターで流れる情報は「自分に向けられたも

表6-11 ツイッターとマスメディアの特性の比較

	ツイッター	マスメディア
情報の向かう方向	双方向	一方通行
情報の多様性・個別性	選択可能	選択不可能
	人によって違うタイムライン	一律のコンテンツ
検索可能性	検索できる	検索できない（電子メディア除く）
同時性	リアルタイム	数時間から1日の遅れ

の」として受け取られる可能性が高いことが見て取れよう。

　他人とは違う自分だけの情報のセットと、その発信者が知り合い（同じネット上の「コミュニティ」に属しているだけでも、赤の他人とは次元の違う知り合いである）だという点は、mixiやFacebookでも同じだ。芝公園デモのように、既存の組織やネットワークが依然として大きな役割を果たしているケースもあるが、ソーシャルメディアが生み出す、ゆるくて広く、リアルタイムで更新されるつながりは、「新しい動員」を可能にしたと言ってよいだろう。

「メディアを恨むな，メディアになれ」——運動としてのメディア
オルタナティヴ・メディアの台頭と新しい運動文化

　運動自体の概念も、新しいメディアの登場とともに書き直された。表6-11の「情報の向かう方向」がここではカギを握っている。メディア・アクティヴィズムあるいはオルタナティヴ・メディアとは、一言でいえば自分が「メディアになる」ことである。メディア・アクティヴィスト，ジェロ・ビアフラは「メディアを恨むな，メディアになれ」と煽る（イルコモンズ 2011）。[20] 新たな社会問題を報じて問題の社会的構築をおこなうこと、動き出した運動を報じて運動を拡大し世論を味方につけること、あるいは警察等の運動に対する弾圧を監視すること。これらをマスメディアに担って貰うために苦心して働きかけたり、報じないマスメディアを恨んだりする必要はない。自分でやればいいのだ。

　90年代以降の、インターネット、小型ビデオカメラ、動画のノンリニア（デジタル）編集の急速な普及、さらに近年ではケータイやスマートフォンなど誰もが持っているモバイル機器の飛躍的発展により、運動側の情報発信能力は以前とは比べ物にならないほど拡大した。運動が中心的に用いるメディアが言語

から映像／表象へと，運動が組み立てられる軸が論理／イデオロギーから表現／感性へとシフトし，抽象的，論理的言語能力に長けた「インテリ」がリーダーとして引っ張る運動から多様な参加者がそれぞれの表現を展開する場としての運動へ，という本質的転換が起きている。

さらに，今日のグローバル・アクティヴィズムの重要な特徴となっているのは「ユーモアの積極的な活用」である（渡邊 2012：140）。「素人の乱」の数々の「マヌケ」なイベントや，反G8などの大規模デモの祝祭性を思い起こせば理解できるだろう。面白そう，共感できる，という感情の揺れをよぶ運動に人びとはやってくる。運動の動員力は，いかにそれを演出し，発信するかにかかっている。

「ゆるい共感のつながり」としての運動

デモは沿道の人びとだけが見るのではなく，ネットを通じて文字通り全世界へ開かれた主張であり表現である。まさに「中継してナンボ」の世界だ。しかし映すべき実態がなければ元も子もないのは言うまでもない。オルタナティヴ・メディア活動の多くはそれ自体が「社会運動」であるが，運動とオルタナティヴ・メディアは相互依存的関係にあってどちらも決して片方だけでは存在しえないのである（Coyer et al. 2007）。

3.11以降の反原発運動は，多くの人びとを「市民カメラマン」や「市民ビデオ・ジャーナリスト」へと変えた。YouTubeに上げられている動画を「反原発デモ」で検索すると約3700件がヒットする。マスメディアでは一部の例外を除いて小さくしか報じられないデモがこれほど熱心に伝えられ，日本社会が受けたモラル・ショックと，それに際しての人びとの反応の変化――黙ってばかりではないこと――を伝えている。それは同時に，マスメディアを徹底的に相対化し，その権威と信頼を失墜させる行動でもある（本章を書き上げて後の2012年夏，官邸前の抗議行動が数万の人を集めるようになり，マスメディアでも大きく扱われるようになった）。

1節で描いたようにデモをUstreamやツイッターで中継し，リアルタイムでつながりや共感を生み出し，増幅していくこと自体が今日の運動である。ソ

ーシャルメディアの重要な意味は人びとの間の自由なコミュニケーションを可能にするところにある（Shirky 2010）とされるが，可視化されていないゆるい共感としての運動はまさにそこから立ち上がっていく。

5　「デモのある社会」の作法

新しいコミュニケーションと行動様式
たやすく結晶化する感情

　震災前に起きたタイガーマスク事件（児童養護施設等へのタイガーマスク名での寄付が頻発した事件）の際，「環境が変われば善意は意外とたやすく結晶化」するのであり，「新しい情報環境が日本社会を確実に変えつつある」という指摘（東 2011a；西田 2011）がされた。

　3.11以降の都市部の反原発街頭行動の新しさは，強い「モラル・ショック」を受けたごく普通の人びとの感情が，ソーシャルメディアを中心とする2011年時点で最先端の情報環境に媒介されて直接行動につながったところにある。ネット／モバイル環境が誰でも使えるものになったことで，人びとの感情の揺れという「スイッチ」は，昔よりずっと簡単に具体的な行動と結びつくようになった。しかもスイッチが入ってから行動までほとんどタイムラグがない場合も多い。何かが起きている場所の近くにいれば，ツイッターや Ustream の中継を見て「じゃあ自分も行く」とすぐに行動に移すことができる。

　「新しいコミュニケーションの方法が世間に行きわたり，人々がそれに慣れ親しむほど，リアルタイムの連携は『事前の計画』を押しやり，集団行動はますます予期しづらくなっていく」（Shirky 2008＝2010：175）というシャーキーの指摘の通りである。また，ツイッターの「リツイート」で時々起こるように，興味を惹かれる情報が（特に探したわけではないのに）偶然飛び込んできて，それによって初めての行動をとるということもあるだろう。既存のリアルな人間関係や個人的関心を持たない人がふとしたきっかけで直接行動に参加する可能性は，メディア環境の発達によって以前よりずっと高くなった。さらに，自分と同じ「普通の人」が参加している様子が見てとれるようになったことで，直

接行動参加のハードルは大きく下がった。

このことは，社会にとって，および社会運動研究にとって，それぞれ重要な意味を持っている。

運動研究の今後の課題

社会運動研究は，今後も社会が持つ物理的インフラの発達にともない，集合的な行動および「動員」のあり方がどう変わるのかをみていく必要があるだろう。一時的に人が大量に集まるタイプの一過性の行動（最も極端な例がフラッシュモブだ）と，ゆるくても組織化された運動とは分けて――互いの間にはもちろん協力や浸透があるだろうが――考えるべきだろう。

多種多様な人びとがバラバラに集まってくる単発の直接行動が，持続的・組織的な何らかの活動につながっていくのかどうかは，今後の日本の反原発運動，ひいてはエネルギー政策の帰趨を大きく左右するファクターであり，今後の研究課題でもある。実際，直接行動への参加を通してそれまで決して出会うことのなかった異質な人びとが出会い，新しい試みが生まれるという展開は起きつつある。典型的には組合等を中心とした組織的な運動と，3.11後に流入した新しい人びとの運動の出会い・協同をあげることができる[23]。

さらに，日本の反原発運動の歴史上類を見ない直接行動の盛り上がりが与えた政治的・社会的影響についての研究も，社会運動と社会の関係を解明するために欠かせない。直接行動のハードルが下がっても，社会全体からみれば参加しない人のほうが圧倒的に多い。その意味では本章で取り上げた人びとは少数派である。しかし人びとのオルタナティヴな発信（メディア・アクティヴィズム）と直接行動は，デモの参加者数だけでは到底捉えきれないインパクトを持っているのも確かだ。政治家に，マスメディアに，あるいは「原子力ムラ」に，どんな影響を与えたのか，与えなかったのか。「測り方」の工夫も含め，実証的な研究が必須である。

反原発デモとフジテレビデモの共通項

2011年東京──さまざまなデモ

　直接行動のハードルが下がったこと，感情が行動に結びつきやすくなったことの社会にとっての意味とは何か。私たちはたしかに，「デモのある社会」（柄谷行人）に住むようになったのかもしれない。しかし注意すべきは，メディアに媒介されて結晶化するのは「善意」ばかりではないことだ。情報環境が可能にした行動パターンという点では（主義主張とはまったく別にこの点だけからみれば），反原発運動を目の敵にしている排外主義的な運動や2011年夏に起きた「フジテレビデモ」にも，ポスト3.11の反原発直接行動と共通する点を見出すことができる。

　ここでは，優れたルポルタージュが出版されているふたつの運動，2007年に設立されて急速に会員を増やした日本版ネオナチともいうべき排外主義団体「在特会（在日特権を許さない市民の会）」の運動および「フジテレビデモ」の運動をみてみよう。反社会的な行動をとる運動でも，主義主張や行動パターンを措いてみてみると，メディア環境と社会運動参加の関係を考える上で，非常に参考になるからである。

　また，伊藤昌亮（2011）がヴィヴィオルカが提唱した概念を援用して指摘するように，現代の社会運動にはその特性上，「反社会運動」的な行動原理と「社会運動」的な行動原理が同時に含みこまれており，別物として扱うことはできない。これまで日本の社会運動研究であまり扱われてこなかった排外主義的な運動も，現代社会でそれなりの動員力を持って展開するひとつの社会運動である。「デモのある社会」とは，反原発デモがあり，在特会デモがある社会なのである（誤解のないように明記しておくが，在特会と反原発運動の思想や主張には重なるところは一切ない。またポスト3.11の反原発直接運動は基本的に非暴力を貫いており，この点でも在特会とはまったく異なる）。

「在特会」「フジテレビデモ」のメディア・アクティヴィズム

　在特会のルポルタージュのなかで，安田浩一は次のように書いている。「この運動はあくまでネットを媒介として進められる。……ネットという広大な空

第❻章 何が「デモのある社会」をつくるのか

間のなかで，分断されていた個と個が結びつき，属性とは全く関係のないもの同士が団結していく」(安田 2012：76)。これはポスト3.11の反原発街頭行動の描写としてもほとんど違和感がない。ネットを介して集まることで，まったく別世界の人びとが出会ってきたのがまさに反原発直接行動である。

さらに在特会の「活動」は，内容は別として，メディア・アクティヴィズムそのものである。彼らは活動をネットで中継し，YouTubeにアップし，SNS等で「拡散」する「動画戦略」を一貫してとっており，会員の入会のきっかけは「動画を観て」というケースが圧倒的に多いという (安田 2012：33)。

2011年8月に1万人を集めた「フジテレビデモ」は，実は2010年の尖閣諸島問題に対する一連のデモ，さらに遡れば2009年5月の「NHK『ジャパンデビュー』抗議デモ」が先駆けとなっている。呼びかけたのは「頑張れ日本」をはじめとする"保守系"団体だが，参加者はネット上の動画をみて参加した者が圧倒的に多い。2010年の第一回尖閣デモの後には「デモの模様を撮影した動画が，早くもデモ当日夜から一般参加者によって続々とYouTubeやニコニコ動画に投稿されており，大手マスメディアが軒並み沈黙する中で，……わずか2週間のうちにネット中を駆け巡って話題が沸騰」し，その次のデモの際には「反感や怒りを抱えてはいたものの『デモ』という政治行為にいまいち及び腰だった新規の『デモ参加者』がこれらの〔第一回デモの〕動画をみて「敷居が低くなった」と感じ，大量に参加してきた」という (古谷 2011：117，〔 〕は引用者)。

新規参加者を多く集める反原発デモとフジテレビデモは，それぞれの主義主張を切り離してみると驚くほどに共通性がある。メディア・アクティヴィズムが運動の中心になっていること。それによって「敷居が低く」なって，既存の組織への所属や人間関係がない人が大量に流入していること。

そして，「原発」とか「韓流」のいったい何がそこまで強い感情を呼び起こしているのかを突き詰めてみると，反原発デモとフジテレビデモの「敵」は共通している。つまり彼らは何よりも，「市民の声を聴かない」権力者——政府，そしてデモを報じない日本のマスメディア——に対して怒っているのだ。

私たちは何のためにデモをするのか

　現代日本のメディア・アクティヴィズムとそれに支えられた街頭行動は，マスメディアの情報を相対化するオルタナティヴ・メディア，誰もが簡単にリアルタイムで情報の受信・発信ができるメディア環境，ゆるいつながりを提供するSNS，これらが揃った社会環境が可能にしたものである。大きな組織がなくてもできるからこそ，一部の政治勢力に限らず，乱暴にいえば「右も左も」，数万単位の人を集められるようになったのだ。

　原発事故のようなきわめて強い感情を呼び起こす何かが起きたとき，そしてその責任の所在が明確に見えるとき，感情を表現する行動へのリンクがしっかり貼られている社会。それがいま私たちが生きている「デモがある社会」だ。[26] たまたま目にした動画やツイートで動かされた「感情」から1ステップのところにある行動であり現象である以上，参加者のひとりひとりに体系的な知識や思想や「代替案」（!）を求めるのはナンセンスである。参加しやすいイメージの提示や情報拡散に優れた仕掛け人がいれば，より多くの動員が望める可能性もあるだろう。誤解を恐れずにいえば，いま起きているデモ（直接行動）はそれくらい感情的で偶発的なものである。

　それでは「デモは意味がない」のか。決してそうではない。反原発デモとフジテレビデモ。この，主義主張が180度違う人びとに共通する怒りとは，「自分たちの声が届かない」こと，いいかえれば「自分たちが生きている社会の意思決定にまったくかかわれない」ことである。自分たちを代表するはずの政治家は途方もなく遠い。小さな範囲では「熟議」に参加する機会が用意されていたりもするが，たいていの人にはそんな余裕はない。「原発いらない」という思いは確かなのに，それを伝える途がみつからない。そんな人びとの感情を可視化するのが直接行動である。何度も言っているように，それを可能にしている要件その1は，2011年東京が持っていたメディア環境である。

　問題はそれへの応答である。じっさいに「熟議」にあたる人びと——政策決定者——が，直接行動に表された人びとの「思い」をどれだけ真剣に受け止めるかどうか，である。「受け止める」というのは訴えをそのまま受け入れることではない。デモで掲げられた要求すべてを呑むべきということではまったく

第6章 何が「デモのある社会」をつくるのか

ない。しかし，社会の多くの人びとの「思い」を社会の意思決定に反映することがきわめて困難になってしまっているいま，直接行動という形で表出された「思い」を無視するのは社会全体にとってあまりに大きな損失である。これだけ多くの人が気にかけているのはなぜかを真剣に考え，既定路線で自動的に答えを出すのでなく，複数の選択肢を検討する，そういう応答が要請されている。

3.11後の原発政策においても，すでに一定程度の応答はされてきたとみることもできる。つまり，反原発派にとって現在（2012年5月）の状況はまだまだ不十分ではあるものの，3.11以降の一連の直接行動がなかったら，原発をめぐる方針はいろいろなレベルでもっと急激に推進に引き戻されていたかもしれないのだ。マスコミにおける反原発直接行動の報道量も，3.11直後に比べるとかなり大きくなった。これらについては今後の検証を待たなければならないが，直接行動で表された一般市民の声を，形式的にではなく真剣に受け止め（クレームが殺到した企業がそうするように），見える形でフィードバックするための方法は常にヴァージョンアップされ続けなければならない。それが「デモのある社会」の作法であるはずだ。

注

(1) オンラインの抗議行動についてのケーススタディをはじめとする研究は蓄積されつつある（Van de Donk et al. 2004 = 2009）。Shirky（2008 = 2010）にはネットを介した集団の結成や集合的行為の豊富な事例がある。また伊藤昌亮（2011）は，ネットが媒介するフラッシュモブを新しい「新しい社会運動」および儀礼的パフォーマンスと捉え，「社会運動」と「反社会運動」の両面を持つと分析している。

(2) 3.11後の東京における反原発運動についての運動当事者／関係者による記録や分析は，参加者にライターや編集者が少なくないこともあって，すでに豊富にある（江田 2012；渕上 2012；二木 2012；児玉編 2012；イルコモンズ 2011；鎌田編 2011；松本 2011；宮部 2011；大澤ほか 2011；園 2011；園ほか 2011；園 2012；杉原ほか 2011；Twit No Nukes 編 2011；Twit No Nukes ほか 2011；柳田 2011）。ここでは活字化された主な作品だけをあげたが，運動を語るトークイベント（しばしばネット中継される）等も活発におこなわれている。より日常的な活動と当事者の生の声を伝えるメディアとしては，運動体の会議等の内部資料のほか，ここでもまたネットメディア，つまりツイッター，ブログ，メールマガジン等がき

(3) 4月10日高円寺デモのスタッフのひとりだった二木信(敬称略,以下同じ)へのインタビュー。
(4) 平野太一へのインタビュー。Twit No Nukes デモは,平野のツイートに応じて集まったメンバーによって始まり,告知その他を基本的にツイッターでおこなっている。4月26日に渋谷で第一回デモがおこなわれ,1000人を集めた。それ以降,ほぼ毎月1回デモを実施している。園良太や松本哉が,3.11以前から,原発にはかかわっていなかったものの他のイッシューの社会運動に参加したり主催したりした経験があったのに対し,平野自身も,またデモに参加する人の多くも,3.11前にはいっさい運動参加経験がなかったという。Twit No Nukes は2011年末にデモのやり方や自分たちのこれまでを書いた本も出した(Twit No Nukes編 2011)。
(5) ツイート(つぶやき)とは,ツイッターへの書き込みのこと。1回140字までに制限されている。ツイートは,特に非公開設定をしない限り,原理的にはネット上にすべて公開されている。
(6) モラル・ショックについてのジャスパーの説明より(Jasper 2006=2009:75)。
(7) ジャスパー本人による解説(2012年5月の面会時)。
(8) 二木信へのインタビュー。
(9) 日隅と木野は,東電や政府の会見でいかに真実が隠され,マスメディアがそれを追求せぬまま「発表ジャーナリズム」の様相を呈したかについて詳細に検証・報告している(日隅・木野 2012)。
(10) 調査員の数は,6.11が全部で27人,9.11が23人で,大学生および社会人の方々である(2回連続参加したのはひとりのみ)。調査は次のような形でおこなった。調査員は3つに分かれ,それぞれ担当の公園に行き,ひとりずつバラバラに動く。デモ出発前の公園に集まっている人びとに片端から(とくに選ばずに)声をかけ,応じてくれた人に質問をし,調査員が書き取る。調査できた時間は1時間から2時間程度。声をかけて断られた割合は調査員によって異なるがおおよそ10回に1回程度。声をかけやすい人を無意識に選択してしまうことによるバイアスは避け得ないが,それぞれの調査地に派遣する調査員の属性が偏らないように可能な範囲での配慮はした。9月の新宿デモのサンプル数が相対的に少ないのはデモ出発前に十分な調査時間がとれなかったことによる。なお,デモ参加者を対象とする量的調査におけるサンプリング方法として,Moving March Survey(Walgrave 2007)がある。オキュパイ・ウォール・ストリート運動の参加者が大量に合流した2012年5月のニューヨークのメーデー参加者を対象とする調査(ニューヨーク市立大学のステファニー・ルースら)でもこの方法を採用したという(ルースの話)。ただしこの方法では,人びとが列に並び始めて以降しか調査ができないこと,各々特徴の異なるデモ

のブロック（梯団）のすべてから偏りなく調査対象者を抽出しないとかえってサンプリング・バイアスが生じる可能性があることなどから，システマティックに動く大がかりな調査員団が存在しない限り十分な効果が出ないのではないかと思われる。

(11)　「たんぽぽ舎」代表，柳田真へのインタビュー。

(12)　デモ参加経験を問う質問は，「これまで，原発／エネルギー関連のデモ（パレード）に参加したことはありますか？」。これに対し「ない（今日が初めて）」「3月11日の後，参加した」「3月11日より前から参加したことがある」の3つの選択肢から選んでもらった（6.11調査の場合。9.11調査でも一部の表現を除いては同じである）。

(13)　ただし3.11以降，新聞やテレビの反原発（運動）の報道は社により，また時期により大きく異なっている。東京新聞のように反原発（運動）を積極的に報じるマスメディアも存在する。

(14)　その運動文化が日本に入るひとつの大きな契機となったのは2008年の洞爺湖サミット時の反G8運動である。

(15)　段ボール等でつくった巨大な張りぼて人形。デモで参加者らが持って歩く。

(16)　2000年代のオルターグローバリゼーション運動や「ストリートの思想」については，アダモフスキ＋イラストレーター連合（2007），毛利（2009），渡邊（2012）を参照。反原発運動とサブカルチャーの関係については絓（2012）に詳しい。ここでは詳述しないがオルターグローバリゼーション運動においてはアナキスト系の思想と運動も重要である。3.11以降の「素人の乱」主宰のデモや，2節で触れた平野らのTwit No Nukesデモについては，二木（2012），松本（2011），イルコモンズ（2011），Twit No Nukes編（2011），Twit No Nukesほか編（2011）などを参照。デモの表現形態等については何よりも，YouTubeで「反原発デモ」を検索して映像を見ることが一番である。

(17)　「素人の乱」デモの主催者側スタッフのひとり，二木信の，トークイベントにおける発言。

(18)　厳密にいえば，「環境」も「社会正義」のひとつに包摂されるとも考えられるが，ここでは，前者は食・農なども含めた自然環境に関心が高い傾向，後者は社会の中での不平等や格差に敏感で，原発のようにリスクの高いものを強引に進めていく制度・組織への反発が強い傾向という意味で用いている。ただし，後者の中にも，反原発にかかわるうち「社会と自然環境の大きな課題」に気づき，持続可能な生き方を模索し始めた人びとも出てきている（二木 2012）。

(19)　チラシは，「人を集める」という目標達成に向けて果たす効力は限定的であっても，それ以外に運動にとってプラスの意味がある。チラシにかかわる一連の作業——デザイン，「呼びかけ文」の策定，大量の印刷，完成品の配布——を協力して

おこなうことは，他人同士の集まりがひとつの目標をもった組織になっていこうとするときにきわめて効果的なプロジェクトである。メンバー間の意見交換と共同作業を通じて集合的アイデンティティの形成が促進され，役割を担うことによって「参加している感」を得ることができる。動員よりもむしろ，組織づくり，参加者間の集合的アイデンティティの醸成等にチラシは効力を発揮している。

(20) アメリカのパンクバンド Dead Kennedys の元リーダ 。アナキスト。
(21) 上野（2005）は，「社会／政治運動における集団的な高揚がフットボールスタジアムにおける熱狂やダンスフロアでの恍惚感とさほど遠いものではない」ことに言及し，そういう発想が黙殺，抑圧されてきたと指摘している。
(22) 東（2011b）14章よりの示唆。
(23) このような運動の軌跡は，2011年秋にニューヨークで始まったオキュパイ・ウォール・ストリート運動にも共通してみられる。オキュパイ・ウォール・ストリート参加者らへのインタビュー（2012年5月実施）による。
(24) 在特会は3.11以降の反原発デモや反原発テント等に対して卑劣な行為を繰り返してきた。筆者が実際に目撃した例もあるし，複数の人びとから話を聞いている。
(25) 現在，在特会の運動については樋口直人ら社会運動研究者が精力的にフィールドワークを積み重ねている。
(26) どういう人がどういう事件に最も反応しやすいのか，どういう情報が最も「スイッチ」になりやすいかについては今後の研究を待たなくてはならないが，どの運動に入るかはかなり偶然の出会いに左右される部分があるのではないかと思う。運動が「居場所」として機能する場合は特にその可能性は高まる。

文献

東浩紀，2011a,「論壇時評――新しい情報環境　道具あるなら使えばいい」『朝日新聞』1月27日朝刊。
東浩紀，2011b,『一般意思2.0』講談社。
Coyer, Kate, Tony Dowmunt and Alan Fountain, 2007, *The Alternative Media Handbook*, Routledge.
コンピューターテクノロジー編集部編，2011,『IT時代の震災と核被害』インプレスジャパン。
江田忠雄，2012,「経産省前テントの思想――持続する運動をめざす」『情況』第4期1号：77-85。
エセキエル・アダモフスキ文，イラストレータ連合絵，2007,『まんが反資本主義入門』明石書店。
渕上太郎，2012,「経産省前テントの闘い」『情況』第4期1号：86-107。

福島原発事故独立検証委員会, 2012, 『福島原発事故独立検証委員会　調査・検証報告書』ディスカヴァー・トゥエンティワン。

古谷ツネヒラ, 2012, 『フジテレビデモに行ってみた！——大手マスコミが一切報道できなかったネトデモの全記録』青林社。

二木信・松本哉, 2008, 『素人の乱』河出書房新社。

Goodwin, Jeff, James M. Jasper and Francesca Polletta, 2001, "Why Emotions Matter", Goodwin Jeff et al., eds., *Passionate Politics : Emotions and Social Movements,* The University of Chicago Press, 1-24.

Goodwin, Jeff and James M. Jasper, eds., 2009, *The Social Movements Reader : Cases and Concepts 2nd Edition,* Wiley-Blackwell.

平林祐子, 2010, 「公共空間の自由を守るアクティビズム——『宮下 NIKE パーク』反対運動」『都留文科大学研究紀要』72：77-88。

日隅一雄・木野龍逸, 2012, 『検証　福島原発事故・記者会見——東電・政府は何を隠したのか』岩波書店。

伊藤守, 2012, 『テレビは原発事故をどう伝えたのか』平凡社新書。

伊藤昌亮, 2011, 『フラッシュモブズ——儀礼と運動の交わるところ』NTT 出版。

Jasper, James M., 2006, *Getting Your Way : Strategic Dilemmas in the Real World,* The University of Chicago Press. (＝2009, 鈴木眞理子訳『ジレンマを切り抜ける——日常世界の戦略行動』新曜社。)

Jasper, James M. and Jane Poulsen, 1995, "Recruiting Strangers and Friends : Moral Shocks and Social Networks in Animal Rights and Animal Protest", *Social Problems,* 42：493-512.

鎌田慧編, 2011, 『さようなら原発』岩波ブックレット。

児玉雄大編, 2012, 『Shall We ダンス？——3.11以降の暮らしを考える』メディア総合研究所。

McAdam, Doug, 1988, *Freedom Summer,* Oxford University Press.

松本哉, 2008, 『貧乏人の逆襲！——タダで生きる方法』筑摩書房。

宮部彰, 2011, 「社会運動と政治運動をつなぐ脱原発運動を」『季刊ピープルズ・プラン』55：75-81。

毛利嘉孝, 2009, 『ストリートの思想——転換期としての1990年代』NHK ブックス。

中島眞一郎, 2011, 「いかたの闘いと反原発ニューウェーブの論理」『現代思想』39 ⒁：52-61。

西田亮介, 2011, 「助け合いへの共感増幅」『朝日新聞』1月20日夕刊。

大澤真幸・柄谷行人・山口二郎・礒崎新・いとうせいこう, 2011, 「シンポジウム　震災・原発と新たな社会運動」『at プラス』9：6-48。

Rheingold, Howard, 2002, *Smart Mobs : The Next Social Revolution,* Basic Books. （＝2003，公文俊平・会津泉監訳『スマート・モブス』NTT出版）．

酒井啓子，2011，「中東政変が示した民主化運動の戦い方とは」『SIGHT』47：126-141．

Shirky, Clay, 2008, *Here Comes Everybody,* Brockman.（＝2010，岩下慶一訳『みんな集まれ！――ネットワークが世界を動かす』筑摩書房．）

Shirky, Clay, 2011, "The Political Power of Social Media", *Foreign Affairs,* 90(1)：28-41.

塩谷喜雄，2011，「原子力，報道と広報の限りなき同化」丸山重威編著『これでいいのか福島原発事故報道』あけび書房，78-95．

白石草，2011，『メディアをつくる――「小さな声」を伝えるために』岩波ブックレット．

Snow, David A., Louis A. Zurcher Jr. and Sheldon Ekland-Olson, 1980, "Social Networks and Social Movements: A Microstructural Approach to Differential Recruitment", *American Sociological Review,* 45：487-801.

園良太，2011，『ボクが東電前に立ったわけ――3.11原発事故に怒る若者たち』三一書房．

園良太，2012，「我は如何にして活動家となりし乎　第9回恐怖や不安感を超えた持続的な運動を」『atプラス』11：169-181．

園良太・なすび・近藤和子・天野恵一，2011，「反（脱）原発運動の現在的課題――再稼働反対アクションに向けて」『インパクション』181：82-109．

絓秀実，2012，『反原発の思想史――冷戦からフクシマへ』筑摩書房．

杉原浩司・伴英幸・満田夏花・天野恵一・白川真澄，2011，「座談会：脱原発運動の新しい局面を切り拓くために」『季刊ピープルズ・プラン』56：51-65．

曽良中清司，2004，「社会運動論の回顧と展望」曽良中清司ほか編『社会運動という公共空間』成文堂，230-258．

Twit No Nukes 編，2011，『デモいこ！――声をあげれば世界が変わる　街を歩けば社会が見える』河出書房新社．

Twit No Nukes・素人の乱・No Nukes More Hearts・右から考える脱原発ネットワーク，2011，「TALKING about DEMO !!!!!」『DOMMUNEオフィシャルガイドブック2』河出書房新社．

上野俊哉，2005，『アーバン・トライバル・スタディーズ――パーティ，クラブ文化の社会学』月曜社．

上杉隆・烏賀陽弘道，2011，『報道災害【原発編】事実を伝えないメディアの大罪』幻冬舎新書．

Van de Donk, Wim, Brian D. Loader, Paul G. Nixon and Dieter Rucht, eds., 2004, *Cyber Protest : New Media, Citizens and Social Movements.* Routledge. (= 2009, 尾内達也訳『サイバープロテスト——インターネット，市民，社会運動』皓星社．)

柳田真，2011,「インタビュー　反原発運動は大衆化しだした，次をどうする」『運動〈経験〉』34：61-77．

安田浩一，2012,『ネットと愛国——在特会の「闇」を追いかけて』講談社．

Walgrave, Stefaan, 2007. "Protest Surveying. Testing the feasibility and Reliability of an innovative methodological approach to political protest", Paper presented at Seminaire du staff, University of Geneva.

渡邊太，2012,『愛とユーモアの社会運動論——末期資本主義を生きるために』北大路書房．

ウェブサイト

「脱原発なう　脱原発系イベントカレンダー」（http://datugeninfo.web.fc2.com/）

eMarketer, 2010, "What Makes Social Media Trustworthy?" （http://www.emarketer.com/Article.aspx?R=1007863）

イルコモンズ，2011,「イルコモンズのふた。」1. 30. のエントリ（http://illcomm.exblog.jp/12788075/）

松本哉，2011,「マガジン９」連載「松本哉ののびのび大作戦」（http://www.magazine9.jp/matsumoto/index.php）

二木信，2012,「連載【ドキュメント反原発デモ】(1)〜(8)」WEBRONZA（http://astand.asahi.com/magazine/wrnational/special/2012021700015.html）

（2012年５月脱稿）

第7章

フクシマは世界を救えるか
——脱原子力社会に向かう世界史的転換へ——

長谷川公一

1 フクシマは世界を救えるか

チェルノブイリ原発事故は何をもたらしたのか

　1986年4月26日に起こったチェルノブイリ原発事故は，人類全体の歴史を大きく変えた世界史的大事件だった。十分検証はされていないが，この事故がなかったら，わずか3年半後の1989年11月10日に「ベルリンの壁」が崩壊することはなかっただろう。5年半後の1991年12月26日にソ連邦が崩壊することもなかっただろう。どちらの崩壊もいずれ避けがたかったにせよ，チェルノブイリ原発事故が起きていなければ，これほど短期間にこれほどダイナミックに歴史が動くことはなかっただろう。

　チェルノブイリ原発事故は，日本では原子力政策の転換点という観点からのみ理解されがちだが，それではあまりにも矮小化しすぎている。

　チェルノブイリ原発事故直後，当時のゴルバチョフ書記長は，大きな衝撃をうけ，ペレストロイカ（立て直し）とグラスノスチ（情報公開）を加速した。事故が起きた86年4月26日は書記長に就任してわずか1年1ヶ月後であり，ゴルバチョフがペレストロイカの断行を宣言した矢先の出来事だった。この事故によって核戦争による惨状を想起したゴルバチョフは核実験の一方的停止，向こう10年間での戦略核兵器全廃など，冷戦の終焉に向けて，外交面でも矢継ぎ早の提案をおこなった。しかしソ連社会の崩壊は，ゴルバチョフの予想と思惑を超えて，チェルノブイリ事故を契機に急加速した。彼自身の言葉を借りれば，

チェルノブイリ事故は,「文字通り国を軌道からはじき出してしまった」のである (Gorbachev 1995=1996：377)。

ゴルバチョフは回顧録の中で,次のように記している。「従来のシステムがその可能性を使い尽くしてしまったことをまざまざと見せつける恐ろしい証明であった」(Gorbachev 1995=1996：377)。「所轄官庁の縄張り主義と科学の独占主義にしめつけられた原子力部門の閉鎖性と秘密性」(Gorbachev 1995=1996：380)。「チェルノブイリはわが国体制全体の多くの病根を照らし出した。このドラマには長い年月の間に積もりつもった悪弊がすべて顔をそろえた。異常な事件や否定的なプロセスの隠蔽（黙殺）,無責任と暢気,なげやりな仕事,そろいもそろっての深酒。これは急進的改革が必要であるもうひとつの確実な論拠だった」(Gorbachev 1995=1996：382)。「そろいもそろっての深酒」以外は,そのまま現代日本にもあてはまる。

福島はフクシマとなった

では,チェルノブイリ原発事故に匹敵する規模の大惨事となった福島第一原発事故はどのような転換点となるのだろうか。否,私たちはこれをどのような転換点としなければならないのだろうか。ひとりの市民として,社会科学者として,社会学者としての私たちの大きな責務である。

2011年3月11日以降,日本社会全体が放射能とともに生きる,新しい時代が始まった。通学路は安全か,学校給食は安全か,学校の屋外プールで子どもたちが水泳をしても安全か,等々。福島県を中心に,幼い子どもを持つ東日本や首都圏の家庭の悩みはつきない。食品や水道水等の安全性を疑いながら暮らす新しい時代の始まりである。どこにいても,何をするにしても,何を食べるにしても,家庭でも,レストランでも,居酒屋でも,その場所と食べ物の放射線レベルを意識せざるをえない。「安全宣言」を聞いても,その前提を問わざるをえない。

広域にわたって,かつ半減期30年のセシウム137によって長期にわたって,いのちと健康と生活と環境が脅かされ,東日本では福島県内を中心に,いわば低線量被曝の「人体実験」が進行している。

第 7 章　フクシマは世界を救えるか

表7-1　福島県の避難者数（2011年9月22日時点）

（単位：人）

避難先	政府の指示等による避難	「自主避難」	合計
県内	70,817	23,551	94,368
県外	29,693	26,776	56,469
合計	100,510	50,327	150,837

出所：「自主的避難関連データ」（第18回原子力損害賠償紛争審査会資料，2011年12月6日）より作成。

3月11日以降，根源的な不条理に私たちは曝されている。ヒロシマとナガサキが不条理だったように，そしてチェルノブイリが不条理だったように，フクシマもまた不条理に曝されている。

「毎日，毎日，否応なく迫られる決断。逃げる，逃げない。食べる，食べない。子どもにマスクをさせる，させない。洗濯物を外に干す，干さない。畑を耕す，耕さない。何かにもの申す，黙る」。「私たちは静かに怒りを燃やす東北の鬼です」。東京の明治公園で，2011年9月19日に開催された「さようなら原発5万人集会」における福島県三春町在住の女性の訴えである（武藤 2012：12-3，20）。「毎日，毎日，否応なく迫られる決断」は，選択をめぐって，人びとの間に分断と深い亀裂をもたらしている（山下・開沼編 2012：除本 2012）。避難対象区域（警戒区域と計画的避難区域）の面積は約800 km^2，県内および県外への避難者数は，政府の指示等による避難者，「自主避難」を含め，表7-1のようにあわせて，約15万人である（除本 2012：34）。

核戦争勃発寸前までいったとされる1962年10月のキューバ危機をはじめとして，これまで核戦争の危機が何度かあった。原爆が投下されたヒロシマ・ナガサキの惨状と核兵器廃絶を訴えてきたヒロシマ・ナガサキからのメッセージは，結果的に今日まで核戦争の危機から「世界を救ってきた」といってよいだろう。

福島第一原発事故によって，福島はフクシマとなった。福島原発事故は，まずドイツの原子力政策を転換させ，スイスの原子力政策を転換させ，国民投票によってイタリアの脱原子力政策を維持させ続けることになった。

福島原発事故が日本のエネルギー政策をどの程度大きく転換させることになるのか。本章執筆の2012年5月5日時点では予断を許さない。しかし原発再稼

第Ⅱ部　原発事故と原子力政策

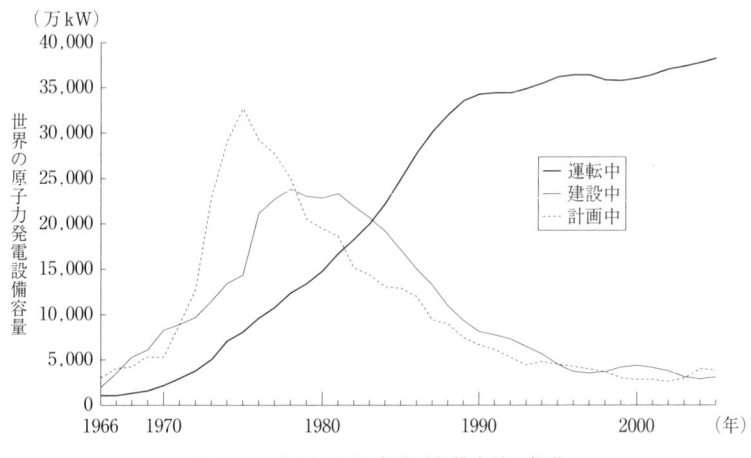

図7-1　世界の原子力発電設備容量の推移

注：1973年以前は1万kW以上の発電炉を対象としている。
　　1974年以降は3万kW以上の発電炉を対象としている。
　　1966年の数値は，1967年2月現在。

働に批判的な世論と福井・滋賀・京都府知事，大阪市長らの批判によって，定期点検中の原発の再稼働は当面見通しが立たず，2012年5月5日には定期点検のために，すべての原発が停止した（大飯原発3号機は2012年7月1日に，同4号機は7月18日に再起動した。2012年夏に稼働していた原発はこの2基のみである）。

　図7-1は，世界の原子力発電の設備容量の推移である。1978年のスリーマイル原発事故を契機に，計画中および建設中の原発が激減したこと，1986年のチェルノブイリ原発事故がそれを加速したことがわかる。図7-2のように，世界中で運転中の原発の基数は，85年末の374基から2010年末の443基に増えているが，日本とフランスをのぞくと，運転中の原発の基数のピークは1989年であることがわかる。チェルノブイリ原発事故後に，運転中の原子炉の数はほぼ横ばい傾向にある。アジアが急増し，その分，ヨーロッパと北米で漸減している。

　表7-2は，チェルノブイリ原発事故前の1985年12月末と10年後の95年12月末，福島原発事故前の2010年12月末の3時点での国別の運転中と建設中の原発の基数を比較したものである。息子のブッシュがアメリカ大統領に就任した2001年以降，世界的に「原子力ルネサンス」が喧伝されるようになったが，表

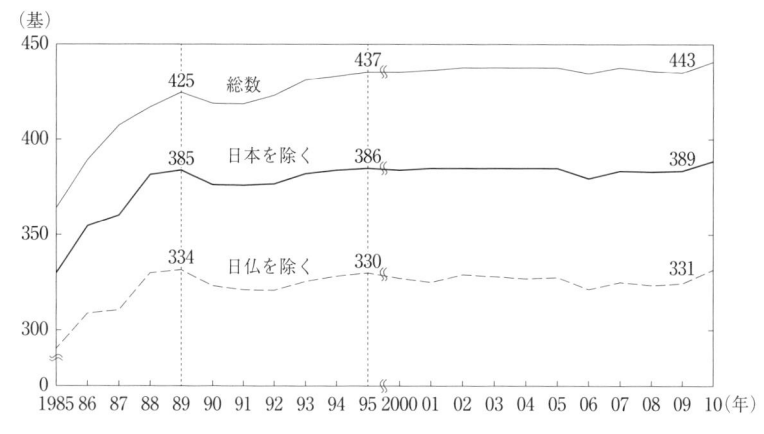

第 7 章　フクシマは世界を救えるか

図 7-2　世界の商業用原子炉数の推移（1985～95，2000～10年）
出所：IAEA 資料より作成。

　7-1のように，2010年末時点で西ヨーロッパとアメリカで建設中の原発はわずか3基である。しかもアメリカの1基は，1973年に発注されて長らく中断していたものである。2001年，息子のブッシュ政権の発足後，アメリカでは原発の新規計画が26基も提出されたが，2010年代に運転開始するとみられるのは4基のみである。[1]

　表7-2が示すように，運転中の原発の数は，西ヨーロッパとアメリカでは，1995年末の280基から251基に，15年間で29基も減少している。これに対してアジアで運転中の原発は計35基増え（85年末との比較では，計67基増），建設中の原発は42基にものぼる。世界全体で2010年末に建設中の原発64基のうち，65.6％がアジアの原発である。特に東アジアは37基を数える。経済成長とエネルギー需要の急増を背景に，原発依存度を急速に高める東アジアと，社会が成熟し，原発が漸減しつつある欧米との対照が際だっている。イギリスは，85年末の38基から2010年末の19基へと半減している。ドイツも，85年末の24基から（東西ドイツの合計），2010年末の17基へと減っている。ドイツは，後述のように福島原発事故を受けて2011年8月に8基を閉鎖したから，2011年末には9基のみとなっている。

　他方韓国は，この25年間に，運転中の原発が4基から21基へと17基も増えて

第Ⅱ部　原発事故と原子力政策

表7-2　世界の原子力発電の推移（1985年、1995年、2010年）

地域・国名	1985.12.31現在 運転中基数	1985.12.31現在 建設中基数	1995.12.31現在 運転中基数	1995.12.31現在 建設中基数	2010.12.31現在 運転中基数	2010.12.31現在 建設中基数	地域・国名	1985.12.31現在 運転中基数	1985.12.31現在 建設中基数	1995.12.31現在 運転中基数	1995.12.31現在 建設中基数	2010.12.31現在 運転中基数	2010.12.31現在 建設中基数
西欧							東欧						
フランス	43	20	56	4	58		ロシア*	51		34	4	32	11
ドイツ****	24	12	20		17		ウクライナ*			16	5	15	2
イギリス	38	4	35		19		リトアニア*			2			
スウェーデン	12		12		10		カザフスタン*			1			
スペイン	8	2	9		8		アルメニア*			1		1	
ベルギー	8		7		7		ブルガリア	4		6		2	2
スイス	5		5		5		ハンガリー	2		4		4	
フィンランド	4		4		4	1	チェコ**	5		4	2	6	
オランダ	2		2		1		スロバキア**			4	4	4	2
イタリア	3	3					スロベニア***	1		1		1	
小計	147	41	150	4	129	1	ルーマニア			3		2	
北米							ポーランド			2			
アメリカ合衆国	93	26	109	1	104		小計	63		54	17	67	17
カナダ	16	6	21		18		中南米						
小計	109	32	130	1	122		アルゼンチン	2		2	1	2	1
アジア							メキシコ			2		2	
日本	33	11	51	3	54	2	ブラジル	1		1	1	2	1
韓国	4	5	11	5	21	5	キューバ				2		
台湾	6		6		6		小計	3		5	2	6	2
インド	6	4	10	4	20	5	アフリカ						
中国		1	3		13	27	南アフリカ	2		2		2	
パキスタン	1		1		3		小計	2		2		2	
イラン				1	1		合計	374	157	437	39	443	64
フィリピン		2	1	2			総計出力（万kW）	24,962.5		34,674.3		37,537.4	
小計	50	24	82	15	117	42							

出所：IAEA資料に基づいて地域別に作成。
注：85年当時の旧ソ連ツ運ツ＊（ロシア、ウクライナ、リトアニア、カザフスタン、アルメニア）は、ロシアに一括して掲げた。
　　85年当時の旧チェコスロバキア分＊＊（チェコ、スロバキア）は、チェコに一括して掲げた。
　　85年当時の旧ユーゴスラビア分＊＊＊は、スロベニアの欄に掲げた。
　　85年当時の旧西ドイツ分と東ドイツ分＊＊＊＊は、ドイツに一括して掲げた。

いる。しかも韓国は，日本にとって，近年，途上国への原発輸出のライバルとして台頭してきた。2009年12月，韓国は日本，フランスを抑えて，李明博大統領自らのトップセールスによってアラブ首長国連邦への原発輸出に成功した。韓国は，2030年までに原発80基の輸出を目指している。中国もこの25年間に運転中の原発が0基から13基へと増大している。また2004年にパキスタンの原子力発電所の圧力容器を受注するなど，原発輸出にも積極姿勢を見せている。福島原発事故前は，日本にとって，韓国と中国は，経済だけでなく，原発輸出でも強力なライバルとなるとみられていた。

　日本の再処理政策は韓国の再処理政策をも刺激し，韓国も韓米原子力協定を改定して商業用再処理を認めさせるように，2010年10月からアメリカと交渉中である。

　2006年に東芝はウェスチング・ハウス（WH）を買収。これに対抗して同年に日立製作所はジェネラル・エレクトリック（GE）の原子力部門との事業統合をはかった。同じく2006年に三菱重工業は，フランスの国策会社アレバと提携した。世界の原子力産業は，日本とフランスが主導し，企業としては東芝・WH，日立・GE，三菱・アレバの3グループに大別されることになった。

　日本の原発推進政策は，韓国や中国の原発推進政策を加速させ，欧米でも「原子力ルネサンス」のかけ声を高め，途上国の原発建設熱を掻き立ててきた。

　筆者は，1999年の論文や市民向けの講演などで，日本の原発推進政策の転換のためには，「『もう一つのチェルノブイリ』を待たねばならないのだろうか」と問いかけてきた（長谷川 1999：330）。筆者の危惧は，はしなくも，福島原発事故で現実のものとなった。

　福島原発事故は，世界全体を脱原子力社会に向かわせる転換点となることによってもうひとつのフクシマ事故を抑制し，さらには核拡散を抑制する契機となることによって，世界を救う可能性を秘めている。私たちが直面しているのは，「フクシマは世界を救えるか」という根本的な問いかけである。

　きめ細かな放射線量の監視や外部被曝・内部被曝をできるだけ防ぎ，除染などの取り組みをすすめ，また補償を拡充し，放射線のレベルの下がった地域から順次地域再建に取り組むことによって，フクシマの人びとを救援するととも

に，フクシマ事故を，世界を救う契機にしなければならない。

2　福島原発事故の衝撃

　福島原発事故は国内的にも世界的にみても，きわめて衝撃的な原発事故だった。その衝撃の大きさは，後述のようなドイツの原子力政策の転換に端的に示されている。どのように衝撃的だったのか，その理由を整理しよう。

　第一に，チェルノブイリ事故は黒鉛炉というソ連独特の特殊な炉で起こり，原子炉には格納容器がないなど，安全基準も西側とは異なっていた。それに対して事故を起こした福島第一原発は，世界標準炉ともいうべき軽水炉だった。GEの設計を基本とした沸騰水型炉である。世界標準炉ということは，世界のどの原発でも，一定の条件のもとでは長時間の全電源喪失状態が生じ，冷却機能が失われ，メルトダウン（炉心溶融）が生じうるということが例証されたことになる。

　第二に，大地震と大津波という自然災害を契機とした，世界初の複合的な原発事故だった。

　「原発にとって大地震が恐ろしいのは，強烈な地震動による個別的な損傷もさることながら，平常時の事故と違って，無数の故障の可能性のいくつもが同時多発することだろう。とくに，ある事故とそのバックアップ機能の事故の同時発生，たとえば外部電源が止まり，ディーゼル発電機が動かず，バッテリーも機能しないというような事態がおこりかねない」。地震学者石橋克彦が1997年に警告したような事態の連鎖となり「原発震災」が引き起こされた（石橋1997：723）。

　しかも第三に，世界ではじめて，1号機から4号機まで，4つの原子炉がほぼ同時に危機的な状況に陥ったために，対応は著しく困難をきわめた。高い放射線量のもとで，懐中電灯を頼りに，死を覚悟しながら，絶望的な思いの中で困難な作業を余儀なくされた。スリーマイル事故も，チェルノブイリ事故も事故を起こしたのは1基のみだった。新規立地点で社会的合意を得るのが困難になり原発建設が進まないために，ひとつのサイトに何基もの原子炉をつくる集

中立地政策がとられるようになったが，それが完全に裏目に出てしまった。

　第四に，世界ではじめて貯蔵プール内の使用済み核燃料が大きな放射能汚染をもたらす危険性が生じたことである。稼働中だった1〜3号機の核燃料は(損傷したとはいえ)格納容器に守られているが，定期点検のために停止していた4号機では，原子炉建屋内の原子炉上部に貯蔵プールが設置され，原子炉約2基分相当の計1535本の核燃料が保管されていた。圧力容器も格納容器もない，水だけしかバリアーのない，きわめて無防備な状態に使用済み核燃料は置かれていたのだ。事故から5日後の3月16日頃の時点で，アメリカ原子力規制委員会などが最も危惧したのは，冷却できずに4号機の貯蔵プールの水が完全に失われ，プール内の使用済み核燃料すべてが炉心溶融する事態だった。菅首相の要請で3月22日に作成された近藤駿介原子力委員会委員長による「最悪のシナリオ」(「福島第一原子力発電所の不測事態シナリオの素描」)では，半径170km圏内が移住，東京都・横浜市までを含む250km圏内で避難が必要なほど汚染が広がると想定された(福島原発事故独立検証委員会 2012)。実際，アメリカ政府は，3月17日アメリカ国民の出国を支援するとともに，福島原発から80km圏内のアメリカ人に対して退避勧告を出し，[3]ドイツ政府も，東京・横浜在住のドイツ人に避難を勧告し，大使館機能の一部を大阪に移した。フランス政府は，3月16日に首都圏からの退避勧告を行い，飛行機を送り，首都圏からのフランス人の帰国を支援した。日本国民はほとんど知らされていなかったが，多くの国がチャーター機の運航や80km圏外もしくは首都圏外への退避勧告など，ほぼ同様の措置をとっていた。

　第五に，前述の最悪のシナリオでは，「首都圏3000万人の避難」という世界史上例を見ない事態が現出した可能性があった。3月29日から，内閣官房参与として総理官邸で原発事故対策にあたった田坂広志は，「3月末から4月初めにかけての時期は，文字通り『首都圏3000万人の避難』という最悪の事態もあり得る，まさに予断を許さない時期だった」「文字通り幸運なことに，さらなる水素爆発も起こらず，大きな余震も津波も起こらず，原子炉建屋や燃料プールのさらなる大規模崩壊も起こらなかったため，この最悪のシナリオへ進まずに済んだ」と述べている(田坂 2012：25, 32)。仮に新たに水素爆発や水蒸気爆

発が生じるか、大きな地震や津波が再び原発を襲って、4号機の核燃料の冷却ができなくなる事態が生じたら、最悪のシナリオが現出した可能性は少なくない。

第六は、1〜3号機については、メルトダウンだけでなく、核燃料の一部が圧力容器の深部を突き抜けて格納容器の底に落下するメルトスルー（溶融貫通）が生じており、圧力容器も格納容器もともに損傷しているとみられることである。各電力会社は、原子力発電所は、燃料ペレット、燃料被覆管、原子炉圧力容器、格納容器、原子炉建屋の「5重の壁」で放射性物質を厳重に閉じ込めていると喧伝してきたが、福島原発事故ではこの5つすべてが大きく損傷した。

第七は、放射能によって汚染された水を大量に流出させ、また放出したことによって、深刻な海洋汚染を引き起こしつつあることである。スリーマイル原発もチェルノブイリ原発も内陸に立地された原発だったが、日本の原子炉は冷却用の水を海水から取り出し、温排水を海に流すため、すべて沿岸に立地している。

2011年4月2日から6日までの4日間に海洋に流出させた高レベル汚染水の量は計5200トン（含まれる放射能の総量は約4700テラベクレル）、4月4日から10日にかけては1万1500トンの低濃度汚染水を放出した。4日から10日の意図的な放水は、国内の漁業関係者だけでなく韓国、中国、ロシアなどからもきびしい批難を浴びた。

第八は、事故発生から9ヶ月後の12月16日、政府は「冷温停止状態」を宣言したが、圧力容器を貫通して格納容器底部にいたった燃料棒がどのような状況にあるのかすら把握できていない。事故の物理的「収束」の目処は立っていない。スリーマイル事故は6日間で、核暴走事故だったチェルノブイリ事故の場合でも10日目には放射性物質の大量放出を収束させている。

3　ドイツはなぜ脱原子力政策に転換できたのか

ドイツのメルケル首相は、福島原発事故発生から3日後の3月14日に、1980年以前に運転を開始した7基と80年以降運転開始したもののトラブルの多い1

基，計8基の3ヶ月間の暫定的な運転停止を命じた。後述のように，2022年末までの原子力全廃が国会で議決されたあと，この8基は運転が再開されることなく2011年8月6日，閉鎖された。

　ドイツは世界の中で最も反原発運動が強く，1970年代半ばから活発な反対運動が続いてきた。それにしてもなぜ，福島原発事故後，いちはやく原発政策を転換できたのだろうか。どのようにして政策転換にいたったのだろうか。そこから日本社会は何を学びとるべきなのだろうか。経過を整理してみよう。(5)

ヴィール原発建設反対運動から「緑の党」創設へ

　1975年3月，フライブルク市から北西25kmのライン川沿いの小さな村，ヴィール（Wyhl）に建設が予定されていたヴィール原発の建設が中止になった。ワイン農家などが建設用地を占拠して工事着工を阻止しようとし，警察がこれを実力で排除しようとしたことがテレビ報道され，全国的な反響を呼んだ。住民らはいったん排除されたが，フライブルク大学の学生らが支援し，約2万8000人が再占拠，3月18日，行政裁判所は建設許可を取り消した。

　ドイツで最初に原発建設阻止に成功したこの運動は，国内的にも，国際的にも大きな影響を与えた。フライブルク市が環境運動・環境行政の世界的な拠点となる契機となり，また1980年の「緑の党」の創設の契機ともなった。フライブルク市はいまでも「緑の党」の主要拠点のひとつであり，ドイツ国内で最も支持率の高い自治体であり続けている。原発の即時閉鎖は，緑の党結党以来の党是でもある。

　州議会での議席獲得に続いて，1983年に連邦議会にはじめて議席を獲得した緑の党は，1980年代，酸性雨の被害によって環境問題への関心が高まったこと，チェルノブイリ原発事故で風下となり，ドイツ全土が放射能汚染の被害を受けたことなどによって，議席を増やしていった。

相次ぐ原子力施設の中止・閉鎖

　1986年のチェルノブイリ事故と89年11月のベルリンの壁崩壊は，ドイツの原子力政策に大きな転換をもたらした。

85年当時，ドイツは40基の原発建設を計画していたが，事故後，19基の建設計画が破棄された。

　89年4月には，隣国オーストリアを巻き込んだ強い反対運動が続いていたヴァッカースドルフ再処理工場の建設工事の中止が決まった。これによってドイツは自国内再処理を断念した。現在，ヴァッカースドルフ再処理工場の元建設予定地では，BMWの自動車工場やキャタピラー社の工場などが操業している。

　89年春には，当時の首都ボンの近くにあるミュルハイム・ケルリッヒ原発が66万6000人の提訴によって試運転停止に追い込まれた。95年11月，高等裁判所は地震の危険性を十分に検討していないとして，州政府の建設許可は無効であるとの判決を下した。営業運転に入ることなく閉鎖されたこの原発は現在も，ボンに向かうとき，コブレンツ駅付近でライン川側に車窓から至近距離に見ることができる。

　90年の統一後には，旧東ドイツで稼働中の原発6基（いずれもソ連製の軽水炉）を，西側の安全基準をみたしていないとして全基閉鎖し，建設中および計画中の計9基の建設も中止した。

　91年3月には，ライン川下流の町ですでに完成していたカルカー高速増殖炉が核燃料の装荷を目前にして閉鎖された。4度も火災が起きたため，安全上の懸念から，運転の認可権を持つ州政府が燃料装荷を許可しなかったのである。また，地元の反対運動だけでなく，オランダ側の反対も強かった。カルカー高速増殖炉跡は，現在，オランダ人が経営する遊園地となっている。

　ドイツはすべての使用済み核燃料に再処理を義務づけていたが，94年5月原子力法を改正し，各電力会社に課していた再処理義務を解除した。

　95年12月には，プルトニウムとウランをまぜて軽水炉で燃やすためのMOX燃料の加工場の閉鎖が決定した。

　こうして，1989年以降，ドイツは核燃料サイクル・プルトニウム利用路線から完全に撤退した。政治的背景にはドイツ再統一，東欧の民主化がある。核武装の選択肢が事実上取り除かれるとともに，ドイツは非核保有国の中で日本とドイツにだけ認められていたプルトニウム利用路線を破棄したのである。こうして原子力発電所に対する社会的圧力は年々きびしくなっていった。

歴史的な脱原子力合意

　危機感を強めた原発推進派のドイツの二大電力会社 VEBA と RWE の社長は，1992年10月当時のコール首相に書簡を送ってエネルギー政策へのコンセンサスづくりを求め，これを受けて93年から将来の原子力政策・石炭政策に関するコンセンサス，「エネルギー・コンセンサス」形成のための委員会がつくられ，協議が始まった。

　社会民主党は，チェルノブイリ事故直後の86年8月の党大会で，「できるだけ早く原発からの撤退を期する」と10年以内の原発全廃を決議していた。ただし野党時代の社会民主党は原発問題にそれほど熱心ではなかった。

　98年9月の総選挙では，4期16年間続いたコール率いるキリスト教民主同盟の長期政権への不満が高まり，社会民主党が勝利し，はじめて緑の党との連立政権が発足した。選挙前からの公約にしたがって，新政権の発足にあたってシュレーダー首相は，「原子力発電からの速やかな撤退」を政府の方針として明示した。

　2000年6月14日，難産の末に政府と主要電力会社4社との間で歴史的な脱原子力合意が世界ではじめて成立し，稼働中の20基の原子力発電所は，それぞれ稼働開始から32年間運転したのちに閉鎖されることになった。

　焦点は，原発をいつ全廃するかだった。緑の党のトリティン環境大臣は25年を主張，電力会社側は35年案を支持，最終的に折衷案の32年，しかも残存発電量を電力会社内で移転可能とすることでようやく合意が成立した。

　残存発電量というのは，原子炉ごとに設けられる今後発電可能な上限値である。仮にすでに25年間運転した100万 kW の原発ならば，残り7年間100万 kW 分ずつの発電が可能だと認定するのである。トラブル続きで採算の悪い原子炉を仮に28年の運転で閉鎖したら，残り4年分を，その電力会社の効率のいい原子炉に移転し，この炉では36年間の運転を認めるというものである。

　ドイツで最も新しい原発が営業運転を開始したのは89年4月だから，2021年頃が全原発が閉鎖される目安の年となった。ただし残存発電可能量の移転によって，数年程度延びる可能性があった。

　この合意には，原発反対運動の側や「緑の党」の支持者からは妥協しすぎだ

という批判が強かった。しかし合意が得られないまま法律で閉鎖を強制しようとすると、電力会社側が財産権の侵害を盾に損害賠償請求を起こし、かえって判決までの時間がかかることが予想された。しかも敗訴すれば、政府は膨大な損害賠償を支払わなければならなくなる。政府側はこの点を最も警戒した。閉鎖した原発への損失補償には国民の強い反発が予想されるため、電力会社側も政府に補償を求めないことにした。

こうして政府側は政治的な混乱を回避し、電力会社側は今後約20年間安心して原発の運転を続けられるようになった。両者は、提訴合戦などの政治的な混乱を回避し、安定した結論に達したのである。原発全廃にいたる具体的な政策プログラムに主要な利害関係者が合意した世界初の事例である。

翌2001年6月に合意文書が調印され、02年2月にはこの合意に基づいて原子力法が改正された。改正された原子力法では、同法の目的は、従来の「原子力推進」から「原子力発電の計画的な終焉と安全規制」に改められた。

「脱原子力法」ともいうべき改正原子力法の要点は、①原子炉の運転期間の上限を残存発電量の移転が可能という条件付きで32年間としたこと、②原発の新規建設を禁止したこと、③使用済み核燃料の再処理を2005年7月1日以降全面禁止としたこと、④使用済み核燃料は原発敷地近くに中間貯蔵施設をつくって保管するとしたことなどである。

その後、ベルギーも2003年に類似の脱原発法を制定した。

メルケルの挑戦と福島事故後の豹変

脱原子力合意は、社民党と緑の党の連立政権の代表的な成果だった。

この脱原子力合意には、原発推進派、保守派からの批判も強かった。野党時代のキリスト教民主同盟と自由民主党は、総選挙で政権を奪取すれば、法改正によってこの「脱原子力合意」を「翻す」こと、特に原発の新設を可能にすると宣言していた。政権側の政治的達成のシンボルであるこの合意を翻すことは、政策差別化のシンボル的な意味合いを持ちえた。しかし政党側からの政治的シンボルとしての期待は強くても、経済的・政治的リスクが大きすぎて、電力会社サイドからは、新規発注の再開は実質的に困難だろうとみられていた。最も

可能性が高いとみられていたのが、32年での閉鎖という脱原子力合意の柱をなし崩しにすることである。

　2期7年のシュレーダー政権のあとを受けた05年9月の総選挙は大接戦となり、選挙結果を受けて、キリスト教民主同盟と社会民主党との大連立政権が樹立され、キリスト教民主同盟の女性党首メルケルが首相に就任した。大連立政権樹立にあたって、キリスト教民主同盟と社会民主党は合意できない政策課題は棚上げすることにしたから、結果的に「脱原子力合意」は当面維持されることになった。

　09年9月の総選挙では社会民主党が敗北し、キリスト教民主同盟と自由民主党との連立政権のもとで、2期目のメルケル政権がスタートした。10年9月、メルケル政権は電力業界との協議に基づいて、80年代以降に稼働した新しい原発については14年間、それよりも古い原発については8年間、全体では平均12年間運転期間の延長を認める決定をおこなった。そのため最終的な原発の閉鎖は14年延び、早くとも2035年頃とみられるようになった。延長反対の抗議行動にもかかわらず、再生可能エネルギーのコスト高などを理由に、メルケル首相は社民党と緑の党による連立政権時代の政治的得点を翻したのである。

　しかし福島原発事故が起こるや、たちまちメルケル首相は半年前に下したばかりのこの決定を覆し、「脱原発」に突き進んだ。「3月11日は特別な日である。世界にとってもメルケル首相にとっても。大震災とツナミが日本を襲ったこの日、連邦首相は原発推進論者として目を覚まし、晩には原発反対論者として床についた」とは週刊誌『シュピーゲル』の表現である。[6]

　そもそも物理学者だったメルケルは、全電源喪失、全冷却機能喪失、メルトダウン、水素爆発という福島原発事故のもたらした危険性をすぐさま理解したのである。3月14日の8基の暫定停止命令に続いて、3月22日には「安全なエネルギー供給のための倫理委員会」設置を発表した。

「安全なエネルギー供給のための倫理委員会」

　この委員会の名称が「安全なエネルギー供給」と「倫理」という異次元の2語をキーワードにしていることはきわめて興味深い。ドイツでは臓器移植や動

物実験，遺伝子テスト，受精卵の着床前診断など，科学技術が道徳や倫理に抵触する可能性がある場合には，学識経験者を集めた倫理委員会が過去に何度か設置されてきた。これまでは医学に関するテーマが扱われてきたが，福島原発事故を契機に，エネルギー問題が取り上げられることになった（熊谷 2012：160）。倫理的なエネルギー供給のあり方，原子力発電は倫理的か，という問いに答えることを課題とした委員会だった。

テプファー元環境大臣（キリスト教民主同盟）とクライナー・ドイツ学術振興会会長を委員長に，リスク社会論で国際的に著名な社会学者ベックや環境政治学者シュラーズら17名が委員となり，2011年4月28日に，「いかに早く再生可能エネルギーに安全に移行できるか」という公開討論会を開いた。

この委員会は，いつまでに原発を閉鎖するかをめぐって議論を交わし，当初の予定通り，5月30日，この委員会は10年以内，2021年までに原発を全廃することを求める答申を提出。これを受けて6月6日，メルケル首相らは期限を1年遅らせて2022年末までに稼働中の原子力発電所全17基を閉鎖することを閣議決定した。

ドイツの連邦議会（下院）は6月30日，2022年までに国内の原子力発電所17基をすべて閉鎖する法案を与野党の賛成多数で可決し，7月8日には連邦参議院でも承認された。この法案には野党の社会民主党と緑の党も賛成した。もっと早い原発脱却を求める左派党の反対を除いて，主要な与野党が賛成したことは大変興味深い。関連法案も成立し，2015，17，19年にそれぞれ1基ずつ，21，22年にそれぞれ3基ずつ閉鎖することになった。さらに風力，太陽光，バイオマス，地熱など再生可能エネルギーによる発電の比率は，20年までに35％と，現在の17％から2倍に引き上げることを確認した（福島事故前からこのような目標だった）。送電網の整備，エネルギー効率利用のための家屋や建物の改装の促進，風力発電所の建設や大型化を容易にする措置なども盛り込まれた。

約20年間にわたって，原発の是非はドイツでの一大政策論争点だった。現在の与党キリスト教民主同盟と自民党という保守政党と，社会民主党・緑の党・左派党の野党の主張を分かつプラットフォームの代表的なものだったのである。にもかかわらず，福島原発事故をきっかけにわずか約4ヶ月間で，与野党を超

第7章　フクシマは世界を救えるか

表7-3　「安全なエネルギー供給のための倫理委員会」委員リスト

	氏名（ドイツ語）	所属政党・肩書・専門分野等
委員長	クラウス・テプファー (Klaus Töpfer)	キリスト教民主同盟（CDU），元連邦環境相・元UNEP（国連環境計画）事務局長
	マティアス・クライナー (Matthias Kleiner)	ドイツ学術振興会会長，ドルトムント工科大学教授
委員	ウルリッヒ・ベック (Ulrich Beck)	社会学者（リスク社会論），元ミュンヘン大学教授
	クラウス・フォン・ドナーニ (Klaus von Dohnanyi)	社会民主党（SPD），元連邦教育相，元ハンブルク市長
	ウルリッヒ・フィッシャー (Ulrich Fischer)	バーデン・プロテスタント教会司教
	アロイス・グリュック (Alois Glück)	キリスト教社会同盟（CSU），ドイツカトリック中央委員会委員長
	ヨルク・ハッカー (Jörg Hacker)	ドイツ自然科学アカデミー会長
	ユルゲン・ハンブレヒト (Jürgen Hambrecht)	ドイツ化学メーカーBASF取締役会会長
	フォルカー・ハウフ (Volker Hauff)	社会民主党（SPD），元連邦研究技術相，持続可能な発展審議会委員長
	ヴォルター・ヒルヒェ (Walter Hirche)	自由民主党（FDP），ドイツユネスコ委員会委員長
	ラインハルト・ヒュットル (Reinhard Hüttl)	ドイツ科学技術アカデミー会長，ドイツ地学研究センター所長
	ヴァイマー・リュッペ (Weyma Lübbe)	哲学者，ルーゲンスベルク大学実践哲学教授
	ラインハルト・マルクス (Reinhard Marx)	カトリック教会大司教
	ルチア・ライシュ (Lucia Reisch)	経済学者，コペンハーゲンビジネススクール教授，持続可能な発展審議会委員
	オルトヴィン・レン (Ortwin Renn)	社会学者（リスク研究），シュトゥットガルト大学技術・環境社会学部長
	ミランダ・シュラーズ (Miranda Schreurs)	政治学者，ベルリン自由大学環境政策研究所所長
	ミヒャエル・ヴァシリアーディス (Michael Vassiliadis)	社会民主党（SPD），鉱山・化学・エネルギー産業労組代表

出所：ドイツ連邦政府発表資料などに基づき筆者作成。なお吉田文和・青木聡子両氏の教示を得た。

えて脱原発の合意にいたった。しかも原子力法の改正という形をとって速やかに法制化したこと，2000年の合意にあった「残存可能な発電量の他の発電所への移転」などの曖昧な抜け穴を無くしたことなど，メルケル首相の政策転換の手際は鮮やかだ。

「安全なエネルギー供給のための倫理委員会」の委員の構成は，表7-3の通りであり，政治家が6名（与党のキリスト教民主同盟と自民党から計3名，野党の社民党から3名），研究者が8名（自然科学者が3名，社会科学者が4名，哲学者が1

名）である。宗教界からカトリックとプロテスタントの代表が1名ずつ，産業界代表は1名である。前述のように，原子力問題の専門家はひとりも含んでいない。大変興味深い人選はシュラーズによれば，メルケル首相とテプファー委員長が選考し，原子力に批判的な委員と肯定的な委員は，ほぼ半数ずつだったという（本人からの聴取による（2012年3月17日））。

　日本では長い間，「エネルギー基本計画」にも記されているように，エネルギー政策の基本は，3つのEの実現を図ることだ，とされてきた。すなわちエネルギーの安定供給の確保（energy security），環境への適合（environment），経済効率性（economic efficiency）という3つのEである。経済産業省や電力会社などは，この3つのEの実現を錦の御旗に原子力発電を推進してきた。ところがドイツのこの委員会の名称は，私たちが忘れていた倫理（ethic）という4番目の，しかも最も重要なEに注意を喚起する。原子力発電を廃止するとしたら，その評価は，倫理的な観点からであるという価値観が，この委員会の名称には込められている。

　日本学術会議は，福島原発事故を受けて，約半年間の審議をもとに，2011年9月に「エネルギー政策の選択肢に係わる調査報告書」を発表したが，そこでは，「①原子力の安全性，地球の温暖化，資源の枯渇などのリスクを回避するために必要な経済的・社会的な課題，②エネルギーの安全保障，③時間的要素を考慮したビジョン，④省エネルギーの重要性，⑤国民の理解と合意，⑥諸外国の動向」などが考慮されているが，倫理という視点は明示的には示されていない（日本学術会議 2011）。

　「ドイツのエネルギー転換——未来への集合的プロジェクト」と題された，110ページにわたるドイツの倫理委員会の答申は，エネルギー政策転換のための，政治・経済・社会のあらゆるレベルでの集合的努力を呼びかけ，「原子力をできるだけ早く閉鎖するだけの倫理的な理由がある」「倫理的な理由から，原子力発電所は，より低リスクの電力源に置き換えられるようになるまでに限って稼働すべきである」と，「倫理的な観点」を全面に出して結論づけている。[7]

　原子力発電の利用に関するどんな決定も，技術的・経済的評価に先立つ社会の価値判断に基づくものであるというのが基本的立場であり，ベックがリード

したのだろう，答申全体が見事に社会学的である。キー・コンセプトは，持続可能性と，生態系に対する，また将来世代に対する私たちの責任である。

持続可能性については，環境が損なわれないこと，社会正義の実現，健全な経済の3点が柱だとしている。

福島原発事故と同様の事故がドイツでは起こりえないとはもはや仮定できないこと，原発事故に対する人びとのリスク認知が変わったこと，事故の収束や影響の空間的範囲が限定されないこと，技術的確率論的リスク評価の限界が明らかになったことを述べている。リスク評価を技術的な側面だけに限ってはならず，総合的思考と包括的考量が必要だとしている。さらに「中心的な問題は想定可能なことではなく，想定不可能なことにある」として，運命共同体としての「世界リスク社会」に注意を喚起している。最終的に原子力の平和利用というユートピアは，もはやドイツでは倫理的根拠を持つとは言えないと結論づける。

原子力発電に対しては，絶対的に拒否する立場と比較考量による相対的なリスク考量の立場があるとして，どちらの立場からにせよ，原発の利用を早期に終結させるべきだという結論が導かれている。絶対的な拒否の立場からは，原子力施設の場合には一歩一歩の予防のための学習は原理的に不可能であり，最悪のケースが不明で見通せないからであり，比較考量の視点からは，リスクの少ない再生可能エネルギーとエネルギー効率の改良によって原子力は代替可能だからである。

決定への市民の参加機会の拡大は，自己責任そのものの組織化を可能とし，「市民からなる社会（Burgergesellschaft）」を強化するとも述べている。この答申は，随所で，エネルギー政策の決定過程への市民参加の意義を説いている。

この点は，提言の末尾で，「原子力エネルギー利用からの段階的な離脱が……各地域での決断に市民が参加していくチャンスを新しく与えてくれる源泉である」と述べていることとも符合し，興味深い。

答申は，「未来への集合的プロジェクト」を提案し，関心を持つ人は誰でも参加できる，市民対話による「エネルギー転換全国フォーラム」とその下での地域フォーラムやローカルフォーラムの組織化を提案している。

答申は，分権的意思決定の重要性をはじめとして，私たちが傾聴すべき深い内容と多くの論点を含んでいる。日本の「エネルギー基本計画」や「原子力政策大綱」と読み比べてみると，両国の文化的・社会的成熟の差異に愕然とせざるをえない。学術会議の前述の調査報告書も羅列的・技術的であり，こういう方向に日本の原子力政策を転換していきたいという方向性が見られず，あたかも官僚の作文のようなトーンである。

　むろんドイツ国内にも，なお批判がないわけではない。メルケル政権の選挙対策だという批判があり，原発全廃の時期が2022年では遅すぎるという批判もある。最終処分地問題に3パラグラフ程度の言及しかないことにも批判がある。しかしこのような批判は，むしろ社会の健全性の証でもあろう。日本ではドイツの政策転換に関して，電力不足の折には，原発に8割を依存する隣国フランスから電力を輸入することができるとして冷笑する向きがあるが，地続きの場合には当然のことであり，きわめて浅薄なコメントである。

　興味深いことに，これらの政策転換を受けて，ドイツを代表する原発産業だったシーメンスも2011年9月18日原発からの完全撤退を発表した。同社は，2000年6月の「脱原子力合意」を受けて2001年に原子力部門をフランスのアレバの前身に売却し，09年1月には34％を保有していた同社の持ち株もアレバにすべて売却した。それに代わって，原子力部門は新たにロシアの国営企業ROSATOMと提携したが，この提携の解消を発表したのである。

　シーメンスは，2004年12月，デンマークの風力発電メーカー・ボーナスを買収し，シーメンス・ウインド・パワーを設立し，現在，洋上風力発電では世界シェアの半ばを押さえている。

市民社会の力

　これらの政策転換の背景にあるのは，緑の党をはじめとする社会運動の力，市民社会の側の対抗力である。

　オランダなどヨーロッパの他の国では，90年代に原発問題が後景に退くと反原発運動も停滞したが，ドイツでは，使用済み核燃料の中間貯蔵施設があり，最終処分場の候補でもあるゴアレーベンを中心に，2000年の脱原発合意後も，

使用済み核燃料の搬入に抗議するトラクターデモなど，反対運動が継続していた（青木 2006）。

　アメリカや日本などでの原子力ルネサンスの動きを背景に，2008年夏に『シュピーゲル』誌が「原子力──不気味な復活」という特集号を発行すると，ドイツでは反原発運動がこれに反応して，月曜夕方の反原発ウォークが各地で活発化した。

　特に新政権が運転期間の延長に転じるのではないか，と危惧された2010年4月には，北のハンブルク近くの120kmの離れたふたつの原発（ひとつは07年に閉鎖）を結んで，12万人が参加した人間の鎖による抗議行動がおこなわれた。実際に延長が決まった10年9月にはベルリンで3万7000人（警察発表）が参加した抗議デモがあった。

　福島原発事故翌日の3月12日（土）には，シュトゥットガルト市と近くにあるネッカーヴェスタイム原発を結ぶ45kmの人間の鎖に6万人が参加した。3月14日（月）には，450以上の市町村で，計11万人以上が抗議行動に参加した。3月26日（土）には，「フクシマを見よ。全原発を閉鎖せよ」をスローガンに，全国で26万人が抗議行動をおこない，ドイツ史上最大の反原発デモとなった。ベルリンだけでも10万人以上が参加するデモがあった。

　原発に批判的な運動はこれだけ大きな動員力と社会的な支持を得ている。このような社会的圧力が，脱原子力政策の継続と福島原発事故後の軌道修正を支えているのである。

　シュトゥットガルト市やフライブルク市などのある南西部のバーデン・ビュルテンベルク州で，2011年3月27日，福島原発事故を受けて，原発政策が最大のテーマとなった州議会選挙がおこなわれた。緑の党は得票を前回選挙から倍増させ，第2党に躍進した。第3党の社会民主党と連立政権協議が成立し，5月12日には，1980年の創設以来はじめて，緑の党から州首相が誕生した。同州では58年ぶりに，キリスト教民主同盟が与党の座を譲ることになった。

　福島原発事故以後，ドイツでは全国的に，緑の党が支持率を伸ばしている。メルケル首相は，政権生き残りのためにも，脱原子力への舵取りを余儀なくされたのである。

底流にあるのは、チェルノブイリ事故時に、ドイツは1000 km も離れていたにもかかわらず、風下のため、降雨などによって放射能汚染の影響を受けたことである。「一年ほどは『子どもを外で遊ばせない方がいい』『野菜を食べない方がいい』といった騒ぎが起きた」とシュラーズは述べている。

さらに全国的な環境 NGO の存在も大きい。BUND（ドイツ環境自然保護連盟）は1975年に発足した NGO で、ドイツ全体で約48万人の会員を抱えている。グリーンピースも WWF も、20万人規模の会員数である。

一方、日本の自然保護団体は、会員数最大の日本野鳥の会が約4万人、WWF ジャパンが約3万5000人、日本自然保護協会が約2万4000人であり、ドイツの10分の1以下である。日本はドイツの約1.5倍の人口だから、人口比では20分の1以下ということになる。

制度的にも、ドイツでは、原子力施設の許認可および規制の権限は、州政府が握っている。連邦政府が持っているのは、全体的な原子力政策の決定権と、原子炉の安全規制、放射線防護の管轄権である。州政府は電気事業に関する地方税も独自に決めることができるので、電力政策に関する州政府の権限も大きい。社会民主党や緑の党が州政府や州の環境大臣のポストを握っている場合には、原子力施設の建設中止や閉鎖決定がなされやすい。

しかも地方分権的で大学町が各地にあるドイツでは、フライブルク市のように、地方都市レベルで、これらの環境団体とのコラボレーションをもとにさまざまな実験が試みられてきた。ゲッティンゲン、再生可能エネルギー固定価格買取制度の発祥地で「アーヘンモデル」を生んだアーヘンなど、環境行政で有名なドイツの町の多くは大学町でもある。

さらにドイツで忘れてならないのは、国立、州立、民間などさまざまのレベルでの、グリーン・インスティテュートと呼ばれる環境問題にかかわる研究機関の存在である。国立のブパタール研究所、最大の民間の研究機関エコ研究所などが著名であり、原発政策やエネルギー政策、温暖化政策などに大きな影響力を持っている。

「ドイツが分断されていた時代には、われわれは親ソ的な奴らだと危険視されていたが、チェルノブイリ事故によって一変したんだ。事故直後の5月、ハ

イデルベルクのNATO軍から，屋外演習していいか，と問い合わせがあった。政府の発表は信用できないが，エコ研究所は本当のことを知っているんじゃないか，と。チェルノブイリ事故が転機になった。」エコ研究所のリーダーであるザイラーは，筆者のインタビューに笑いながらこう答えた（1994年7月27日）。

ザイラーは，その後，98年に発足した社民党と緑の党の連立政権下で原子力安全委員長に就任，2012年現在も原子力安全委員を務めている。

4　危機からの再生

拙著『脱原子力社会へ——電力をグリーン化する』（長谷川 2011b）で詳述したように，日本においても，一時的には温室効果ガスの排出量の増大という問題はあるものの，節電にとどまらないエネルギーの効率利用と天然ガス火力を中心とした火力発電所の利用率の引き上げによって，いますぐにでも原子力発電所全基の閉鎖が可能である。

定期点検中の原発の再稼働をめぐる自治体首長らの反対や世論の反発などから再稼働の見通しが立たないなか，2012年5月5日，ついに日本ですべての原発が運転を停止した。定期点検の制度によって，13ヶ月を超えて運転を継続することができないからである。豪雪と寒さが厳しかった2012年の冬も数基の原発で乗り切れた。2012年夏も，原発ゼロで乗り切れる可能性が高い（実際，再稼働した大飯原発3・4号機なしでも乗り切れたことが確認された）。

温室効果ガスの問題は，火力発電所分を徐々に再生可能エネルギーへと置き換えていくことで解決できる。仮に，安全性が確認できた幾つかの原発について再稼働を認めるにせよ，移行期間を含めて，2020年までにというように，目標年次を区切って，すべての原子力発電所の閉鎖を決定すべきである。予想される地震の規模，活断層との関係，30km圏までの「避難人口」の大きさ，原子炉の運転期間，過去のトラブルの歴史などをふまえ，優先順位を付けて順次閉鎖していくべきである。

ドイツや同国を拠点とするシーメンスの選択は，原子力発電を断念することによってでも，経済大国・技術大国としての競争力確保が可能だという判断を

下したことを示している。

　日本も，エネルギー利用の効率化と再生可能エネルギーの普及によって，21世紀の技術立国として生き残る道を選択すべきである。福島原発事故は，「脱原子力社会」に向かう世界的な転換点となる可能性を内包している。

　アメリカ市場で日本の自動車産業が成功をおさめる大きな契機となったのは，1970年に改正された世界一厳しいとされた大気浄化法（マスキー法）が求める自動車排ガス基準をホンダが1972年にクリアーしたことにある。これに対してアメリカの三大自動車メーカーは同法にはげしく反発し，1974年に同法を廃案に追い込んだ。しかしここから，三大自動車メーカーの没落が加速された。

　危機こそチャンスであり，最大の危機をどのように再生に転換できるのか，にこそカギがある。

　アメリカのカリフォルニア州には，1989年6月に住民投票によって原発を閉鎖して，存続が危ぶまれるほどの経営危機から3年程度で見事に立ち直った電力公社がある。長谷川（2011a）で紹介したサクラメント電力公社である。原発の閉鎖が同社にもたらしたのは，原発維持派と原発閉鎖派との長年の紛争・確執が決着し，電力公社と地域社会の内部で，経営再建の基本方針に関する合意が確立したことにある。

　原発を閉鎖していなければ政争と混乱がいつまでも続き，サクラメント電力公社の再生はありえず，早晩大きな電力会社への吸収合併となっていただろう。閉鎖は正常化への第一歩だった。

　電気事業者の未来を唱導するのは，エネルギー利用の効率化と再生可能エネルギーの開発・利用である。サクラメント電力公社が，全米で，また国際的にも注目を集めてきた最大の理由はこのビジョンを実践したことにある。

　サクラメント電力公社は，①環境被害を最小にし，②電力サービスのコストを切り下げながら，③顧客には最大のエネルギー・サービスを提供し，④顧客との間にコミュニティ意識をつくりだすことに成功した21世紀の電気事業者のモデルと評価されるようになった。同社は，オバマ政権とエネルギー省が力を入れるスマート・グリッド（次世代送電網）にも，「スマート・サクラメント」の名のもとに積極的に取り組んでいる。スマート・メーター（通信機能付き電力

計）を2011年末までに管内の約60万件の事業者や各家庭に無料で配備し終えた。アメリカの電力事業者の中でもトップランナーの位置にある。サクラメント電力公社の経営再建は，電力サービスの未来像を提供し，地域社会からの信頼の回復にも成功したのである。

21世紀の世界は，地球温暖化問題の解決とエネルギーの安定的で倫理的な供給，健全な経済という難題に直面している。「魔法の杖」は存在しないが，全世界共通の課題であるがゆえに，スマート・メーターやスマート・グリッドは，IT機器やスマートフォンがコミュニケーションを一変させたように，世界のエネルギー供給のあり方を大きく改変・再編するだろう。

「脱原子力」による未来志向的な技術立国への転換は，日本再生の基本戦略である。

注
(1) 2012年の2月と3月，ジョージア州とサウスカロナイナ州のふたつの原子力発電所で，2基ずつ計4機の建設・運転が許可された。ともに2016, 17年頃の運転開始を目指しており，1978年以来34年ぶりの許可として注目されたが，実際に順調に建設できるかどうかは資金繰り等に依存する。
(2) 福島原発事故独立検証委員会（2012）や今西憲之＋週刊朝日取材班（2012）が，臨場感をもって伝えている。
(3) 田坂によれば，アメリカ政府内部には，「首都圏9万人のアメリカ人全員に避難勧告を出すべきではないのか」という強硬意見もあったが，アメリカ政府は首都圏全体がパニックになることを怖れて，この意見を採用しなかったという（田坂2012：29-30）。
(4) 「5重の壁」に関する東北電力の説明は，東北電力（2012）。
(5) 本節の記述は，長谷川（2011b：196-211）と一部重複がある。メルケル政権の決断の背景などについては熊谷（2012）が詳しい。1998年のシュレーダー政権の誕生からメルケル政権にいたる原子力政策の流れについては，邦語では，小野（2012）を参照。
(6) 訳文は，小野（2012：223）による。
(7) 答申全文は，ドイツ連邦政府のサイトで独語原文（Ethik-Kommission Sichere Energieversorgung, 2011）と英訳版（Ethics Commission for Safe Energy Supply, 2011）が閲覧できる。邦語訳には，松本大理・吉田文和訳（安全なエネルギ

―供給に関する倫理委員会 2011）がある。

文献

青木聡子，2006，「抗議行動の持続性と参加者の運動観――ドイツにおける高レベル放射性廃棄物輸送反対闘争の事例から」『社会学研究』80：219-244。

石橋克彦，1997，「原発震災――破滅を避けるために」『科学』67(10)：720-724。

今西憲之＋週刊朝日取材班，2012，『福島原発の真実――最高幹部の独白』朝日新聞出版。

小野一，2012，「『政策過程』としての脱原発問題――シュレーダー赤緑連立政権からメルケル中道保守政権まで」若尾祐司・本田宏編『反核から脱原発へ――ドイツとヨーロッパ諸国の選択』昭和堂。

熊谷徹，2012，『なぜメルケルは「転向」したのか――ドイツ原子力40年戦争の真実』日経BP社。

Gorbachev, 1995, *Memoivs*, Doubleday（＝1996，工藤精一郎・鈴木康雄訳『ゴルバチョフ回想録』（上）新潮社。）

田坂広志，2012，『官邸から見た原発事故の真実――これから始まる真の危機』光文社。

除本理史，2012，「原発事故による住民避難と被害構造」『環境と公害』41(4)：32-38。

長谷川公一，1999，「原子力発電をめぐる日本の政治・経済・社会」坂本義和編『核と人間Ⅰ――核と対決する20世紀』岩波書店。

長谷川公一，2011a，『脱原子力社会の選択　増補版――新エネルギー革命の時代』新曜社。

長谷川公一，2011b，『脱原子力社会へ――電力をグリーン化する』岩波書店。

長谷川公一，2012，「日本の原子力政策と核燃料サイクル施設」舩橋晴俊ほか『核燃料サイクル施設の社会学――青森県六ヶ所村』有斐閣，317-349。

福島原発事故独立検証委員会，2012，『福島原発事故独立検証委員会　調査・検証報告書』ディスカバー・トゥエンティワン。

武藤類子，2012，『福島からあなたへ』大月書店。

山下祐介・開沼博編，2012，『「原発避難」論――被害の実像からセカンドタウン，故郷再生まで』明石書店。

山地憲治，2009，『原子力の過去・現在・未来――原子力の復権はあるか』コロナ社。

ウェブサイト

安全なエネルギー供給に関する倫理委員会，2011，松本大理・吉田文和訳『ドイツのエネルギー転換――未来のための共同事業』（http://www.cas.go.jp/jp/

genpatsujiko/info/dai3/iidasiryou2.pdf）

Ethics Commission for Safe Energy Supply, 2011, *Germany's Energy Transition : A Collective Project for the Future.*（http://www.bundesregierung.de/Content/DE/_Anlagen/2011/05/2011-05-30-abschlussbericht-ethikkommission_en, property=publicationFile.pdf）

Ethik-Kommission Sichere Energieversorgung, 2011, *Deutschlands Energiewende : Ein Gemeinschaftswerk für die Zukunft*（http://www.bundesregierung.de/Content/DE/_Anlagen/2011/07/2011-07-28-abschlussbericht-ethikkommission, property=publicationFile.pdf）

日本学術会議，2011，「エネルギー政策の選択肢に係わる調査報告書」(http://www.scj.go.jp/ja/member/iinkai/shinsai/pdf/110922h.pdf）

東北電力，2012，「放射性物質を閉じ込める5重の壁」（http://www.tohoku-epco.co.jp/electr/genshi/shiryo/safety/02.html）

（2012年5月脱稿，7月修正）

第Ⅲ部　大震災への社会学からの接近

第8章

リスク社会論の視点からみた東日本大震災
——日本社会の3つの位相——

正村俊之

1 問われる日本社会

　過去の歴史をふりかえってみると，大地震が人びとの価値観や社会の構造変化をうながした事例は少なくない。1755年に発生したリスボン大地震もそのひとつである。推定規模M9.0，死者6万人ともいわれるこの地震は，折しもカトリックの祭日（諸聖人の日）に起こったために，神は最善の世界を創り出したとするキリスト教弁神論に大きな打撃を与えた。ヴォルテール，ルソー，カントなど多くの知識人がリスボン大地震に関する考察をめぐらした。リスボン大地震は，中世のキリスト教的世界観から近代の合理的世界観への移行を加速させたといわれている。

　東日本大震災も日本社会に変化をもたらす可能性をはらんでいる。とはいえ，地震という自然災害が社会の有り様を変えるのは，地震が社会の変化を直接もたらすからではなく，社会に潜在している問題を映し出す「鏡」として機能するからである。地震による被害の発生・拡大には，多くの社会的な要因が関与しており，この震災によって日本社会に潜むさまざまな問題が浮かび上がってきた。地震がもたらす社会の変化は，震災という「鏡」を通して人びとが社会を認識し直し，行動を変えるプロセスに媒介されている。社会的変化は，自然災害を契機とした社会的過程の帰結として実現されるのである。その意味で，日本社会の有り様がいま問われている。

　では，東日本大震災を通していかなる日本の姿が浮かび上がってきたのだろ

うか。本章では，リスク社会論の立場からこの問題を検討してみたい。ここで扱うリスクは，原発事故に関連するリスクが中心になるとはいえ，本章のねらいは，原発事故の原因を究明することにあるのではなく，リスクを通して日本社会のいかなる側面が浮き彫りにされたのかを考察することにある。

2 リスク社会論の再構成

　周知のように，社会学においてリスク社会論の嚆矢となったのは，チェルノブイリ原発事故が起こった年に刊行された U. ベックの著作『危険社会』(Beck 1986＝1998) である。ベックは，19世紀の「産業社会」と対比して，科学技術が発達した20世紀の社会を「リスク社会」と呼んだ。原発事故を視野に入れたベックのリスク社会論は，福島原発事故を扱う上で一見有効にみえるが，ここではベックのリスク社会論から離れてみよう。

　リスク論の登場は20世紀を待たねばならなかったが，「リスク」概念が誕生したのは中世から近代への移行期である。19世紀の近代社会は，すでにリスク社会だったのである。福島原発事故を分析するためには，リスク概念をいったん近代にまで引き戻し，その上で科学技術を発達させた現代的コンテクストのなかで考察する必要がある。

　「リスク」概念が近代にいたる過程で誕生したということは，この概念が危険とは異なる事態を表していることを含意している。「リスク」はしばしば「危険」と訳されるが，危険はいついかなる所にも存在する以上，リスクと危険を同一視すると，リスクは危険という普遍的な事態を指すことになる。リスクと危険を区別したのは N. ルーマンであるが (Luhmann 1991)，リスクを論ずる際に留意すべきは，この概念が近代社会という時代的・社会的な特殊性を刻印された概念であるということである。

　では，現代にも通底する近代的な特殊性とは何であろうか。それは，神からの人間の自律にほかならない。近代以前の社会では，社会の統治は，神や自然という超越的存在に根拠づけられていた。超越的存在としての神や自然は，社会の統治を正当化する根拠，善悪を判断する基準，社会事象を引き起こす究極

の原因であった。しかし近代にいたると、人間が神や自然から自律し、社会事象を発生させる原因が人間に帰属されるようになった。

　社会のなかで損害を引き起こした原因が人間にあるのか、それとも人間以外のものにあるのかが問われることによって危険とリスクの区別が生じた。たとえば、最初の保険は17世紀に登場した海上保険であるが、海上保険は、航海中に起こった事故を神が下した「天罰」ではなく、人間の主体的行為にともなう「偶発的事故」とみなす認識に基づいている。

　このように「リスク」は、神を追放し、自然と人間の二項対立を基礎にした西欧近代社会のなかで構成された概念である。この概念は、科学技術が発達した現代以前から存在するものの、近代以後に確立された概念である。だとすれば、リスク社会論の立場から日本社会を認識するためには、西欧近代社会の仕組みを前提にした従来のリスク社会論に依拠するだけでは十分ではない。なぜなら、私たちが生きている日本社会は、西欧近代社会を基礎にしているとはいえ、19世紀の西欧近代社会と同一ではないからである。そこには二重の意味での差異が存在する。ひとつは、西欧社会と日本社会としての差異、そしてもうひとつは、19世紀の社会と20世紀後半以降の社会としての差異である。日本社会には「近代社会」「特殊日本的社会」「現代社会」という3つの位相が内在している。結論からいえば、東日本大震災を通して浮かび上がってきたのは、日本社会に内在するこの3つの位相である。

　東日本大震災をリスク社会論の視点から分析するためには、既存のリスク社会論に依拠するだけでなく、リスク社会論そのものを再構成しなければならない。社会構造や世界観が異なれば、①リスクに対する捉え方、②リスクへの対処法、③リスクをめぐるコミュニケーション様式も変化しうる。そこでまず、「リスク認知」「リスク管理」「リスク・コミュニケーション」に関する検討をおこない、その上で東日本大震災に関する考察に入ることにしよう。

リスク認知

　「リスク」概念も他の概念と同様、「危険」「安全」「安心」といった関連概念との差異をもとにして定義されるので、リスク認知に関する問題は「リスクと

危険」「リスク（危険）と安全」「安全と安心」に関する問題に分節される。

リスクと危険

「リスク」を規定する上で重要なのがリスクと危険の区別であるが、この区別に関してはふたつの見方がある。ひとつは N. ルーマンの見方で（Luhmann 1991）、先に述べた区別がこれにあたる。もうひとつは、危険が単なる損害を表すのに対して、リスクは利得（ベネフィット）に付随する損害を表すという、主に経済学のなかで採用されている見方である（酒井 2007）。それによれば、「リスクなくして利得なし」という言い方に示されるように、利得とリスクは表裏一体をなしており、リスクが増大するほど大きな利得が期待される。

先に述べたように、「リスク」概念が人間の自律化を背景にしていたことを考えると、このふたつのリスク観が重なりあうことは明白である。すなわち、神や自然から自律した人間は選択の自由を獲得し、自らの主体的選択として利得を追求するが、そうした主体的選択に付随する損害可能性がリスクにほかならない。リスクと危険はどちらも損害可能性を表すものの、前者は利得を求める主体的選択に起因するのに対して、後者はそうでない場合を指している。リスクと危険は、人間の選択が出来事を引き起こす他の要因から明確に分離されることによって区別されうるが、そうした区別を可能にした社会が近代社会なのである。

そこで本章では、ふたつのリスク観を総合する形で「リスク」を定義しよう。すなわち、人間の主体的行為を、自らの意思に基づいて一定の経済的（物質的）もしくは非経済的（精神的）な利得を追求する行為と規定した上で、「リスク」とは、自己の主体的行為に起因する損害可能性、それに対して「危険」とは、自己以外のものに起因する損害可能性であると。

その際、自己には集合的主体（人間）としての自己と個別的主体（個人）としての自己というふたつのレベルがある。前者のレベルに定位すると、この区別は「作為と自然」の区別と重なる。作為というのは、集合的主体としての人間の意志を表しており、社会的な出来事を自然の出来事から区別する要因となる。一方、後者のレベルに定位すると、この区別は、通常の意味での自他の区

別と一致するが，自然と作為に対する捉え方と同様に，自己と他者に対する捉え方も社会の在り方に応じて変化する。

そのため，リスクと危険の境界線は，自然と作為，自己と他者に対する了解の仕方に応じて変動する。たとえば，富士山の噴火による損害可能性は，昔であれば誰にとっても危険であったが，科学技術を利用して損害可能性を人為的にコントロールできるようになると，危険はリスクに転化しうる。天災の人災化は，危険のリスク化でもある。とはいえ，個別的主体のレベルで捉えるならば，人災がすべての個人にとってリスクとして現れるわけではない。原因に関与した個人にとってはリスク，原因に関与しなかった個人にとっては危険となる。したがって，リスクと危険は，集合的主体と個別的主体のいずれに準拠するのか，またいかなる個別的主体の立場から判断するのかによってその位置づけが変わるのである。

リスク（危険）と安全

リスクは，危険から区別されるとはいえ，「リスクと危険」という二項対立のなかで規定され尽くされるわけではない。リスクと危険は，いずれも損害可能性を表している点で安全と対比される。近代以前において安全の対立項であった危険は，近代にいたって自己言及的な形式をとるリスクと他者言及的な形式をとる危険に分化したともいえる。

そして，安全を確保するにはリスクを軽減しなければならないが，リスクの軽減には一定のコストを負担しなければならない。主体的行為による利得の追求は，さまざまな物的・非物的なコストの負担をともなっており，そのひとつがリスク・ヘッジに要するコストである。リスクは，後述するリスク管理を通じて軽減されるが，どのようなリスク管理がおこなわれるかは，安全性に対する認識に左右されるだけでなく，リスク・ヘッジに要するコストとの兼ね合いによる。つまり，近代社会のなかで行為の選択は，一定の規範的条件にしたがいつつ「利得とリスク」「利得とコスト」との比較考量に基づいて決定されるのである。

M. フーコーが指摘したように，自由と安全の実現は近代社会の統治目標で

あり，自由と安全はリスクとの関係のなかで理解されている。「自由主義は，個々人のあいだの自由と安全を，危険〔リスク〕というあの観念を中心にして絶えず仲裁しなければならないようなメカニズムのなかにはめ込まれます。……自由主義は，安全と自由の作用を運営することによって，個々人と集団ができる限り危険〔リスク〕に晒されないようにしなければならないのです」(Foucault 2004＝2008：81, 〔　〕は引用者)。

リスクを引き受けながら利得を追求する自由は安全と両立しなければならないが，そうした条件のもとでどのような行為が選択されるかは，リスクと利得，コストと利得の相対的な関係のなかで決定されるのである。

安全と安心

リスクと危険の共通の対立項は安全であるが，安全は，他方で安心から区別される。安全と安心は，どちらもリスクと危険の対極に立つが，同じではない。一般に，安全が客観的状態であるのに対して，安心は主観的状態であり，安全であると信じられることによって安心が生まれると考えられている（松岡 2009）。つまり，安全性を伝える情報の信頼性によって安全が安心に変わると理解されている。

けれども，客観性とは間主観性にほかならないという哲学的見解を引き合いにだすまでもなく，人間がいっさいの主観性を離れた客観的視点に立つことはできない。「安全＝客観性／安心＝主観性」という区別は，社会の内部で間主観的に構成された区別であり，「安全性」も社会的に構成されている。情報の役割は，単に安全を安心に変換することにあるのではない。安全性を保証する場合にも，客観性を担保する情報に信頼性が備わっていなければならない。情報の信頼性は安全性の伝達過程だけでなく，安全性の構成過程でも必要になる。

リスク管理

リスク認知に基づいてリスクを軽減するための一連の対策がリスク管理である。安全確保に向けた取り組みは，いかなる社会にも見られる普遍的な営みであるが，近代社会では人間の選択に由来する損害可能性が自己に帰属されるこ

とから，リスク・ヘッジの追求が固有な仕方でなされる。近代的なリスク管理には次のような特徴がある。

第一に，リスクの数量化によって，リスクの確率論的評価がおこなわれる。リスクを「損害を蒙る確率×損害の大きさ」として把握するリスク観は，現代のリスク論のなかで定式化されたが，リスクに対する確率論的評価は，すでに近代初頭からおこなわれている。その代表的なものが保険である。保険は，リスクの度合いを数量化することによって金銭的手段による損害補償を可能にした。

そして第二に，リスク管理は二段階の戦略をとっている。まず，損害をもたらす危機的状況を発生させないように予防的措置が講じられるが，その上で危機的状況が発生する可能性が想定され，危機発生後の対応策が危機発生前に講じられる。以下では，前者を「事前の防止策」，後者を「事前の事後対応策」と呼ぼう。「危機管理」は，広く解釈すれば，「事前の防止策」と「事前の事後対応策」の全体を指すが（広義の危機管理），狭く解釈すれば，「事前の事後対応策」を指している（狭義の危機管理）。

このような二段階の戦略は，リスクと危険を区別する近代的なリスク観に依拠している。リスクが利得を追求する人間の主体的選択（自由な意志）に起因しているとすれば，人間の選択的過程には常にリスクが付随していることになる。リスクのないところに利得もないというリスク観から導かれるのは，どのような事前の防止策を講じてもリスクはゼロにはならないということである。そのため危機の発生を想定し，事前の事後対応策を講ずることが必要になるのである。

保険は，リスクを数量化しているだけでなく，事前の事後対応策であるという点でも近代的リスク管理の典型例である。保険が自然発生的に成立するようなリスク管理でなかったことは，生命保険が容易に普及しなかったことからもうかがい知ることができる。アメリカでは18世紀から19世紀前半にかけて，生命保険は「死の商品」として受け止められ，人びとは生命保険を神の権能への侵犯とみなしただけでなく，生命保険に加入すると早死にするという魔術的な恐怖すら抱いたのである（田村 1995）。

事前の事後対応策は，どのような事前の防止策をとっても危機が発生しうることを認めることによって成立する。このようなパラドキシカルな思考は，リスクを完全には消去できないという近代的リスク観を背景にしている。近代というのは，世界の不確実性を明瞭に意識し，不確実性のなかに人間の自由とリスクを読み取った時代である。確率論的評価に基づく二段階のリスク管理は，こうした近代的リスク観から導き出されたリスク管理なのである。

リスク・コミュニケーション

　リスク論の一分野としてリスク・コミュニケーション論があるが，従来のリスク・コミュニケーション論が扱ってきたのは，リスクとその関連事象（危険・安全・安心等）を主題化したコミュニケーションであった。リスクに対処するためには，行政，専門家，企業，市民等の間でリスクに関する情報を共有しなければならず，そのような情報の共有はコミュニケーションを通じて達成される。原発事故が起これば，どの程度の事故なのか，どれだけの放射性物質が飛散したのか，それに対処するにはどうしたらいいのかをめぐってコミュニケーションが開始される。このようなコミュニケーションが従来のリスク・コミュニケーション論の研究対象であった。

　しかし，これまでの考察から明らかなように，リスクにかかわるコミュニケーションには，リスク・危険・安全・安心を主題化することなく，それらを間接的に規定するコミュニケーションが存在する。「危険とリスク」の背後には「自然と作為」「自己と他者」という区別，そして「安全と安心」の背後には「情報の信頼性の有無」といった区別が働いている以上，それらの区別をもたらすコミュニケーションも間接的な仕方ではあるが，リスクを規定している。このようなコミュニケーションもリスク・コミュニケーションに含めると，リスク・コミュニケーションには「リスク主題型コミュニケーション」と「リスク規定型コミュニケーション」というふたつのタイプが存在することになる。

　一方，メディアに着目するならば，リスク主題型コミュニケーションであれ，リスク規定型コミュニケーションであれ，①対面的メディア，②マスメディア，③電子メディアを媒体としたコミュニケーションがある。メディアの形態に応

じて，メディアがリスク・コミュニケーションの過程で果たす役割や機能は異なってくる。阪神・淡路大震災と東日本大震災の違いのひとつは，東日本大震災では，ツイッターのようなソーシャル・メディアが利用された点にある。新しいメディアの登場によってコミュニケーション・チャネルが多様化すると，リスク・コミュニケーションが変化するだけではなく，その影響はリスク認知やリスク管理の在り方にも及ぶことになる。

このように，リスクには「リスク認知」「リスク管理」「リスク・コミュニケーション」という3つの次元が存在する。リスクが社会的に構成されるということは，リスク・コミュニケーションを通じてリスク認知とリスク管理が成立するということ，そしてリスク・コミュニケーションの変化とともにリスク認知とリスク管理の在り方も変化するということである。

3 近代社会としての位相

以上の認識をふまえて，東日本大震災に関する考察に入ろう。まずは「近代的位相」から見ていくが，ここでは「リスク（危険）と安全」「リスク・利得・コスト」の側面に焦点を絞って論ずる。

「安全と自由」をいかに両立させるかという近代社会の課題は，いうまでもなく近代社会としての日本社会が抱える課題でもある。東日本大震災を通して浮かび上がってきたのは，安全と自由を両立させることの困難さである。安全を確保しながら自由を享受するためには，（リスク・ヘッジに要するコストを含む）コストと利得のバランスをとる必要があるが，「コスト（リスク）と利得」，いいかえれば「自由と安全」は予定調和の関係にあるわけではない。両者は，一方を立てれば他方が立たなくなるトレードオフの関係になりうる。現に，この問題が起こっており，ふたつのケースが含まれる。ひとつは，安全の重視（リスクの回避）が自由の制限（コストの増大）につながるケースであり，もうひとつは，自由の享受（コストの抑制）が安全の軽視（リスクの増大）につながるケースである。

前者の例としては，住居の高台移転が挙げられよう。住居の高台移転は，津

波被害というリスクを回避し，人びとの安全を守るために構想されたが，その実現は膨大なコストを要するだけでなく，海を糧に生きている人びとに多大の不利益・不自由をもたらす可能性がある。そのため，地震発生後，半年以上経った2011年11月時点でも，高台移転の計画は容易に進んでいない。

自治体が高台移転を進められない大きな理由は，高台移転に莫大な費用がかかるからである。たとえば宮城県南三陸町では，町が高台移転に拠出できる費用は1億円か2億円，高台移転に必要な費用は総額1395億円という試算結果が出ており，自治体は国の支援を求めている。

自治体や国は，高台移転によるリスク軽減と高台移転に要するコストとの関係を問題にしているが，住民の意見も高台移転を望む意見と望まない意見に二分されている。たとえば，2011年6月から8月にかけて岩手県大槌町でおこなわれた町民アンケート調査では，希望する居住場所を聞いたところ，「被災前と同じ」（44.2％）と「高台への移転」（45.5％）という回答が拮抗している（『河北新報』2011年10月12日）。津波の被害を受けた住民が高台移転に反対しているのは，その多くが漁業を生業としているからである。高台移転は漁業や商売を営む上で大きな足かせとなり，自由の制限につながりかねない。

過去の歴史をふりかえると，高台移転は必ずしも成功していない。宮古では，津波を受けても，時間が経つにつれて高台から海沿いの場所に居を移すパタンが繰り返されてきた（『東京新聞』2011年8月20日）。民俗学者の柳田國男は，明治三陸地震から25年後に津波の被害を受けた唐桑地方を訪れたが，そこで見たのは，高台に移った人びとの後悔と海辺に残った人びとの漁業と商売の成功であった（柳田 1989）。さらに最近では，「高台移転は奥尻島で大失敗し，ジャワ島でも高台移転案が総スカンをくった。いまスマトラでは低地に非常にきれいな街ができている」（室崎 2011：56）。

いまは，津波の恐怖が生々しく残っているため安全を望む声が強いが，時間の経過とともに津波の恐怖が薄れると，海辺に戻ってしまう可能性がある。そうなると，高台移転の意味も失われてしまう。

一方，高台移転とは逆に，低コストの追求によってリスクが増大し，安全が損なわれたケースとして原発事故が挙げられる。地球温暖化問題がクローズア

ップされてからは，CO_2 を排除しない原子力の環境保護的側面も強調されるようになったが，原発が推進されてきた基本的な理由はエネルギーを安定的かつ低コストで供給できる点にあった。経済産業省の『エネルギー白書』(2008年度版) によれば，1kWh 当たりの発電コストは，水力が8.2〜13.3円，石油が10.0〜17.3円，LNG が5.8〜7.1円，石炭が5.0〜6.5円，原子力が4.8〜6.2円，太陽光が46円，風力が10〜14円である。7つの発電方式のなかで最も低コストな方式として位置づけられたのが原子力である。国は，これまで原発を十分な安全性を有し，電力を低コストで安定的に供給できる方式として推進してきたが，今回の原発事故はこのような原発の位置づけを根底から覆した。

コスト重視の姿勢が原発政策を推進する過程でリスクの増大，安全対策の軽視につながったことはさまざまな事実から明らかである。たとえば2007年3月，M6.9の能登半島地震が発生した際，志賀原発は，耐震設計時に想定されていた最大規模の二倍近い揺れに見舞われたが，その理由は活断層に対する過小評価にあった。地震の規模は活断層の長さに比例するが，志賀原発の建設に先だっておこなわれた活断層評価では，1本の活断層を3本の活断層に分断する過小評価がなされた。明石昇二郎はこれを「意図的」であったとした上で，「活断層の過小評価によって生じる最大の"メリット"とは，原発の建設費が削減できることだ」(明石 2011：84) と述べている。

福島第一原発事故に関しても，東電は当初，全電源喪失の原因は「想定外」の津波にあるとしていたが，東電はすでに2008年の段階で10m以上の津波が来る可能性を認識していた。M8.3の明治三陸地震規模の地震が福島県沖で起きたと仮定して，福島第一と第二の両原発に到達する津波の高さを試算した結果，第一原発に8.4〜10.2mの津波が襲来し，津波の遡上高が海面から最大15.7mに達することが予想されていた (『読売新聞』2011年8月25日)。東電は，このようなリスクを把握していながら安全対策を怠ってきたのである[1]。

4 特殊日本社会としての位相

事前の事後対応策の軽視

　福島第一原発事故の背景にはコスト重視のほかに，原子力政策の推進組織（経産省）と規制組織（原子力安全・保安院）の未分離，さらに「原子力ムラ」と称される産官学の癒着的構造等の問題がある。しかしここでは，危機管理の在り方に着目してみよう。福島第一原発事故をこの側面から捉えると，近代社会の枠組みに収まりきらない「特殊日本的位相」が浮かび上がってくる。

　近代的リスク管理は，先に述べたように，事前の防止策（安全対策）と事前の事後対応策（狭義の危機管理）という二段階の戦略をとっているが，今回の事故によって明らかになったのは，事前の防止策が不十分であっただけでなく，事前の事後対応策が欠如していたということである。そこには４つの問題点が含まれている。

　まず第一に，事前の事後対応策は，危機的状況が発生する可能性を前提にしているが，そうした可能性がまったく考慮されていなかった（「『想定外の想定』の排除」）。福島第一原発事故は，全電源喪失による冷却機能の停止に起因しているが，1990年に改訂された原発の安全設計審査指針では，「長期間の電源喪失は，送電線の復旧か非常用電源の修復が期待できるので，考慮する必要はない」と明言されている。2007年には浜岡原発訴訟をめぐる静岡地裁で斑目春樹原子力安全委員会委員長も，外部電源と非常電源に関して「同時故障は考えられない。これは一つの割り切りです」と発言している。

　第二に，その当然の帰結ともいえるが，全電源喪失後の対応は後手後手に回った（「場当たり的対応」）。たとえば全電源喪失後，電源を復旧させるために約70台の電源車が送り込まれたが，電気を供給できなかった。原子炉冷却用の放水も，最初は自衛隊の放水車を使ったために水が届かなかった。さらに，稼働中の１～３号機の冷却作業は事故直後から進められたものの，使用済み核燃料を貯蔵している４号機の冷却はアメリカにうながされておこなわれた。アメリカが事故直後から４号機の冷却に注意を払ったのは，４号機には１～３号機よ

りも大量の核燃料が貯蔵されていたからである。今回の事故は、アメリカの忠告がなければ、もっと深刻な事故に発展し、100km圏以上の避難区域が設定された可能性もあったといわれている。

　第三に、過去に起こった事故の教訓が生かされないまま、事前の事後対応策がなおざりにされてきた（「同じ過ちの繰り返し」）。たとえば2007年7月、M6.8の新潟県中越沖地震による、東京電力柏崎刈羽原発の事故では設計時の想定を超える揺れによって稼働中の2・3・4・7号機が緊急停止しただけでなく、3号機の外にある所内電源用の変圧器で火災が発生した。火災を鎮火させたのは、発電所に駆けつけた地元の、しかも非番の消防隊員であった。火災現場付近には化学消火剤がなく、化学消防車も未配備であった（明石 2011）。その後、柏崎刈羽原発事故を受けて原発の耐震安全性が検討された。しかし、経済産業省の審議会の席上、産業技術総合研究所・活断層研究センターの岡村行信センター長が9世紀の貞観津波に言及して大津波の可能性を指摘したにもかかわらず、東電も原子力安全・保安院も取り合わず、その警告は生かされなかった。

　そして第四に、事前の防止策（安全対策）によって取り除かれなかったリスクは、事前の事後対応策によって軽減されるどころか、逆に隠蔽されてきた（リスクの隠蔽）。近代的リスク観にしたがえば、事前の防止策によるリスクの軽減に限界があるからこそ事前の事後対応策がとられるが、日本では、事前の防止策によってあたかもリスクが消滅したかのように判断された。東電は、電源喪失に関する研究に資金を出さなかったばかりか、年間数百億もの広告費を[2]投じて原発の安全性をPRし、原発内でトラブルが起こってもそれを隠蔽したり過小評価したりしてきた。今回も、事故直後にメルトダウンが起こっていたにもかかわらず、東電が1号機のメルトダウンを認めたのは、3ヶ月ほど経った5月12日であった。また、一連の爆発が起こった後の3月18日の時点で原子力安全・保安院は、国際原子力機関（IAEA）が定めた国際原子力事象評価尺度で事故は「レベル5」に相当するとしていたが、4月12日になって突如「レベル7」に引き上げた。

日本的なリスク管理

上記の問題点は，すべて事前の事後対応策の欠如ないし不備から派生しているが，過去の歴史に照らしてみると，これらの特徴は日本社会に深く根ざしたものであることがわかる。そのことを，①日本の保険，②日本軍の戦略，③日本企業のリスク処理，④日本の避難訓練という4つの事例に即して見てみよう。

アメリカだけでなく，我が国でも生命保険が導入された当初，生命保険に入ると早死にするのではないかという魔術的恐怖のために，生命保険は容易に普及しなかった。しかし，アメリカでは「死の商品」として徐々に受け入れられていったのに対して，日本では生命保険の意味づけが変えられ，老後の安楽を保障する「養老保険」として普及した（田村 1995）。生命保険から養老保険への転換は，リスク論的には重大な変更を意味している。というのも，生命保険が死後への備え（死に対する「事前の事後対応策」）であるのに対して，「養老保険」は生前の備え（死に対する「事前の防止策」）であるからである。日本の保険会社は，事前の事後対応策という生命保険本来の性質を覆い隠すことによって生命保険の普及に成功したのである。

現在，日本は世界有数の保険国であるが，いまでも日本の保険にはリスク隠蔽的な機能が組み込まれている。たとえば医者のような専門的職種に従事する者を対象にした「職業賠償責任保険」は，アメリカでは職業従事者である個人にかけられるが，日本では医師会のような団体にかけられている（久枝 1976）。職業賠償責任保険は，医療であれば，医療ミスが起こる可能性を想定し，医療ミスが起こった際の「事前の事後対応策」となる。我が国で職業賠償責任保険が医師会のような団体にかけられているのは，それによってリスクを目に見えない形で処理することが可能になるからである。手術の担当医に対して最初から手術に失敗する可能性を想定することは，保険をかける者にとっても，かけられる者にとっても心理的に受け入れがたいという判断が働いている。

リスク管理に関する日米の違いをより鮮明に示しているのが，第二次世界大戦における日米の軍事行動の違いである。一見，軍事行動と地震災害は無縁にみえるが，そうではない。大地震の際には戦争に対応する能力と同じ種類の能力が要求されるのであり，実際，「第二次世界大戦以降，欧米諸国は局地核戦

争の応用問題として災害対策をとらえてきた」(柳田 2011：254)。柳田邦男は，「日本にはそのような発想はない。非軍事国家，戦争放棄国家だから，戦争に巻き込まれたらどうするという発想を持たない。その延長線で，地震災害の仕方まで甘くなっていた」(柳田 2011：254-255) と述べている。ただし，問題は非軍事国家となった戦後に生じたのではない。

第二次世界大戦における日米の軍事行動を比較してみると，米軍が作戦計画の段階でひとつの作戦を計画するだけでなく，その作戦計画が成功しなかった場合の対応計画を練っていたのに対して，日本軍は，短期決戦・奇襲作戦という狭いオプションしか持っていなかった (戸辺ほか 1984)。日本軍は「初めにグランド・デザインや原理があったというよりは，現実から出発し，状況ごとにときには場当たり的に対応し，それらの結果を積み上げていく思考方法が得意であった」(戸辺ほか 1984：200)。日本軍の行動を導いたのは「必勝の信念」であるが，作戦不成功の場合を想定することは「必勝の信念」と矛盾すると考えられた。戦いに勝たなければならない時に最初から負ける可能性を想定することは，ちょうど医者が手術に成功しなければならない時に失敗の可能性を想定することに等しかった。作戦不成功の場合を想定することはなく，作戦が不成功に終われば諦念あるのみであった。そうした失敗から学習することもなく，同じ過ちを何度も繰り返した。そして，戦況がどれほど悪化しても，大本営はその事実を国民に伏せていた。

要するに，先に述べた福島第一原発事故の問題点――①「想定外の想定」の排除，②場当たり的対応，③同じ過ちの繰り返し，④リスクの隠蔽――は，日本軍の問題点でもあった。必勝の信念は，リスクを顕在化させないための事前の防止策として機能した反面，作戦不成功の場合を想定した対応計画，すなわち事前の事後対応策の欠如をもたらした (問題点1)。作戦が実際に不成功に終わった場合には場当たり的な対応しかできず (問題点2)，そうした過ちを何度も繰り返した (問題点3)。そして，大本営発表は自らにとって不利な事実を隠蔽していた (問題点4)。今回の原発事故に見られた日本の危機管理能力の欠如は，日本軍のそれと完全に重なっていたのである。

このような日本的リスク管理は，戦後においても引き継がれた。日米企業の

リスク処理の比較をおこなった森宮康によれば，シェアの拡大に重きが置かれる日本企業は，収益率を重視するアメリカ企業と比較すると，次のような特徴を持っている。すなわち，リスクが軽視され（「リスク軽視」），保険で補償しがたい損失に対しては，起こる前に対処するのではなく，起こった後に対処する（「過小処理」）。事件や事故が起これば，その都度事後的に対処する（「もぐら叩き型」）。しかも，忌まわしい出来事は忘れたいという願望もあって過去の事件や事故を容易に風化させ，過去の教訓が活かされない（「健忘症候群」）（森宮 1995）。森宮のいう「リスク軽視と過小処理」「もぐら叩き型」「健忘症候群」は，先に指摘した「『想定外の想定』の排除」「場当たり的対応」「同じ過ちの繰り返し」に対応している。

　最後に，避難訓練に関しても日米間に違いがあることを指摘しておこう。避難訓練は，災害の発生を想定している点で「事前の事後対応策」であり，日本でも実施されている。しかし日本では，一般に計画通りに避難訓練が実施されることが望ましいと考えられているが，アメリカでは，問題がない訓練が一番問題であるとされている（野田ほか 2011）。というのも，避難訓練は，当初予想もしていなかった問題を発見するためにおこなわれるからである。アメリカの避難訓練は，災害が常に想定外の要素を含み，想定外の事態に対処しようとする発想に基づいている。

　以上の例からわかるように，日本的リスク管理の特徴は，事前の防止策（安全対策）に力点が置かれ，事前の事後対応策（狭義の危機管理）が軽視される点にある。このことはリスク認知の低さを意味しているのではない。原発に関していえば，事前の防止策も不十分であったとはいえ，技術一般に関していえば，我が国でも高度なリスク認知が成立している。日本の安全技術は決して低い水準にあるわけではない。「必勝の信念」も，負ける可能性に暗黙裏に気づいているからこそ要求されるのである。日米の違いが現れてくるのは，リスクと危険の分節の仕方にある。

　先に述べたように，リスクは人間の選択的な営みに不可避的に内在する要素として危険から区別されるが，このような近代的リスク観にしたがえば，どのような事前の防止策を講じようと，リスクはゼロにはならない。だからこそ，

事前の事後対応策を講ずる必要が生じてくる。ところが，日本では十分な事前の防止策が講じられれば，リスクはゼロになりうると判断される。そのため，事前の防止策が万全であれば事前の事後対応策は必要ないし，逆に，事前の事後対応策が必要であれば事前の防止策が不十分であるということになる。事前の防止策と事前の事後対応策が相克的な関係として捉えられてしまうのである。その結果，リスクがゼロになりうることを想定する日本的リスク管理のほうが，リスクはゼロにならないとする近代的リスク管理よりも，高いリスクの残存を許すという皮肉な結果が生じてしまう。

　実際，このような逆説的な事態が福島第一原発事故に関して起こっていた。チェルノブイリ原発事故が発生した後，欧米だけでなく，我が国でも過酷事故対策を検討する機会があった。過酷事故対策は，ここでいう事前の事後対応策に相当する。そうした対策を検討する機会があったにもかかわらず，国も電力会社も過酷事故対策を怠った。その理由は，「国が前面に出ると，事故は起こらないという『安全神話』が崩れ，地元住民を不安に陥れるという懸念が強かった」（『読売新聞』2011年12月13日）からである。関係者の証言によれば，「電力会社は住民に『リスクがある』ことを説明することを恐れていた」（同記事）。つまり，十分な安全対策が講じられていると主張してきた以上，過酷事故対策の必要性を認めるわけにはいかないというわけである。そして，過酷事故が現実のものとなったいまでも，「もうこれほどの事故は起こらない」（「NHKスペシャル」2011年11月27日放送）と語る関係者もおり，リスクを過小評価する傾向が未だに消えていないのが実状である。

日本的なリスク認知とリスク・コミュニケーション

　事前の防止策と事前の事後対応策という二段階のリスク管理を可能にしていたのは，危険からリスクを区別するリスク認知であるが，この区別は，人間という集合的主体のレベルでは「作為と自然」，そして個人という個別的主体のレベルでは「自己と他者」の区別に基づいている。日本的なリスク認知の特質は，作為と自然，自己と他者に対する捉え方，そしてそれらに関連するコミュニケーション様式のあり方に関連している。

いかなる社会であろうと，人間の行為には自発的意志と状況的影響という，ふたつの要素が含まれているが，そのいずれを重視するかによって作為と自然の境界は変動する。自発的意志を重視すれば作為が顕在化し，状況のなりゆきを強調すれば自然の優位となる。

作為と自然の関係は，かつて丸山眞男が第二次世界大戦における戦争指導者の証言を通して論じた問題であるが，そこで明らかになったことは，ナチス・ドイツの指導者が明確な意志のもとで行動したのに対して，日本の指導者にはそのような意志が欠落していたということである。「既成の情勢に自己を適応せしめることによって問題の解決を避けようとする如き原則は許されない。寧ろ情勢をして自己に適応せしむべきである」（丸山 1964：108）というヒットラーの発言とは対照的に，東条内閣の東郷茂徳外相は「私の個人的な意見は反対でありましたが，すべて物事にはなり行きがあります」（丸山 1964：108）と語っていた。

ただし後述するように，この違いを「西欧＝近代／日本＝前近代」という差異に還元することはできない。日本では，作為が自然に埋没しているようにみえるが，その自然とは，正確にいえば，自然に擬制された作為である。リスクが認知されているにもかかわらず事前の事後対応策が軽視されるのは，作為が自然に擬制されているからである。

作為が成立しているにもかかわらず，それを潜在化させる働きを担っているのが「なる」的言語としての日本語である。池上嘉彦によれば，言語には人間の行為を世界認識の根底に据えた「する」的言語と，状態変化を世界認識の根底に据えた「なる」的言語が存在する。たとえば英語は，人間の行為を表現する「go」が「John went crazy（ジョンは気違いになった）（原文ママ）」のように，状態変化の表現にも転用される点で「する」的言語である。それに対して，日本語は，状態変化を表現する「なる」が「お殿様のおなり」のように，動作表現にも転用される点で「なる」的言語である（池上 1981）。日本語は，個人の主体的意志を覆い隠す表現に満ちている。「私は結婚します」を丁寧に表現すれば「私は結婚することになりました」となり，「結婚する」という私の意志が控え目に表現される。さらに，教師が自分で休講を決めても「明日の授業は

休講になります」といえば，まるで教師の意志を超えた力で決まったかのようになる。こうして作為と自然の境界は，日本語を使ったコミュニケーション過程であいまいになり，社会的な出来事が自然のなりゆきとして決定されたかのように映る（正村 1995）。

同様のことが自己と他者の区別に関してもいえる。人間の自律は，個人の自律を通じて自己と他者の区別を先鋭化するが，日本社会には自己の自律性を覆い隠すコミュニケーション様式が埋め込まれている。それが代理というコミュニケーション様式である。代理には，代表や代行を含む多様な形態が存在するが，ここでは組織内および組織間関係のなかで働く代行について説明しよう。

上位者による下位者の代理を「代表」，下位者による上位者の代理を「代行」と呼ぶならば，稟議制や行政指導といった，日本型の意思決定様式や規制様式はいずれも代行機能に支えられている。

近代的な官僚制組織のもとでは，上意下達式にトップの下した命令が下位者へ伝達されるが，稟議制では，決定権のない中下級者の作成した起案書が関係者に回送されながらトップに承認され，その上でトップの命令として組織内に伝達される。このような稟議制が有効に機能するためには，起案者がトップの代行者としてトップの意思決定を先取りする形で起案書を作成しなければならない。このような代行機能を組み込むことによって，稟議制は，上意下達式の意思決定のもとで起こるコンフリクトを抑止する働きをする。とはいえ，このような意思決定は同時に，意思決定の責任をあいまいにしてもいる。トップの意向と判断された起案書の内容がトップの実際の意向から乖離している場合もあるし，起案者が意図的に自分の個人的意見を起案書に盛り込む場合もある。そうなると，意思決定の実質的な主体がトップなのか起案者なのかが不明瞭になる。

このような代行に基づく意思決定様式は，さらに組織間関係にも貫徹している。行政指導は，行政機関と業界との癒着的な構造を形成する一因とされてきたが，行政指導をおこなう行政機関とそれにしたがう業界の間にも稟議制と類似した関係が見出される。行政指導は事実上の強制力を持っているとはいえ，その強制力は，相手の意志を排除してでも自らの意志にしたがわせるような力

ではない。というのも，行政指導の過程では，業界組織が行政機関と協力して指導の中身を決めたり，業界組織の発案したものを行政組織がオーソライズしたりして指示するからである。指導を受ける側が指導の中身を発案し，指導する側の承認を得た上で指導をおこなうとすれば，そのプロセスは，稟議制の意思決定プロセスと同じである。

規制組織と被規制組織の間にこのような代行機能が働くと，規制組織と被規制組織の境界があいまいになり，被規制組織が規制組織を通じて自らを規制するような関係が形成される。この場合も，規制関係のもとで発生するコンフリクトが回避される反面，規制が被規制組織にとって好都合な仕方で実施される。こうして規制組織と被規制組織の癒着的な構造が形成されることになる。

代理には，代表や代行のような垂直的方向に働く代理のほかに，水平的方向に働く代理もあるが，いずれにせよ，代理は，自己が他者に成り代わって行動する営みであり，他者がもうひとりの自分として捉えられる関係のもとで有効に機能しうる。日本社会では，組織内関係・組織間関係を問わず，垂直的・水平的な代理機能が張り巡らされ，それによって自己と他者の差異が潜在化されてきた（正村 1995, 2000）。こうした差異の潜在化によって自己の意志の働きが覆い隠され，物事があたかも状況の成り行きで決定されていくような状況が生まれる。つまり，日本的なリスク認知を支えてきたのは，日本語をメディアとしたリスク規定型コミュニケーションであり，各種の代理機能を組み込んだ日本社会のコミュニケーション様式なのである。

1990年代のバブル崩壊後，日本社会は構造的変容を遂げてきたが，福島第一原発事故は，このようなコミュニケーション様式が原発政策を推し進めてきた過程で作用していたことを物語っている(3)。そのことは，次の文章からも窺い知ることができる。

　　国際的基準の源流にさかのぼって，すべてを頭にたたき込んだ私が，二〇代の若造でありながら，いつのまにか「生き字引き」の役割を担うようになり，原子力安全委員会の答申さえ草したことがある。……安全審査書は，電力会社の表紙がついているが，基本的にそれを請け負った原子力関

連企業の御三家である三菱重工・東芝・日立がすべて作成しているのである。電力会社にみずから作成する能力はもとよりなく，彼らの作成した文書の表紙を「東京電力」に書き換えるだけでしかない。(飯田ほか 2011：25, 27)

ただし，日本社会のなかで自他の差異に対する強力な隠蔽機能が働くのは，日本社会が前近代的・集団主義的な社会であるからではない。過去の歴史を遡ってみると，日本でも早くから個人主義化が進み，自他の差異を顕在化させる動きが見られた。けれども，そうした動きは西欧的個人主義の成立にはいたらず，逆説的にも自己と他者の差異を隠蔽するメカニズムを発達させた。

詳しい説明は別稿（正村 1995）に譲るが，自他の差異の顕在化が差異に対する隠蔽メカニズムを発達させたのは，日本社会がマクロな社会秩序を一挙に創出しえない「場の社会」だからである。自己と他者の差異が顕在化すると，社会的対立の可能性が高まるが，社会的対立をいかに解決するかという秩序問題は，欧米社会では個人の権利と社会の法を結びつけることによって解決された。ドイツ語の「Recht」が示すように，権利と法は表裏一体をなしており，個人は法にしたがう限りにおいて自らの権利を主張しうる。この場合，個人と社会が「権利＝法」のもとで直接対峙するとともに，社会的な差異と対立の可能性を認めた上で問題の解決がはかられる。ところが，欧米ほど法に信頼を置かなかった日本社会では，社会的な差異と対立を潜在化させ，問題の発生そのものを抑止しようとした。そのために，さまざまな場で営まれるコミュニケーション過程に隠蔽機能が組み込まれたのである。

日本的リスク管理は，このような日本社会の秩序様式を反映している。作為が自然に擬制された作為として立ち現われる日本では，リスクも危険に擬制されたリスクとして現れる。その結果，高度なリスク認知によって事前の防止策（安全対策）には力が注がれるが，リスクが危険から明確に分離されないために事前の事後対応策（狭義の意味での危機管理）が軽視され，事前の防止策で除去できなかった残余リスクが隠蔽されるのである。

5　現代社会としての位相

現代的リスクの認知と管理

　福島第一原発事故は、特殊日本的なリスク管理の在り方を浮き彫りにしたとはいえ、そこに特殊現代的な要因も関与していたことは言うまでもない。日本、欧米を問わず、20世紀後半以降、現代社会は大きな変容を遂げてきたが、その変容はリスクやリスク・コミュニケーションの在り方にも影響をおよぼしている。

　まず、科学技術が発達し、社会のシステム化が進展したことによって、危険とリスクの関係が変化した。20世紀における科学技術の著しい発達によって、現代社会は自然を制御する手段を獲得し、自然に対する人間の適応力を高めた。とはいえ、遺伝子操作にせよ、原子力利用にせよ、科学技術によって制御された自然の力は、人間の期待通りに働くわけではなく、人間の制御能力を超える可能性を秘めている。そのことを端的に示したのが今回の原発事故である。遺伝子操作も、遠い将来において人体や自然環境にどのような結果をもたらすかは、専門家でさえ正確にはわからない。こうして自然を制御するために開発された科学技術は、現代社会の不可欠な構成要素でありつつも、現代社会の危機を招来する要因にもなった。

　科学技術の発達によって、天災が人災化する可能性が高まったが、天災の人災化は、先に述べたように危険のリスク化でもある。福島第一原発事故のきっかけは地震や津波という自然的要因にあったが、事故の発生には人為的要因が深くかかわっている。自然から区別された人間という集合的レベルの人為性に着目するならば、原発事故がもたらす損害可能性は危険ではなく、リスクである。したがって、今日の日本社会にはリスクと危険の境界を正反対の方向にずらすふたつの作用が働いていることになる。現代的過程を通じてリスク領域が拡張されているが、それにもかかわらず、特殊日本的背景のもとでリスクは危険に擬制されるのである。前者を「危険のリスク化」、後者を「リスクの危険化」と呼ぶならば、現実の事態はこのふたつの作用の合成結果として生じてい

る。

　そして，リスクと危険の境界だけでなく，リスクの性質も変化している。現代的リスクは「システミック・リスク」としての様相を帯びている。システミック・リスクというのは，システムの一部で起こった異常事態が連鎖的に波及することによってシステム全体が崩壊もしくは機能不全に陥る可能性を指している。

　システミック・リスクの典型例は金融リスクである。貨幣は，人びとの信用を基にして成り立っているので，貨幣が商品として交換される金融市場では，市場の一角で信用不安が起こると，その信用不安がさらなる不安を生み，市場全体が危機的状況に陥る可能性が高い。こうしたシステミック・リスクが顕在化したのが，2008年の世界的金融危機にほかならない（正村 2012）。世界的金融危機と福島第一原発事故を比較してみると，そこにはシステミック・リスクとしての共通点が認められる。

　まず第一に，自己と他者の区別という個人的レベルに定位するならば，どちらのシステミック・リスクも「リスクと危険に関する分裂的構造」を内包している。システミック・リスクの場合，システムに帰属する多数の人びとが危機の影響を被るとはいえ，それらの人びとがすべて危機の原因に関与しているわけではない。危機の影響を受ける人びとのなかには，原因に関与しなかった人びとが多数存在する。そうした人びとにとっての損害可能性はリスクではなく，危険である。

　世界的金融危機の影響は，金融市場に参加した人だけでなく，実体経済の危機を通じて金融市場に参加していない人びとにも及んだ。それと同様に，原発事故では，原発政策を推進してきた「産・官・学」——さらには「報」（マスメディア）や「法」（裁判所）——の責任が大きいが，原発事故で損害を被ったのは，放射能汚染にあった人びとと，避難を強いられた人びとと，風評被害を受けた人びとと，電力不足の影響を受けた人びとなど，広範囲にわたっている。

　もちろん，それらの被害を受けた人びとも原発政策を積極的ないし消極的に支持してきたからには責任の一端を担っている。しかし，関与の度合いに違いがあることもたしかである。しかも，システム構築が高度化すればするほど，

損害の原因に直接関与しうる人間がより限定されていく反面，損害の範囲はより広域化する可能性がある。危機の結果に関しては自他の区別が消失するが，危機の原因に関しては，自他の間に鋭い亀裂が入っている。システミック・リスクは，そのようなリスクと危険の分裂的構造を内包しているのである。

　世界的金融危機と原発事故に共通するシステミック・リスクの第二の特徴として，「危機発生の端緒としての周縁部」が挙げられる。現代の高度化した技術システムにおいては，システムの周縁部で生じた些細な人為的ミスや不具合をきっかけに，その連鎖的反応を通じてシステムの危機が起こる（柳田 2011）。その際，「周縁部」を技術的な意味ではなく，社会的な意味で理解するならば，金融危機も原発事故も，危機の発端は社会的な周縁部にある。

　世界的金融危機のきっかけとなったのは，サブプライム・ローンの問題であった。「サブプライム問題」というのは，低所得者層を中心に，返済可能性の低い人が借りたローンの焦げ付きから生じた問題である。アメリカでは，低所得者層を対象にした住宅政策がとられたこともあって，21世紀に入って住宅バブルが形成されたが，住宅価格が上昇し続けている間は，問題が表面化しなかった。返済の見通しが立たない低所得者でも，手に入れた住宅を購入時よりも高く売ることによって生活を維持しえた。ところが，2007年に住宅価格が下落に転じたことによって問題が一挙に顕在化した。金融システムからみれば周縁部にすぎない「サブプライム問題」が世界的な金融危機を引き起こしたのは，高度な数学的手法を駆使した現代の金融技術によって，サブプライム・ローンに内在していた高いリスクが，リスクの低い金融商品のなかに紛れ込み，世界中に拡散していたからである。

　世界的金融危機は，リスク・ヘッジの技術が発達した金融システムの危機として起こった。そして，リスクの軽減がかえって巨大なリスクを発生させるというシステムの矛盾が集中的に現れたのは，システムの中心部ではなく周縁部であった。

　これに類似する構図が福島第一原発事故にも見出される。福島原発に限らず，日本において原発が建設されてきたのは，地理的・社会的な意味での日本の周縁部である。電力の消費地は大都市であるが，原発は，大都市から遠く離れた

地域，しかも経済基盤の弱い農漁村地域に建設されてきた。そうした原発建設を促進してきたのが，1974年に制定された電源三法（電源開発促進税法，電源開発促進対策特別会計法，発電用施設周辺地域整備法）である。原発を受け入れれば，電源三法交付金によって自治体の財政は潤い，市町村民の所得は跳ね上がる。雇用が拡大し，町には多数の公共施設が作られる。しかしそれは，伝統的産業が衰退し，原発依存の社会に変わることでもあった。施設の維持に要する膨大な管理費が自治体財政を圧迫する一方で，交付金は時間的経過とともに減額されていく。その結果，原発立地地域はさらなる原発を誘致して交付金を得ようとする。こうして，同じ地域に幾つもの原発が建設されるという異様な光景が出現した。

　金融危機と原発事故から見えてくるのは，システミック・リスクの顕在化にはそれぞれ固有な社会問題が伏在しているということである。どちらの場合にも，社会の周縁部が危機の発端であると同時に，最も深刻な被害を受ける部分でもある。システミック・リスクには，その被害が全体に及ぶという点で「中心」も「周縁」もないし，中心が周縁を一方的に支配するという伝統的な「中心／周縁」図式は成り立たないが，システムの矛盾が周縁部において集中的に現れることは否定できない。

原発事故をめぐるリスク・コミュニケーション

　東日本大震災で浮かび上がってきた問題のひとつとして，安全・安心をめぐるコミュニケーション，すなわちリスク主題型コミュニケーションに関する問題がある。事故の状況を発表した東電と政府，震災報道に携わった日本のマスメディア，そこに登場した原子力の専門家，これらの存在に対する信頼が大きく揺らいだ。信頼の失墜は，伝達された情報の非整合性に起因しているが，そこにはふたつの側面が含まれている。

　第一に，伝達する情報に一貫性が欠けていたために，送り手の信頼性が損なわれた。東電と政府は当初，安全性を力説しておきながら，後になって事故の深刻さを伝えた。このことが東電・政府の発表する情報の信憑性に対する疑いを生じさせた。一連の爆発が起こり，多くの人びとが事故の深刻さを直感して

いたにもかかわらず，東電と政府は原子炉の安全性を強調した。3号機が爆発する前，枝野官房長官は，「1号機のように爆発した場合でも，原子炉の格納容器には影響なく，大量の放射性物質が放出されないとみられる」（『朝日新聞』2011年3月14日）と説明した。また東電は，3号機が爆発した後でも「格納容器，その内部の圧力容器の状態に変化はなく健全性は保たれているとみられる」（『朝日新聞』2011年3月14日）と発表した。しかし，東電は，事故から2ヶ月経った5月15日に1号機，同24日に2号機，3号機が事故直後にメルトダウンを起こしていたことを認めた。

　第二に，原発事故の状況を多様なメディアが報じたことによって，各メディアが伝える情報間の矛盾が露呈した。東日本大震災では，パーソナル・メディア（口コミ），マスメディアだけでなく，ソーシャル・メディアを含む電子メディアが活用された。さらに，海外メディアも原発事故を大々的に報じた。こうした多様なメディアが原発報道をおこなったことによって，情報間の矛盾が認識され，東電・政府の発表をそのまま伝えていた日本のマスメディアにも批判の矛先が向けられた。大手の新聞やテレビに登場した専門家が東電と政府の見解に追随したのに対して，ネット上では原発に批判的な学者や運動家の意見が取り上げられた。ネット上では，マスメディアの言説に対する対抗的な言説が形成される傾向にあるが，原発事故においても同様な構図がみられた。

　さらに海外でも，早い段階から原発事故の深刻な状況が伝えられた。たとえば，日本では放射性物質の拡散予測をおこなう模擬計算機「SPEEDI」の結果が公表されたのは3月23日になってからであるが，オーストリアではもっと早い段階でコンピュータによる拡散予測が公開され，3月24日にはオーストリア中央気象局が算出した数値――「フクシマ」のヨウ素131の放出量は「チェルノブイリ」の73％，セシウム137の放出量は「チェルノブイリ」の60％という数値――を基にして書かれた記事がイギリスの科学誌『ニュー・サイエンティスト』に掲載された（大沼 2011）。「フクシマ」が「チェルノブイリ」と同じレベル7であることを，東電と政府が認める約3週間前のことである。

　このような情報の非整合性（情報伝達の非一貫性，情報間の矛盾）を通じて，原発報道に関する信頼性が揺らいだ。なかでも特筆すべきは，専門家に対する信

頼が揺らいだことである。「安全」は，主観的概念である「安心」と違って客観的概念であるとされてきたが，その客観性の根拠となる情報を提供してきたのは科学者や技術者である。しかし，原発事故を通して明らかになったことは，原子力にかかわってきた多くの科学者や技術者が「原子力ムラ」という産学官の利権的構造のなかに囲い込まれているということであった。電力会社は，原子力の主要な研究機関に多額の資金を拠出して寄附講座を開設し，原子力研究者の育成を援助してきた。

　こうした産学連携の背後には，先に述べたような特殊日本的構造が控えているが，現代社会の構造的変化も関与している。近代科学は，これまで政治や経済といった社会的機能からの自律を基にして世界の客観的認識を追求してきたが，20世紀後半以降，そのような近代科学の自律性を維持することが困難になってきた。それは，科学技術の発達にともなって科学の社会的役割が増大しただけでなく，20世紀後半以降，新自由主義的改革のもとでアカデミック・キャピタリズムが台頭してきたからでもある。1980年代に福祉国家が行き詰まり，新自由主義的政策が社会の統治戦略として採用されると，大学も一種の企業組織として，政府に頼ることなく自らの力で財政的基盤を強化しなければならなくなった。アメリカでは，「大学における経営上の革命的変化」が起こり，大学基金の投資的運用，科学研究の特許化が進んだ（上山 2010）。こうした研究の商業化と呼応して産学連携も進んだ。日本もその例外ではなく，さまざまな分野で産学連携が進んだ。電力会社による寄附講座の開設や原子力研究者の育成支援もそうした現代社会の変化を背景にしている。

　原子力のような専門性の高い分野では，安全か否かの判断は専門家に頼るほかないが，マスメディアに登場した多くの専門家に対する信頼が失われたことによって，安全と安心が乖離した。「安全」という言葉が不安のシンボルとして流通し，安全性が強調されればされるほど，不安が増大した。逆に，「危険性」に関する指摘が危険な事態の回避を可能にし，安心につながるので，リスクの度合いを高く見積もる専門家のほうが信頼された。こうして，安全と安心を結びつける日常的な構図が崩れ，安全・安心をめぐるコミュニケーションは複雑な様相を呈した。

6 危機管理体制の構築に向けて

　戦後日本の文明は，日本列島における地震の静穏期に築かれたが，阪神・淡路大震災を機に，日本列島は再び地震の活動期に入ったといわれている。東日本大震災はそれを裏付ける結果となったが，このことは，今後も日本列島において大地震が繰り返し発生する可能性を示唆している。いま求められているのは，もちろん被災者の視点に立った被災地の復旧・復興であるが，さらに今後の大地震に備えて災害に強い社会を確立することも焦眉の急となった。

　リスク管理に関していえば，事前の防止策（安全対策）と事前の事後対応策（狭義の危機管理）を相克的に捉えてしまう日本的リスク管理の在り方を改めなければならない。ただし原発に関しては，原点に立ち返って検討しなければならない。今回の事故に関していえば，過酷事故対策をとっていれば，被害をもっと軽減できたであろうが，日本のような地震多発国においては，過酷事故対策をとったからといって将来の安全性を確保できる保証はない。

　いずれにしても，大地震による被害は，地震の発生条件の違いによってきわめて多様な様相を呈する。有効な危機管理体制を確立するためには，危機管理体制の基盤となる日本社会の実態を把握しておくことが必要である。来るべき大地震に備えるためには，被害の多様性と日本社会の多様性を見据えた（広義の意味での）危機管理体制を確立しなければならない。東日本大震災はこのような課題を私たちに突きつけたのではないだろうか。

注
(1) 福島第一原発事故によって，原発が低コストな発電方式でないことも明らかになった。事故後も，原発が他の発電方式よりも比較して低コストであることを示すデータが提示されているが，その場合も，コスト計算の仕方に問題が残っている。賠償費用，除染費用，廃炉費用など，膨大な費用のすべてが考慮されていないのである。
(2) 電源喪失時への対応を研究してこなかった理由について，電力中央研究所のOBは次のように答えている。「『そうした事態はありえない』というのが東京電力など

の考え方で,『そんな研究をするなら金を出さない』というわけだ。アメリカでは，スリーマイル島の原発事故以来，あらゆることを想定して研究させていた。こんどの福島の原発事故くらいのことはとうに研究し資料を持っていたと思う。しかし，日本ではそうした研究を，東京電力など電力会社がゆるさなかったのだ」（志村 2011：201）。

(3) 本章（本文）執筆後，「福島原発事故独立検証委員会」や「国会・東京電力福島原子力発電所事故調査委員会」による調査報告書が発表された。国家調査委員会の報告書では，原発事故の原因として歴代の規制当局と東電の関係において規制する立場とされる立場の「逆転関係」が起き，規制当局は電力事業者の「虜（とりこ）」になっていたことが指摘されている（国会・東京電力福島原子力発電所事故調査委員会報告 2012）。同報告書によれば，「規制を導入する際，規制当局が事業者にその意向を確認していた事実も判明している。安全委員会は，平成（1993）年に，全電源喪失の発生確率が低いこと，原子力プラントの全交流電源喪失に対する耐久性は十分であるとし，それ以降，長時間にわたる全交流電源喪失の可能性は考えなくてもよいとの理由を事業者に作文させていたことが判明した」（同報告書ダイジェスト版：4）。

また本章で事前の防止策と事前の事後対応策の相克的な関係として説明した点について，同報告書は次のように述べている。「東電は，新たな知見に基づく規制が導入されると，既設炉の稼働率に深刻な影響が生ずるほか，安全性に関する過去の主張を維持できず，訴訟などで不利になるといった恐れを抱いており，それを回避したいという動機から，安全対策の規制化に強く反対し，電気事業連合会を介して規制当局に働きかけていた」（同報告書ダイジェスト版：5）。

この点に関しては，民間事故調査委員会の報告書も同様の指摘をしている。「形式的には緊急事態を想定し，技術助言組織を作っていたとしても，それが実際に使われる状態になることを想定するのは，原子力安全委員会の規制が事故を防げないことを意味し，それは事故の防止を安全規制の第一とする原子力安全委員会の存在意義を否定するものになりかねなかったからである。そうした事前の事故防止が不十分であるかもしれないことを示唆するような緊急事態対応を想定することは，原発反対派の批判を受ける可能性があり，そうした状況を避けるためにも，事故に至らないようにするための規制に心血が注がれることになったのである」（福島原発事故独立検証委員会，2012：310-311）。

文献

明石昇二郎，2011,『原発崩壊——想定されていた福島原発事故（増補版）』金曜日。

Beck, Ulrich, 1986, *Risikogesellschaft auf dem Weg in eine andere Moderne,*

Suhrkamp.（＝1998，東廉・伊藤美登里訳『危険社会──新しい近代への道』法政大学出版局。）
Foucault, Michel, 2004, *Naissance de la biopolitique : cours au Collège de France (1978-1979)*, Gallimard.（＝2008，慎改康之訳『ミッシェル・フーコー講義集成〈8〉生政治の誕生──コレージュ・ド・フランス講義1978-1979年度』筑摩書房。）
福島原発事故独立検証委員会，2012,『調査・検証報告書』ディスカバー・トゥエンティワン。
久枝浩平，1976,『契約の社会・黙約の社会──日米にみるビジネス風土』日本経済新聞社。
飯田哲也・佐藤栄佐久・河野太郎，2011,『「原子力ムラ」を超えて──ポスト福島のエネルギー政策』NHKブックス。
池上嘉彦，1981,『「する」と「なる」の言語学──言語と文化のタイポロジーへの一試論』大修館書店。
Luhmann, Niklas, 1991, *Soziologie des Risikos*, Walter de Gruyter.
丸山眞男，1964,『増補版　現代政治の思想と行動』未来社。
正村俊之，1995,『秘密と恥──日本社会のコミュニケーション構造』勁草書房。
正村俊之，1998,「戦後日本社会のシステム構成」高坂健次・厚東洋輔編『講座社会学1　理論と方法』東京大学出版会。
正村俊之，2012,「金融恐慌にみるコミュニケーションの成立機制──神・貨幣・情報空間」正村俊之編著『コミュニケーション論の再構築──身体・メディア・情報空間』勁草書房。
松岡猛，2009,「安全・安心・リスク──日本学術会議における検討」『学術の動向』9月号。
森宮康，1995,「わが国の企業経営にみるリスク観」水島一也編著『保険文化──リスクと日本人』千倉書房。
室崎益輝，2011,「『高台移転』は誤りだ」『世界』8月号，岩波書店。
野田五十樹・西田豊明・正村俊之・小方孝，2011,「パネル討論：大震災と向き合い」『人工知能学会誌』26(5)。
大沼安史，2011,『世界が見た福島原発災害』緑風出版。
戸部良一・寺本義也・鎌田伸一・杉之尾孝夫・村井友秀・野中郁次郎，1984,『失敗の本質──日本軍の組織論的研究』ダイヤモンド社。
相良亨，1984,『日本人の心』東京大学出版会。
酒井泰弘，2007,「経済学におけるリスクとは」橘木俊詔ほか編『リスク学入門1　リスク学とは何か』岩波書店。

志村嘉一郎，2011，『東電帝国――その失敗の本質』文春新書．

田村祐一郎，1995，「『生の保険』と『死の保険』――日本人の死生観と生命保険・第1部」水島一也編著『保険文化――リスクと日本人』千倉書房．

上山隆大，2010，『アカデミック・キャピタリズムを超えて――アメリカの大学と科学研究の現在』NTT出版．

柳田國男，1989，『柳田國男全集2』筑摩書房．

柳田邦男，2011，『「想定外」の罠――大震災と原発』文藝春秋．

ウェブサイト

国会・東京電力福島原子力発電所事故調査委員会報告（http://www.naiic.jp/blog/2012/07/06/reportdl2/）

（2011年12月脱稿，2012年7月注(3)の加筆）

第**9**章

不透明な未来への不確実な対応の持続と増幅
——「東日本大震災」後の福島の事例——

加藤眞義

1 「東日本大震災」が福島にもたらした被害の性格

　原理的にみれば，人間のあらゆる営みが，完全には見渡しがたい不透明な未来に向けての，不確実な状況における選択であるといえる。しかし，「日常」の暮らしにおいては，その不透明さ，不確実さは一定程度，限定されている。あるいは少なくとも，限定されているという想定のもとで，すなわちある程度の透明性，確実性があるとの想定のもとで，生活を営むことが可能である。そうでなければ平穏な暮らしは成り立たない。日常とは，そういった暮らしの成り立ちの謂いでもあろう。しかし，災害後の社会においては，この原理的な不透明性，不確実性が，いっそうあらわな形で登場し，被災者は，それへの対応を余儀なくされることとなる。問題は，その度合いと時間的な長さである。
　「東日本大震災」による被害の特徴としては，①被害範囲の広域性（深甚な被害に限っても東北三県にまたがる），②被害の地域特性（多くが過疎地であること等），③被害の複合性（地震，津波，火災，原発事故）が指摘されている。これらの特性があいまって，全般的に「復旧」の遅れがはなはだしい状態にある。
　福島県についていえば，「会津」地方をのぞく「浜通り」地方と「中通り」地方の一部は，この震災の「原発震災」としての側面ゆえに，通常ならば予想されるであろう，〈被災→避難・退避→沈静化→帰還→復旧・復興〉という経路をたどることがきわめて困難な状況におかれている。[1]あらわになった不確実性の持続と増幅が著しい，といってよい。指揮や情報発信のセンターであるこ

表9-1 自治体役場の避難と区域指定

自治体	人口	世帯数	役場移転と区域指定
飯舘村	6,211	1,733	→福島市（飯野支所）(6.22)【計画的避難区域】
川俣町	15,569	5,178	【計画的避難区域】（山木屋地区　509世帯1,252人）
南相馬市	70,895	23,643	【指定なし】【計画的避難区域】【緊急時避難準備区域】【警戒区域】
浪江町	20,908	7,171	→津島支所 (3.12) →二本松市（東和支所3.15→男女共生センター5.23）。いわき市出張所 (11.1)。【計画的避難区域】【緊急時避難準備区域】【警戒区域】
双葉町	6,932	2,393	→川俣町 (3.14) →さいたま市 (3.19) →加須市 (4.1)。郡山市支所 (10.29)。【警戒区域】
大熊町	11,511	3,955	→田村市 (3.14) →会津若松市 (4.5)。いわき市連絡事務所 (10.11)。【警戒区域】
富岡町	15,996	6,141	→郡山市 (4.14)。いわき市出張所 (12.19)。【警戒区域】
楢葉町	7,701	2,576	→いわき市 (3.12) →会津美里町 (3.26)。いわき支所 (4.26)【緊急時避難準備区域】【警戒区域】
広野町	5,418	1,810	→小野町 (3.17) →いわき（旧湯本）市 (4.15)【緊急時避難準備区域】
川内村	2,821	950	→郡山市 (4.12)【緊急時避難準備区域】【警戒区域】
葛尾村	1,531	470	→会津坂下町 (3.15)。三春町出張所 (7.1)【計画的避難区域】【警戒区域】
田村市	40,434	11,932	【緊急時避難準備区域】【警戒区域】

注：人口，世帯数は平成22年度国勢調査による。（　）内は日付．【　】内は指定区域名．

とが期待される役場そのものが避難を強いられ（「行政被災」）（表9-1を参照），工場などの生産拠点の県外・域外移転がみられるとともに，沿岸漁業，農業などの第一次産業の見通しが立っていないなど，生産・生活基盤についての見通しが不透明ななか，さらに被曝の危険性が加わっているために，被災三県のなかでも特異な人口の転出現象がみられる。[2]「創造的復興」の旗印のもとに，「復興ビジネス」が企図されている一方で，[3]いまなお暮らしの先行きがみえない状態におかれた避難者が多数存在しているのである。

被害地域が広域にわたるために，「東日本大震災の被害」といっても被害の様態はさまざまであり，それゆえ今後の復旧・復興へ向けての課題も多種多様となっている。原子力発電所事故そのものの収束，放射線被害以外にも，津波によって生じた沿岸部のがれき処理の困難，塩害による水田復旧の困難など難問も多い。被害と課題の全貌を見渡すことがきわめて困難な点も，今回の災害の特徴のひとつであろう。本章では，震災のもたらした被害のうち，福島県の，とりわけ原発震災とかかわる側面について，しかも限られた範囲ではあるが考

察することを課題としたい。

2 被災・避難の特徴と避難区域・地点の指定[(4)]

　震災後の福島における被災・避難の特徴としては，①避難の回数の多さと，②その長期化が指摘されている。10回を超える避難先の移転や，さらには，3ヶ月，6ヶ月を過ぎてもなお居場所を移しての避難が続いていることが，いくつかの調査の結果として示されている（今井2011a, 2011b；福島災害復興研究所2011）。本節では，その前提となる，避難区域・地点の設定にかかわる問題について考えてみたい。

　一般論としては，危険を察知したさいにそれを回避するということは，生命体としての当然の対応であろう。そういった反射的な回避行動に加えて，熟慮・熟考に基づく対応も，複雑化した社会生活のなかでは求められる。しかし，原発震災がもたらしたのは，すぐには結果があらわれず，専門家の間でも見解が分かれるとされる，晩発性の危険であった。いわゆる「低線量」の被曝の結果は，場合によっては，数十年後にあらわれる。そういった性格の晩発性の危険を回避するためには，瞬間的・一時的な避難では不十分であり，長期的・日常的避難の必要性が生ずる。それゆえにいっそう，「避難」を制度的に認めるかどうかにかかわる「基準の政治」の問題が，いいかえるなら，個々人の理性的対応と制度設計との関係如何という問題が，先鋭な形であらわれることとなった。

　社会学における「政治」の機能についての理解のひとつとして，〈集合的に拘束力のある（意志）決定をなすこと〉というものがある。その場合の「決定」のなかには，さまざまな線引き・区分をおこなうさいの「基準」の設定も重要な問題として含まれるであろう。それゆえ，いかなる基準をどのように設定するのかという点に，当該の社会の「政治」の性格・特質の一端が表現されるとみることが可能である。また，その設定自体が必要に応じて公共的な争点になりえる政治が，理念的には，近代政治である。結論的にいえば，「東日本大震災」後の対応における国家による「基準の政治」は多くの問題をはらむも

のであったし，その公共圏における争点化は不十分であるといわざるをえないと思われる。

　ところで，震災後に福島県において，避難行動をオーソライズし，それに対する補償を認める社会的なカテゴリとして用いられたのは，次の3種類であった。

(1)同心円距離での区域指定（「災害対策基本法」による）

　　東京電力福島第一原子力発電所から20km以内は「警戒区域」とされ，立ち入り禁止となり，住民の立ち入りは管理された「一時帰宅」に限られた。30km以内は，「緊急時避難準備区域」とされ，子ども，妊婦，要介護者，入院患者等の立ち入り禁止，保育所，幼稚園，小中学校および高等学校は，休所，休園又は休校とすることが定められた。

(2)「計画的避難区域」（「原子力災害対策特別措置法」による）

　　積算線量が20ミリシーベルト／時に達するおそれのある地域住民の「計画的避難」が求められた。対象となったのは，飯舘村（全域），川俣町（山木屋地区），葛尾村（警戒区域外全域），浪江町（警戒区域外全域），南相馬市（一部）であった。

(3)放射線量による住居ごとのピンポイント指定：「特定避難勧奨地点」

　　積算線量が20ミリシーベルト／時に達するおそれのある地点について，原子力災害対策本部が避難を認めるものと指定した（表9-2を参照）。

　この対応については，さまざまな問題点が指摘されてきた。(1)の同心円距離の指定については，それが必ずしも放射線量とは対応せず，結果的に放射線量の高い方角へ緊急避難することになってしまったとか，あるいは，その後の落ち着き先＝避難先のほうが元々の居住地より放射線量が高いといった事態がもたらされたという点が大きい。この点には，相当の時間が過ぎてからようやく知らされるようになったように，「パニック」を恐れての情報の隠蔽という作

表9-2　避難地区・地点指定をめぐる動向（10月時点まで）

日付	内容
3.11	第一原発から3km圏内に避難指示
3.12	避難範囲を10km圏内に避難指示を拡大→20km圏内に拡大
3.15	20～30km圏内　屋内待避指示
4.22	「屋内退避」の解除，「計画的避難区域」「緊急時避難準備区域」の設定
6.16	原子力災害対策本部「年間の積算線量が20ミリシーベルトを超えると推定される特定の地点への対応について」発表。「特定避難勧奨地点」4地点指定（伊達市3，南相馬市原町地区大原1）
6.18	いわき市，川前地区下桶売萩地区・志田名地区　計48世帯（130人）対象の意向調査。（6.18　46世帯回答，22世帯一時避難希望）〔←4.24～住民の自主測定〕
6.30	伊達市，特定避難勧奨地点に4地区（伊達市上小国，霊山町下小国，石田，月舘町月舘）113世帯（413人）を指定←（7.14　小国・月舘住民，「地点」ではなく「地域」としての指定を求める署名・要望提出）
7. 9	南相馬市原町地区大原ほか特定避難勧奨地点検討。7地域から8地域に拡大
	いわき市川前地区下桶売萩地区，志田名地区，（緊急時避難準備区域の）川内村川内三ッ石地区で，特定避難勧奨地点に指定する検討のための調査に入る
7.11	伊達市保原町富成　特定避難勧奨地点指定のための調査実施の方針
	渡利地区区長　放射線量の高い一般家庭，事業所の表土はぎ取り，通学路の側溝土砂の処理などの対策を市に要望
7.12	福島市大波，渡利地区でモニタリング調査
8. 3	川内村の1軒，特定避難勧奨地点に指定
8.26	国　除染に関する緊急実施方針発表
9. 3	原子力災害現地対策本部，福島市大波地区を特定避難勧奨地点に指定しない方針を発表
10. 4	県　除染講習会開始
	原子力災害対策本部　渡利・小倉寺・南向台地区を特定避難勧奨地点に指定しない方針を固める。渡利，小倉寺各1地点で基準以上。住民から避難しないとの意思確認。
10. 5	放射線審議会1ミリシーベルト／時達成困難として，基準緩和の方針
	福島市渡利地区住民113名　地区全体の「避難勧奨地点」指定を政府原子力災害現地対策本部と福島市に要望。「福島老朽原発を考える会」等市民団体の土壌調査結果も公表
10. 8	福島市渡利・大波地区「特定避難勧奨地点」指定せず（モニタリング調査開始7.2）
10.13	郡山市　池ノ台99地点で調査予定　郡山市では初の線量調査
10.14	福島市山口地区で調査　71世帯のうち1ヶ所で，30マイクロシーベルト／時以上

出所：福島市資料，新聞報道をもとに筆者作成。

為も大きく与っている。[(5)]

　放射線量のリアルタイムでの実態は相当期間にわたって隠蔽されていたが，その後，この区域指定の問題点があらわになった時点で付け加えられたのが(2)(3)である。

　(2)の「計画的避難区域」の指定については，特にそのスピードが問題とされた。指定以前に相当量の被曝が想定されるとともに，後発避難ゆえに，地域のまとまりを保った避難先の確保がきわめて困難になるという事態が生み出され

たのである。

(3)の「特定避難勧奨地点」の指定については，「地点」すなわち世帯単位での指定ゆえに，地域の分断を誘発するという批判，あるいは「地区」で指定してほしいという要請がなされるとともに，指定そのものについての消極性がその後も問題となり続けている。加えて，自治体によって指定の条件が異なるということもまた，住民の不信・不安を生み出す温床をつくることとなってきた。たとえば，南相馬市では，50cmの高さで（つまり子どもの身長を考慮して）測定された放射線量が毎時2.0マイクロシーベルト／時を超える世帯で子ども・妊婦がいる場合には，周辺が一般の基準で設定されているかどうかにはかかわりなく，それだけで特定避難勧奨地点に指定されたが，福島市では，1mの高さで3.0マイクロシーベルト／時という基準しか設けられていない。

以上のように，段階的に避難をオーソライズする基準設定が追加されるという経過をたどっており，しかもその恣意性が避けられたかもしれない被曝を生み出し（同心円外の高い放射線量），その消極性がいわゆる「自主避難」（すなわち現行の政治的基準ではオーソライズされない避難）を生み出す条件をつくりだしているといってよい。

阪神・淡路大震災のさいには「避難」にかかわる制度的なカテゴリとして「避難所対象者」（災害救助法）しかなく，それが住家の喪失を要件としてたために，実際には〈救難〉を必要としていても不適格者とされる人びとが生じたことが報告されている（日野 1999）。今回の場合にも，実際の救難ニーズと制度的カテゴリとの間のずれがもたらす苦難が反復されることとなった。

この自主避難については，当初の限定的な承認が，批判・要請をうけて部分的に拡張されるという経過をたどってきた。2011年8月末時点で東京電力は，原子力損害賠償紛争審査会の中間指針に基づいて賠償の算定基準を発表し，そのなかで自主避難を賠償の対象外としたが，その後これを撤回することとなった。原子力損害賠償紛争審査会（文科省）は，当初，自主避難に対する補償を，事故後1ヶ月で線引きする方針を示したが，10月末の審査会において「今回の避難は長期間考えた末の結果であることをまったく考慮していない」といった批判が示されるなどの経緯を経て，対象期間の変更をおこなうこととした。福

島県は当初，12月末以降の新規の県外への自主避難について，借り上げ住宅補助を認めないとの方針を出したが，これも変更となった。総じて，加害者・行政のどのアクターも，制度的対応の上で，自主避難を抑える方向で動いてきたのであり，それに対する批判をうけて修正を強いられ，しかし認めた修正は部分的であるという経過をたどってきた。今後，避難生活が長期化するなか，ニーズと制度のズレの問題が大きくなることが予想され，いっそうの〈公共圏的注視〉が不可欠であると思われる。

3 コミュニケーションの問題

「子ども」をシンボルとするコミュニケーション

ここで，〈「子ども」をシンボルとするコミュニケーション〉というのは，〈子どものためになる／ならない（子どもの安全／危険）〉という選択肢を提示し，前者の選択を推奨するコミュニケーションのことである。震災後の不安な状況のなか，このコミュニケーションは，状況改善のための有効なコミュニケーション・モードのひとつとなる可能性を持っており，実際にその意義を一定程度発揮してきたし，いまでもその可能性は失われてはいないと思われる。未来を託す存在である「子どものことに関しては，なんとかもっと手をかけてあげたい」「子どもたちのために，自分は何ができるかって考える」（鎌田 2011：21）という感覚は，多くの人びとにとって共有可能だからである。では，事態はどうであっただろうか。

文部科学省は，「福島県内の学校等の校舎・校庭等の利用判断における暫定的考え方について」（2011年4月19日）において，20ミリシーベルト／年（＝3.8マイクロシーベルト／時）という基準を発表した。これは（「放射線管理区域」の基準をも超える）非常時基準を，子どもの日常生活圏へ適用することにほかならないために，保護者や市民団体をはじめとする批判が寄せられ，修正を迫られた。しかし1ヶ月後の時点でも，20ミリシーベルト／年の基準を変えないものの，1マイクロシーベルト／時未満を目指すという方針を発表（5月27日）するにとどまった。ところが，6月に郡山市は独自判断により，幼稚園，小学校，

中学校における自主的除染を開始することになった。さらに他地域でも保護者やNPOによる批判が続く。ようやく，8月末になって，20ミリシーベルト／年基準が撤回され，「1ミリシーベルト／年をめざし，1マイクロシーベルト／時未満を校庭使用の目安とする」という方針が改めて示されることとなった（2011年8月26日文部科学省発表）。

とはいえ，主として校庭や通学路脇側溝に限られた対応しかとられず，子どもの生活圏全体にわたる配慮が徹底されるには程遠い。[11]この問題に対しては，PTA，スポーツクラブ，NPO，ボランティア組織，大学サークルといった自主組織の活動による，子どもの一時避難のためのさまざまなプログラム（保養，サマースクール，疎開等名称はさまざま）が，全国的規模で実施され，なかには海外からの募金を用いて実施された企画もある。

社会学的に注目すべきであると思われるのは，こういった試みは，累積放射線量の軽減にとどまらず，外で遊べない状態が続く子どものストレス発散，友達との出会い，さらには悩みを共有する保護者同士の出会いの場というように，孤立の防止やネットワーク形成の機会提供という意義を持つという点である。このように，〈子どもをシンボルとするコミュニケーション〉に対する政治・行政の感受性の低さを，自発的・市民的な試みが何とかカヴァーしようとしてきたのがこれまでの状況である。

また，「子ども」という社会的カテゴリが，グレーゾーンを持つ点にも留意しなくてはならないだろう。大学生にも法的には「未成年」が含まれるが，緊急の対応の対象とはみなされず，それゆえ補償や助成の対象から零れ落ちている（塩谷 2011を参照）。

さらに今回の震災被害の切ない側面として顕著なのは，「子どものため」というシンボルの価値づけが，「避難しない」あるいは「できない」保護者に対する非難や抑圧として機能することがありうるし，ありえたという点である。この点について鎌田は，「命と健康だけでは行動を決められない人たちが多い」と，特に「仕事」を離れられない母子家庭を念頭に置きつつ，生命の尊重と生活の維持が切り離せないにもかかわらず，断腸の思いでの選択を迫られる状況にあることに，注意をうながしている（鎌田 2011：14-18）。いいかえるならば，

「生(生きるということ)」は〈生命〉と〈生活〉の統一体として成り立つはずであるにもかかわらず,そのうちどちらに軸足をおくのかという選択が強いられていることになる。

〈子どものために〉というシンボル価値が,十分なコミュニケーションの積み重ねが許されない状況で,分断の機能を果たす。今回の災害にかんしては,この貨幣換算不可能な損失の大きさを看過することはできない。同様なことが,以下にみる〈地域〉をシンボルとするコミュニケーションについてもいえる。

「コミュニティ」をシンボルとするコミュニケーション

ここで注目するのは,〈「コミュニティ(地域,地域社会)」のつながりを大切に〉という選好コードを用いたコミュニケーションである。

管見の限りでは,避難支援にかかわる人びとの間では,過去の震災の教訓から,避難者の孤立化を回避しようという志向や,地域のつながりを大切にしようという志向が共有されていたようにみられる。もちろん,当初の避難にさいしては情報が隠蔽され,事態の大局を見渡した判断がきわめて困難であり,また避難対象となる人数もきわめて大きかったため,地域によっては個人や個別世帯での独自判断,独自手段に基づく避難がなされ,結果として地域としてはバラバラな避難もなされることになった。また,一時避難先での場所の確保や救援物資をめぐるいさかいやトラブルも頻発したという。この点で,当初の緊急避難に対する備えに関して,「過去の災害からまったく変わっていない」との慨嘆や反省も聴かれる。また,4月下旬になって「計画的避難地域」に指定された自治体の場合には,避難先の確保がきわめて困難となり,結果として旧来の地域としてのまとまりを重視した避難が徹底できなかったという事例もある。また,避難先として仮設住宅から民間借り上げ住宅(みなし仮設)へのシフトがなされ,後者が増えたため,特に後者の場合の孤立化や情報過疎が問題となっている。[12]

とはいえ,これらの問題については,問題の認知がなされた後にさまざまな対応の努力がなされてきたし,現在も継続してなされていることも事実である。たとえば,当初の避難所となった旅館において,自覚的に一種の「自治会」の

形成をうながす事例や、大規模避難所において、プライバシーの確保と同時にお茶のみ場や集会場の確保など「つながり」の形成をうながすさまざまな仕掛けがなされた例もある。県内の商業施設と災害協定を結び、行政情報の提供、相談・交流の場を設ける試みもあり、また、仮設住宅だけではなく借り上げ住宅避難者を念頭においての集会を設ける自治体もある。こういった試みは、地域の今後を考えるための合意形成の重みがきわめて大きいゆえに、さらにつなげていかなくてはならない問題点を示しているといえる。

　しかし、特に福島における原発震災の場合には、地域のまとまり、コミュニティのつながりを重視するという観点からすれば、さらに別種の困難が加わった。それは、前述の放射線被害にかんするグレーゾーンゆえに、地域への「帰還」や居住地にかんする考え方の違いに基づく住民間の対立がもたらされることとなったという点である。すなわち、特に子どもの安全や自分の今後の生計維持を考えて、遠方に避難する、ないしは帰還しないという選択をとった場合に、「故郷を捨てた」「逃げた」という非難がなされたり、少なくとも「後ろめたさ」を感じてしまったりするという事態がもたらされた。すなわち、被災者の内部での対立を誘発する条件が生み出されたのである。まさに「地域の維持と命・健康との間で、なぜ人びとが苦渋の選択を迫られなければならないのか」（除本 2011：16）といわざるをえない、理不尽な状況である。

　いいかえるならば、避難地域において〈除染による一刻も早い帰還〉という方向性――これは、もし可能であれば、それを希望する住民にとっては望ましいことであろう――を打ち出すさいに、同時に徹底して、「帰れない住民」の権利保障を重視しなければならないという、きわめて困難な課題が課されているといえる。詳細な検討は今後の課題であるとしても、さまざまな調査から明らかなのは、帰還の見通しに対して厳しい判断を示しているのは、相対的に若い世代、特に30～40代を中心とする子育て世代だということである。この世代への配慮なき対応は、将来世代から故郷のコミュニティに対する愛着を奪ってしまうことにもなりかねないだろう。この点に鑑みるならば、自主避難者に対する支援は、個別的選択に対する支援にとどまらず、コミュニティの将来にかかわる支援であるともいえるのではないだろうか。

故郷を離れるか否かをめぐる住民の利害対立という構図については，巨大施設（ダム，軍事基地等々）の設置をめぐる歴史と同様のことが，今回も反復されたという側面があるのかもしれない。そういった歴史に今後も大いに学ぶ必要があるだろう。ただし，今回の避難や離郷については，同意なき〈ふるさとの喪失〉であったという点にもあわせて留意しなくてはならない。これまでの法制における「同意」の概念についての新たな検討も必要となるだろう。[18]

　〈子ども〉にせよ，〈地域（コミュニティ）〉にせよ，本来は，ともに世代的再生産と住民の間でのつながりを支えるシンボル的価値を持つものであろう。しかし，原発震災は，それらが対立を先鋭化する状況を生み出した。このコミュニケーションの構造的な歪みもまた，原発震災のもたらした，予想不可能な被害のひとつとして銘記されなければならない。そしてまた他方では，このコミュニケーションにともなう一種のジレンマ状況のもたらす高いハードルに挑むことが，今後の「復興」の方向性を考える上で不可欠の課題となっていると考えられる。[19]

4　今後の課題として

　長期にわたる避難が続くなかで，その避難が一時的なものではないことが次第に明らかになり，しかも生命と生計（命の安全と生活のなりたち）とが保証された故郷への帰還の可能性は明らかではなく，場合によっては不可能ではないかという懸念が強まるという前提条件のもとであっても，「避難者」の立場選択は，そういった不透明性のただなかでなされなければならない。「『帰りたいけど，帰れない』。まるで，演歌の歌詞のようだ」，「帰れるようになるまで，どうやって心をもちこたえていくのか，いけるのか」，「いつになるのか，見当もつかない。いろいろな絆を，たくさんの絆を，つくりあげて，もちこたえていくしかない」といった避難者の言葉に表現されているように，避難生活それ自体が，それに耐えることに多大な精神的・身体的緊張を強いているところに加えて，新たな「選択」が求められているのである。

　たとえば，管見の限り，農業者にかぎってみても，他の地域での営農再開を，

あるいは農産物加工の再開を志したり，臨時職として他業種に就業しつつ生業再開の可能性を模索したり，あるいはこれを機に離農を決断したりとさまざまな選択がなされているようである。

〈被災→避難・退避→沈静化→帰還→復旧・復興〉という推移が，「通常」の災害後の人びとの生活経路がたどる一種の「理念型」であるとするならば，原発事故後の処理の見通しが不透明で，しかも地域によっては高放射線量の持続が予想されるなか，今後の福島の被災地では，被災者・避難者の選択も，帰還へと収斂しえないその程度と質において，過去の災害後の経験を大きく上回ると考えられる。①可能な限りの帰還（帰郷）を志向する人びと，②一時避難を継続する人びと，③複数地域への世帯分割を継続し，自らの選択ではない多地域居住とならざるを得ない人びと，④移住を決断する人びと等々と，ありうる選択はさまざまであり，その選択のそれぞれに，それぞれの理由と根拠があると思われる。背景となる職種・経済力・社会関係・年代・家族構成等々によって，そもそも前提に制約条件があるなかで，それぞれの人生観を賭けてなされるそれらの選択を，今後なされる施策や支援が，どのように尊重していけるのだろうか。問題は，単なる経済的な賠償にとどまらない。

まずは，そういった選択のそれぞれを記述・記録していく営みが社会学には求められているのではないだろうか。さらに，福島とそれ以外，福島の内部の諸地域，諸立場の間に，分断をつくりだす契機が満ちており，しばしばそれが人為的に増幅されてもいる。[20]そういった厳しい状況にあって，対立の前提となる差異を認めつつ，その対立を多様性へと変奏し，今後のコミュニティをどう構想していくかという理論的・実践的課題が課されている。[21]

注
(1) 会津地方においては，放射線量が相対的に低いにもかかわらず「フクシマ」と一括されることによる被害が体感されている。
(2) 福島県の調べによると，2011年11月16日時点での県外避難者は，6万251人にのぼる。8月時点ですでに5万人を超えていたが，その後さらに，1万人弱増加したことになる。避難先は，山形県1万2734人，東京都7318人，新潟県6569人，埼玉県4705人の順に多いが，すべての都道府県に及んでいる。県内避難者は約9万3000人

(『朝日新聞』2011年11月29日)。事故当初の1次避難先で最も多かったのは新潟県だが，その後山形県への避難が増加したのは，子どもを避難させつつ，家族の一部が県内の職場にとどまっていて，家族分散の距離をなるべく小さくする努力がなされているため，あるいは子どもとともに避難し，親は県内の職場へと通勤するというようなケースがあるためであると考えられる。

　3～8月期には岩手県，宮城県は転出超であったが，6～8月期には，転入超に転じた。福島県の場合には，7800人あまりの転出超となっている(『福島民報』2011年9月30日)。文部科学省の調べでは，9月1日時点で県外に転校した小中高生と幼稚園児は，1万2000人弱にのぼる。

(3) 「復興ビジネス」の問題点については，クライン(2011)，山中(2011)を参照。

(4) 今回の原発震災の被害構造の特質については，除本(2011)を参照。そこでは，定住圏を追われたというにとどまらず，「これまで享受していた地域の『多面的な機能』」を奪われたことが強調されている。特に大地や海をもとに展開されていた生業の見通しが多くの地域で立たなくなっていることをみるに，賠償不可能なほど問題は大きいといわざるをえないだろう。

(5) この点にかかわるさまざまな事例についての現場における記録と考察として，たくき(2011)を参照。

(6) チェルノブイリ原発事故後のウクライナにおける対応としては，一般市民の場合の許容限度は1ミリシーベルト／年とされ，これを超えると，「移住の権利」が認められ，5ミリシーベルト／年で，「移住の義務」が生ずるとされていることが報道されている。この彼我の落差についての明確な説明がないこともまた，今回の基準設定に対する「不信」を増幅させているのではないだろうか。

　排出放射線量や核種についての比較等から，今回の事故がチェルノブイリ事故に比べて「軽微」であったとする説がみうけられるが，たとえ仮にそうであったとしてもそれらは自然科学的観察の結果に過ぎない。この「チェルノブイリ基準」が今回の災害後の避難基準に適応できない点に，端的に，事故の社会的被害の大きさがあらわれている。「総括的強制的移住」の空間的余地のある当地とは事情が異なるという意見もみられる。しかし，このことは，そのように事情が異なる地域での原子力発電所事故対応には無理があることを，そして，「東日本大震災」後の対応のハードルが途方もなく高いことを物語っているのではないだろうか。

(7) 原子力損害賠償紛争審査会の推計では，「自主避難」は，福島県で約3万6000人(2011年8月末時点)とされる。なお，「県外避難」と「自主避難」は重複するカテゴリではない。避難区域に指定された(オーソライズされた)避難者の避難先が県外であることもあれば，避難区域に指定されない「自主避難」者の避難先が県内であることもありうる。県外避難先での避難者支援に際しては，こういった違いへの

配慮も求められている。「フクシマ」からの避難者といっても，原発震災という原因は共有してはいるが，その様態はさまざまである。
(8) その他にも，「精神的被害」が避難生活の継続とともに減少するとの見積もりも示され，端的にいって常識，日常感覚にそぐわないものとして，批判の対象となった。
(9) 震災後の対応として9月に施行された「東日本大震災における原子力発電所の事故による災害に対処するための避難住民に係る事務処理の特例及び住所移転者に係る措置に関する法律」（「原発避難特例法」）は，他の自治体へと避難した住民が，元の居住自治体から住民票を移さなくても，避難先の行政サーヴィスを受けられるようにするという点で，行政上の「住民」というカテゴリを弾力的に運用する試みとして，大いに評価されよう。ただし，これも，対象は指定地域（いわき市，田村市，南相馬市，川俣町，広野町，楢葉町，富岡町，大熊町，双葉町，浪江町）に限定され，いわゆる自主避難は対象外である。
(10) Luhmann（1997＝2009：316-, 55-）を参照。
(11) 特に，バックグラウンドとなる森林の除染の困難の問題について，山内（2011）を参照。
(12) 福島県は，当初の住宅供給の目標を2万戸としていたが，その後，1万5000戸（仮設住宅1万戸，民間借り上げ住宅5000戸）を追加した（4月14日）。しかしその後，ニーズに対応して，仮設住宅を8000戸減らし，民間借り上げ住宅を8000戸増やすという方針転換をした（7月25日）。しかしこのことが，結果的に，民間借り上げ住宅に住む避難者が孤立化し，行政情報が行きわたらないとか，仮設住宅によっては居住者が高齢者のみに偏るといった新たな対応課題を生み出すことになった。
(13) その記録として，「ビッグパレットふくしま避難所記」刊行委員会（2011）を参照。
(14) 県からNPOが事業を受託し，郡山市，福島市，いわき市，会津若松市のスーパーや生協店舗に，特に借り上げ住宅避難者支援を目的として，「ふるさと絆情報センター」が11月から開設された。
(15) たとえば，飯舘村では，10月末〜12月冒頭までの間に計12回，公営宿舎や仮設自治会での懇談会を開いたが，それに先立って10月中に県内5ヶ所で，借り上げ住宅避難者対象の懇談会を開催した。この試みが遅かったという批判も住民のなかにはあり，それはもっともな批判だと思われるが，他方で，こういった試みをなしえているという点で，震災以前の同地域の「地域づくり」の成果が反映されているようにも思われる。この点については，までい特別編成チーム編（2011），境野ほか（2011）を参照。
(16) 中越地震のさいの，帰還への強制という問題については，松井（2008）の指摘を

⒄　たとえば，新聞社，自治体等による調査のほか，今井（2011a, 2011b），福島大学災害復興研究所（2011）を参照。ただし，帰還の見通しについては，世代差に加えて地域差もあり，これらの点について今後丹念なフォローが必要であると考えられる。

⒅　詳細な検討はここではできないが，少なくとも次のふたつの要点があると思われる。ひとつは，〈選択の時間性〉である。かつての住民がある施設誘致に合意したとして，そしてそのことが予期しなかった被害を生み出したとして，とりわけ合意時点に存在しなかった世代にも，その合意は適応されうるのかという問題である。もうひとつは，〈選択の重層性〉である。国家的な枠組みや行政的選択の枠組みが，強制的な圧力や権力的な選択肢の限定をともなうなかで，その上でなされた個人・個別世帯の選択が，なにごとに，どこまで同意したことになるのかという問題である。原子力発電所を誘致した自治体の同意責任云々という議論については，より徹底した問題の構図の描写がまずは必要であると思われる。

⒆　ある地域の住民集会を傍聴させていただいたが，そこで，〈除染による帰還〉という方向性と，除染による効果を疑問視し，帰還の困難を強調する意見とが激しく対立したが，その厳しい対立のなかでも「それぞれがそれぞれで前向きならば，考えが違ってもお互いに尊重できる姿勢でのぞむのがいいのではないか」といった発言がなされていた。こういった多様な選択の尊重（互いに対する寛容といってもよいだろう）と，その制度的保証が，今後の〈帰還〉をめぐるコミュニケーションにとっては重要な課題であろう。

⒇　たとえば，米の県による「安全宣言」後の高放射線検出の問題，線量測定なき建築材の流通の問題，補償をめぐる線引きの問題等々，枚挙にいとまがないというのがこの間の経緯であった。

㉑　コミュニティを〈地縁経験に基づく人と人とのつながり〉とするならば，実際のその時点での居住地域とは独立に，さまざまな媒介を通してコミュニティを構想しなければならないという事態も生じているように思われる。いいかえるならば，原発震災後の対応を通して，コミュニティの概念の構想のあり方が，あらためて問われている。

文献

「ビッグパレットふくしま避難所記」刊行委員会，2011，『生きている　生きてゆく――ビッグパレットふくしま避難所記』アム・プロモーション。

福島大学災害復興研究所（橋本摂子），2011，「双葉8町村調査の中間報告」，福島大学災害復興研究所研究会（2011年11月7日）。

日野謙一，1999，「災害対策と避難所，避難者」岩崎信彦ほか編『阪神・淡路大震災の社会学第2巻——避難生活の社会学』昭和堂，66-78。

今井照，2011a，「原発災害避難者の実態調査（1次)」『自治総研』通巻393号，2011年7月，地方自治総合研究所。

今井照，2011b，「原発災害避難者の実態調査（2次)」『自治総研』通巻398号，2011年12月，地方自治総合研究所。

鎌田實，2011，『なさけないけど あきらめない——チェルノブイリ・フクシマ』朝日新聞出版。

Luhmann, Niklas, 1997, *Die Gesellschaft der Gesellschaft,* Suhrkamp.（＝2009，馬場靖雄・赤堀三郎・菅原謙・高橋徹訳『社会の社会』法政大学出版局。）

までい特別編成チーム編，2011，『までいの力——福島県飯舘村にみる一人一人が幸せになる力』SEEDS出版。

松井克浩，2008，『中越地震の記憶——人の絆と復興への道』高志書院。

クライン，ナオミ，幾島幸子・村上由見子訳，2011，『ショック・ドクトリン——惨事便乗型資本主義の正体を暴く』（上・下）岩波書店。

ソルニット，レベッカ，高月園子訳，2010，『災害ユートピア——なぜそのとき特別な共同体が立ち上るのか』亜紀書房。

境野健兒・千葉悦子・松野光伸編著，2011，『小さな自治体の大きな挑戦——飯舘村における地域づくり』八朔社。

塩谷弘康，2011，「放射能汚染 大学にも財政支援が必要」『朝日新聞』2011年12月1日。

たくきよしみつ，2011，『裸のフクシマ——原発30km圏内で暮らす』講談社。

山中茂樹，2011，「漂流被災者——「人間復興」のための提言」河出書房新社。

山内知也，2011，「放射能汚染レベル調査結果報告書」（2011年9月20日）

除本理史，2011，「福島原発事故の被害構造に関する一考察」OCU-GSB Working Paper, No. 201107.

（2012年3月脱稿）

第10章

「想定外」の社会学

田中重好

1 津波はなぜ多くの死者をもたらしたのか

　序章で述べたように，東日本大震災について問うべき課題は数多い。そのなかで本章は，「想定外」の地震と津波がなぜ大規模な被害をもたらしたのかという，災害の衝撃期の疑問を取り上げ，ハザードの巨大さだけに原因を求めることはできないことを論ずる。以下，災害の一般論と東日本大震災の議論とを往復する形で議論を進める。まず，災害の一般論として社会学から災害を捉える場合，ハザードと災害（ディザスター）を区分することが必要である。この区分の上に立って，災害を捉えるフレームワークを提示する。次に，東日本大震災へと議論を進め，全般的な特徴を概観した後，東日本大震災で繰り返し指摘された「想定外」という言葉に注目する。「想定外の連鎖」がいかなる災害となって現れたのかを検討し，「想定外の連鎖」を媒介にして津波災害が生み出されたことを論ずる。東日本大震災から再び災害の一般論に戻り，「想定外の力」のハザードが発生すると災害の「跳ね上がり」がみられ，そのことが先進国の災害のポテンシャル・リスクを作り出していることを指摘する。最後に，再び想定外の津波の問題に戻って，今後の津波防災対策にとって何が必要かを提言する。

　本章は，東日本大震災を全体として捉えるマクロな視点に立って議論したものである。災害研究には「前衛の災害研究」と「後衛の災害研究」がある（田中 2007a）が，こうした分類にしたがえば本章は「後衛の災害研究」の序説と

もいえる。今後は「前衛の災害研究」として詳細な地域の災害の実態研究も必要である。

2 社会学から災害をどう捉えるか[(1)]

人文社会科学的な災害研究は始まったばかりである。そのため，ハザード（Hazard）と災害（Disaster）は異なるものであるという基本的な認識すら，いまだ一般的ではない。まして，ハザードと災害をどう結びつけて論ずるかという点に対しても，社会科学者は鈍感である。災害はハザードという「自然現象」ではない。ハザードと災害との違いが端的に現れるのは，人のまったく住んでいない場所でハザードが発生しても災害とはならないことで理解されよう。さらに，災害は社会の発展とともに大きく変化する。では，どうすれば，災害を社会科学的に研究できるのであろうか。その基礎的な整理をすることから，議論を出発させなければならない。

実際，ハザードという自然科学的な現象と災害という社会的な現象との間には，大きな違いがある。そうした点を，ガルシア＝アコスタは「自然現象〔としてのハザード〕と災害とを区別しなければならない……災害とは，以前から存在した危機的状況に，自然のハザードがある役割を果たして起こる過程である。重大かつ深刻な社会的また経済的な脆弱性が累積したところに，激烈な自然のハザードが起こると，両者は結びつき，実際の災害を生み出す」（Garcia-Acosta 2002：50＝2006：57-58，一部改訳，〔　〕は引用者）と述べている。J. K. ミッチェルは，このことを「自然災害とは自然と社会の共同の産物である」（Mitchell 1999：3＝2006：2）と表現している。したがって，私たちは，「一般的な定義では両者は同義とされることが多いが，ハザードは素因を，また災害は，この素因と，個々の人間集団の物質的身体的・社会的・経済的要因とが結びつく過程を指す」（Garcia-Acosta 2002：57＝2006：65）と理解しなければならないのである。こうした考え方は，日本の防災研究者（たとえば林春男 2003）の間でも共通しており，さらに，古くは寺田寅彦が指摘してきた。寺田寅彦は「『地震の現象』と『地震による災害』とは区別して考えなければならない。現

第 **10** 章　「想定外」の社会学

```
       ┌──────┬──────┬──────┐                    災害
       1      2      3                         ディザスター

    根本原因  ダイナミックな圧力  安全を欠いた状況              ハザード
```

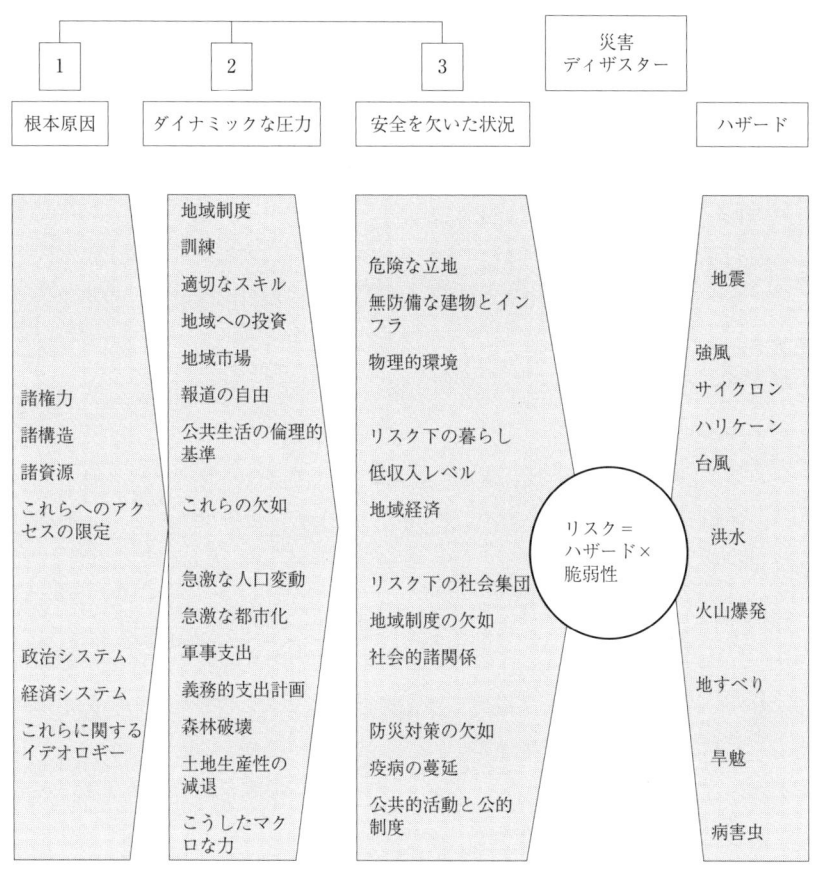

根本原因	ダイナミックな圧力	安全を欠いた状況		ハザード
諸権力 諸構造 諸資源 これらへのアクセスの限定 政治システム 経済システム これらに関するイデオロギー	地域制度 訓練 適切なスキル 地域への投資 地域市場 報道の自由 公共生活の倫理的基準 これらの欠如 急激な人口変動 急激な都市化 軍事支出 義務的支出計画 森林破壊 土地生産性の減退 こうしたマクロな力	危険な立地 無防備な建物とインフラ 物理的環境 リスク下の暮らし 低収入レベル 地域経済 リスク下の社会集団 地域制度の欠如 社会的諸関係 防災対策の欠如 疫病の蔓延 公共的活動と公的制度	リスク＝ ハザード× 脆弱性	地震 強風 サイクロン ハリケーン 台風 洪水 火山爆発 地すべり 旱魃 病害虫

図10-1　加圧・解放モデル（Pressure and Release（PAR）model）——脆弱性の進行
出所：Wisner et al.（2004：51＝2010：56，改訳）

象の方は人間の力ではどうにもならなくても『災害』の方は注意次第でどんなでも軽減されうる可能性があるのである」（寺田［1935］1992：462）と述べている。

　文化人類学者であるB. ワイズナーは，「災害とは（自然環境とは異なるものとしての）社会的，政治的，経済的環境の産物でもある」（Wisner et al. 2004：4＝2010：23-24，改訳）と述べて，災害はハザードと社会的脆弱性との複合されたものであると，図10-1のように両者の関係を整理した。ハザードの力が右側からかかっているが，社会の側に脆弱性が存在しなければ，災害は発生しない。

```
┌─────────┐      ┌──────────────┐      ┌─────┐
│ ハザード │ ───▶ │社会的コンテクスト│ ───▶ │ 災害 │
└─────────┘      └──────────────┘      └─────┘
```
図10-2 社会的コンテクストを媒介としたハザードから災害への変換

それを,「ハザード×脆弱性＝災害（あるいは, リスク）」と定式化した。さらに, 社会の側の脆弱性を, 根本原因, ダイナミックな圧力, 安全を欠いた状況という3つのレベルに区分し, これらの3つのレベルの総合化された結果として, ハザードへの社会的な脆弱性が現れると説明している。本章では, 根本原因, ダイナミックな圧力, 安全を欠いた状況として設定された具体的な項目に関する検討はおこなわない。

以上のハザードと災害との関係を, 最も単純な形で表現すれば図10-2のようになる。「外力」あるいは「素因」ともいわれてきたハザードが, 社会というコンテクストに媒介されて, 災害（あるいは被害）という形となって当該社会に現れてくると考えられる。

では, どういった過程を経てハザードから災害へと変化してゆくのだろうか。図10-2との関連でいえば, 社会的コンテクストの中身は何かという問題である。ハザードが災害へと形を変えてゆく過程にはまず, 発生地域の特徴が関係する。ハザードが発生した地域がいかなる特徴を持っているのかによって, 災害の様相は大きく変化するのだ。たとえば, 地震が大都市の直下で発生したのか, それとも農村部あるいは誰も人が住んでいない地域で発生したのかによって, 災害の様相は根本的に違う。この変化にかかわる第二の要因は, その地震に対していかに対応したのかである。前災害期まで含めて災害対応を考えれば, 同じ規模の地震が同じ地盤条件の大都市に発生したとしても, 耐震性が強化された大都市の場合と, 耐震性が低い大都市の場合とでは, 災害の規模も様相も大きく異なる。以上の点を簡単に図示すれば, 図10-3のようになる。ハザードから災害への転換過程を考える場合, B. ワイズナーの分析枠組みにある Root causes（根本的原因）を考慮する必要がある。たとえば, 貧困や経済成長, 民主主義, 戦争といった, 一見すると災害に直接的な関連性を持たないように見える要因が, 実際には災害のあり様を「根本から規定している」ことは少なくない。しかし, ここでは, その指摘にとどめる。

第 **10** 章　「想定外」の社会学

```
                  ┌ ─ ─社会的コンテクスト─ ─ ┐
                  │ ┌──────┐    ┌──────┐ │
┌──────┐          │ │      │    │      │ │      ┌──────┐
│ハザード│ ━━━▶   │ │発生地域│━━▶│ 対応 │ │ ━━━▶│ 災害 │
└──────┘          │ └──────┘    └──────┘ │      └──────┘
                  └ ─ ─ ─ ─ ▲ ─ ─ ─ ─▲─ ┘
                            ┃        ┃
                         ┌──┴────────┴──┐
                         │  根本的原因   │
                         └──────────────┘
```

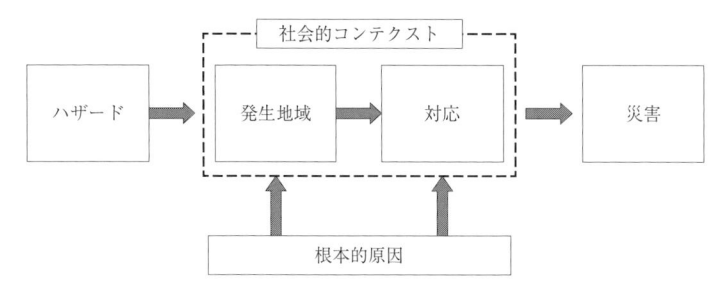

図10-3　ハザードから災害への変化過程

　このように，災害を捉えるには，ハザードが「どういう地域で発生したのか」，「それに対して，どういった対応をしたのか」，その結果，「どういった形の災害となって現れてきたのか」を考える必要がある。ここからわかるように，災害とはハザードをきっかけとした社会的変化の現れ方のことである。

　災害の具体的様相を見てゆく時に注意すべきなのは，「地域」のユニットの設定の仕方である。災害の被害はB.ラファエル（Raphael 1986＝1988：344-345）が喩えるように，池のなかに石を投げ入れた時の波紋のように段階状に広がっている。そのため「地域」のユニットの設定の仕方次第では，災害の様相も異なってくるのである。地域ユニットの設定は研究目的に則しておこなわれる必要があるが，大別して，自然的条件を中心にするものと，社会的条件を中心にするものとがある。自然条件や地形条件を共通にする一定の地域やハザードの影響が同一規模で及ぶ地域などから，地域ユニットを設定することもできる。一方，社会的条件によって集落のような小さな地域から，市町村，都道府県，東北・関東地方といった広域圏，国といった行政的な単位の地域を設定することも可能である。また，現代社会における災害の波及性の拡大を考えれば，東日本大震災では東北地方はもちろん東京圏を含む東日本，さらに日本全体を「地域」として設定することが必要である。さらに，アメリカの自動車生産にまで影響が及んだといったことを考えれば，災害がグローバル化（田中 2007b）してきたことは明らかであり，「地域」を国境を超えて設定することも必要となってくる。

　災害が発生すると，それ以前の，普段の「時間のリズム」「毎日，あるパタ

ーンをもって繰り返される時間の区分」が破られる。災害は，日常生活とは異なる時間のリズムと時間の区切り方を生み出す。それは，①前災害期；災害が発生する以前の時期，②警報期；ハザード発生の警報が発せられている時期，③衝撃期；ハザードが襲っている最中，④緊急期；衝撃が収束した後，被災者を救出する時期，⑤応急（対応）期；その後，一時的に食糧，寝具，シェルターなどを確保する時期，⑥復旧期；安定的な生活を営むことが可能になり復旧に努力をする時期，⑦復興期；発災以前の生活水準を超えてさらに災害復興を目指す時期の7つのフェーズに分けられる。

　こうしたフェーズごとに災害の様相は変化してゆく。そのため，先程のガルシア＝アコスタの引用にもあったように，災害は社会過程として捉えなければならない。この各フェーズごとの災害の様相と，その変化のプロセスを明らかにすることこそ，災害社会学的研究に求められる基礎的作業である。

　では，いかに災害の様相がフェーズごとに変化してゆくのであろうか。衝撃期に現れた災害の様相は，その次のフェーズの段階において，被災地の社会構造を変化させる。一般的にいえば，ハザードは前災害期の地域社会システムの均衡状態を破壊し，社会システムを不均衡なものとする。そのため，さまざまな社会的ニーズ（たとえば医療ニーズ）に地域社会内部では応えられなくなり，住民を地域外へ誘導するか，あるいは，地域外部から救援物資やサービスを搬入するかの対応がとられる。地域社会システムが不均衡となるもうひとつの原因は，発災による緊急ニーズが大量に発生し，地域内の供給体制が追い付かないという，ニーズとサプライのバランスが一挙に崩れるためである。そうした社会の変化に対して，地域内では緊急対策本部などの対応組織が立ち上がり，地域外から緊急支援が発動するといった，地域内外のさまざまな社会的対応がなされてゆく。その結果として，緊急時の災害の様相も，衝撃期の災害とは異なる様相を見せる。このように，災害のフェーズが進んでゆくにしたがって，被災地の社会も，社会的対応も連動して変化し，その結果として災害の様相も変化してゆく。このことを模式図的に表わしたのが図10-4である。

　ここから明らかなように，ハザードそれ自体は特定の時間内（衝撃期）でほぼ収束するが，災害という社会現象は長時間継続し，その様相がフェーズにし

第 10 章 「想定外」の社会学

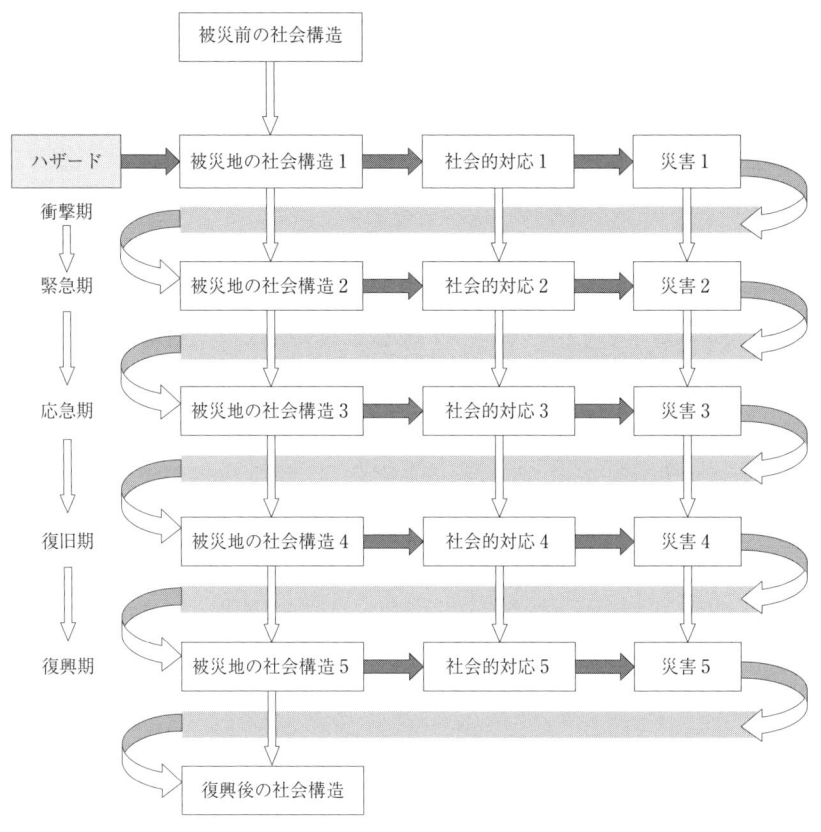

図10-4 災害のフェーズごとの災害の変化

たがって変化してゆく。だからこそ、災害は長期的な社会過程なのである。そして、その様相の変化は、被災地の社会構造と社会的対応によって規定されるのである。

3 東日本大震災と「想定外」

東日本大震災の全体的特徴

東日本大震災の特徴は、多くの論者によって「巨大広域複合災害」と呼びうる特徴を持つと指摘されてきた（たとえば、神藤 2011：307）。この点は第一に、

この地震や津波の規模が巨大であり，それが与える社会的影響が巨大であることを指す。このことは，説明するまでもない。第二に，「広域である」ことは，直接的被害が広域に及んだということと，波及的に間接的被害が広域に拡大したこととの，二重の意味を持っている。直接的被害は東北，北関東の太平洋沿岸地域に集中した。災害救助法の適応対象となった市町村は10都県241市区町村に達し，1995年の阪神・淡路大震災時の2府県25市町と比べるとはるかに広域に及んでいる。さらに，災害による社会経済的影響が広域に広がっている。地震による揺れや津波だけではなく，原発事故による放射能汚染，さらに交通網の寸断やサプライチェーンの断絶によって，大震災の影響は日本全体に及んだ。さらにこの影響の広がりは全世界に広がり，たとえば，一時，アメリカや中国の自動車生産が停止に追い込まれるまでとなった。第三に，大規模な地震とそれにともなって発生した巨大な津波による被害だけではなく，原発事故とそれに続く風評被害とが複合している。それは，重層的災害ともいいかえられる。「『複合災害』とは，ほぼ同時に，あるいは時間差をもって発生する複数の災害。この場合，お互いが関連することで被害が拡大する傾向にある」と説明され，複合災害であるがゆえに，「復興への道筋もまた単純ではなく，総合問題を解くに等しい難解さを有する」（東日本大震災復興会議 2011：1）といわれる。

　さらに，東日本大震災は巨大広域複合災害という呼び名には含みきれない，以下のような特徴も持っている。それは第一に，東日本大震災の被害が集中した地域の特徴に関連する。阪神・淡路大震災は神戸という大都市の災害であったのに対し，東日本大震災は「(1)人口減少率が大きい，(2)老齢人口比率が高い，(3)生産年齢人口比率が低い，(4)県内総生産に占める第一次産業のウェイトが大きい，(5)自動車や電子機器の部品製造を行う地場中小企業が多い」（内山 2011：49）地域が被災地の中心となった。このような激甚な被害を受けた地域社会の特徴を正しく捉えて，災害の特質や復興策を考えることが必要である。

　さらに，長期的な災害だという特徴がある。津波の被害が甚大なだけに，回復に長い時間を必要とする。それに加えて，原発事故による放射能汚染の影響が長期間に及び，その除染や風評被害への対策も長い時間が必要となる。

第10章 「想定外」の社会学

```
      ╱‾‾‾‾‾‾‾‾‾‾‾‾‾‾‾‾‾‾‾‾‾‾‾‾‾‾‾‾╲
     (  広域的・長期的な社会経済的影響 ▶  )
      ╲_____╱

  原発事故による長期的影響        原発事故による長期間の避難
                                 土地への放射能汚染と除染作業
      ╱‾‾‾‾‾‾‾‾‾‾‾‾‾‾‾‾‾‾‾╲    農作物への影響
     ( 原子力発電所のメルトダウン ▶ )  風評被害の長期化
      ╲_____╱     健康への長期的な影響
                                 健康被害への長期間継続する不安
  瞬間的破壊
      ╱‾‾‾‾‾‾‾‾‾‾‾‾‾‾‾‾‾‾╲
     ( 津波による大量の死者        町の復興
       広域にわたる町の壊滅的破壊 ▶ 産業の復興 )
      ╲_____╱
  地震発生
  ─▲──────────────────────────────────▶
                                    時間経過
```

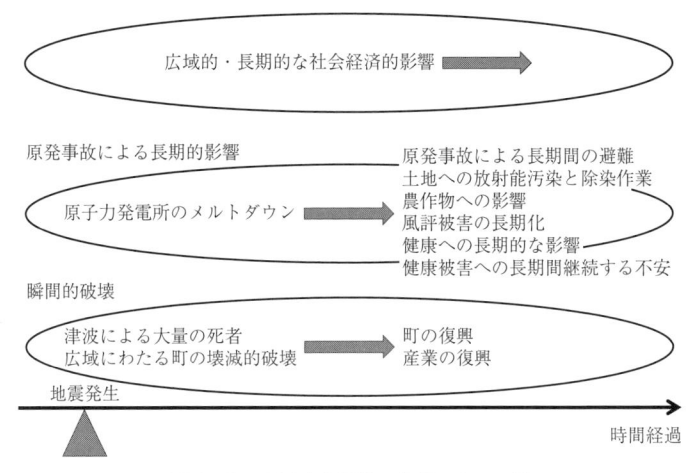

図10-5　東日本大震災の被害の3つの層

　第三に，こうした巨大災害が，「近代」や「文明」への懐疑を生み出していることである。そのことの最も象徴的な事柄は原子力発電所の廃止，増設の政策選択にあり，特にドイツでは福島原発事故を受けて脱原発を選択し，日本でも今後の原子力政策に根本的な問題が投げかけられている。日本国内では，定期点検など災害によらずに停止中の原発の再稼働は，1年以上経過した現在でも止まったままである。

　以上のことを整理すると，図10-5のように東日本大震災は，地震と津波による人的，物的な破壊と産業の破壊から人，街，産業がいかに復興するかという問題群だけにとどまらず，原子力発電所のメルトダウンから生ずる被害とそれからの復興という問題群，さらに，広域的，長期的な社会経済的な影響という問題群の，3つの社会層から成り立っていることがわかる。以上の大震災の全体像を確認した上で，以下，衝撃期の「想定外」の津波災害に絞って考察を進めてゆく。

東日本大震災の被害と「想定外」

　東日本大震災の後，「想定外の大震災」「想定外の津波」「想定外の原発事故」と，テレビや新聞紙上に「想定外」という言葉があふれかえった。

283

ロバート・ゲラーが紹介しているのは気象庁や地震学者の「想定外」という発言である。気象庁は記者会見で「これほどの地震が起きるとは，想定外だった」とコメントした。また，国の地震調査委員会委員長を務める阿部勝征東京大学名誉教授は「委員会では，宮城県沖から南の茨城県沖まで，個別の領域について地震動や津波について評価していた。複数領域が連動して発生する地震は想定外だった」と述べたという（ゲラー 2011：104）。東京電力や政府責任者の発言は，影浦峡が紹介している。「東京電力の清水正孝社長（当時）が2011年3月13日の記者会見で『想定を大きく超える津波であった』と語り，与謝野馨経済財政担当相（当時）が5月20日の記者会見で福島第一原発事故を『神様の仕業としか説明できない』，『神様の仕業とは自然現象だ』と述べているように，関係する専門家や事業者，管理者の間では事故は想定されていなかったものらしい」（影浦 2012：56）。

　こうした責任ある立場からの「想定外」発言に対して，さまざまな論評が寄せられた。特に「想定外」と責任をめぐる議論が多く寄せられた。たとえば，池内了は「テレビを見ていて，関係当局の人間が共通して何度も使う言葉があった。『想定外』という決まり文句である。『想定外の不可抗力だから自分には責任がない』と言いたいのだろう」（池内 2011：53）。しかし，「確かに想定外であった要素もあったが，『想定しておくべき』こともあった。それらを厳しく弁別して責任の所在をはっきりさせ，今後の教訓として活かさねばならない」（池内 2011：53）と批判している。また，坂本義和は原発事故を前に，「これが『想定外』だというような言葉を，軽々しく使わないのが『専門家』と称する学者や企業の責任なのだ……彼らの『想定』におごりがあったのではないか」（坂本 2011：47）とコメントしている。こうした発言に対して，佐藤優は「今回，専門家から地震や津波に関して『想定外』という言葉が何度も語られた。これを専門家の『逃げ口上』ととらえるのは間違いだ。想定は，合理的推論によってなされる。その合理性の枠組みを超える事態が生じた場合には，当然，想定外の事態が生じるのである……人間の理性でとらえることができるのは，森羅万象のごく一部に過ぎないという基本認識を持つことが重要だ」（佐藤 2011：48）と反論している。

それにしても,「想定外」の事態に対して備えるはずの防災対策において,なぜ「想定外」という事態が起こるのかは不思議である。このことについて柳田邦男は「起こる可能性がある事態の中で,確率の低いものについては除外して,経済的に対応可能なところの上限で線引きをして,それを想定される最大の地震・津波としてしまう。そして,万一それを上回る地震・津波が発生した時には,『想定外』という一言で弁明する。これが,日本の行政,産業界,大半の技術者の長年にわたる思考の枠組みだった」(柳田 2011：128-129)と説明している。

このことは防災対策における「想定外」という問題だけにとどまらない。西谷修は近代産業文明全体のなかで,リスク-予測-予防対策との関連で「想定外」がどのように位置づけられているのかについて指摘している。「ありうる『危険（リスク）』を予測し,それに対する『予防』策を講じる。それによって『安全（セキュリティ）』が確保されると見なされる。けれども,『予測』はいつも対処の技術的可能性と経済的合理性の側からあらかじめ枠を設けられ,技術的に難しいか採算が合わない事態は『想定外』に押しやられる。そして『合理的』な『想定』の範囲内で『安全』が確保されたとして,『安心して危険を冒す』レールが敷かれるのだ」(西谷 2011：81)。このような意味では,「想定外」の事態は予め社会に組み込まれていることになる。だからこそ,「われわれがいま直面しているのは……われわれの社会を乗せているそのレールが無残に解体された状況なのである」と述べ,「われわれの社会を乗せている『安心して危険を冒す』レール」そのものを問うことが必要だと西谷は主張している。

想定することとは

そもそも,「想定する」とはいったいなんであろうか。「想定する」ということは一般に,「人はなにかを企画したり,計画したりといった『考えをつくる』ときは,まず自分の考える範囲を決めます。この境界を設定し,考えの枠を決めることが『想定』なのです」(畑村 2011b：93),さらに「厳密にいえば,さまざまな制約条件を加味したうえで境界を設定することこそが,『想定』になります」(畑村 2011c：14)と説明される。また,最近マスコミを賑わしている

「想定」は，東京直下型地震の発生確率をめぐるものである。これまで「東京で，今後30年以内にM7以上の首都直下型地震が発生する確率は70％」と想定されていたのが，3.11以降の東京での余震の増加から，東京大学地震研究所のチームが「東京で，今後4年以内にM7以上の首都直下型地震が発生する確率は70％」と発表し，新聞や週刊誌に大きく取り上げられた。この想定は2011年9月までの余震データをもとに導き出されたものであるが，その後2012年になって京大の防災研究所のグループが「5年以内に28％」と発生確率を修正した。一般には，「想定」についてこのように考えられ，また，「想定する」という言い方が使われている。

しかし，ここで議論しようとするのは，こうした一般的な「想定」の問題ではなく，「想定」が社会の中でいかに決定されてゆき，それがどういった社会的帰結をもたらすのかである。その意味で，「想定する」とは，社会的行為であり，社会的（集合的）過程である。想定が社会のなかで決まってゆく過程は，純粋に想定が「科学的に決まってゆく」過程とは異なっている。

想定の社会過程を考える時，①誰が，②何を，③どう想定してゆくのかが問題となる。「誰が」とは，科学者，行政機関，経済団体，個々人等が考えられるし，「何を」については，地震の発生，津波の規模など具体的な想定の内容がある。さらに，「どう想定するか」についても，想定案を提出し，どの案を採用するかという検討の過程があり，ある想定案が採択されればそれへの対策の検討と決定の過程があり，その後，その想定される事態への対策実施の過程が続くことになる。また，こうした過程において，何を基準（経済合理性，技術的妥当性，社会的必要性など）に，選択，決定がおこなわれてゆくかも検討課題となる。ただし，複数の主体が長い時間をかけて想定と対策を作り上げる場合もあるが，津波警報発令直後の個人の避難行動の場合のように，個人がきわめて短い時間内で，ある想定を立て行動を選択しないといけないようなケースもある。以上のように，想定の内容と想定の形成全体は，想定の形成プロセスと「想定の連鎖」とのマトリックスとして図10-6のように整理できる。

第 10 章 「想定外」の社会学

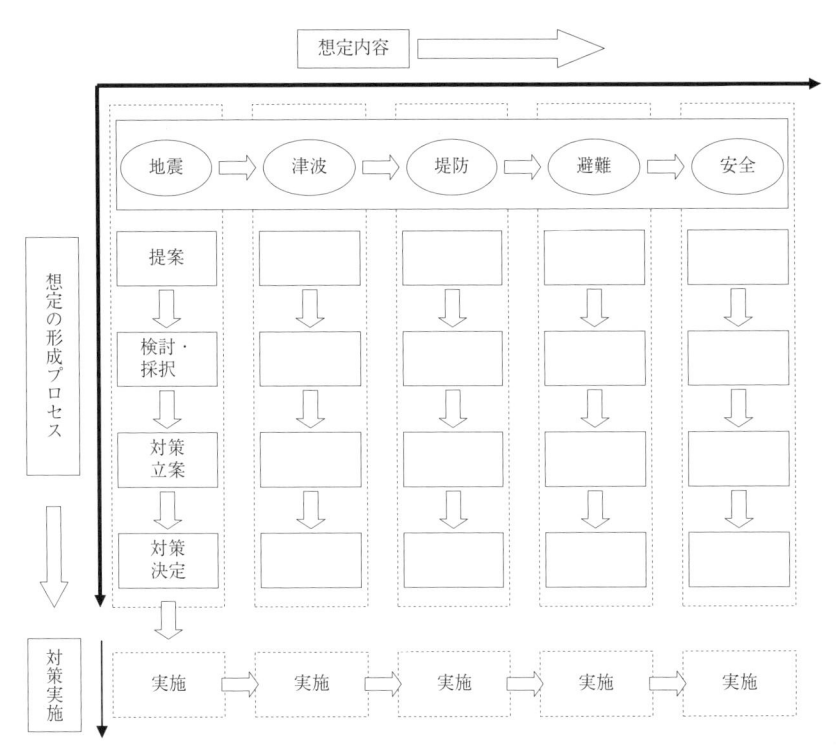

図10-6　津波災害に関する想定の社会的プロセス——想定の連鎖

津波災害での「想定外」

次に，津波災害に限定して，「想定」と「想定外」という問題を取り上げる。この問題を取り上げるのは，何よりも，戦後，日本は営々と防災対策を実施してきたにもかかわらず，明治三陸大津波とほぼ同規模の約2万人近くの死者・行方不明者を出してしまったのは一体なぜなのかという問いに答えるためである。また，2節の図10-4で示した「フェーズごとの災害の変化」モデルを前提として，津波というハザードと大量死という災害との関連性を考えるためでもある。具体的に言えば，衝撃期に限定して，津波ハザードによってもたらされた「衝撃期の災害」の様相が「想定外」の問題とどう関連しているのかという問題を検討するためである。

1959年の伊勢湾台風以来，防災対策のための公共事業が大きく進展してきた。

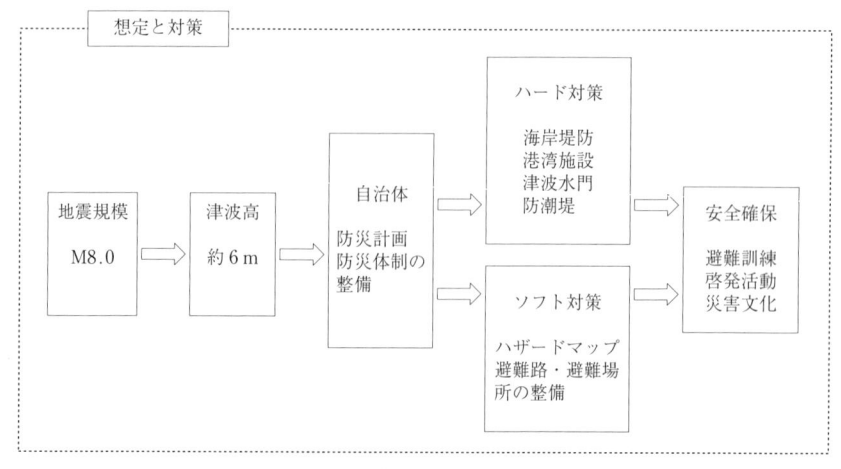

第Ⅲ部　大震災への社会学からの接近

```
想定と対策

地震規模      津波高       自治体         ハード対策
M8.0   →   約6m   →   防災計画   →   海岸堤防
                      防災体制の    港湾施設
                      整備         津波水門        →    安全確保
                                  防潮堤               避難訓練
                                                      啓発活動
                                  ソフト対策      →    災害文化
                                  ハザードマップ
                                  避難路・避難場
                                  所の整備
```

図10-7　津波の被害想定と対策

この時期は日本の高度経済成長期と重なっている。国家財政が順調に伸びていった時期でもあったために，防災への公共投資は潤沢におこなわれた。1200億円を投下して建設された釜石湾口の津波防潮堤は，その象徴的存在である。

なかでも三陸沿岸は1960年にチリ津波に襲われ大きな被害を出したため，ハードな防災対策として港湾・海岸施設の整備だけではなく，ソフトな防災対策も進められてきた。この地域は日本国内では最も津波対策が進んでおり，住民の津波防災意識も高かった。3月3日が昭和三陸津波の来襲した日であるため，3.11の数日前に津波の避難訓練を実施していた市町村も少なくなかった。こうした日本の中でも最も津波防災対策が充実していた地域で，かくも大きな被害を出してしまったのである。その原因を解明しない限り，今後の他地域の津波防災は有効な対策を打ち出せない。

そもそも，津波はどう想定されてきたのであろうか。津波防災における一般的な「想定」のスキームは，次のように作られてきた。中央防災会議「東北地方太平洋沖地震を教訓とした地震・津波対策に関する専門委員会」（以下，津波専門委員会と略称）の説明によれば，「従前より，中央防災会議において地震・津波対策を講ずるにあたっては，まず，対象地震に対する地震動と津波を想定し，それらに基づき被害想定を行った上で，地震対策大綱，地震防災戦略，応

表10-1 宮城県沖地震の想定，宮城県，第三次地震想定（2004年3月発表）

項　目	想定地震	①宮城県沖地震（単独）（海洋型）	②宮城県沖地震（連動）（海洋型）	③長町―利府線断層帯の地震（内陸直下）
モーメント・マグニチュード(Mw)		7.6	8.0	7.1
予想震度		県北部の矢本町から中田町にかけての地域，小牛田町周辺，仙台市東南で震度6強，これらの周辺で震度6弱となり，県北部の中央部を中心に影響を及ぼすと予想される。	県北部の鳴瀬町から桃生町にかけての地域，小牛田町から南方町にかけての地域で震度6強，これらの周辺で震度6弱となり，県北部の中央部を中心に影響を及ぼすと予想される。	仙台市の青葉区および泉区の東部で震度6強，その周辺で震度6強となっている。仙台市の東部を中心に影響を及ぼすと予想される。
液状化危険度		県北部および仙台周辺の平地において液状化危険度が高くなっている。	単独地震と同様に，県北部および仙台周辺の平地において液状化危険度が高くなっている。	仙台市東部および大郷町の平地で液状化危険度が高いところが分布している。
主な想定被害の結果	建築物　全壊・大破棟数	5,496棟	7,595棟	15,251棟
	半壊・中破棟数	38,701棟	50,896棟	40,537棟
	火災　　炎上出火数	122棟	158棟	199棟
	うち　延焼出火数	71棟	95棟	119棟
	焼失棟数	2,482棟	2,874棟	4,509棟
	人的　　死者数	96人	164人	620人
	負傷者数	4,014人	6,170人	11,003人
	うち　重傷者数	468人	658人	983人
	要救出者数	366人	663人	5,038人
	短期避難者数	90,335人	122,174人	173,239人
	うち　長期避難者数	13,010人	16,669人	41,066人

出所：宮城県『宮城県地震被害想定調査に関する報告書　平成16年3月』
注：被害の数字は冬の夕方（18時頃）に地震が発生し，風向が西北西，風速が6m/秒のケースである。

急対策活動要領等を作成するなど，国として実施すべき各種の防災対策を立案し，施策を推進してきた」（中央防災会議 2011：12）。それを図の形で整理すると，図10-7のようになる。

　では，東北地方太平洋沖地震に関して，特にその津波災害について，どういった想定がなされていたのかを具体的に見てゆこう。東北地方太平洋沖地震に最も近い宮城県沖地震の「想定」は表10-1の通りである。これまでの地震の発生の歴史から，宮城県は第三次地震想定（2004年3月発表）をおこない，宮城

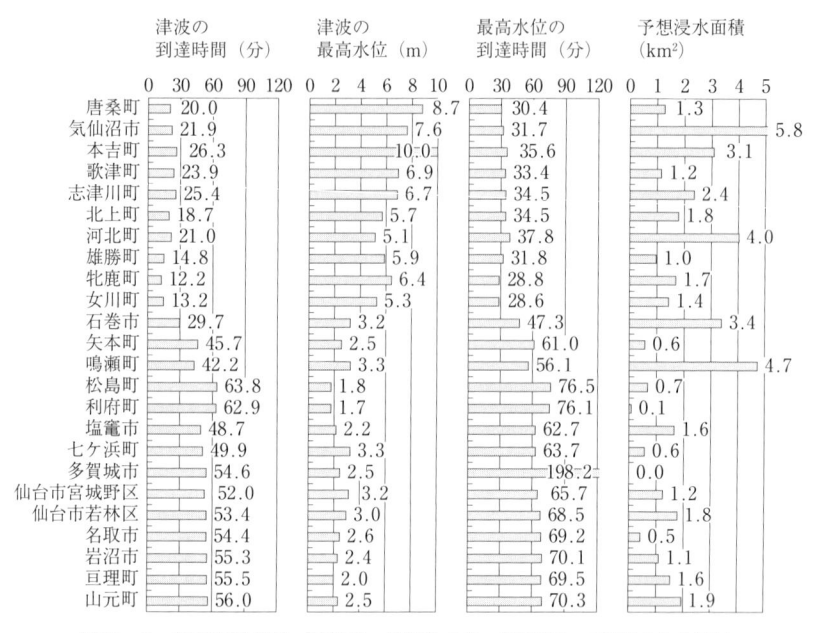

第Ⅲ部　大震災への社会学からの接近

	津波の到達時間（分）	津波の最高水位（m）	最高水位の到達時間（分）	予想浸水面積（km²）
唐桑町	20.0	8.7	30.4	1.3
気仙沼市	21.9	7.6	31.7	5.8
本吉町	26.3	10.0	35.6	3.1
歌津町	23.9	6.9	33.4	1.2
志津川町	25.4	6.7	34.5	2.4
北上町	18.7	5.7	34.5	1.8
河北町	21.0	5.1	37.8	4.0
雄勝町	14.8	5.9	31.8	1.0
牡鹿町	12.2	6.4	28.8	1.7
女川町	13.2	5.3	28.6	1.4
石巻市	29.7	3.2	47.3	3.4
矢本町	45.7	2.5	61.0	0.6
鳴瀬町	42.2	3.3	56.1	4.7
松島町	63.8	1.8	76.5	0.7
利府町	62.9	1.7	76.1	0.1
塩竈市	48.7	2.2	62.7	1.6
七ケ浜町	49.9	3.3	63.7	0.6
多賀城市	54.6	2.5	198.2	0.0
仙台市宮城野区	52.0	3.2	65.7	1.2
仙台市若林区	53.4	3.0	68.5	1.8
名取市	54.4	2.6	69.2	0.5
岩沼市	55.3	2.4	70.1	1.1
亘理町	55.5	2.0	69.5	1.6
山元町	56.0	2.5	70.3	1.9

図10-8　宮城県沖地震（連動型：構造物あり・満潮位）で想定された津波
出所：宮城県『宮城県地震被害想定調査に関する報告書　平成16年3月』

県沖単独海洋型地震（M7.6），宮城県沖連動海洋型地震（M8.0），内陸直下型地震（M7.1）と3通りの地震を想定し，そのなかで連動海洋型地震の最大の地震規模をM8.0とした。それぞれの地震について，建物被害，火災，人的被害が見積もられている。ただし，この表には津波の死亡者は含まれてはいない。

想定地震が決まれば，各地の想定される津波の最高水位，到達予想時間が算出される。最大規模の宮城県沖連動海洋型地震では図10-8に見るように，その値が割り出されていた。宮城県内で最高の水位は本吉町で10m，南三陸町の歌津，志津川で約7mなどリアス式海岸地域では5m以上の津波が予測されているが，石巻市以南の平野部は最高でも3m，多くは2m台と予想されていた。浸水予想面積に関しても，平野部では石巻市，鳴瀬町を除いては，2km²以下とごく限られた値にとどまっている。

この想定された宮城県沖の地震を前提に，県の防災対策が策定，実施されていった。特に，想定津波に対して自治体ごとに防災計画が策定され，防災体制

の組織化や防災センターの整備とともに,ハードな対策とソフトな対策がとられてきた。ハードな対策として,湾口の防潮堤,海岸堤防,河川河口の可動式水門の整備,港湾施設の整備,津波監視システムや情報伝達システムが整備されてきた。また,ソフト対策としては,過去の津波災害の記念碑の整備,ハザードマップの作成と配布,避難のための看板の設置,避難訓練の実施,避難場所と避難路の整備,防災講演会の開催や防災パンフレットの配布等を通して災害文化の向上に努めてきた。

　以上の「想定」を基準として,ハザードマップの作成基準,ハードな建造物の耐震性,海岸や河川の堤防の強度と高さが決められ,さらに,避難所を含む防災施設の立地や指定,避難訓練の実施要領などが決まっていった。またこの想定に基づいて作成されたハザードマップが一般住民に配布されていった。ただし,ハザードマップを配布した後,地域住民の受け取り方は千差万別であった。たしかに住民のなかには,詳しくハザードマップを見て日常的な行動基準はもちろん自分の家の建設場所の決定の参考にする人もいた。しかし他方で,配布されても一度も注意してハザードマップを見ることなく,そのためハザードマップの存在すら知らず,避難行動にも役に立てられない場合も少なくなかった。

想定外の事態

　しかし,東日本大震災では,この「想定」は見事にはずれた。実際に発生した地震は,想定された地震の規模とは大きく異なるM9.0(エネルギー量で見るとM8.0の32倍)の大きさであった。津波の規模も,地震の規模も「想定できなかった」。「今回の津波は,従前の想定をはるかに超える規模の津波であった」。それは,「我が国の過去数百年間の地震の発生履歴からは想定することができなかったマグニチュード9.0の規模の巨大な地震が,複数の領域を連動させた広範囲の震源域をもつ地震として発生したことが主な原因である」(中央防災会議 2011：3)と中央防災会議は振り返っている。この想定した地震規模が大きく外れたため,想定された津波とは比べ物にならない巨大な津波が押し寄せた。

　どのように外れたかを見ると,図10-9にみるように,「岩手県では被害想

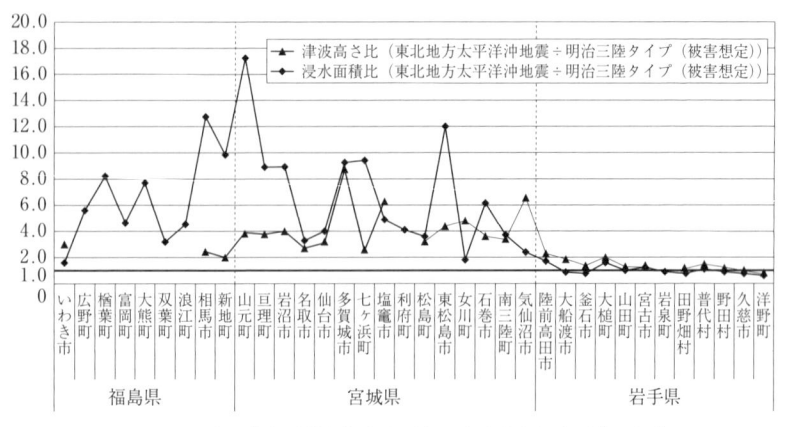

第Ⅲ部　大震災への社会学からの接近

図10-9　東日本大震災と想定地震との津波高と浸水面積の比較

注：東北地方太平洋沖地震：
- 津波高：「東北地方太平洋沖地震津波合同グループ」による速報値（2011年5月9日）．注：使用データは海岸から200m以内で信頼度A（信頼度大なるもの．痕跡明瞭にして，測量誤差最も小さなもの）から市街地の最大値の浸水高の値を抽出
- 浸水面積：国土地理院「津波による浸水範囲の面積（概略値）について（第5報）平成23年4月18日」

明治三陸タイプ：
- 津波高：東北地方太平洋沖地震の浸水高の値を採用した地点近傍の浸水高の計算値を使用
- 浸水面積：明治三陸タイプ（被害想定）の被害想定（堤防有り）の計算値を使用

出所：中央防災会議「東北地方太平洋沖地震を教訓とした地震・津波対策に関する専門調査会」第7回の参考資料6「従来の被害想定と被害」（http://www.bousai.go.jp/jishin/chubou/higashinihon/index_higashi.html，2011年6月26日閲覧）

定に比べ，津波高では1～2倍，浸水面積で1～2倍程度，宮城県，福島県においては津波高が最大9倍，浸水面積では17倍程度になっている」といわれている。このように，特に宮城県，福島県の平野部で想定された値と実際とは津波高，浸水面積ともに差が大きくなっている。そのため，死者数についても，「死者数は，被災地全体で約2,700人（意識の低いケース：明治三陸）の被害想定に対し，東日本大震災では約2万人と約7.6倍」となった。この死者数の想定でも，岩手県のリアス式海岸部よりも，平野部での差が大きくなっている。

津波の想定と実際との違いを地域ごとに見てみると，全般的には，リアス式海岸沿岸地域では，たとえば大船渡市のケース(3)（図10-10）では，谷筋に津波が押し寄せ，想定していた浸水域よりもより深く谷の奥深くまで浸入し被害を拡大した。それに対して，石巻市以南の平野部では，海岸線にほぼ平行して津波が侵入している。「仙台平野や石巻平野は砂浜海岸であり，浅海底も津波を

第10章 「想定外」の社会学

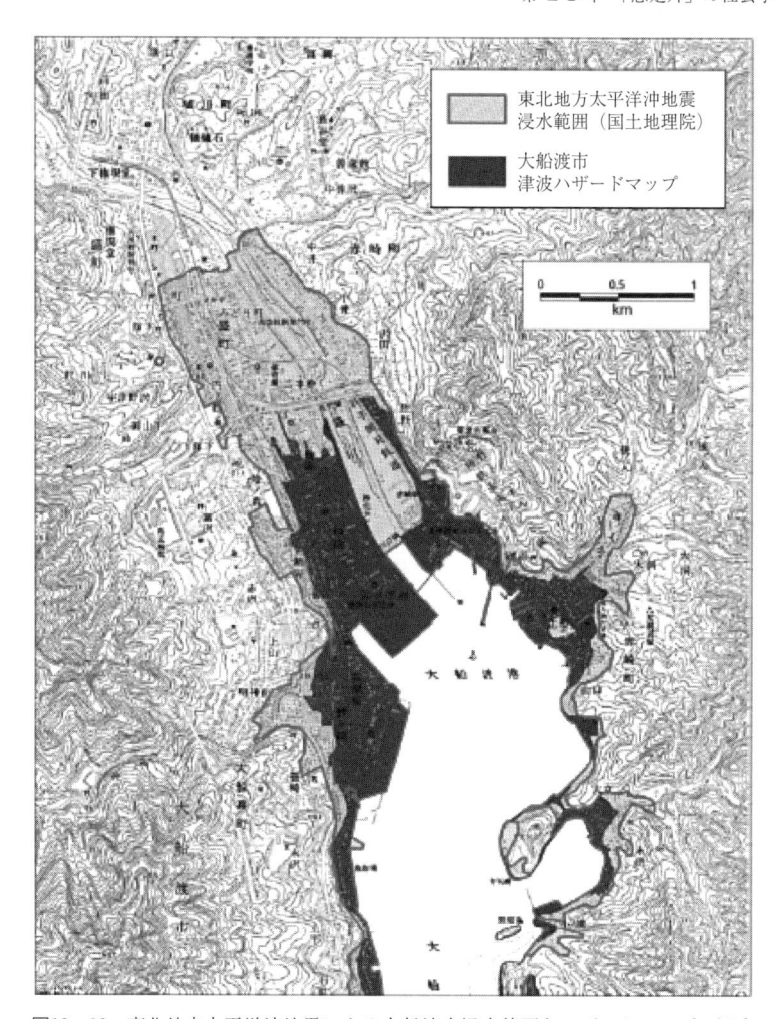

図10-10 東北地方太平洋沖地震による大船渡市浸水範囲とハザードマップの浸水範囲との比較
出所:「東北地方太平洋沖地震を教訓とした地震・津波対策に関する専門調査会第1回会合」の資料3-2「今回の津波被害の概要」(http://www.bousai.go.jp/jishin/chubou/higashinihon/index_higashi.html, 2011年6月26日閲覧)

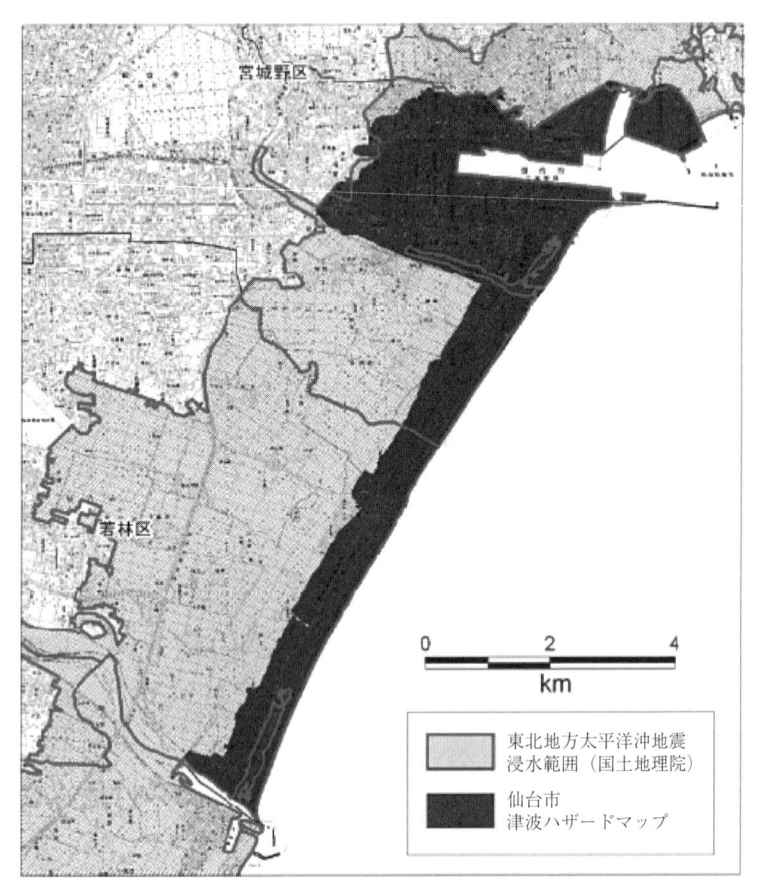

図10‑11　東北地方太平洋沖地震による仙台市浸水範囲とハザードマップの浸水範囲との比較

出所:「東北地方太平洋沖地震を教訓とした地震・津波対策に関する専門調査会第1回会合」の資料3‑2「今回の津波被害の概要」（http://www.bousai.go.jp/jishin/chubou/higashinihon/index_higashi.html, 2011年6月26日閲覧）

遮るような形状ではない。その結果，今回の津波は仙台平野で海岸から約5kmにも達し，石巻平野でも北上川沿いに遡上した部分を除いても海岸から4km以上の距離にまで達していて，貞観地震津波に匹敵し」（海津 2011：65）ている。仙台市のケース(4)（図10‑11）で見ても，想定浸水域よりもはるかに内陸部まで浸水している。

ちなみに貞観地震とは，貞観11年（西暦869年）に起きた巨大地震のことで，

この地震にともなって大津波が押し寄せ，1000人以上の溺死者が出たと伝えられている。この地震については，「被害分布の広がりから，M8.0～8.5程度と推定された。仙台平野では数 km 内陸まで津波堆積物が見出されることから，津波の高さは『3 m＋数 m』と推定されることは，1990年の地震学会誌に発表されて」（鈴木 2011：79）いた。ただし，「この被災した陸奥国の国府は，現在の多賀城にあったとされているが，仙台平野中部の岩沼市にあったという説もあり，仙台平野が地震動および津波による浸水被害を受けたことは間違いないものの，その詳細は歴史記録だけで読み取ることができない」（澤井ほか 2006：37）ことから，津波堆積物の調査がおこなわれ，その結果，「貞観津波は仙台平野南部（山元町・亘理町）において，少なくとも 2-3 km の遡上距離を持っていた」（澤井ほか 2006：41）ことが判明している。

　こうした「想定外」の津波が発生したことによって，海岸堤防は広範囲に破壊された。ハードな防災施設を見ても，岩手県，宮城県，福島県の海岸堤防約300 km のうち約190 km が全壊・半壊となった。なかでも，被害は宮城県に集中し，宮城県の海岸堤防・護岸延長約160 km のうち100 km 以上で被災した。このように海岸堤防で津波の侵入を防ぐことができなかったばかりか，堤防そのものも場所によっては壊滅的に破壊され，人的被害を大きくした。ただし，この堤防破壊に関しては，それでも一定の防災の役割を果たしたという，次のような評価がある。「(a)沖合から襲ってくる津波が防波堤や防潮堤の高さに達し，これらを乗り越えて，湾内や内陸に襲ってくるまでの時間を遅らせた。(b)防波堤や防潮堤を乗り越えた津波は滝状になるなどして速度が落ち，津波の破壊力を低下させた。(c)(b)と同様に速度が低下することで，浸水深や遡上高を低下させた。(d)引き波の際に，防波堤や防潮堤によるダム効果により，これらがない場合と比較して引き波の速度を低下させた」ことにより，「減災効果を発揮していた」（目黒 2011：135）とするプラスの評価がある。しかし，堤防への「過信」からとはいえ，堤防があることによって避難をする必要がないと住民が判断したこと，あるいは避難するタイミングが遅れたことと，上述したプラスの面とが相殺できるものなのかどうか，今後の検討が待たれるところである。

さらに、釜石で1000億円以上を投下して1978年から建設が始まり2008年度に完成した、水深63mから立ち上がる「世界最大水深の湾口防潮堤」(北堤990m、南堤670m、開口部300mには潜堤が設置)が津波によって破壊された。この防潮堤についても、同様な議論がなされている。最終的には破壊されたとはいえ、第一波までは破壊されておらず、その時点までは「津波高の低減効果」があったこと、さらに、「陸上部が浸水する時間が5分程度遅れ、安全に避難するための時間が長くなった」という「津波到達の遅延効果」があった(港湾空港技術研究所 2011：168)と報告されているが、上の海岸堤防の効果の評価と同様、再検討が必要であろう。

　ハードな防災施設の面だけではなく、ソフト対策の面でも「想定外」の津波に直面した。それは、津波から避難するための指定避難所そのものが津波に流され、緊急対策本部となるべき自治体の庁舎や職員が津波で被災し、さらに地域の第一線で活躍する防災関係者にも死者を出したことである。さらに、こうした事態を生み出した背景には、津波警報の発令上の問題が指摘されている。これらの点を詳しく見てみよう。

　「想定外」のために、「ここまで逃げれば安全」といわれていた指定避難所それ自体が被災し、多くの命が失われた。津波を想定して指定された避難所の多くが、津波によって被災した。共同通信の調査によれば、「岩手、宮城、福島各県で、判明しただけで101ヵ所の指定避難所が被災。壊滅的被害を受けた自治体や原発事故対応で行政機能が移転した福島県の自治体などは全容を把握できておらず、さらに増える可能性がある。このうち宮城県南三陸町は80ヵ所の指定避難所のうち31ヵ所が被災、『ほとんど流出した』としている。同県女川町は、1960年のチリ津波が押し寄せたことを踏まえ、海抜6メートル以上の地点に指定避難所を設けていたが、25ヵ所中12ヵ所が被災した」(『東奥日報』2011年4月13日夕刊)。さらに、指定避難場所ではなかったが、「釜石市では……被災者が避難生活を送る場所として想定していた『鵜住居地区防災センター』が津波に飲み込まれ、50人以上が死亡した」(『東奥日報』2011年4月13日夕刊)。

　「想定外」の津波がもたらした第二の事態は、本来防災計画上は緊急避難や応急対策の司令塔となるべき自治体そのものが、庁舎の破壊や職員の死亡など

第10章 「想定外」の社会学

によって被災し，想定していた防災機能を果たせなくなったことである。巨大な津波によって自治体職員が死亡したり，自治体庁舎が壊滅的な被害を被ったため，発災からしばらくの間，緊急対応の中核となるはずであった自治体の災害対策本部すら機能しなくなった。岩手県大槌町では庁舎が壊滅的被害にあったばかりか，町の職員や町長自身も津波で死亡した。また，宮城県南三陸町では，役場はもちろん隣接する防災センターも壊滅的被害を受け，防災室から避難を呼びかけていた職員も津波によって亡くなった。

戦後最大の災害となった1959年の伊勢湾台風の後，現在の災害対策基本法（以下，災対法と略称）が成立した。その災対法の基本的考え方は，被災地の自治体に災害対策本部を設置して緊急対応にあたり，都道府県や政府はそれを支援するという「現場主義」，あるいは，「相補性の原則」であった。この方式は，「災対法は非常時災害時に，市町村が市町村長を本部長とする災害対策本部を設置し，都道府県も都道府県知事を本部長とする災害対策本部を設置するよう求めている……その間の情報の流れについては，第53条において，市町村→都道府県→国と定めている。……このことは，一般に行政の『補完性の原則』に沿った考え方である。災害対応においても，下位の自治体が対応しきれないとき，上位の自治体に支援を求め，最終的には国にさまざまな支援を求める形がとられている」(林敏彦 2011：58) と説明される。だが，東日本大震災では，約半世紀の災対法の歴史の中で初めて，この基本原則では対応できない事態に直面した。

「想定外」の津波がもたらした第三の事態は，消防署員や消防団員の被災である。今回の津波は，防災関係者にとっても「想定外」であった。宮城県の危機管理の担当者へのインタビューのなかでも，「宮城県沖地震は30数年に一度大地震はほぼ周期的に発生するために，われわれもそれに備えて準備してきた。しかし，その時に想定していた地震規模はM8であって，今回の地震のようなM9は想定していなかったため，『想定外』の事態に直面した」という。「想定していなかった」津波は，消防署員や地元消防団員にも甚大な被害を与えた。こうした防災関係者の死者・行方不明者数は，消防職員の死者23人，行方不明者4人，負傷者5人となり，消防団員はさらに多く死者242人，行方不明者12

人となっている。これらの多くの人びとは，津波からの避難の呼びかけや避難の手伝い，津波の監視や海岸堤防の水門の閉鎖に従事していて被災したものである。ハザードマップは，現場の防災関係者にとってはきわめて重要な行動指針である。大津波に襲われた気仙沼・本吉地域広域行政事務組合消防本部長の千葉章一消防長によれば，「署員には，常に浸水想定域を自分の目で確認させ，津波到達十分前にはそこから出るように指示していました」という。しかし，消防署員の中には指定避難所で犠牲になった人もいる。想定浸水区域を忠実に守って住民を避難誘導していた消防署員自身が津波に巻き込まれて亡くなっているのだ。このように，現場の防災担当者にとって，津波の想定は，自分の命を懸けて行動する基準なのである。こうした経験をした現場の署長が，「私たちは，想定を信じ命がけで活動していたので，専門家の『想定外』という言葉は聞きたくありませんでした」というのも当然である。こうした経験をふまえた「『安全・安心』という言葉の重さも実感しています」(三陸新報社 2011：97)という言葉は，現場の防災関係者だけではなく，防災に携わるすべての防災の専門家の教訓とするべきだ。

　こうした「想定外」の事態をさらに加速させたのは，津波警報の発令の仕方である。津波の監視体制，迅速な警報発令，緊急伝達体制を早くから整備してきたため，日本は最も先進的な警報発令システムが確立していると信じられてきた。しかし，東日本大震災では，警報発令の仕方そのものが避難を遅らせた可能性が指摘されている。まず，事実関係について目黒公郎 (2011：139) などを参考にして整理すると，次のようになる。気象庁は地震発生3分後に「宮城県に6m，岩手県と福島県に3m」との津波警報を発令，28分後にこの警報を「宮城県に10m以上，岩手県と福島県に6m以上」に修正し，さらに44分後に「宮城県・岩手県・福島県・茨城県・千葉県に10m以上」と再修正して警報を発令した。津波到達時間は地域によって異なるが，約30分後には各地で津波が観測された。第一報だけを聞いて避難したために第二報を聞いていない人もあり，また，停電のため第二報が届かなかった可能性もあり，さらに，警報対象地域が地域的にも拡大しているが，第三報で新たに加わった地域の人びとに警報が届いたのは津波到達の後であった可能性もある。しかし，何よりも問題だ

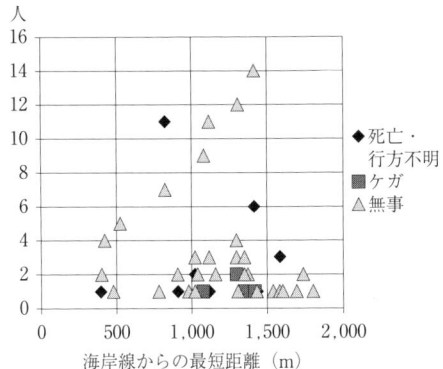

図10-12 海岸からの距離で見た生存者・死亡者の地理的分布
(約1050m地点～2000m地点からに高台が存在する)
出所：小野ほか（2011）

ったのは予想される津波の高さであり，6m，3mと聞いた瞬間，近くの堤防の高さを考え「堤防を超えることはないだろう」と判断した人も少なくなかったと推測される。気象庁自身も当初，M8.0程度の地震を想定して津波警報を発令したといわれているが，住民はそれ以上に実際よりもはるかに小さい津波を「想定した」のであった。中央防災会議津波専門委員会の報告では，「地震発生直後に気象庁から出された地震規模，津波高の予想が実際の地震規模と津波高を大きく下回るもので，その後時間をおいて何段階か地震規模，津波警報が上方修正されることとなった。特に，最初の津波高の予想が与える影響は極めて大きいと考えられ，当初の津波警報によって住民や消防団員等の避難行動が鈍り，被害を拡大させた可能性もある」（中央防災会議 2011：6）と指摘している。

以上のようにハード，ソフトの防災対策が「想定外」の事態に直面した結果，多くの人が津波に飲み込まれ，死亡あるいは行方不明になった。では，こうした「想定外」の事態は避難行動上の特徴とどのように関連していたのであろうか。

東日本大震災の大量の死者・行方不明者を出した避難行動上の問題点は，次のように指摘されている。私たちの南三陸町役場でのインタビューでは，町長らは津波の犠牲者は海岸近くではなく，むしろ海岸から程遠い「ここまでは津

波が来ないだろう」と考えていた内陸部に多いという。また，陸前高田市の37名の調査から，小野裕一らは図10‐12に示すように，「海岸から500メートル以内での死亡者がわずか1人で，1500メートル以上での死者が3人……ほとんどのけが人や死者が海岸から500—1500メートルの地域で発生したことがわかる。海岸から500メートルの〔地域で〕死者が少ない理由は，居住者がはじめから海岸付近に少なかったということと，居住者が海岸に近いことから津波に対してより警戒していたと考えられる」(小野ほか 2011)という。このデータを，「津波浸水境界線から，つまり海とは逆方向の山側（内陸側）からの距離を分析」すると，「聞き取り〔調査〕をしたすべての人が結果的にこの安全ラインである境界線から〔海側に〕700メートル以内に位置しており，200メートル以内で多くの住民が被災していた。特に顕著なのはこの境界線上で多くの犠牲者が発生した点である。その理由はこの地域は高台に隣接しており，よもや津波がそこまで到達しようとは想像さえしていなかったからであり，〔そのために〕多くの人々が逃げ遅れたと考えられる」(小野ほか 2011)と報告している。

　この報告をより具体的に物語る，次のようなエピソードもある（畑村2011a：171）。「大槌町で避難を呼びかけて町を走り回った消防団の鈴木亨さんの話では，堤防の外側〔海側〕で仕事をしていた人は大地震直後に津波の警報を聞いた後，全員すぐに高台まで逃げ，1人も亡くなっていないそうである。ところが，堤防の内側〔陸側〕にいた人はたくさん亡くなっている。とくに高台の裾野に近い，逃げる意思さえあればすぐに逃げられる所で多くの人が亡くなっている。今回は地震から30分余り経ってから津波が襲来しているので，歩いてもゆっくりと逃げられたはずである」。それにもかかわらず，「逃げる意思さえあればすぐに逃げられる所」の人びとは「逃げろと言っても逃げなかった」。「鈴木さんのお母さんも逃げろと言われたが，逃げる必要はないと言って初めは逃げなかったという。それでも鈴木さんはもう一度家に戻って，『何が何でも逃げろ』と言ったら，『そんなに言うならしかたがないから逃げる』と言って裏山に逃げたという。それまでいた家は木端微塵に流されてもう今は跡形もない」。「しかたがないから逃げる」という表現に注目すると，自分では依然として「ここまでは津波がこない」と確信していたが，それほど息子が言う

のであれば「しかたがない，逃げてあげるか」として避難したのである。ここには，鈴木さんの母親個人の「想定」が大きく外れているが，それを補う声掛けがあったために助かっている。大槌町の別の事例から畑村は，「鈴木さんをはじめとする消防団の人たちの避難の呼びかけに素直に従ったのは，被災経験のない新住人やよその場所からたまたまきていた人，あるいは地震が発生したときに海のそばにいた人だったそうです。堤防の内側〔陸側〕，つまり『自分は守られている』と思っていた人たちの動きは鈍く，避難時間はたっぷりあったのに避難しなかった人が多かった」（畑村 2011b：58）と報告している。また，片田敏孝の釜石調査によると津波の死者・行方不明者の65％がハザードマップの浸水想定域の外側に住んでいる人であったという（『産経新聞』2011年6月21日）報告もなされている。

現在までのところまだ確定的なことは言えないが，津波死亡者は海岸からの距離に相関するのではなく，また，死者・行方不明者の浸水地域居住人口に対する割合が津波高によって一義的に決まってくるわけではない（鈴木・林 2011：図1参照）。むしろ，津波死亡者は「想定外の地域」に居住あるいはその時そこにいた人が多かったのではないか。

「想定外の連鎖」と被害との関係

以上みてきたことを，図10-13にまとめて見てみると，「想定地震⇒想定される津波高⇒防災計画⇒ハード対策とソフト対策という防災対策⇒安全な避難」という一連の想定と対策の流れが，ことごとく，「想定外」の事態に直面し，最終的には2万人近い死者・行方不明者を出すという結果となってしまったのである。その点では，「想定外の連鎖」が発生し，そのことが最終的に大規模な災害になり，死者・行方不明者の数だけではなく，被害者の分布や被害者の属性などにおいて津波災害の様相を決定していった。図10-4のハザードから災害への転換過程の図に準拠すれば，図10-14に見るように地域社会や災害対応の背後に「想定外」という要因が存在したと考えることができる。

図10-4に示した衝撃期の災害の様相の一端である「津波災害」という現象は，こうして生まれたのである。繰り返し述べてきたように，巨大な地震や津

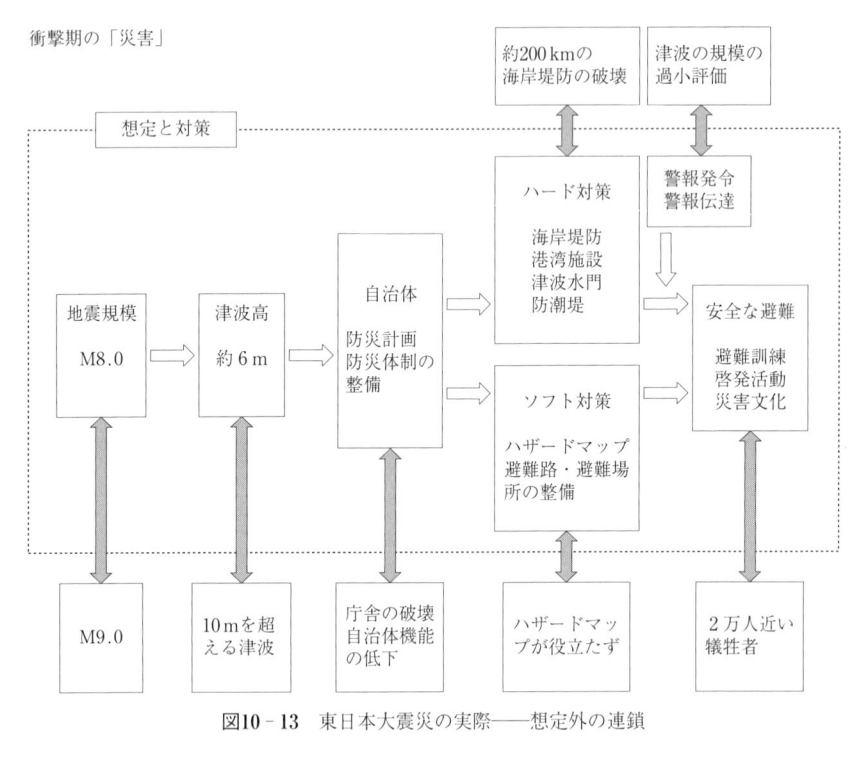

第Ⅲ部　大震災への社会学からの接近

衝撃期の「災害」

図10‐13　東日本大震災の実際——想定外の連鎖

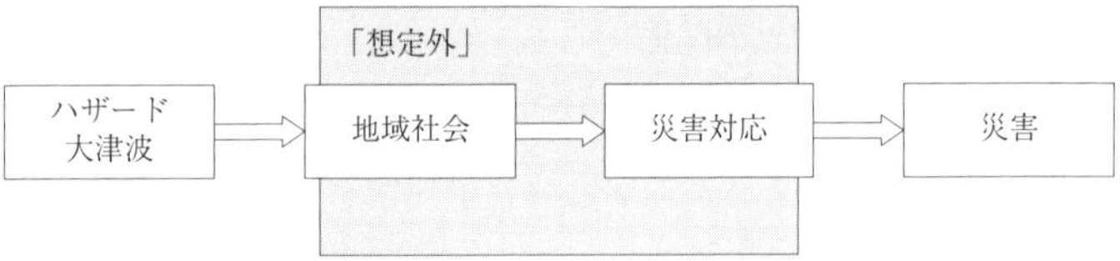

図10‐14　「想定外」の位置づけ

波（というハザード）が直接に，「自然に」こうした犠牲者を出したのではなく，上記のような社会的過程を経て2万人近くの犠牲者を生み出し，特徴的な死者分布形態を作り出したのである。私たちは，この社会過程こそ問題にしなければならない。なぜならば，ここに注目することこそ，今後の防災対策を考える要となるからである。

ここで問題にしようとしているのは，「想定外の連鎖」という社会的過程が，2万人近くの津波犠牲者が発生したという事実や，現在は仮説にすぎないが，

「想定外」の地域（津波の到達を考えてもみなかった地域）の人びとのほうが多く被災しているという特徴と密接に関連しているという点である。もちろん，そうした「密接な関連性」を，「すべての原因だ」とも，「すべての責任は想定した人間にある」というのではない。ハザードと津波による死者やその特徴との間に「想定外の連鎖」が介在していることに注目すべきだと主張しているのである。

4　「想定外」の社会学的考察

従来までの「想定外」の議論

　災害時に「想定外のこと」が起こる可能性については，以前からさまざまに議論されてきた。その議論を，近代防災対策の特徴の議論，低頻度大災害の議論，防災のパラドックスの議論に分けて，ふりかえってみよう。

　近代の防災対策の特徴は，近代以前と比較することで明らかとなる。近代以前には，「小さな外力〔ハザード〕でも被害は発生し，外力が大きくなるにつれて被害量は増大していった」（熊谷 2006：94）。その点で，近代以前の社会は「災害に脆弱な社会」と一般には考えられてきた。しかし，問題はそれほど単純ではない。近代以前の社会は災害に対する脆弱性が高かったがゆえに，災害への備えも，災害の規模拡大のパターンも，近代社会とは質的に異なっていたのである。近代以前の社会では，外力の規模に比例して直線的に災害が拡大したのではなく，むしろ「一定以上の外力に対する被害量の増大傾向は逓減した」。それを可能にしたのは，「被害の発生は容認するが被害拡大を防止しようとする"受け流し技術"であり，また，地域ごとに形成されていた『防災文化』である」（熊谷 2006：94）。ここで「受け流し技術」というのは，たとえば，水害対策における遊水池，霞堤などのことを指している。このように「受け流し技術」といった近代以前の防災対策は，近代のそれとは根本的に防災の考え方が異なっていた。大熊孝は近代以前の水害対策を「氾濫容認型」の対策と名づけて，このことを次のように説明している。「江戸時代は技術の手段的段階が十分に発達しておらず……ある程度以上の洪水は初めから河道から溢れるこ

とを前提に，氾濫を受容する形態で治水が行われていた。すなわち，河道に収めきれないような洪水は，相対的に被害の少ない地域を選定し，堤防沿いに水害防備林をめぐらし，簡単には破堤しないような工夫を凝らしたうえで流勢を弱めて静かに氾濫させるというものである」（大熊 2004：105）。地域全体で「氾濫容認型の治水対策」をおこなっただけではなく，個人個人も「浸水に備えて家は高床式にし，避難用の船を用意し，被害をできるだけ最小に抑える」（大熊 2004：105）努力がなされた。こうした「氾濫容認型の対策」の典型的地域は，木曽三川下流域に広がっていた輪中地域（伊藤・青木 1979）であった。

　近代以降，こうした災害容認型の防災対策の考え方は否定されるようになった。災害をコントロールする，押さえ込むという考え方の下，災害が発生するたびに，「災害に強いまちづくり」が進められてきた。それは，社会に働くハザードからの力（外力）に対抗し，社会を安全にまもるために，建物，河川堤防，海岸堤防などの構造物を強化することであった。そのために，構造物の設計外力を高める努力をしてきた。日本では，「既往最大の外力に対抗する」という目標のもとに，設計外力を高めてきた。これまでに経験したハザードがもたらした最大の外力がかかっても壊れない構造物をつくることが，災害復旧事業の基本指針として採用されてきた。こうした考え方に基づいて，伊勢湾台風時の高潮の最大高が基準とされて，全国の海岸堤防が築かれてきた。また，1993年の北海道南西沖地震後の津波対策として，奥尻島の各地域で堤防の嵩上げ，地盤の嵩上げ，集落の高地移転といった公共事業が実施されてきた。

　こうした近代的な防災対策が進められてきた結果，近代以前とは違い「中小の外力〔ハザード〕による被害発生は，ほとんど見られなくなった……"設計外力"以内の外力による被害発生は，当然阻止される」（熊谷 2006：94）。こうして「災害に強い社会」が作り上げられた。しかしその一方で，「施設の効果を認識し，また，過信している住民やコミュニティは，施設が耐え得る限界ぎりぎりまで，その活動を拡大していった……それにつれて，コミュニティに蓄積されていた『災害文化』も失われていった」（熊谷 2006：95）。「このような状況下で"設計外力"を超える外力が作用し，溢水・破堤が発生すると……被害量は一挙に拡大し，施設整備後の被害量が施設整備前のそれを上回る」（熊

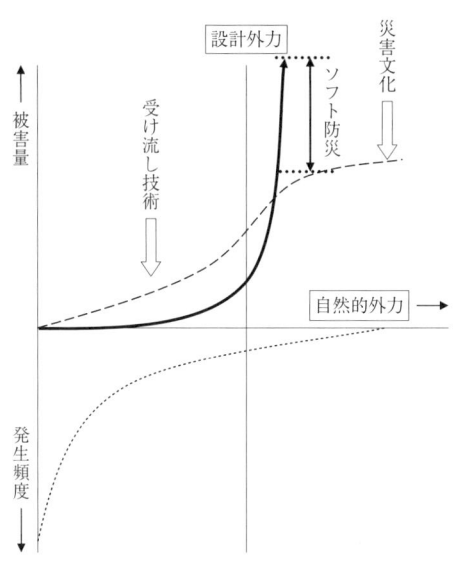

図10-15 自然的外力と被害量との関連
出所：熊谷（2006：94）

谷 2006：95）現象が見られるようになった。

　以上の議論を，熊谷自身が図10-15のようにまとめている。同図で注目したいのは，近代以前の災害と近代の災害を比べると，設計外力以下のハザードの場合には近代以前の被害のほうが大きく，近代では被害はゼロである。それに対して，いったん設計外力を超えるハザードが発生すると，それがもたらす被害規模はむしろ近代の災害のほうが大きくなるという指摘である。ここでは，近代以前と近代以降の防災対策の比較から，近代社会では設計外力を超える外力が作用した時には被害規模が飛躍的に拡大すると警告されている。こうした点を指摘した後，熊谷は，第一にハードな防災は限界を内在させていること，第二にハードに過度に依存することは危険であり，ソフト防災を整備する必要があることを提案している。ただし，そのソフトな防災対策は伝統的な防災対策では不十分であり，「ハード防災によって蓄積された資産を前提とし，先端的な技術を積極的に活用した〔伝統的ではない〕新たなソフト防災」（熊谷 2006：95）の構築が必要だとしている。

　第二の議論は，低頻度大規模災害についての議論である。一般に，ハザード

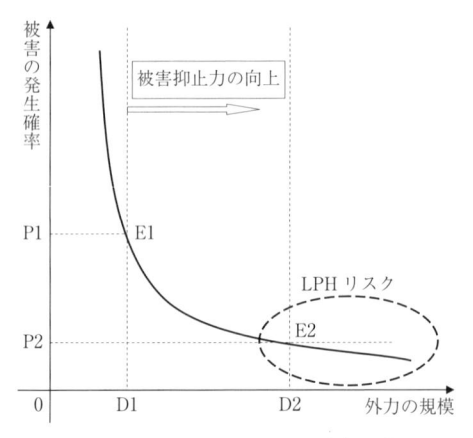

第Ⅲ部　大震災への社会学からの接近

図10-16　リスクカーブと災害抑止力
出所：永松（2008：25）

の発生頻度が大きいものは災害規模が小さいが，発生頻度が低くなるほど災害規模は大きくなる。その典型が「低頻度巨大災害」である。当然，ハザードによっても発生頻度が異なるが，地震の発生に比べて津波の発生頻度はいっそう低いが，いったん発生すると，大きな被害を生み出す。それについて私たちは2004年のスマトラ地震津波を例に警告を発してきた（木股ほか 2006）。

　永松信吾は阪神・淡路大震災を取り上げて，「我が国の防災行政は，人的被害や経済的被害の軽減に成功した」と一般に信じられているが，「しかし，それが真実であれば果たして阪神・淡路大震災の被害とは何であるのか……果たして，本当に我が国の防災対策は成功を収めたといえるのであろうか」（永松 2008：22）と疑問を提示し，近代の防災対策では低頻度大規模災害への対策は不十分であると論じている。

　この問題を議論するために，永松信吾は，縦軸に自然の外力（ハザード）の発生確率，横軸にハザードの規模をとった，図10-16「リスクカーブと災害抑止力」を作成し，ハザードによる外力の規模がD_1のときP_1の頻度で被害が発生していた時代から，防災対策が進み，被害抑止力が向上して，外力の規模がD_2に拡大しても発生頻度はP_2の水準にとどまるようになってきたという。このように，日本では被害の抑止力が向上し，大きなハザードの力がかかって

も，被害の発生確率は次第に小さくなってきた。しかし，被害の抑止力が向上しても，「ひとたび社会の抑止力を上回る外力……が発生すると，社会の災害抑止力はほとんど意味をなさない。このため，被害は非常に大きなものになってしまう。つまり，頻度は低いが，いったん発生すると極めて甚大な被害をもたらすリスクが残存してしまう」（永松 2008：22）。1995年の阪神・淡路大震災は，こうした災害であった。このような「低頻度高被害型の災害リスク」は，第一に「過去の経験的データが不足している〔ため〕……科学的・統計的な検証や予測が困難なものが多い」こと，第二に「低頻度であるがゆえに，社会の側に対処するための文化や知識が蓄積されず……対策そのものが全く顧みられない可能性がある」こと，第三に「対策が顧みられないことによって，さらにリスクが増大するというジレンマが存在している」（永松 2008：26-27）という，特徴を持っているという。さらに付け加えるならば，「低頻度巨大災害」が発生する可能性は純粋に自然条件によって決定されているのではなく，社会の側で作り出しているのである。この点は次の「防災のパラドックス」の議論につながってゆく。

第三の議論は，「防災のパラドックス」に関連した問題である。防災のパラドックスとは，「防災対策が進むと，災害リスクが高くなることや防災体制が脆弱化する」といった逆説的な現象を指摘するものである。「防災のパラドックス」という用語はまだ一般的ではないが，そうした内容の議論は多々あり，まとめると次のようになる。

水害に関して宮村忠は，「一般に，大きな治水工事，宿願の工事が完成すると，その工事の効果を越えて地元民に安心感が定着する。安心感が定着すると，それまで個々人が身につけていた治水や防災の知識〔災害文化〕が失われて，河川とか洪水とかは，行政だけが管理，防災する別世界のものとなってしまう」（宮村 1985：104）と言う。大熊孝も同様に，「近代技術を駆使した治水が進むにつれて……水害の頻度は確実に減少していった。それに伴って水防活動を行う頻度が減り，地域住民の水防意識は次第に希薄になり，水防体制は弱体化していった」（大熊 1988：208）と指摘している。そうした指摘に基づいて私は社会学の観点から，防災を担う社会的主体に着目して，「社会の専門化が住

民自身の災害に対する武装の解除を導いてゆく」,「防災の専門的処理機関による対応が,住民の災害文化という,災害に対する住民自身の武装を解除させてしまう。防災対策のパラドックスである」(田中 2007a：362-363)と指摘した。

　先に紹介した熊谷良雄も,「その"設計外力"以内の外力による被害発生は,当然阻止される。そこで,施設の効果を認識し,また,過信している住民やコミュニティは,施設が耐え得る限界ギリギリまで,その活動を拡大していった。たとえば,堤防が築かれる以前には遊水効果をもっていた河川沿いの土地は,堤防建設後,一見,洪水に対して安全な土地とみなされ,宅地化等によって資産が集積され,それにつれて,コミュニティに蓄積されていた『災害文化』も失われていった」(熊谷 2006：95)と述べている。同様に永松伸吾も防災対策が進むことによってリスクが増大するとして,「河川が氾濫していた時代は,その流域に大規模な都市が建設されることはなく,遊水地やせいぜい農地としての利用が一般的であった。しかし治水事業が進む洪水の危険性が低下すれば,かつては河川の氾濫原であった地域にまで都市が拡張され,多くの人口が居住し,活発な経済活動が行われるようになった。こうなると,同じ規模の河川氾濫であったとしても,生じる被害はそれまでとは比較にならないほど大規模なものとなるのである」(永松 2008：27)と指摘している。

　以上の議論とは異なる文脈(原子力の危険性)から,U. ベックは「安全性のパラドックス」を論じている。すなわち,リスクが高まるほど安全性が強調されるようになるという。「安全を保証する必要性は危険の増大と共に高まる。用心深く批判的な大衆に対しては,技術と経済における発展に対して表面上あるいは実質的にも介入することにより,安全性を繰り返し約束しなければならない」(Beck 1986＝1998：25)。しかし,安全性が強調されるほど,市民はそれに対して懐疑的になるという。そのため,「原子力の宣伝係や専門家は,『安全性のパラドクス』に陥っていた。彼らは,さらに発展してゆく可能性についてあらゆる説明をおこない,最終的にはすべては『〔これまでの〕安全よりも〔今後は〕もっと安全になる』と強調するように強いられている。しかし,これによって公衆の知覚が敏感になり,災害が起こらずとも,その徴候があっただけで,安全性の主張は反駁されるようになる」(ベック 2011：3)という。こ

のように，原発を推進する側から安全性が強調されるほど，市民は懐疑的になり，「安全性の立証」に対して反論するようになる。そのため，原子力を開発する側では，さらにこれまで以上の安全性の強調が必要となる。こうして繰り返し安全性が強調される過程で，「専門性・国家・民主主義にとっての正当性および信頼の没落がはじまる」(ベック 2011：3)。この過程を，U.ベックは「安全性のパラドックス」と呼ぶのである。

　津波警報の「狼少年効果」の問題も，ある点では「安全性のパラドックス」に似ている。これまで数多くの津波警報が発令されたにもかかわらず，実際の津波被害を受けた地域はごく少数であり，大部分の海岸近くの住民にとって，「警報が出ても自分のところは大丈夫だろう」と判断して，避難をしなかったり，あるいは避難をすべきかどうかをしばらく様子見することが繰り返されてきた。そのため，東日本大震災までは，津波警報が発令されても，海辺の住民すら避難する人が少ないことが，さまざまな機会に問題視されてきた（吉井 2005；田中 1995；田中ほか 2006；田中 2007）。津波警報の狼少年効果とは，警報発令されたが避難しなくても実際上の被害はなかったという経験を繰り返してきたために，実際に巨大津波（「狼」）が来襲した時に適切に避難できなくなることである。東日本大震災の津波避難行動のなかで「狼少年効果」があったのかどうか，あったとすればどの程度作用したのかを確定するデータは存在しないが，関連した指摘はなされている。海岸から近い人よりも離れた人のほうが被災している傾向が見られる原因について畑村は，「経験が判断の邪魔をした結果ではないかと推測されます。過去に小さな津波がやってきたときに防潮堤で被災を防ぐことができたり，避難警報が出ても実際には津波がこなかったということを繰り返し経験したことが仇になったのでしょう。つまりは津波対策への過信と〔度重なる津波警報の発令に〕"騙され"続けた『オオカミ少年』効果によって判断が鈍り，本当に危険が迫ったときに正しい行動ができなかったということではないか」(畑村 2011b：58)と推断している。

　以上見てきたように，「防災対策のパラドックス」といわれるものは，いくつかの異なる命題を含んでいる。それを整理すると次のようになる。第一に防災対策が進むほど潜在的リスクが増大するという命題である。第二に，防災対

策が進むと住民の間に安心感が浸透し，潜在的リスクが見逃されるようになるという命題である。第三に，防災対策が進むと，それまで住民が自らを守ってきた防災のための社会文化的な装置（災害文化）が放棄されるというものである。第四に，防災対策が進むと住民の防災への武装解除が進み，同時に行政への依存度が増大するという命題である。それは，住民を中心において考えれば，主体性の低下あるいは当事者意識の低下ともいいかえることができる。この点の反省から，阪神・淡路大震災以降，「公助の限界」，「自助，共助の重要性」が繰り返し指摘され，さらに防災ボランティア活動，支援ボランティア活動や地域の自主防災活動が高く評価されてきた。第五に，防災対策が進み安全性が強調されるほど，住民の安全性への懐疑が深まるというものである。あるいは，防災対策が進み災害警報が発令されるようになるほど，警報への信頼感が低下する場合があるというものである。このふたつの命題は，安全性の強調と危険性への警告という点でベクトルは正反対であるが，過度に安全性や危険性のメッセージを発信し続けると，情報の受け取り手はそれを「正しく」（発信者の意図通りに）受け取らない傾向が強くなるという点では同じ現象である。このことは「脅しの防災」が効かない理由でもある。

設計外力を超える大災害

　以上の近代災害の特質の議論，低頻度大災害の議論，防災のパラドックスの議論をふまえて，もう一度，「ハザード×脆弱性＝災害」モデルから議論を先に進めてみよう。

　第一に，「ハザード×脆弱性＝災害」モデルを前提において考えると，近代化の過程で，科学技術の進歩と公共投資による環境整備，さらに，生活様式の変化と生活における価値観の変化が進み，災害に対する社会的脆弱性を縮小する努力が進められてきた。その結果，たしかに近代社会では，災害が減少した。こうした過程は，環境論でいうエコロジー的近代化論と同様，近代社会が内包する再帰性による「災害の克服」のように見える。

　第二に，「ハザード×脆弱性＝災害」という図式において，脆弱性は0から1までの値をとると考えられる。そのため，近代は脆弱性を限りなく0に近づ

けることで，災害を克服しようとしたのである．ただし，脆弱性を低下させることに成功しても，ハザードが大きくなれば，当然，脆弱性は低くなる．その点では脆弱性は常数的なものではなく，社会の脆弱性はハザードと連動している．このことは，第一にハザードが大きくなれば当然脆弱性は大きくなるといったように，ハザードと独立に脆弱性の値が存在するものでもないこと，第二にたとえば地震には強いが集中豪雨には弱いといったように，ハザードの種類によっても脆弱性の値は変化することを意味している．

　脆弱性は，社会経済的に決まるものである．そのため，脆弱性は時代，地域によって異なる．ただし，都市化が都市の脆弱性を高めたように，ある社会の持つ脆弱性を決定するのは意図的な防災対策だけではなく，意図せざるプロセスでもある．また，特定の時代の特定の社会のなかでも地域的に脆弱性は一様ではなく，ある地域は脆弱性が低く，ある地域は脆弱性が高いということがある．このことは個人を単位としても同様であり，ある個人は脆弱性が高く，ある個人は脆弱性が低い．一般には，この脆弱性の高低は，階層や権力に関連している．したがって，脆弱性という概念は，「社会全体の脆弱性」，「ある特定の地域の脆弱性」，「ある特定の階層の脆弱性」，「ある特定の組織の脆弱性」，「ある特定の性の脆弱性」，「ある特定の個人の脆弱性」といったように，社会的ユニットや主体ごとに考えることが必要となる．

　第三に，設計外力を超えるハザードが発生した時には，災害規模が一挙に跳ね上がる．モデル的に言えば，想定外力以内のハザードであれば，脆弱性は限りなく0に近く，災害は発生しない．しかし，いったん想定外力を超えたハザードが発生すれば，脆弱性はその時点で急激に増大して1に近づき，脆弱性＝1である時，災害規模はハザードの規模と同じになる．そのとき，設計外力以内と設計外力以上との境界線上には，カタストロフィカルな災害の「跳ね上がり」が見られる．東日本大震災における津波災害でみた「想定外の連鎖」は，この「跳ね上がり」をもたらし，大量死を生み出したのである．災害対策上はこの「跳ね上がり」に対応することが最も困難であり，そのため「想定外」と説明される．

　第四に，設計外力を超えるハザードの発生という事態において災害がどう現

れるかを，設計外力を次第に高い方向に動かしながら検討すると，設計外力が高くなるほど，いったん設計外力を超えた時に直面する災害規模の「跳ね上がり」の程度が大きくなる。そのため，巨大災害に対する対策は，設計外力を高く設定するほどますます困難さが増大する。U. ベックであれば，この設計外力向上の過程を「危険性の生産」と呼ぶであろう。設計外力を向上させるという行為やその結果としてのハード整備，「それを富の生産という視点で見るか，それとも危険の生産という視点で見るかで変わってくる」（Beck 1986＝1998：99）という。私たちはこれまで，設計外力の向上を「富の生産，そして安全の生産という視点」でのみ捉え，「危険の生産という視点」では見てこなかった。そのために，いったん大災害が起こると「想定外だ」と一斉に述べるのである。

　第五に，この防災対策の困難さを増大させるもうひとつの理由は，先に「災害対策のパラドックス」と呼んだ，設計外力を向上させることによって発生する副産物（あるいは，パラドックス）である。すでに紹介したように，設計外力を向上させれば，社会空間的な変容を導き，潜在的な脆弱性は高まる。たとえば，かつて遊水地であった場所，あるいは居住に適さなかった場所が工場，居住空間，業務空間として利用されるようになる。加えて，こうした利用が人間の側にも変化をもたらし，設計外力の向上とともに安心感が広がるために「防災という武装」（心構えだけではなく，生活の仕方）を解除し，さらに被災経験の連続性が断たれ，「小さな災害を経験せずにいきなり大災害に直面する」という，二重の意味で災害の個人レベルの対応能力が低下し，地域全体としても災害文化が衰退する。以上の社会的変化と人間的要素の変化とにより，想定外力を超える時に生ずる災害の「跳ね上がり」にますます対処できなくなる。

　第六に，それだけではなく，長期的に災害を経験しない期間が長くなる（「災害の空白期」の長期化）にしたがって，想定外力以内のハザードの時にも発生するような小規模な災害や局地的な災害への，社会的あるいは個人的な対応能力（あるいは耐性）も低下しがちとなる。

　第七に，第四，第五の結果として当然のことながら，いったん設計外力を超えたハザードが発生した時のポテンシャル・リスクが拡大する。

　第八に，このように拡大しつつあるポテンシャル・リスクを個人個人がどう

認識し，社会全体としてもどう認識するかという問題に直面するが，その認識を「正しく」おこなうことは難しい。災害対策とはまったく別の文脈で述べているのだが，U.ベックの次のような主張は，ここでの議論と同じことを考えている。「危険とは認められない危険がどんどん増加していく……近代化に伴う危険が氾濫しないように堤防や水路をつくる工事の大義名分が出来上がる。しかもその工事は迅速に進むのである。そして，そこに出来上がった目かくしが危険を認識させないことに成功すればするほど，危険そのものは大きくなるのである」(Beck 1986＝1998：98)。

ポテンシャル・リスクが大きくなれば，そのぶん，設計外力を大きくすればいいではないかという意見が出てくるかもしれない。たしかにこれまではそう対応してきたが，しかし第九に，いつまでも設計外力を無制限に高めてゆくことはできないのである。公共財政の限界や経済的な効率性，さらに，社会的合意などの理由から，設定外力の向上には一定の限界が設けられることになる。だとすれば，設計外力の上昇には必ず限界があることを前提として，防災対策を考えることが必要となる。だが，これまでの防災対策では，そうした限界を設定してこなかった。むしろ，原発の安全性の議論に見るように，これまでは安全性を確保するためには，「どんなことをしてでも」(「無限の」) 安全性を確保すると説明することがよくなされてきた。あるいは，河川堤防整備のように，現在の財政的制約という理由で河川工事を先延ばししているだけで，将来には「必ず洪水が発生しないように工事をおこなう」(あるいは，おこなうことができる) と説明されてきた。いずれの場合も，今後無限に設計外力を高めるには「限界がある」ことが社会的に考慮されていない。

「設計外力を向上させれば，災害は防げる」という発想法に支えられて，これまでひたすら設計外力を向上させてきた防災対策の限界を，東日本大震災は明らかにしてみせた。これまで日本では，防災対策を実施するときの基準として，連続的に「既往最大」の考え方が採用され，ある災害を受けた後，それに耐えられるように堤防を強化し，さらに次のより大きな災害があってそれまでの堤防が破壊された後は，また設計外力を高めるといった対策がとられてきた。しかし，東日本大震災の巨大な津波被害を前にして，中央防災会議は既往最大

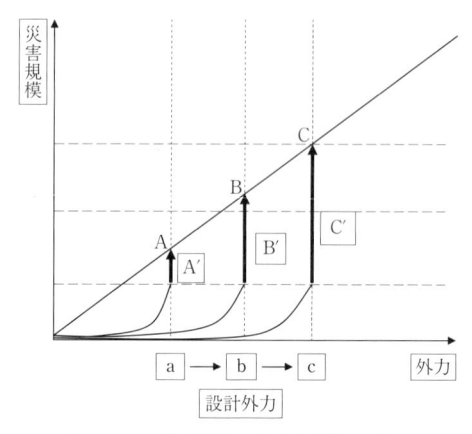

第Ⅲ部　大震災への社会学からの接近

図10‐17　設計外力の向上と災害の変化

の原則の放棄を打ち出した。「最大クラスの津波に備えて，海岸保全施設等の整備の対象とする津波高を大幅に高くすることは，施設整備に必要な費用，海岸の環境や利用に及ぼす影響などの観点から現実的ではない」（中央防災会議 2011：10）とようやく認めるにいたったのである。ただし今後，既往最大の津波を防ぐような堤防を整備することはできないことを認めつつ，他方で，堤防整備はさまざまな要因を総合的に考え，今回の津波高より低い堤防を整備することは必要だとして，「人命保護に加え，住民財産の保護，地域の経済活動の安定化，効率的な生産拠点の確保の観点から，引き続き，比較的発生頻度の高い一定程度の津波高に対して海岸保全施設等の整備を進めていくことが求められる」（中央防災会議 2011：10-11）と述べている。

　第十に，想定外力の水準を無限に上昇させることができないとすれば，社会は必ず設計外力を超える大規模なハザードに直面せざるをえないことになる。どの程度の「設計外力を超えたハザード」に直面するかは，一定以上の規模を持ったハザードそのものの発生頻度によるが，ハザードによる外力が想定外力を超えることは必ず起こるため，社会が大災害に直面することは避けられない。こうした現実を社会がどう受け入れるかが，最も難しく最もクリティカルな問題なのである。

　以上の一から十までの諸点を考慮した防災対策のパラダイムの転換が今後求

められる。

　こうした点を概念的に整理すれば、図10-17のようになる。ここに見るように、「社会の防災力の向上」を目指して、設計外力はaからbへと引き上げられてきた。その結果、設計外力がaであった時点では、aを超える外力がかかった時にAのような災害が発生していたが、設計外力bを基準に防災施設が作られて以降、外力aが働いてもそれほど大きな災害とはならなかった。しかし、長期間の間には、再び設計外力bを超えるハザードが発生する。そのため、設計外力を向上させる必要が生じ、再び設計外力を向上させ、cのレベルまで引き上げて構造物をつくる。こうした連続的な過程が進行してきた。しかし、防災上見逃してはならないのは、設計外力を向上させるたびに、跳ね上がり量が上昇するため、災害の規模が飛躍的に上昇することである。図でみると、A'からB'、B'からC'へと拡大してゆく。

　この点では、自然災害だけではなく、原発事故のような人為的な事故にも同様の特徴が見られる。ただし、自然災害の場合には、設計外力以内のハザードの力であっても、一定程度の被害が発生することが普通である。自然災害では、規模が小さいとはいえ、被害をゼロにすることは困難である。それに対して原子力災害では、設計外力以内では被害ゼロとなるが、設計外力をいったん超えた地点から一挙に被害が発生し、大災害となる。ここでのカタストロフィカルな「跳ね上がり」は、原発事故のほうが自然災害より顕著に現れる。ただし、原発事故が顕著な「跳ね上がり」をみせたのは、小さな原発事故は施設内や「原子力村」内部で隠蔽され、公開されないケースが少なくなかったことも関連しているのだが。

従来の先進国型災害のイメージの反転

　災害に関する世界規模の統計が整理されるようになって、「災害の性格が急激に変化している」ことが指摘されるようになった。D. P. コッポラは世界全体の災害の変化として、第一に災害の被災者の数が増大していること、第二に災害による死亡者が減少していること、第三に災害による経済的損失が増大していること、第四に貧困な国家が災害による影響を過大に被っていること、第

表10-2 先進国型災害と途上国型災害（死者数と経済的被害額との関係）

災害	国家	発生年月日	マグニチュード	死者数	被害推定額（billion $）	被害額／GDP（%）
ハリケーン・カトリーナ	USA	2005.8	—	1,833	135.0	1.0 %
阪神・淡路大震災	日本	1995.1.17	M7.3	6,437	100.0	2.0 %
東日本大震災	日本	2011.3.11	M9.0	20,631[*1]	309.0	6.1 %
四川大地震	中国	2008.5.12	M8.0	87,476	85.0	1.7 %
南ニュージーランド地震	New Zealand	2011.2.22	M6.3	181	13.0	8.0 %
チリ大地震	Chili	2010.2.28	M8.8	562	30.0	18.3 %
ハイチ大地震	Haiti	2010.1.12	M7.0	222,570	7.8	120.0 %
北パキスタン地震	Pakistan	2005.10.8	M7.6	73,338	5.2	3.2 %
スマトラ大地震	Indonesia	2004.12.26	M9.0〜9.2	165,708[*3]	4.5	0.8 %
サイクロン・ナルギス	Myanmar	2008.4.27	——	138,366[*2]	4.0	11.7 %

注：世界保健機関（WHO）と協力する災害疫学センター（CRED）のデーターベース，世界銀行，各国政府の資料などをもとに作成。
 ＊1 死者・行方不明者は警視庁発表（2011年8月1日現在）。
 ＊2 GDPデータは国際通貨基金（IMF）推定。
 ＊3 データはインドネシアでの被害のみ。スリランカなど他国を含めると，死者・行方不明者226,408人，被害推定額10billion $。
出所：『朝日新聞GLOBE』2011年7月20日

五に災害そのものの発生数が年々増加していることを指摘している（Coppola 2007：13-24）。さらに，豊かな国と貧しい国の間で，災害からのインパクトが異なっていることに注意を喚起している。特に豊かな国の災害は経済的な損失は巨額になるが，一方でその被害額を吸収できるメカニズムを持っていること，災害による死亡者を少なくし，災害による影響を抑制する対応が可能であることを指摘している。それとは対照的に貧しい国は災害による被害額はそれほど大きくないが，災害による負の影響力を吸収するだけの社会的緩衝能力を持っていないこと，さらに災害による直接的，間接的な死傷者が多数にのぼることを指摘している（Coppola 2007：22）。表10-2に見るように，近年の大災害だけをとってみても，先進国の災害では経済的被害は莫大であるが死傷者は少なく，発展途上国の災害では経済的被害の絶対額ははるかに低いが死傷者数はきわめて大きいことがわかる。この表から見ると，東日本大震災だけが被害額，死者数ともに大きく，先進国の災害のなかでは「例外的なケース」のように映

第 10 章 「想定外」の社会学

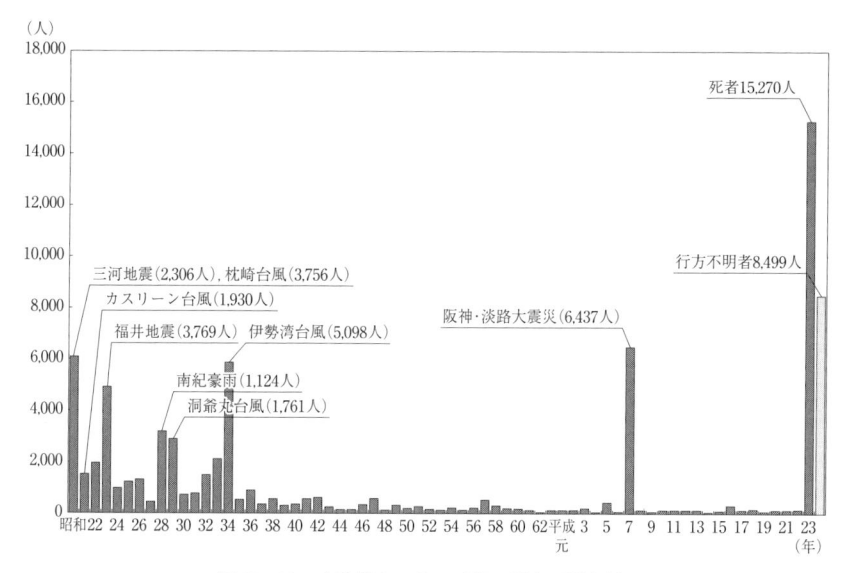

図10-18 自然災害による死者・行方不明者数

注：平成7年の死者のうち，阪神・淡路大震災の死者については，いわゆる関連死919名を含む（兵庫県資料）。
平成22年の死者・行方不明者は速報値。
平成23年の死者・行方不明者については，東北地方太平洋沖地震のみ（緊急災害対策本部資料：平成23年5月30日現在）。東日本大震災の死者・行方不明者数は2011年5月30日現在。
出所：昭和20年は主な災害による死者・行方不明者（理科年表による）。昭和21年〜27年は日本気象災害年報，昭和28年〜37年は警察庁資料，昭和38年以降は消防庁資料による（内閣府『平成23年度防災白書』）。

っている。

　先進国だけに限っていえば，これまで，「社会の発展とともに災害は減少し，特に死亡者は減少する」，あるいは「社会の発展とともに経済的な被害は増大するが，人的被害は減少する」と漠然と信じられてきた。このことは，先進国と発展途上国との比較の中でも，そういわれてきた。

　実際，戦後日本の災害被害者は，図10-18にように減少傾向を続けてきた。それは，災害からの安全性を確保するために設計外力を向上させてきた結果である。特に，戦後最も多くの死者を出した1959年の伊勢湾台風や1960年のチリ津波以降，高度経済成長期には社会全体の設計外力を向上させ，河川堤防を整備し，堤防の決壊を減少させることで，津波・高潮・台風による被害を減少させた。さらに，私的領域が豊かになることによって，建物の耐震性の向上など個人個人でも設計外力の向上に努めてきた。公的にも私的にも設計外力を向上

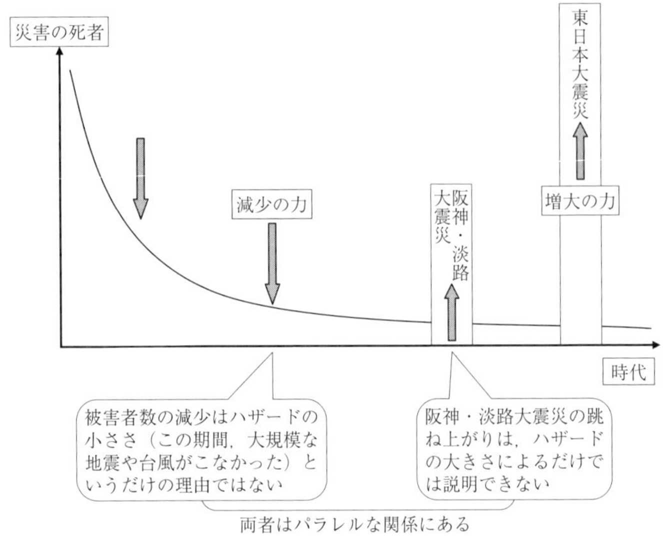

災害の死者
東日本大震災
減少の力
阪神・淡路大震災
増大の力
時代
被害者数の減少はハザードの小ささ（この期間，大規模な地震や台風がこなかった）というだけの理由ではない
阪神・淡路大震災の跳ね上がりは，ハザードの大きさによるだけでは説明できない
両者はパラレルな関係にある

図10－19　災害の抑止と跳ね上がり

させた結果，1995年に阪神・淡路大震災が発生するまで，災害の死亡者数は順調な減少を見せた。事実，『平成22年防災白書』の記述に見るように，「昭和20～30年代前半には1,000人以上の人命が失われる大災害が頻発し，昭和34年の伊勢湾台風は死者・行方不明者が5,000人を超す未曾有の被害をもたらした。伊勢湾台風以降の昭和30年代後半から，死者・行方不明者は著しく減少し，長期的に見ると逓減傾向にある。これは，治山・治水・海岸事業等の国土保全事業の積極的推進，災害対策基本法の制定等の防災関連制度の整備等による防災体制の充実，気象観測施設・設備の整備の充実，予報技術の向上，災害情報伝達手段の発展及び普及等によるところが大きい」と一般に考えられてきた。

では，1995年の阪神・淡路大震災や2011年の東日本大震災は，こうした減少傾向のなかの例外的事例なのであろうか。東日本大震災の「想定外」の考察から，ふたつの災害による死亡者数の「跳ね上がり」は決して例外的なことではなく，むしろ，想定外力を向上させてきた結果現れた，潜在的なリスクの顕在化によるものであることが分かる。その意味では，ふたつの災害の被害の様相は構造的に用意されてきたものであると結論づけることができる。

さらに，図10-19で見れば，想定外力以内のハザードでは下向きの力が働き被害を小さく抑えるが，反対に，それを超えるハザードが発生した時には上向きの力が働き，被害を拡大する作用があると考えられる。

このように，先進国においてこれまで「社会の発展とともに災害は減少し，特に死亡者が減少する」という災害観が一般的であったが，そう考えることは間違いであり，従来の先進国型災害というイメージは偏ったものでしかないのである。むしろ，先進国において，いったん想定外力を超えたハザードが発生したときには災害規模は一気に跳ね上がり，災害の規模を巨大なものにするのである。その意味では，これまでの低水準の設計外力の時代の災害と，近代化によって実現した高水準の設計外力の時代の災害との違いを詳しく議論し，設計外力を超えたときに発生する「跳ね上がり」の構造を探求することこそ，防災対策上重要である。こうした見地から，これまでの防災対策のパラダイムを根本から再検討することが求められているのである。

5 再び，東日本大震災へ
—「想定外」と今後の防災対策—

ここで再び東日本大震災へと戻って今後の津波対策のあり方について考えてみよう。これまで，想定外の事態が起こったことが津波の死亡者の様態・量を大きく規定したことを論じてきた。多くの人びとは津波の高さがあまりにも高かったため大量の犠牲者が出たのであり，そのことは「当たり前」と考えるかもしれない。だが，このような大量の津波被災者を生み出したのは「想定外」であったことが大きく関連している。ここでいう「想定外」とは，「ハザードとしての想定外」という意味にとどまらず，「社会過程としての想定外」である。そして，社会過程として想定外の事態が発生したときには，ハザードは「跳ね上がり」の被害をもたらすことを明らかにしてきた。

では，今後どうしたらいいのだろうか。再び津波災害の問題に戻って考えてみよう。

中央防災会議の津波対策に関する委員会は，被害の拡大につながった要因と

して次の7つの要因を指摘している（中央防災会議 2011：3-18）。第一は津波そのものの破壊力の大きさである。「津波の破壊力は，建築物や自動車，船舶などを押し流し大量の漂流物の発生につながり，それによる被害拡大」をした。第二に津波による火災の発生である。「津波の破壊力は……石油貯蔵タンクからの漏洩油等による津波火災の発生などにも結び付いている」。第三は津波警報の発令，伝達方法である。「地震発生後の津波警報の発表状況，津波警報等の伝達状況……が被害の拡大に影響したと考えられる」として，「今回の東北地方太平洋沖地震においては，津波情報で発表した第一波の津波の観測結果が住民等の避難行動の遅れ，または中断に繋がった事例があったと考えられる」と指摘している。第四は避難場所の問題である。「避難場所が必ずしも身近になかったこと……も被害が大きくなった要因と考えられる」。第五はハザードマップで示された想定を超える津波の来襲である。「今回の津波が想定を上回る浸水域や津波高などであったことが，被害の拡大につながったことも否めない。従前の想定によるハザードマップが安心材料となり，それを超えた今回の津波が被害を拡大させた可能性がある」という。第六は海岸保全施設への過度な依存である。「海岸保全施設等の整備についてみてみると，これらは設計対象の津波高までに対しては効果を発揮するが，今回の巨大な津波とそれによる甚大な被害の発生状況を踏まえると，海岸保全施設等に過度に依存した防災対策には限界があったことが露呈した」という。第七は住民の避難行動の仕方である。「住民等による避難行動の仕方などが被害の拡大に影響したと考えられる」と指摘しているが，具体的な問題点には言及していない。

「想定外の津波」に注目して今後の防災対策に関する意見を見てゆくと，第一に，「あれほど大きな地震は予測できなかった」という地震学者からは，「予測は目安」と考えるべきだという意見が出されている。地震学者の鷺谷威は，新聞のインタビューに答えて「阪神大震災でも，国は事前に警告できませんでした。その教訓から始まったのが，大地震の発生確率の計算や規模の予測です……確率といっても，過去の膨大な気象データや雨雲の動きなどからはじき出す天気予報の降水確率は異なり，どれくらい切迫しているかを伝える目安のようなもの」（『朝日新聞』2012年1月17日）と説明している。

第10章 「想定外」の社会学

　防災の工学的視点からは，避難行動の面では「想定に縛られるな」と指摘されている。「釜石の奇跡」として有名となった，ひとりも小中学校で津波の被害を出さずに避難できた事例から，片田敏孝は「防災意識の上で大事なことは，まず一つめに『想定に縛られない』ということです。……釜石東中学，鵜住居小学校は，市の『ハザード・マップ』では，実は津波時の浸水域外になっていました。それをみて子どもたちは"わーよかった"と喜びます。私はすぐさま，それが間違いなんだと否定してかかるわけです。だって，自然は何が起こるか分からないのだ，その時，君たちはにげないのかい？と」（片田 2011a：27-28）という。片田は，「防災対策の総仕上げとして子どもや親に教えたことは，端的にいうと『ハザードマップを信ずるな』ということだ。ハザードマップには，最新の科学の知見を反映させた津波到達点や，安全な場所が記されているが，これはあくまでシナリオにすぎない。最後は，自分で状況を判断し，行動することの大切さを伝えたかった」（片田 2011b：33）と説明している。この片田の取り組みに対して，「想定外を想定せよ」という意見が出されている。「今回，私たちが特に注目すべきなのは，片田さんの教えの中の『ハザードマップを信ずるな』という言葉です……今回の津波の大きさは，釜石市が想定したよりもはるかに大きな津波が襲い掛かってきたのです。それなのになぜ，命が助かったのか。それは，片田さんが子どもたちに繰り返し，『ハザードマップを信ずるな』と教えていたからです……『想定外を想定する』ことの大切さを伝えていた」からです，と（畑村 2011c：118-119）。

　中央防災会議からは今後の津波対策として，想定される津波を「最大クラスの津波」と対処可能な津波とのふたつに分けて対応を考えるべきという意見が提出されている。中央防災会議の津波専門委員会では，今後，想定する津波を「最大クラスの津波」と従来型の津波すなわち「構造物によって津波の内陸への侵入を防ぐ海岸保全施設等の建設を行う上で想定する津波」という二段階の規模に分けて考えるという。「最大クラスの津波」とは，海岸保全施設に依存した防災対策では対応できないため，「被害の最小化を主眼とする『減災』の考え方に基づき，対策を講ずる」（中央防災会議 2011：15）。具体的には，ハードな対策だけでは「最大クラスの津波」に対応できないために，住民等の命を

守ることを最優先する観点から「ソフトな対策を重視」(中央防災会議 2011：15) してゆくべきだとされる。第二の「構造物によって津波の内陸への侵入を防ぐ海岸保全施設等の建設を行う上で想定する津波」については，今回の災害においてもこれまで整備してきた海岸保全施設は壊れたが，一定の役割は果たし，「水位低減，津波到達時間の遅延，海岸線の維持などで一定の効果がみられた」(中央防災会議 2011：10) と評価し，今後も従来通りの防災施設整備が必要だとしている。

　こうした「想定外」への対処の仕方を議論してゆくなかで，ハード対策よりもソフト対策を重要視する必要性が強調されていく。これまで造ってきた堤防でも (岩手県宮古市田老町の10mの陸上の堤防や釜石市湾口に築かれた海底63mから水面上6mの高さに築かれた防潮堤でさえ)，「今回の津波はそれをも乗り越え，自治体が作成したハザードマップでは津波が到達しないと考えられていた避難所や高台地域も被害に遭った。まさに想定外の津波が来てしまったわけだ。今まで造ったものが無駄だったわけではないが，津波の侵入を食い止めることはできなかった。とはいえ，これまで以上の堤防を造ることは財政的に難しいし，海との関わりの深い生活を送ってきた住民は，海から隔絶される生活を望まないだろう。だからこそ，ハードを進化させるのではなく，災害という不測の事態に住民がいかに対処するかというソフト，『社会対応力』の強化が必要となる」(片田 2011b：31)。「どれだけハードを整備しても，その想定を超える災害は起きうる。最後に頼れるのは，一人ひとりが持つ社会対応力であり，それは教育によって高めることができる」(中央防災会議 2011：33) といった形で，それまでのハード中心の津波対策からの転換を説いている。

　以上に見てきたように，東日本大震災の教訓に基づいて津波対策として提案されているのは，地震学からは「予測は目安」という呼びかけ，避難行動の点からは「想定を信用するな」，中央防災会議からは「二つの津波災害」を想定するというものである。これらはすべて，想定の論理的なつながりを「緩める」，あるいは相対化する方向に働いている。

　しかし，想定の相対化だけで十分であろうか。それだけでは不十分であり，今後，これまでの津波対策の根底にあったパラダイムの転換が必要である。

具体的には第一に，堤防などの構造物に頼らない防災対策を必要とされる。東日本大震災は，「堤防で命は守れない」ことを示してくれたが，「堤防がなくても，適切に避難すれば命を守れる」ことも教えてくれた。第二に，東日本大震災では，中央からの津波警報が住民に伝わったとしても，命が守れなかった。そのため，いかに迅速な警報発令，警報伝達をしても，住民すべてが安全に避難することはない（あるいは，できない）ことを再確認しなければならない。現在，気象庁がおこなっている津波警報発令の方法の見直し作業が進んでいる。その見直し作業が不要だとは思わないが，それ以前に，度重なる津波警報発令が住民に不信感を蓄積してこなかったか，さらにそうならない（狼少年効果を発生させない）ためには何が必要か，今回の警報発令の仕方が住民の行動をどう左右したのかを検討する（あるいは反省する）ほうが，先なのではないか。第三に，想定地震規模⇒想定津波⇒ハザードマップという「想定の連鎖」は「想定外の連鎖」を生み，最終的に，「住民が想定外の事態に直面した」ことも明らかになった。「想定外の連鎖」を回避するための方策は，単に想定地震規模のあらゆる可能性を考え，現在の想定よりも想定地震の規模を大きくする（そのために，東海以西では三連動地震を想定する）ことではなく，また想定の連鎖をより厳密に組み立てることでもない。「脅しの防災」は，災害対策のパラドックスで見たように，逆効果を生み出すことになりかねない。第四に，住民自身が津波避難に主体的に取り組まない限り，命を守れないことが痛感された。行政に過度に依存せず，ハードな防災施設にも依存せず，住民自身が，地域の人びとと協力しながら，適切に避難するための方策を自分たちで考え出すことが必要なのである。これら4つの点から，従来までの津波対策を根本的に見直す必要がある。

では，まず第一に何から取り組むべきか。中央防災会議の被害拡大の原因の指摘，各方面からの想定のあり方そのものを見直すという提言，これらはすべて「上からの」提言である。しかし今後必要なのは，想定を逆から，すなわち「下から」見直すことである。

「想定を逆から見直す」とは，住民のリアリティから出発して防災対策を見直すことである。その時はじめて，住民にとって津波のリアリティを反映する

ことができる生活の場，すなわち小規模の地域ごとのリアリティから出発する防災対策が作りうる。以上の津波避難対策は，短期的に取り組みが可能な応急対策である。ここで最も重要な防災上の課題は，津波の死者を減らすこと，生命を守ることだ。

　最後に，命を守る津波対策だけではなく，家屋・財産・街を守るための，中長期的な津波対策をどう構想するのかを考えなくてはならない。中長期的な課題は，生活や財産を守ることである。しかし，「生活や財産を守る」ことは，堅牢な堤防を整備することでも，街を1000年間津波の被害に遭わないように高台につくることでもない。想定される事態から考えられる潜在的なリスクを低減する方策を検討し，地域ごとに具体的に対策をとることである。たとえば，津波来襲のリスクがあるとして，海岸近くから転居するという選択肢もあるが，転居せず，そうした事態に直面した時に命を守る対策をしっかり作りながら，街が壊れても困らないための最低限の準備をしておくことという選択肢もある。すなわち，中長期的な津波対策は，単に超低頻度の津波に対して街や建物という物理的な構造物の脆弱性をゼロにすることが唯一の解答なのではなく，「津波が来ない長期的な日々」の利便性を享受しながら，仮に津波が来た時の回復力を蓄えるという選択も「もうひとつの解答」なのである。抽象的にいえば，脆弱性と回復力（Resilience）との組み合わせから中長期的な対策を合理的に選択すべきである。

　生命を守るための短期的な津波対策，生活や財産を守るための中長期的な対策，このふたつを貫いて重要なことは，ハード・ソフト両面で，設計外力（予め想定している外力）を無限に向上させることは不可能であり，その限界があることを前提として防災対策を立てることである。そのためには，災害を克服するという方向ではなく，災害と共生する可能性を探らなければならないのである。

注
(1) 本節は拙稿（田中 2012a, 2012b）の一部である。
(2) 中央防災会議「東北地方太平洋沖地震を教訓とした地震・津波対策に関する専門

調査会」第7回の参考資料6「従来の被害想定と被害」(http://www.bousai.go. jp/jishin/chubou/higashinihon/index_higashi.html, 2011年6月26日閲覧)
(3) 「東北地方太平洋沖地震を教訓とした地震・津波対策に関する専門調査会」第1回会合の資料3-2「今回の津波被害の概要」(http://www.bousai.go.jp/jishin/chubou/higashinihon/index_higashi.html, 2011年6月26日閲覧)
(4) 同上。
(5) 被災者生活支援チーム「インフラ等の被害・復旧状況」(http://www.cao.go.jp/shien/2-shien/1-infra.html, 2012年1月9日閲覧)
(6) 宮城県沿岸域現地連絡調整会議「宮城県沿岸における被災した海岸堤防の復旧に係る基本的な考え方について(案) 平成23年9月9日」(http://www.pref.miyagi.jp/kasen/pdf/ka_kaigan-teibou.pdf, 2012年1月9日閲覧)
(7) 消防庁災害対策本部「平成23年(2011年)東北地方太平洋沖地震(東日本大震災)について(訂正:11月29日)(第141報)」(http://www.fdma.go.jp/bn/higaihou/pdf/jishin/141.pdf, 2012年1月9日閲覧)

文献

Beck, Ulrich, 1986, *Riskogesellshaft : Auf dem Weg in eine andere Moderne*, Suhrkamp Verlag. (=1998, 東廉・伊藤美登里訳『危険社会』法政大学出版局。)

Beck, Ulrich, 2002, *Das Schweigen der Worter*, Suhrkamp Verlag. (=2010, 島村賢一訳『世界リスク論』ちくま学芸文庫。)

ベック, ウルリッヒ・鈴木宗徳訳, 2011「この機会に——福島, あるいは世界リスク社会における日本の未来」ウルリッヒ・ベック, 鈴木宗徳, 伊藤美登里編『リスク化する日本社会——ウルリッヒ・ベックとの対話』岩波書店。

Coppola, Damon P., 2007, *Introduction to International Disaster Management*, Elsevier Inc.

ゲラー, ロバート, 2011, 「『想定外』という三文芝居」『中央公論』7月号, 中央公論新社。

Garcia-Acosta, Virginia, 2002, "Historical Disaster Research", Oliver-Smith and S. M. Hoffman eds., *Catastrophe & Culture*, School of American Research Press. (=2006, 若林佳史訳『災害の人類学』明石書店。)

畑村洋太郎, 2011a, 「東日本大震災に思う」平田直・佐竹健治・目黒公郎・畑村洋太郎『巨大地震・巨大津波——東日本大震災の検証』朝倉書房。

畑村洋太郎, 2011b, 『未曾有と想定外——東日本大震災に学ぶ』講談社現代新書。

畑村洋太郎, 2011c, 『「想定外」を想定せよ——失敗学からの提言』NHK出版。

林春男，2003，『いのちを守る地震防災学』岩波書店。

林敏彦，2011，『大災害の経済学』PHP新書。

東日本大震災復興会議，2011，『復興への提言——悲惨のなかの希望　平成23年6月25日』。

池内了，2011，「専門家の社会的責任」『世界』5月号，岩波書店。

伊藤安雄・青木伸好，1979，『輪中』学生社。

影浦峡，2012，「『専門家』と『科学者』——科学的知見の限界を前に」『科学』1月号，岩波書店。

神藤浩明，2011，「『ナショナル・サスティナビリティ』の視点を新たな国家目標へ」伊藤滋・奥野正寛・大西隆・花崎正晴編『東日本大震災復興への提言』東京大学出版会。

片田敏孝，2011a，「命を救った子どもたち」『経済』6月号，新日本出版社。

片田敏孝，2011b，「小中学生の生存率99.8％は奇跡じゃない」『WEDGE』5月号。

木股文昭・田中重好・木村玲欧編，2006，『超巨大地震がやってきた』時事通信社。

港湾空港技術研究所，2011，『港湾空港技術研究所資料』No. 1231。

熊谷良雄，2006，「東京の都市化と防災」ジェイムス・ミッチェル編，中林一樹監訳『巨大都市と変貌する災害』古今書院。

目黒公郎，2011，「東日本大震災の人的被害の特徴と津波による犠牲者について」平田直・佐竹健治・目黒公郎・畑村洋太郎『巨大地震・巨大津波——東日本大震災の検証』朝倉書房。

宮村忠，1985，『水害——治水と水防の知恵』中公新書。

Mitchell, James K. ed., 1999, *Crucibles of Hazard : Mega-cities and Disasters in Transition*, The United Nations University Press.（＝2006，中林一樹監訳『巨大都市と変貌する災害』古今書院。）

永松伸吾，2008，『減災政策論入門——巨大災害リスクのガバナンスと市場経済』弘文堂。

西谷修，2011，「近代産業文明の最前線に立つ」『世界』5月号，岩波書店。

大熊孝，1988，『洪水と治水の河川史』平凡社。

大熊孝，2004，『技術にも自治がある』農山漁村文化協会。

小野裕一・澤井麻里・中須正・萩原葉子・三宅且仁，2011，「報告書：陸前高田市における東日本大震災大津波襲来時の住民行動」。

Oliver-Smith and S. M. Hoffman, 2002, "Introduction : Why Anthropologists should Study Disasters", Oliver-Smith and S. M. Hoffman eds., *Catastrophe & Culture,* School of American Research Press.（＝2006，若林佳史訳『災害の人類学』明石書店。）

Raphael, Beverley, 1986, *When Disaster Strikes*, Basic Books, Inc., Publishers. (= 1988, 石丸正訳『災害の襲うとき——カタストロフィの精神医学』みすず書房).
坂本義和, 2011,「人間のおごり」『世界』 5 月号, 岩波書店。
産経新聞「津波の死者・行方不明者65％が『津波想定区域外』」『産経新聞』2011年 6 月21日。
三陸新報社, 2011,『3.11東日本大震災——巨震激流』三陸新報社。
佐藤優, 2011,「大震災と大和心のををしさ」『中央公論』 5 月号, 中央公論新社。
澤井祐紀・岡村行信・宍倉正展・松浦旅人・Than Tin Aung・小松原純子・藤井雄士郎, 2006,「仙台平野の堆積物に記録された歴史時代の巨大津波」『地質ニュース』624。
関良基, 2011,「大規模集中から小規模分散, 中央から地方, ハードからソフトそして外需から内需へ」伊藤滋・奥野正寛・大西隆・花崎正晴編『東日本大震災復興への提言』東京大学出版会。
鈴木進吾・林春男, 2011,「東北地方太平洋沖地震津波の人的被害に関する地域間比較による主要原因分析」『地域安全学会論文集（研究発表論文）』No. 15。
鈴木康弘, 2011,「東日本大震災の『想定外』問題について」『地理』56(6)。
竹内啓, 2012,「確率的リスク評価をどう考えるか」『科学』 1 月号, 岩波書店。
田中重好, 1995,「三陸はるか沖地震時における災害情報伝達と避難行動」『地域安全学会論文集』 5 。
田中重好・田渕六郎・木村玲欧・伍国春, 2006,「津波からの避難行動の問題点と警報伝達システムの限界」『自然災害科学』25(2): 183-195。
田中重好, 2007a,『共同性の地域社会学——祭り・雪処理・交通・災害』ハーベスト社。
田中重好, 2007b,「スマトラ地震とコミュニティ」大矢根淳・浦野正樹・田中淳・吉井博明編『シリーズ災害と社会 2 復興コミュニティ論入門』弘文堂。
田中重好, 2012a,「災害へのコミュニティ・アプローチとコミュニティ防災」『名古屋大学社会学論集』32。
Tanaka Shigeyoshi, 2012b, "Community Approach and Community Preparedness to Disaster", Djati Mardiatno and Makoto Takahashi eds., *COMMUNITY APPROACH TO DISASTER: Aceh, Yogyakarta, and Kelud Volcano, Indonesia*, Gadjah Mada University Press.
寺田寅彦, 1935,「災難雑考」『中央公論』(1992,『寺田寅彦全随筆集 四』岩波書店, 460-477)。
中央防災会議 東北地方太平洋沖地震を教訓とした地震・津波対策に関する専門委員会, 2011『東北地方太平洋地震を教訓とした地震・津波対策に関する専門委員会

報告案　平成23年9月28日』

内山勝久, 2011,「復興に環境まちづくりの構想を」伊藤滋・奥野正寛・大西隆・花崎正晴編『東日本大震災復興への提言』東京大学出版会。

海津正倫, 2011,「仙台・石巻平野における津波の流動」『地理』56(6)。

Wisner, Ben, Piers Blakie, Terry Cannon and Ian Davis, 2004, *At Risk : Natural hazards, people's vulnerability and disaster,* Second edition, Routledge. （= 2010, 渡辺正幸・石渡幹夫・諏訪義雄ほか訳『防災学原論』築地書館。）

柳田邦男, 2011,「『想定外』」『文藝春秋』5月号, 文藝春秋。

吉井博明, 2005,『四県共同地震・津波意識調査報告書』四県（三重県・和歌山県・徳島県・高知県）。

（2012年4月脱稿）

おわりに

「おわりに」として，編者を担当した3名がそれぞれ東日本大震災について考えたことや今後の社会学の課題や役割を記した。

個人的体験から社会の知へ（正村俊之）

　東日本大震災は，私にとって阪神・淡路大震災に続いて体験した二度目の震災であったが，二度の被災体験を通じて痛感したことがふたつある。

　ひとつは，同じ大地震といっても，地震が起こる条件の僅かな違いが被害状況の大きな違いを生むということであった。東日本大震災は，阪神・淡路大震災よりもはるかに大規模な地震であったが，被害状況を子細に見てみると，東日本大震災の被害が阪神・淡路大震災のそれと比べて一様に大きかったわけではない。たとえば，家屋の倒壊は，阪神・淡路大震災のほうが甚大であった。東日本大震災の揺れが5分――場所によって6分――も続いたのに対して，阪神・淡路大震災の揺れはたかだか15秒にすぎなかったが，建物の倒壊による圧死者の数は，阪神・淡路大震災のほうが多かった。その理由は，阪神・淡路大震災が直下型地震であったというだけではなく，東日本大震災では，建物の倒壊を引き起こす周期の揺れが含まれる割合が少なかったことにある。そのため，震度7を記録した地域でも木造家屋が倒壊することなく残った。もし揺れの周期が違っていれば，被害は別の様相を呈していたかもしれない。

　被害のあり方を規定する条件は，もちろん揺れの周期だけではない。大地震が大都市を直撃した場合，地震の発生時刻が昼間か夜間かによっても，被害状況は一変する。昼間であれば，大量の帰宅困難者が発生するし，逆に夜間であれば，災害対策に携わるべき人びとの結集が困難になる。また，震源の場所や深さによっても被害状況は異なる。明治三陸地震では，陸地では大きな揺れを感じなかったにもかかわらず，大津波が押し寄せた。震源地が海上沖合であっ

ても、震源の深さが浅ければ、津波が巨大化する可能性がある。たとえ同じ規模の地震であっても、被害状況は、地震の発生を規定している自然的条件——発生時刻、発生場所、周期の揺れ等——のあり方によって多様な様相を示すのである。

しかし、被害状況の多様性を規定しているのは自然的条件だけではない。地震の被害を受ける社会のあり方によっても、被害の様相は大きく変わる。ふたつの被災体験を通じて痛感した、もうひとつのことは、日本社会にも想像以上の多様な側面があるということであった。

90年代以降、日本でも情報化とグローバル化が進んだが、こうした社会の変化は東日本大震災にも反映された。阪神・淡路大震災は、インターネットが普及する直前に発生したため、利用可能なメディアはマスメディアに限定されていた。これに対して、東日本大震災では、メールはもちろん、ツイッターやブログのようなソーシャル・メディアも活用された。

その一方で、東日本大震災は、日本社会のなかに根強く残っている伝統的側面をも浮かび上がらせた。阪神・淡路大震災以後、日本でも危機管理の重要性が認識されるようになったが、危機管理というのは、危機の発生を未然に防ぐための対応策を講ずるだけでなく、危機発生後の対応策を事前に講ずることでもある。阪神・淡路大震災後、日本における危機管理のあり方に注目してきたが、原発事故後、東電と政府がとった対応は、あまりに旧態依然たるものであった。

さらに、「変化/持続」といった通時的な視点にかわって、「都市部/農村部」「富裕層/貧困層」といった共時的な視点からみると、別の多様性も見えてくる。阪神・淡路大震災の時には、山の手に住んでいた富裕層の被害は、比較的軽微に済んだという報告もある。

大地震が社会にもたらす被害の様相は、このように地震を引き起こす自然的条件だけでなく、社会の内部的条件によっても変化する。震災の被害が多様な現れ方をするのは、地震を引き起こす自然的条件の多様性と、地震の被害を受ける社会の内部的な多様性が掛け合わされるからである。

社会学が東日本大震災の復旧・復興、そして今後予想される大地震への対策

に対して貢献しうるとすれば，それは，災害の原因と結果，そして復旧・復興の過程を社会的条件に関連づけて究明し，そこに浮かび上がってきた問題を社会的仕組みの問題として捉え直すことによってであろう。

震災被害の多様性が「自然的多様性と社会的多様性の積」として決定されるとすれば，震災に対応するための社会的仕組みも，それにふさわしい多様な形態をとる必要がある。意思決定に必要な社会的合意ひとつとっても，多様な仕組みが考えられなければならない。エネルギー政策のような基本政策を決定する過程では，これまで以上に幅広い社会的合意を形成する必要があるが，非常事態に対処するには，合意という面倒な手続きを経ることなく，状況に応じて臨機応変に意思決定できるようにすることも必要である。問題や課題に応じて適切な意思決定をおこなえるような多様な社会的仕組みを確立するためには，社会に関する知が求められる。

こうした要請に社会学がどこまで応えられるのか，それがいま問われているように思われる。

東日本大震災は日本社会に対する自己批判的解明を要請している（舩橋晴俊）

東日本大震災は，地震，津波，原発災害という3つの大きな契機を有するが，なかでも原発災害は，人災という性格が色濃い。この3つの契機のいずれを取り上げて考察しても，日本社会のあり方について反省するべき点が数多く見出されるが，ここでは原発災害に絞って，考えるべきことを記しておきたい。3月11日以降，数知れぬ人びとが，放射能汚染のゆえに，自らの土地も財産も生業も失うという形で，故郷を追われることになった。その背景には，3月11日以前においても，以後においても原発に関する不適切な意志決定がいくつも積み重ねられ，その帰結としての甚大な犠牲が生じたことがある。

原発震災に直面して，エネルギー政策の根本的な見直しが必要なことは，多くの人が指摘することである。同時に，より深くは，日本社会のあり方のさまざまな側面が，問い直されなければならない。第一に，原発の危険性は，さまざまに警告を発せられていたにもかかわらず，それが無視されてきた。たとえば，安全規制のための原子力安全・保安院が，原発を推進する経産省に所管さ

れているのは，国際的には異例の構造である。それは，日本社会の意志決定のあり方，組織運営のあり方の欠陥を露呈するものである。すでに，電力業界で仕事をしてきた人びとから，組織のあり方に対して，利益優先主義や，情報操作に関して，多数の批判的論点が提示されている（北村 2011）。

　第二に，科学者の研究のあり方が問われる。原発事故とのからみで「御用学者」という言葉が多用されたが，この言葉がこれほど説得力を持った時代はなかったのではないか。科学研究は自律性と総合性をどこかで失っていたのではないか。さまざまな利害関心が，「専門家の科学的認識」と称するものを歪ませ，各専門分野はタコツボ化してしまい，異分野間の対話の機会が欠如していたのではないだろうか。

　第三に，専門研究者は，社会的に必要な発言を，十分にしてきたのだろうか。私自身，青森県において核燃料サイクル施設をめぐる諸問題を20年来，調査してきたし，いくつかの論考も発表してきた。だが，原子力問題の深刻さに対して，それは，ほんの一角にしか触れていないという限界があり，また，自分が知り得たことをもっと明確・強力に，問題点の指摘と対案の提示という形で提示するべきであったと反省せざるを得ない。

　第四に，政策決定過程のあり方と内容が問われる。原発震災の事前においても事後においても，政府および地方自治体の行政的決定，国会および地方議会の討論のあり方と決定は，何を議論し，いかなる決定をしてきたのであろうか（清水 2011）。大震災の惨禍が眼前に存在するにもかかわらず，政党間・政党内に，政争はあっても，政策論争が乏しいのはなぜなのだろうか。国会はなぜ明確なエネルギー政策の転換を打ち出せないのだろうか。国会議員にひとりずつついているはずの政策担当秘書は，議員に対して有効な知見を提供しているのであろうか。

　第五に，マスメディアのあり方が問われる。1970年代より，電力会社は巨額の広告費を新聞社や放送局に提供してきた。さらに，それらに登場する多数の文化人や芸能人を起用して宣伝に努めてきた。そのような背景のもと，マスメディアは原発の安全神話の流布に奉仕してしまったのではないか。いくつかのテレビ局が，3月11日から一週間，事態の深刻さを的確に捉えることもできず，

誤った見解を繰り返している大学教授を,「専門家」として繰り返し画面に登場させて解説をさせていたのはどういうわけか。なぜ,意見の異なる専門家の議論を紹介しようとしないのか。第二次世界大戦の敗戦にいたる歴史的過程での新聞のあり方への反省が,戦後には語られた。だが,原子力複合体との関係において,それと同型的な誤りに,マスメディアは,陥っていなかったか（伊藤 2012）。

第六に,裁判所のあり方,警察や検察のあり方も問われている。日本の裁判所は,原発の差し止めをもとめる数十件の訴訟において,原告住民側の請求を認めたことは,下級審で二回あるのみである（志賀原発訴訟,もんじゅ訴訟）。しかも両方とも上級審で逆転している（現代人文社編集部 2012）。このような裁判所の態度は,選挙区定数の不均衡の是正を国会にさせるだけの毅然とした態度をとってこなかったことと同根の欠陥ではないだろうか。

警察は,なぜ,原発批判のデモに対して,執拗に逮捕を繰り返すのであろうか。検察は,原子力災害に対して業務上の過失を問う意志はないのであろうか。1950～60年代における水俣病事件に対して,警察と検察のとった加害者擁護と被害者抑圧の構図を思い浮かべずにはいられない（舩橋 2001）。

第七に教育のあり方が問われる。電力業界も,原子力業界も,メディアも,行政組織も,裁判所も,さまざまな分野の教育を受けた人びとが担い作動させている。その中には,高等教育を受けたと称する人,専門家と称する人も多数いるのだ。その人たちは何を学び,何を学んでこなかったのだろうか。各水準の教育は,適切な技術的能力と倫理的資質を有する人を,果たして十分に育ててきたのであろうか。

このような疑問は,さらにいろいろと列挙することができよう。これらの自己批判的問いの掘り下げた解明なしには,日本社会の積極的な再建は,なされ得ないであろう。

「社会学への問い」と「社会への問い」（田中重好）

当時の感想から思い起こしてみよう。3月11日からマスメディアを通して伝えられる地震・津波・原発事故の様子は,圧倒的な「自然の力」を前になすす

べもなく「茫然自失していた」人びとの姿であった。「南三陸町では行方不明者が1万人を超えている」といった，いつまでたっても被害の全貌が明らかにならない事態，さらに，どういった推移をたどるのか不安のまま見ているしかない原発事故，こうした事態を前に，直接被害を受けていない人びとも「強い無力感」と喪失感を感じていた。たとえば，押し寄せる津波という圧倒的な自然の力の前で，「何もできない」被害者と，「何もしてあげられない」非被害者と，両者はともに，個人の力不足を感じていた。それだけではなく，これほど「発展して」「自然へ働きかける力」（自然を造り変える力，制御する力）を獲得したはずの日本社会の力をもってしても，何もできないという社会全体の「無力感」があった。

　それは，「文明の方向性の喪失感」にもつながっていった。「これまでの発展方向は正しかったのか，その自明性の崩壊」であった。原発という「文明の粋を集め，最先端の科学で造られた産物」であり，かつ「多重防護で守られている」ことを「自明なもの」としてきたが，その観念／信念／認識／神話が簡単に融解（メルトダウン）してしまった。それを前に，いったい，文明の発展方向はどうあるべきなのかという茫然たる思いにとらわれていた。

　防災関係者や研究者，マスコミ関係者の間ではすでに，阪神・淡路大震災が発生して以来，日本は「地震の活性期に突入した」といわれ続けてきたし，そういった認識は共有されていたはずであった。しかし，実際の大震災に直面して，その理解はいかにリアリティが欠如しているものであったかを思い知らされた。「リスクのリアリティの欠如」である。

　『危険社会』の著者であるベックは2001年の9.11事件に触れて，「何カ月も経ったいまでもなお，この自爆テロ攻撃は理解しがたいものです。戦争と平和，軍隊と警察，戦争と犯罪，国内治安と対外安全保障，さらにはまったく一般的な国内と国外といった，わたしたちの世界像の支柱となっている区別は，無くなってしまいました」といった。「戦争と平和」というそれまで自明であった区分が，9.11の前では無くなってしまったというのである。「そして，この現実に直面して私たちの言語〔現実を解釈するための言語や概念枠組み〕が役に立たなくなっているのだとしたら，それではそもそも何が起きたと言えるでし

ょうか。誰もそれはわかりません。しかし，わからないからといって，沈黙してしまうのが，もっと勇気あることなのでしょうか？ニューヨークの世界貿易センターの爆発の後には，『おしゃべりな沈黙』と，意味を伴わない行為が爆発的に増えています」(Beck 2001=2010：22-23) と述べている。私たちも東日本大震災を経験して，似たような事態に陥っている。震災後，マスコミでは「いつ起きてもおかしくない大災害」というメッセージが繰り返し伝えられるなか，私たちの日常場面でも今回の災害と将来の災害の危険性についての「おしゃべり」が格段に多くなり，しかも，「被災地」と「非被災地」，「災害時」と「平穏な時期」との区別の自明性が消えつつある。

　こうした大事件や大災害に直面した時，それをどう表現したらいいのか，人びとは言葉を失い，そのために，「沈黙」と，それとは反対の「言葉の氾濫」「おしゃべりな状況」に直面するのである。

　こういったところで，実際に社会学は，社会学に「問われているもの」すら整理できていないのではないか。まして，それらの課題にどう答えてゆくのか，その解答に向けた回路すら見出せないでいるのではないではないか。こうした事態を見ていると，社会学は巨大な災害を目の前にして佇んでいるようにすら見えてしまう。

　社会学は，「何を問うか」という問いそのものから「問わなければならない」。他の学問分野では，何を問うか，何を明らかにするかという目標も，その方法，解答の形式も最初から決まっている場合が多い。たとえば，土木学会は100名以上の会員を動員し，担当地区割りをして，津波の浸水，構造物の破壊などを日本全域にわたってただちに調査した。そのため，第一段階の調査は，発災後1〜2ヶ月経った時点ですでに完了していた。

　しかし，社会学は，その「社会学は何を問うか」という出発点の部分から決まっていない。そのため，その問いから始めなければならない。さらに難しいのは，「問い」をどう収斂させるのかという課題である。「問いを収斂させる」とは，とっぴな言に映るかもしれないが，推定M8.7，死者6万人に達したといわれる1755年のリスボン大地震を例にすると説明しやすい。それについて，佐々木中にしたがって述べれば，「諸聖人の日」に起きた大地震を前に，「なぜ

335

我々が，神に命を賭して仕えた聖人を祭ろうとするこの日に，神の罰を受けなければならないのか」（佐々木 2011：12），「神は善であり，その神が創造したこの世界は理性的であり，善きものであり，この世界はいつか遂に神によって救済されるであろう『根拠』が揺り動かされてしまった」（佐々木 2011：14）という事態に対する解答をどう求めるかという「問いかけの仕方」であった。

いずれにしろ，社会学は，こうした大災害という自然災害と人災に直面して，「何を問うか」から出発して，「何ができるのか」「何をすべきなのか」「何をするのか」という問いを考えざるをえない。

こうした時，「社会学の問い」は，「社会学への問い」と，「社会への問い」からなる。さらに，「社会への問い」といった場合に，そこに「災害［という社会現象］を問う」ことと，「災害から［社会を］問う」ことのふたつの問いがある。

第一の「災害を問う」とは，たとえば，「津波がどういった被害をもたらしたのか」，「その津波から人びとはどう避難したのか」，「津波警報に接して人びとはどう考え，どう行動したのか」，「災害は被災した地域社会にどういった被害を与えたのか」，「災害からどう回復しうるのか」といった問いであり，その問いを解くことによって，災害の具体的な様相を明らかにすることにつながってゆく。「災害を問う」ということをもう少し整理して述べれば，第一に，災害という社会現象をどう描くか，すなわち，時間的（連続的）変化の過程として，さらに，地域ごとに災害現象が違うのはなぜかを明らかにすることである。第二に，災害を造り出してしまった社会的原因や社会的対応の欠陥を描き，その問題点を明らかにすること，第三に，災害対応の背後にある社会／地域社会を描き，その災害を造り出した構造的要因を明らかにすること，そして第四に，第一から第三に立脚して，将来の災害の提言，災害対策のあり方について提言し，社会のあり方を自省することである。

しかし，災害は，それまで「見えなかった」社会の構造や矛盾，欠陥を顕在化する。その意味で第二の「災害から問う」とは，「大震災から社会を逆照射する」ことである。たとえば，第8章で論じているように，原発事故から，日本社会でこれまで原発リスクがどう捉えられ，対処されてきたのかを，逆から

おわりに

明らかにできる。

さまざまな人が大災害の経験の中で「言葉を失った」。被災者自身はもちろんである。大災害は人びとから，すべて言葉を奪ってゆくのかもしれない。「地震と津波を生き延びた人たちは，自分たちに何が起こったのか，にわかには理解できなかったでしょうし，それを表現する言葉も持ち合わせていなかった」。発災直後，「阪神淡路大震災の直後，周りはとても静かでした…人々は言葉を忘れてしまったかのようでした。原爆投下直後の広島も静かだったと多くの被爆者が証言しています。『大災害』は言葉も奪っていくのかもしれません」（直野 2012：130-131）といわれる。

被災者の近くに寄り添う中学校の先生すら，同じであった。宮城県名取市閖上中学校の只野さとみ先生は，「生徒に対して，『いま，どういう言葉が自分の気持ちとして正確なのか，その言葉が見つからない』と語っていた。悲しいなのか，悔しいなのか，苦しいなのか，つらいなのか。先生たちも迷っていた」（大野 2012：229）という。マスコミの立場から，被災地を取材した記者からも，「大災害は言葉を奪う」という声が多数聞こえてくる。

社会学者とて例外ではない。では，この「言葉の沈黙」にどう対処してゆくのか。「言葉の沈黙」を突き破る，概念と現実との間に「理解のかけ橋」が必要だとベックが，9.11の後の講演のなかで述べている。「言葉のこの沈黙を，もういい加減に打ち破らなくてはいけません。沈黙は，もはや許されないのです。個々の概念の沈黙を少なくとも指摘して，概念と現実との距離を見きわめ，わたしたちの文明社会の行為から生まれた新しい種類の現実に慎重に理解のかけ橋を架けるのに成功すれば，おそらく多くのものとはいえなくても，ある程度のものは獲得する〔現実に起きた事態を理解するための基礎的な枠組みを獲得する〕ことができるでしょう」（Beck 2001=2010：23-24，〔　〕は引用者）。そして，そのことは「言葉を奪われた痛む人に代わって，他者が痛みを言語化しなければならない」（直野 2012：141）という要請にこたえることでもある。

社会学者は，「千年に一度」といわれる大災害を前に，どういう言葉や概念を用いてこの現象を捉えるのか，そのために，この現実からどういう言葉や概念を紡ぎだせるのか，それが試されている。そして，そのことは，私たちが，

この大災害という現実と「正しく」向かい合いことからしか可能とはならないのである。このことが,「社会学への問い」に答える回路なのである。

文献

Beck, Ulrich, 2002, *Das Schweigen der Worter,* Suhrkamp Verlag.(＝島村賢一訳, 2010,『世界リスク論』ちくま学芸文庫。)

舩橋晴俊, 2000,「熊本水俣病の発生拡大過程における行政組織の無責任性のメカニズム」相関社会科学有志編『ヴェーバー・デュルケム・日本社会──社会学の古典と現代』ハーベスト社, 129-211。

現代人文社編集部, 2012,『司法は原発とどう向き合うべきか──原発訴訟の最前線』現代人文社。

伊藤守, 2012,『ドキュメント テレビは原発事故をどう伝えたのか』平凡社新書。

北村俊郎, 2011,『原発推進者の無念──避難所生活で考え直したこと』平凡社新書。

直野章子, 2012,「大災害のあとを生きる」今福龍太・鵜飼哲編『津波の後の第一講』岩波書店。

大野大輔, 2012,「みんな一人じゃないからな」NHK取材班『あれからの日々を数えて──東日本大震災・一年の記録』大月書店。

佐々木中, 2011,「砕かれた大地に,ひとつの場処を」河出書房新社編集部『思想としての3.11』河出書房新社。

清水修二, 2011,『原発になお地域の未来を託せるのか／福島原発事故──利益誘導システムの破綻と地域再生への道』自治体研究社。

人名索引

あ行

渥美公秀　87
阿部勝征　284
李明博　203
飯島淳子　68
池上嘉彦　244
石橋克彦　153, 204
石破茂　148
大熊孝　303, 307
岡村行信　153
小野裕一　300
オバマ，B.　220

か行

影浦峡　284
片田敏孝　301, 321
加藤眞義　6
金菱清　5
ガルシア＝アコスタ，V.　276
菅直人　205
ギアツ，C.　64
北村喜宣　67
ギデンズ，A.　82
熊谷良雄　305, 308
ゲラー，R.　284
コール，H.　209
コッポラ，D. P.　315
ゴルヴァチョフ，M.　197
近藤駿介　205

さ行

ザイラー，M.　219
坂本義和　284
鷺谷威　320
佐藤優　284
塩崎賢明　65
シュラーズ，M.　212, 214
シュレーダー，G.　209, 211
関嘉寛　4
園良太　166

た行

田坂広志　205
田中重好　7
デブファー，K.　212, 214
寺田寅彦　127, 129, 276

な行

永松信吾　306, 308
西谷修　285

は行

ハーヴェイ，D.　68
長谷川公一　6
畑村洋太郎　301
平野太一　167
平林祐子　5
フーコー，M.　231
ブッシュ，G.　200
舩橋晴俊　5
古村孝志　7
ベック，U.　2, 212, 214, 228, 308, 312, 313

339

ま　行

正村俊之　6
松本哉　167
松本行真　51, 53
丸山眞男　244
御厨貴　1
ミッチェル, J. K.　276
宮村忠　307
室崎益輝　95
目黒公郎　298

メルケル, A.　206, 211-214, 216, 217
森有正　155

や・ら・わ行

柳田邦男　285
山下祐介　4
吉原直樹　4
吉村昭　54
ラファエル, B.　279
ルーマン, N.　228
ワイズナー, B.　277

事項索引

あ 行

アーヘン 218
会津若松市 57, 62
圧力容器 137
アドボカシー 179
アメリカ原子力規制委員会 205
アラブ首長国連邦 203
アレバ 203, 216
安心 232
　——感 310
安全 231, 232, 235, 285
　——安心まちづくり 47
　——対策の不備 152
　——を欠いた状況 278
安全性 157, 309
　——のパラドックス 308
伊勢湾台風 2, 287, 297, 317
一極集中型 1
意図せざるプロセス 311
茨城 30
いわき市 51, 53
インターネット 177, 182
　——メディア 167
ヴァッカースドルフ再処理工場 208
ヴィール 207
ウェスチング・ハウス 203
受け流し技術 303
運動 170, 182
　——参加経験 173, 175
　——戦略 179
エコ研究所 218
エネルギー
　——シフトパレード（エネパレ） 173, 175, 178

　——基本計画 214
　——政策 185
　——利用の効率化 220
遠景 53, 58
応急（対応）期 280
応急対策 iii
　——活動要領 289
狼少年効果 309, 323
大熊町 54-58
大槌町 37
雄勝町 37
奥尻島 304
同じ過ちの繰り返し 239
オフサイトセンター 138
オルターグローバリゼーション運動 179
温室効果ガス 219

か 行

海岸堤防 295
海岸保全施設への過度な依存 320
改正原子力法 210
街頭行動 174, 188
開発 90, 97
　社会—— 90, 91
　人間—— 90, 91
回復力（Resilience） 324
外力 303
　設計—— 304, 313, 315
科学 40
　——技術 248
核
　——拡散 203
　——の潜在的抑止力 148
　——武装の潜在能力 148
核原料物質，核燃料物質及び原子炉の規制に関

341

する法律　151
核燃マネー　143
格納容器　137
霞堤　303
仮設住宅　14, 27, 45, 57, 62, 65
河川の氾濫原　308
仮想事故　152
ガバメント型の防災コミュニティ体制　47, 66
釜石の奇跡　321
釜石湾口津波防潮堤　288, 296
神様の仕業　284
カルカー高速増殖炉　208
韓国　201
感情　164, 170, 186, 188
間接的な被害　282
韓米原子力協定　203
既往最大　304, 313
危機管理　47
　——体制　254
危険　230
　——因子　139
　——のリスク化　248
危険の生産　312
技術的多重防護　139
　——の破綻　151
技術的妥当性　286
基準の政治　261
気象観測　318
気象庁　298, 323
規制組織　246
北上町　37
「棄民」層　50
キューバ危機　199
共苦　68
行政への依存　310, 323
京大防災研究所　286
強度の両価性　151
巨大な経済力　139, 141
緊急期　280
緊急支援　280
緊急伝達体制　298

近景　53, 58
近代社会　235
近代的リスク観　234
口コミ　177
グリーン・インスティテュート　218
グリーンピース　218
グローカル化のアトラクタ　47
警戒区域　199, 262
計画的避難区域　108, 110, 125, 199, 262
経験知／現場の知　48
経済合理性　286
経済産業省（経産省）　136, 146
経済的な効率性　313
警察力　146
経産大臣　151
警報
　——期　280
　——対象地域　298
　——伝達　323
　——への信頼感　310
警報発令　323
　——システム　298
欠如モデル　91-93
ゲッティンゲン　218
原子力安全・保安院　146
原子力安全委員会　146
原子力安全神話　154
原子力委員会　146
原子力関連の予算　141
原子力広告　147
原子力産業界　145
原子力資料情報室（CINIC）　166, 173
原子力推進の宣伝役　142
原子力政策大綱　149, 216
原子力長期計画　149
原子力の宣伝係　308
原子力の平和利用　215
原子力発電所の事故　38
原子力複合体　136, 144, 148, 150, 160
原子力ムラ　67, 144
原子力ルネサンス　200, 217

事項索引

原子炉
　　──設置許可　151
　　──の集中立地　138
原水爆禁止日本国民会議（原水禁）　166, 173, 179
現代社会　253
現場主義　297
原発
　　──建設手続き　151
　　──事故　315
　　──震災　135, 150, 204
　　──の安全性　50
　　──の危険性　49, 55
　　──の設計上の欠陥　138
　　──避難　37
　　──マネー　143
　　大飯──　200
　　ミュルハイム・ケルリッヒ──　208
コ・プレゼンス　62, 63
広域システム　4
公共圏　157, 158
公共財政の限界　313
広告費　142
公職選挙　143
公助の限界　310
公正な討論　159
構造的な対策　iii
高地移転　304
高度経済成長　317
公論形成　157
　　──アリーナ　159
郡山市　55, 57
国土構造　1
5重の壁　206, 221
個人化　59, 66
国会　149
「子ども」をシンボルとするコミュニケーション　265
コミュニティ　308
　　──・ガバナンス　63-65
　　地域──　4

防災──　4
コモンズ　131
　　──論　124
御用学者　156
「──」批判　147
根本原因　278

さ　行

災害（Disaster）　276
　　──がグローバル化　279
　　──救助法　282
　　──緊急対策本部　11
　　──情報伝達　318
　　──と共生する　324
　　──に強いまちづくり　304
　　──の克服　310
　　──のフェーズ　280
　　──文化　304, 308
　　──への転換過程　278
　　──を克服する　324
　　重層的──　282
　　先進国型──　316, 319
　　途上国の──　316
災害研究
　　後衛の──　275
　　前衛の──　275
災害対策
　　──基本法　297, 318
　　──のパラドックス　312, 323
　　──本部　297
災害ボランティア　4
　　──センター　78-83, 85, 87-89, 98, 99
再帰性　310
災後　1
最終処分地問題　216
再処理　210
　　──政策　203
再生可能エネルギー　212, 220
　　──固定価格買取制度　218
在宅避難民　107

343

作為　230, 243
サクラメント電力公社　220
サプライ　280
　　——チェーン　282
さようなら原発5万人集会　199
左翼　169
産軍複合体　147
酸性雨　207
残存発電量　209
『三陸海岸大津波』　54
シーメンス　216, 219
支援のロジスティックス　12
支援ボランティア活動　310
時間のリズム　279
資源動員　164
自己維持的政策　150
自主防災
　　——活動　310
　　——組織　60
自助，共助の重要性　310
地震　152
　　——国日本　138
　　——対策大綱　288
　　——防災戦略　288
　　首都圏直下型——　44
　　貞観——　294
　　東海——　43
　　東京直下型——　286
　　東北地方太平洋沖——　289
　　北海道南西沖——　304
　　宮城県沖——　289
　　リスボン大——　227
自然　230, 243
　　——災害　204
事前
　　——の事後対応策　233, 238
　　——の防止策　233, 238
持続可能性　215
自治体　146
私的二項関係　155
　　「——」の集積としての集団　156

　　——の中の個人　156
自動車排ガス基準　220
地盤の嵩上げ　304
市民参加　215
市民社会　95-97
社会システム　280
社会的緩衝能力　316
社会的合意　313
社会的コンテクスト　278
社会的脆弱性　277, 310
社会的対応　280
社会的多重防護　150
　　——の破綻　139
社会的ニーズ　280
社会的必要性　286
社会の専門化　307
弱者生活権　124, 127
自由　235
集合知　169
重大事故　152
周年漁業　118, 120, 126
住民
　　——参加　4, 93-95
　　——のリアリティ　323
熟議　188
主体性　310
受動化　59
首都圏3000万人の避難　205
シュピーゲル　211, 217
衝撃期　280, 287
使用済み核燃料　205, 210
消防
　　——署員　297
　　——団員　297
情報
　　——環境　165
　　——伝達システム　291
　　——の信頼性　234
　　——の非整合性　252
除染　203
素人の乱　167, 173, 179, 181

事項索引

人口減少 282
人災 135
震災
　——マイノリティ 5, 105, 107, 108, 127, 130
　——を共有すること 63
新聞 178
水素爆発 211
水防
　——意識 307
　——体制 307
スマート・グリッド 220
スマート・メーター 220
スリーマイル原発事故 200, 204
刷り込み 142
生活の場 324
生活のプライバタイゼーション 59
制御中枢圏 149
政治資金 143
政治的機会 164
脆弱性 276, 303, 324
　潜在的な—— 312
　都市の—— 311
制度的枠組み 135, 136
　——と主体群の相互補強 150
政府 164
世界リスク社会 215
セシウム137 198
節合 64
前災害期 280
仙台平野 30, 294
選択
　——の時間制 273
　——の重層性 273
全電源喪失 137, 211
専門家 252
全冷却機能喪失 211
総括原価方式 140
総合評価 150
創造の復興 88, 92
相対的剥奪論 164
想定外 275, 283

「——」と責任 284
　——の想定 238
　——の連鎖 301, 323
　社会過程としての—— 319
想定
　——する 285, 286
　——の連鎖 286, 323
創発性 64
相補性の原則 297
ソーシャル・キャピタル 49, 64
ソーシャルメディア 170, 178, 180, 182, 184
組織 178
ソフト対策 322
ソ連邦 197

た　行

対抗力 216
大衆社会論 164
大地を守る会 166
ダイナミックな圧力 278
代理 245
高潮 304
脱原子力
　——合意 216
　——社会 203, 220
　——法 210
脱原発 2, 283
　——法 210
田老町 35, 37
たんぽぽ舎 165, 166, 179
「地域」のユニット 279
地域独占 140
チェルノブイリ原発事故 197, 204, 207, 218, 219
近くの他人 59
地方自治 44
地方分権化 1
中央集権 1
中央防災会議 291, 313, 319
　——「東北地方太平洋沖地震を教訓とした地

345

震・津波対策に関する専門委員会」288
　──津波専門委員会　299
抽象システム　82, 84, 99
超過利潤　140
長時間の電源喪失　152
直接行動　163, 169, 186, 188
直接的被害　282
貯蔵プール　205
チラシ　178, 180
ツイッター　165, 166, 170, 177, 181, 184
津波　138, 152
　──監視システム　291
　──警報　298, 309, 320
　──災害　301
　──の監視　298
　最大クラスの──　321
　従来型の──　321
　昭和三陸──　288
　スマトラ地震──　306
　チリ──　288, 317
　明治三陸大──　3, 35, 287
津波対策　322
　──への過信　309
　短期的な──　324
　中長期的な──　324
ディザスター　275
定常の汚染　160
低頻度大規模災害　303, 305
デモ　163, 166, 168, 172, 174, 177, 178, 186
　サウンド──　163, 179
デモのある社会　186, 188
テレビ　178
転換　1
電気事業連合（電事連）　144
電源三法交付金　141
電力会社　136, 145
電力業界　149
動員　164, 178, 180
東欧の民主化　208
同化的態度　156
東京大学地震研究所　7, 286

東京電力　164
当事者意識　310
東芝　203
東電前アクション！　167, 171
討論アリーナ
　三主体型の──　159
　二主体型の──　159
遠野まごころネット　75
常磐町　57
特殊日本的位相　238
特定避難推奨地点　262
都市化　311
土木知　65
　＝技術知　48
富岡町　55
富の生産　312
トルコ病　112, 113
トントゥビレッジ　142

　　　　　　な　行

楢葉町　51, 60
ニーズとシーズのマッチング　84, 87
二項関係　155
日本学術会議　214
日本気象協会　11
日本語　155
日本自然保護協会　218
日本社会　247
日本的リスク管理　241, 247
日本野鳥の会　218
ネットワーク　171

　　　　　　は　行

場当たり的対応　238
バーデン・ビュルテンベルク州　217
ハード対策　322
ハザード（Hazard）　7, 275, 276
　「──×脆弱性＝災害」モデル　310
　──マップ　291, 320, 321, 323

八戸港 29
発送電統合 140
跳ね上がり 311, 312, 315, 318, 319
パラダイムの転換 322
反原発
　——ウォーク 217
　——運動 164, 169, 172, 174, 185, 186
　——デモ 166
阪神・淡路大震災 14, 28, 306, 397
「氾濫容認型」の対策 303
被害額を吸収できるメカニズム 316
東日本支援ネットワーク（JCN）73-75
東日本復興対策本部 12
被規制組織 246
被災経験の連続性 312
被災者中心 88
被災地の社会構造 280
非常用電源 138
日立製作所 203
避難
　——訓練 291
　——行動 299, 321
　——場所 320
　自主—— 199, 264
避難者
　——数 11
　——の分布 17
避難所 67
　——対象者 264
　指定—— 296
被爆
　——労働 160
　外部—— 203
　内部—— 203
弘前 32
貧困 315
不安 164
風評被害 282
複合災害 282
　巨大広域—— 281
フクシマ 63, 199

福島市 53, 57
福島第一原発事故 31, 163, 164, 238
フジテレビデモ 186
復旧期 280
復興期 280
復興事業 17
復興特区 68
　水産業—— 117, 123
沸騰水型炉 204
船引町 57
フライブルク市 207, 218
プルトニウム利用路線 208
ブログ 177
プロフェッショナリズムの欠如 156
文化的要因 164
文明観 1
ベルギー 210
ベルリンの壁 197
ペレストロイカ 197
防災
　——計画 290
　——センター 291, 296, 297
　——の専門的処理機関 308
　——の知識 307
　——のパラドックス 303, 307
　——ボランティア活動 310
　——力の向上 315
　命を守るための—— iii
　脅しの—— 310, 323
　ソフト—— 305
　ハードな—— 305
防災対策
　——のパラダイム 319
　——のパラダイム転換 3, 314
　——のパラドックス 309
　近代—— 303
放射性廃棄物問題 160
放射線管理区域 265
補正予算 18
ボランティア 41
　地元—— 57

347

ま 行

マスキー法　220
マスメディア　167, 170, 178, 181, 185, 187, 188
までい　115
密室　157
3つのE　214
三菱重工業　203
緑の党　207, 209, 216, 217, 219
南三陸町　37, 53
南相馬市　51
三春町　57
宮城県　289
民間借家　14
メディア　30, 39, 147, 159, 165, 180, 182, 184, 186
　　——・アクティヴィスト　182
　　——・アクティヴィズム　166, 168, 182, 185, 188
　　オルタナティヴ・——　188
メルトスルー　206
メルトダウン　204, 211
モラル・ショック　170, 184
もんじゅ　154

や 行

やらせ　143, 144
遊水効果　308
遊水地　303, 312
豊かさ　97-99
洋上風力発電　216
溶融貫通　206
抑止力　306
予測　285
予報技術　318
予防対策　285
『読売新聞』社説　148
世論の操作　142

ら・わ行

リアス式海岸　292
陸前高田市　37
リスク　5, 38, 44, 228, 230, 285, 307, 308
　　——・コミュニケーション　234
　　——管理　233
　　——規定型コミュニケーション　234
　　——主題型コミュニケーション　234, 251
　　——の隠蔽　239
　　——の危険化　248
　　——分散　120, 126
　　システミック・——　249
　　潜在的——　309, 318, 324
　　ポテンシャル・——　312
リスク社会論　212, 229
倫理　214
倫理委員会　212
　　安全なエネルギー供給のための——　211
冷温停止状態　206
連邦議会（ドイツ）　212
労組　178
老齢人口　282
ローカル・ノレッジ　48, 55, 64
炉心溶融　204, 205
輪中地域　304

A-Z

BUND　218
GE　153, 203, 204
Mark I　153
MOX燃料の加工場　208
SNS　65, 187, 188
TwitNoNukes　167
Ustream　165, 168, 183, 184
WWF　218
　　——ジャパン　218
YouTube　165, 183, 187

《執筆者紹介》（執筆順，＊は編著者）

＊舩橋晴俊（ふなばし・はるとし）はじめに・序章・第5章・おわりに
 1948年 神奈川県生まれ
 1976年 東京大学大学院社会学研究科博士課程中退
 現　在 法政大学社会学部教授
 主　著 『組織の存立構造論と両義性論——社会学理論の重層的探究』東信堂，2010年。
    『社会学をいかに学ぶか』弘文堂，2012年。

＊正村俊之（まさむら・としゆき）はじめに・序章・第8章・おわりに
 1953年 東京都生まれ
 1983年 東京大学大学院社会学研究科博士課程単位取得退学
 現　在 東北大学大学院文学研究科教授
 主　著 『秘密と恥——日本社会のコミュニケーション構造』勁草書房，1995年。
    『グローバル社会と情報的世界観——現代社会の構造変容』東京大学出版会，2008年。

＊田中重好（たなか・しげよし）はじめに・序章・第10章・おわりに
 1951年 神奈川県生まれ
 1982年 慶応義塾大学大学院法学研究科単位取得退学，博士（社会学）
 現　在 名古屋大学大学院環境学研究科教授
 主　著 『地域から生まれる公共性——公共性と共同性の交点』ミネルヴァ書房，2010年。
    『大津波を生き抜く——スマトラ地震津波の体験に学ぶ』（共著）明石書店，2012年。

山下祐介（やました・ゆうすけ）第1章
 1969年 富山県生まれ
 1993年 九州大学大学院博士課程中退
 現　在 首都大学東京都市教養学部准教授
 主　著 『リスク・コミュニティ論——環境社会史序説』弘文堂，2007年。
    『限界集落の真実——過疎の村は消えるか？』ちくま新書，2012年。

吉原直樹（よしはら・なおき）第2章
 1948年 徳島県生まれ
 1977年 慶応義塾大学大学院社会学研究科博士課程修了，博士（社会学）
 現　在 大妻女子大学社会情報学部教授
 主　著 『モビリティと場所——21世紀都市空間の転回』東京大学出版会，2008年。
    Fluidity of Place, Trans Pacific Press, 2010.

関　嘉寛（せき・よしひろ）第3章
 1968年 北海道生まれ
 2002年 大阪大学大学院人間科学研究科後期博士課程修了，博士（人間科学）
 現　在 関西学院大学社会学部教授
 主　著 『ボランティアからひろがる公共空間』梓出版社，2008年。
    『科学化する日常の社会学』（共著）世界思想社，近刊。

金菱　清（かねびし・きよし）第4章
　　1975年　大阪府生まれ
　　2004年　関西学院大学大学院社会学研究科博士後期課程単位取得退学，博士（社会学）
　　現　在　東北学院大学教養学部地域構想学科准教授
　　主　著　『3.11慟哭の記録──71人が体感した大津波・原発・巨大地震』（編著）新曜社，2012年。
　　　　　　『生きられた法の社会学──伊丹空港「不法占拠」はなぜ補償されたのか』新曜社，2008年。

平林祐子（ひらばやし・ゆうこ）第6章
　　1964年　東京都生まれ
　　2001年　東京都立大学大学院社会科学研究科博士課程単位取得退学
　　現　在　都留文科大学文学部社会学科教授
　　主　著　『講座環境社会学　第4巻──環境運動と政策のダイナミズム』（共著）有斐閣，2001年。
　　　　　　「公共空間の自由を守るアクティビズム──『宮下NIKEパーク』反対運動」『都留文科大学研究紀要』72号，2010年。

長谷川公一（はせがわ・こういち）第7章
　　1954年　山形県生まれ
　　1983年　東京大学大学院社会学研究科博士課程単位取得退学
　　現　在　東北大学大学院文学研究科教授
　　主　著　『脱原子力社会へ──電力をグリーン化する』岩波新書，2011年。
　　　　　　『脱原子力社会の選択──新エネルギー革命の時代　増補版』新曜社，2011年。

加藤眞義（かとう・まさよし）第9章
　　1964年　静岡県生まれ
　　1994年　東北大学大学院文学研究科博士課程修了
　　現　在　福島大学行政政策学類教授
　　主　著　『個と行為と表象の社会学──マルクス社会理論の研究』創風社，1999年。
　　　　　　「ジンメル社会学の可能性──社会の〈底〉と〈外〉への問い」『社会学研究』第87号，2010年。

東日本大震災と社会学
──大災害を生み出した社会──

| 2013年3月11日　初版第1刷発行 | 〈検印省略〉 |
| 2014年1月20日　初版第2刷発行 | |

定価はカバーに
表示しています

編著者	田中重好
	舩橋晴俊
	正村俊之
発行者	杉田啓三
印刷者	江戸宏介

発行所　株式会社　ミネルヴァ書房
607-8494 京都市山科区日ノ岡堤谷町1
電話代表　(075)581-5191
振替口座　01020-0-8076

© 田中・舩橋・正村, 2013　共同印刷工業・新生製本
ISBN978-4-623-06506-6
Printed in Japan

MINERVA 社会学叢書（＊は在庫僅少）

① 労使関係の歴史社会学 　山田信行 著
④ 転　　職 　グラノヴェター 著　渡辺 深 訳
＊⑤ 公共圏とコミュニケーション 　阿部 潔 著
＊⑥ 階級・国家・世界システム 　山田信行 著
⑦ 社会学的創造力 　金子 勇 著
⑧ 現代高校生の計量社会学 　尾嶋史章 編
⑨ 都市と消費の社会学　クラマー 著　橋本和孝・堀田泉・高橋英博・善本裕子 訳
＊⑩ 機会と結果の不平等 　鹿又伸夫 著
⑭ ボランタリー活動の成立と展開 　李 妍焱 著
⑯ 大集団のジレンマ 　木村邦博 著
⑰ イギリス田園都市の社会学 　西山八重子 著
⑱ 社会運動と文化 　野宮大志郎 編著
⑲ ネットワーク組織論 　朴 容寛 著
㉑ 連帯の条件 　ヘクター 著　小林淳一・木村邦博・平田 暢 訳
㉒ エスニシティ・人種・ナショナリティのゆくえ　ワラス 著　水上徹男・渡戸一郎 訳
㉔ ポスト工業化と企業社会 　稲上 毅 著
㉕ 政治報道とシニシズム 　カペラ／ジェイミソン 著　平林紀子・山田一成 監訳
㉖ ルーマン 法と正義のパラドクス 　トイプナー 編　土方 透 監訳
㉗ HIV/AIDS をめぐる集合行為の社会学 　本郷正武 著
＊㉘ キャリアの社会学 　辻 勝次 編著
㉚ 再帰的近代の政治社会学 　久保田滋・樋口直人・矢部拓也・髙木竜輔 編著
㉛ 個人と社会の相克 　土場 学・篠木幹子 編著
㉝ 地域から生まれる公共性 　田中重好 著
㉞ 進路選択の過程と構造 　中村高康 編著
㉟ トヨタ人事方式の戦後史 　辻 勝次 著
㊱ コミュニケーションの政治社会学 　山腰修三 著
㊲ 国際移民と市民権ガバナンス 　樽本秀樹 著
㊳ 日本に生きる移民たちの宗教生活 　三木 英・櫻井義秀 編著

——ミネルヴァ書房——

http://www.minervashobo.co.jp/